# 현대언어학의 흐름

이 저서는 2007년 정부(교육과학기술부)의 재원으로 한국연구
재단의 지원을 받아 수행된 연구임(NRF-2007-361-AM0059).

# 현대언어학의 흐름

초판 1쇄 발행일  2013. 4. 30

**지은이**    황규홍 外
**펴낸곳**    도서출판 동인
**펴낸이**    이성모
**주 소**    서울시 종로구 명륜동 아남주상복합빌딩 118호
**전 화**    (02) 765-7145, 55
**팩 스**    (02) 765-7165
HomePage   www.donginbook.co.kr
E-mail     dongin60@chol.com

**등록번호**   제 1-1599호
ISBN      978-89-5506-523-7
**정 가**    32,000원

※ 잘못 만들어진 책은 바꾸어 드립니다.

# 현대언어학의 흐름

Modern Mainstream Linguistics

| 황규홍 外 지음 |

도서출판 동인

## 『현대언어학의 흐름』 발간에 부쳐

이성주의를 근간으로 한 Chomsky의 생성문법이 도입된 후 언어에 대한 연구는 생성문법적 접근이 핵심이 되었고, 많은 언어학자들은 인간 본질의 규명과 보편문법의 발견에 초점을 두게 되었다. 이 학자들은 인간의 생득적 언어 능력과 보편문법을 탐구하는 과정에서 여러 언어에 공통적으로 나타나는 언어 현상과 개별 언어에 국한되는 언어 현상을 함께 연구하였고, 그 결과 1950년대 이후 전 세계적으로 수많은 언어학 관련 논문이 나왔다. 이후 계속 발전한 생성문법적 접근은 통사론, 음운론, 의미론 등과 같은 이론 언어학 분야뿐만 아니라 언어습득, 언어교육, 뇌과학, 심리언어학과 같은 응용언어학 분야에도 많은 영향을 미치고 있으며, 언어학 연구의 핵심 이론으로 자리매김하고 있다.

그러나 이 이론의 발전 과정에서 다양한 이론적, 경험적 연구가 진행되어 언어학의 연구 현황을 파악하기도 어려운 실정에 이르게 되었다. 게다가 최근에는 이 생성문법 이론과 달리 언어 능력보다 언어 수행이나 언어 사용에 초점을 두는 새로운 접근법이 대두되어 이와 관련한 많은 논문도 쏟아져 나오고 있다. 따라서 영어학이나 언어학을 공부하거나 연구하는 대학원생들이 각 분야의 최근 논문을 읽어 이해하고 연구동향을 파악하고, 나아가 자신의 연구를 수행하기는 매우 어려운 상황이다. 이런 현상은 영문학 연구에 있어서도 마찬가지이다.

위와 같은 어려움을 인지하고 새한영어영문학회는 부산대학교 인문학연구소와 공동으로 최근 언어학 및 영문학 연구동향과 각 분야별 핵심 연구

주제를 소개하는 특별학회를 2010년에 기획하게 되었다. 기획위원회는 문학 담당과 어학 담당으로 구성되었는데 문학 분야는 경남정보대의 김봉광 교수님, 부산대학교의 정병언 교수님과 김용규 교수님이 맡았고, 어학 분야는 본인 황규홍이 맡아서 진행하였다. 이런 기획을 토대로 부산대학교 인문학연구소의 협찬으로 2011년 10월 부산대학교에서 새한영어영문학회 가을 학술발표회와 함께 특별학회를 개최하였다. 『현대언어학의 흐름』은 이 특별학회 개최 후 각 어학 분야 발표자의 발표 원고를 수정·보완하여 주제별로 일관성 있게 배열한 결과물이라 할 수 있다.

　　이 책은 대학원생을 주된 목표 대상으로 삼고 영어학 혹은 언어학의 최근 연구동향을 개관하고 있다. 또한 핵심 연구 분야인 음운론, 형태론, 통사론, 의미론, 기능·인지·담화 문법론, 번역학, 제2언어 교육론 등에서 최근 이슈가 되고 있는 연구 주제를 심도 있게 다루고 있다. 그리고 학부생들을 위해 각 분야의 필요한 정도의 개론적 지식도 포함하고 있다. 따라서 『현대언어학의 흐름』은 언어학이나 영어학을 연구하는 연구자뿐만 아니라 이 분야를 새롭게 공부하는 입문자 모두에게 유익한 책이라 할 수 있다.

　　이 책의 발간을 계기로 최근 영어학과 언어학에 대한 이해를 보다 넓히고 우리나라에서 이 분야의 연구가 더욱 더 활성화 되고 나아가 학문 발전에 공헌할 수 있기를 기대한다.

기획위원회

위원장(어학) 황규홍

# | 차 례 |

**제4장**

권기양

## 최소주의 통사론 | 125

**제5장**
—
권연진

## 인지의미론 | 167

**제6장**
—
김두식

## 기능 · 인지 · 담화 문법론 | 229

**제7장**

**김은일**

## 번역과 언어학 | 353

## 제2언어 교육론 | 389

# 제1장

# 현대언어학의 연구 동향

■ 황규홍 / 동아대

Chomsky(1957, 1965)의 *Syntactic Structures*와 *Aspects of Theory of Syntax*의 출간을 계기로 이성주의에 바탕을 둔 생성문법적 접근이 현대 언어학 연구의 주류를 이끌었다. Chomsky는 위 두 저서를 통해서 통사론이 언어학 연구의 핵심이며, 언어의 구조는 의미와 독립적이다 라는 자율통사론(autonomous syntax)을 주창했다. 표준이론(Standard Theory)라 명명된 이러한 초기 생성문법 모델은 1970년대 확대표준이론(Extended Standard Theory)과 수정확대표준이론(Revised Extended Standard Theory)으로 발전했으며, 1980년대에는 Chomsky(1981)로 대표되는 지배-결속이론(Government and Binding Theory)으로 발전했다. 그 후 이 이론은 표층구조(Surface/S-Structure)와 심층구조(Deep/D-Structure)의 존재를 부정하고 어휘부(Lexicon), 음운부(Phonetic Form) 그리고 의미부(Logical Form)만 존재한다는 Chomsky(1995)의 최소주의 통사론(Minimalist Syntax)으로 거듭나게 되었다.

음운론 연구에 있어서도 1960년대에 생성문법적 접근이 본격적으로 도입되었는데, Chomsky & Halle(1968)의 *The Sound Pattern of English* (SPE)는 이러한 접근법 즉, 생성음운론(Generative Phonology)의 근간이 되었다. 이들은 SPE에서 분절음이 여러 개의 자질(feature)로 이루어져 있으며 음운현상은 규칙과 그 적용 순서로 설명할 수 있다고 주장하였다. 그리고 나아가 Chomsky & Halle는 이러한 규칙과 순서가 언어능력(competence)을 구성한다는 입장을 취했다. SPE 이후에는 초분절음(suprasegment)의 특징을 설명하기 위한 Goldsmith(1976), Clements(1976) 등의 비단선음운론 (Nonlinear Phonology)과 자립분절음운론(Autosegmental Phonology) 등이 등장했으며, 이후 기하학적 자질도형(Feature Geometry)과 미명세표기 (Underspecification)를 도입하여 Sagey(1986), McCarthy(1988) 등의 이 접근법을 더욱 발전시켰다. 이러한 1960~80년대의 음운론 연구 방법은 Prince & Smolensky(1993) 그리고 McCarthy & Prince(1993)가 제안한 최적성이론(Optimality Theory)에 의해 대체되었다. 이 최적성이론은 최근 20년간 음운론 전체의 유일한 이론으로 자리매김하였으며 현재 음운론 영역에서 뿐만 아니라 통사론, 형태론, 사회언어학, 전산언어학을 포함한 다양한 학문 영역에 적용되고 있는 실정이다.

1960년대까지의 형태론 연구는 실제 언어 코퍼스의 형태소 식별에 초점을 두었고, 1970년대에 접어들어서는 접사의 분류(affix classification)와 층위의 구별(level differentiation)을 중요한 도구로 간주하는 Siegel(1974)과 Aronoff(1976)의 어휘형태론이 주된 형태론 연구의 접근법이었다. Chomsky & Halle(1968)의 "+" 경계와 "#" 경계 구분에 근간을 두고 있는 이 어휘형태론은 실제 존재하는 단어의 도출을 설명하지 못하는 과소생산(under-generation)의 문제와 이론적으로 가능하지만 실존하지 않는 단어의 생성이란 과다생산(over-generation)의 문제를 안고 있었다. 그래서 1980년대에는 이러한 문제를 해결하려는 노력이 형태론 연구의 주류를 이루었으며 대표적으로는 Halle & Mohanan(1985), Szpyra(1989), Spencer(1988) 등을 들 수 있다. 1990년대부터 지금까지 위와 같은 어휘형태론의 한계를 극복하기 위하여 주로 어형성의 생산성, 제약, 그리고 제약의 상호작용에 관한 많은 연구가 진행되고 있다. 즉, 제약은 위반가능하고 제약들 간에는 서열이 있다는 주장을 근간으로 하는 접근법인 최적성이론에 입각한 형태론 연구가 주된 연구 경향이다. 이 접근법의 두드러진 특징은 최적형으로 선정되는 표면형이 완벽한 것이 아니라 주어진 제약을 위반하고도 제약서열(constraint ranking)로 인하여 실제로 도출되는 모습을 설명하려는 것이다.

의미론 연구 방법은 생성문법의 발달과정과 밀접한 관련이 있다. Chomsky(1957, 1965)의 표준이론에서는 의미해석이 심층구조(Deep Structure)에서만 이루어지고 의미가 다른 문장은 심층구조도 다르다는 생성의미론(Generative Semantics)이 의미 연구의 핵심이었다. 그러나 Chomsky의 수정표준이론에서는 문장의 의미가 심층구조뿐만 아니라 표층구조와 음운부에서도 영향을 받는다는 주장이 주를 이루었고 또 이를 뒷받침하는 증거가 제시되었다. 해석의미론(Interpretive Semantics)이라 불리는 이러한 의미연구 접근법은 이후의 생성문법 모델인 수정확대표준이론, 지배-결속이론, 최소주의통사론에서도 그대로 주류를 이룬다. 그러나 Fillmore(1975, 1985), Lakoff(1987), Langacker(1987) 등과 같은 초기 생성의미론자들은 형식주의 언어 접근법을 수용하지 않고 그 대안으로 1970-80년대 인지의미론(Cognitive Semantics)의 근간이 되는 인지언어학(Cognitive Linguistics)의 접근법을 제안하고 이 연구방법의 발전에 힘을 쏟았다. 그 결과 1990년대부터 좀 더 많은 학자들이 인지의미론 연구에 참여하였고 마침내 최근 영어의 미론 연구에 있어서 인지의미론적 접근이 주된 연구방법으로 대두되었다. 형식주의 의미론과는 달리 인지의미론은 언어의 이해와 사용은 지각, 개념 체계, 경험과 신체화된 인지, 세상의 경험, 문화적 배경 등과 같은 일반적인 인지 능력과 깊은 상관성을 가지고 있다고 본다. 또한 이 접근법은 철학, 심리학, 언어학, 인류학, 컴퓨터과학, 신경과학 등 여러 학문 분야로부터 마음과 그 작용에 관한 경험적 성과를 언어 이론에 통합하였으며 인간의 범주화(categorization)와 게스탈트 심리학(Gestalt psychology)과 밀접한 관계가 있다.

Chomsky와 같은 형식주의자들과는 달리 기능주의자들은 언어의 궁극적인 목표가 의사소통이므로 언어의 사용적, 기능적 측면이 강조되어 통사론을 자립적인 체계로 보기 보다는 통사론을 의미론, 담화-화용론, 인지언어학 등의 영역에서 오는 '외적인, 기능적 요인(external, functional factors)'으로부터 추출하여 그 규칙이나 제약을 설명해야 한다고 주장한다. 기능 · 인지 · 담화문법이라 명명되는 이러한 접근법은 구조주의적 언어학 연구 이후부터 본격적으로 시작되었다고 볼 수 있으며, 주로 Haiman(1985), Dik(1978, 1994), Holliday(1994), Givón(1995a, b), Croft(1995), Yule(1998) 등과 같은 학자들에 의해 연구되어 최근 비형식주의 문법의 주류가 되었다. 연구 분야는 주로 문법형식 결정 및 선택에 영향을 미치는 문법의 외재적, 기능적 원리 및 요인, 기능적인 외재적 설명적 요인의 경쟁 관계, 문법 현상과 도상성 원리, 의미구조와 문법구조 간의 상관관계, 문법형식이 담화 맥락에서 갖는 담화적 기능, 담화 맥락과 문법형식 간의 상관관계, 논항교체와 동사의 의미자질 간의 관계, 동사의 의미자질과 그 보문구조의 선택, 문법범주의 등차성, 인지적 요인과 문법형식 간의 상관관계, 인지적 관점과 담화상의 고려 등이다.

위에서 기술한 영어학 연구의 전통적 영역인 음운론, 형태론, 통사론, 의미론, 기능 · 인지 · 담화문법이외에 응용영어학(Applied Linguistics)로 분류되는 외국어로서의 영어교육(Teaching English as a Foreign English)과 번역학에 대한 연구가 많이 진행되고 있다. 번역학은 독립적인 학문분야로 간주된 지는 그렇게 오래되지 않았지만 번역은 예부터 성서번역 등을 고려할 때 언어학 연구의 한 부분이었다. 최근 번역학 연구는 언어의 자의성에 의해 발생할 수 있는 등가(Equivalence)의 실현문제, 번역의 전략과 기법, 번역에서 대조언어학의 응용 및 기능문법의 활용 등을 주로 다룬다. 그리고 1960년대부터 본격적인 연구가 시작된 제2언어로서의 영어교육은 초기에는 정확성(accuracy)에 초점을 둔 전통적인 교수법인 문법 번역식 교수법(Grammar-Translation Method)이나 청취-구술 교수법(Audio-lingual Method)과 같은 기계적인 암기와 단순 반복의 교수법을 통해 이루어졌다. 그러나 최근에는 이러한 전통적인 이해 방법에서 벗어나 제2언어 습득 및 교육을 다중적인 측면에서 체계적 접근을 통해 이해하려는 시도가 주를 이루고 있다. 특히 유창성(fluency)에 초점을 둔 Krashen(1977, 1982, 1995)의사소통중심 언어 교수법(Communicative Language Teaching)은 1970년대 후반부터 지금까지 외국어 교육의 주된 방법으로 각광 받고 있고 이 분야의 주된 연구 주제로 자리매김하고 있다.

본서는 위와 같은 현대 영어학의 연구 동향을 좀 더 자세히 각 영역별로 개관하고, 요즘 각 영역의 연구에서 주된 이슈가 되고 있는 주제 및 이론을 소개하여 미래의 영어학 연구를 진작시키고자 한다. 전반부는 전통적인 이론언어학 연구 분야인 음운론, 형태론, 통사론, 의미론과 비형식주의 접근법인 기능ㆍ인지ㆍ담화문법에 관한 내용이며, 후반부는 응용언어학의 대표적 연구 부분이라 할 수 있는 제2언어로서의 영어교육과 번역학에 관한 내용이다. 본서는 서론을 포함하여 전체 8장으로 구성되었으며, 2장부터 8장까지의 주된 내용을 간략하게 소개하면 다음과 같다.

제2장 '음운론: 최적성이론'(영남대 신승훈)에서는 Chomsky & Halle의 생성음운론 이후의 접근법인 비단선음운론, 자립분절음운론, 기하학적 자질 도형과 미명세표기 등과 같은 개념을 중심으로 최적성이론 이전의 음운론 연구를 소개하고, 최적성이론의 개념과 발전을 다루고 있다. 그리고 최적성

이론의 다양한 수정 이론의 틀 안에서 불투명성의 예를 분석하고 그 장단점을 파악하는 실질적인 사례연구를 제시하고 있다. 또한 최적성이론의 특징을 기술하고 있는데 이 이론은 생성부가 생성한 무한한 후보를 평가부가 평가하여 그 중 위계가 높은 제약을 가장 많이 지키는 후보가 최적출력형으로 나타나는 구조이며, 표면형이 많은 제약을 어길 수도 있으며 규칙이 적용되는 여러 번의 과정 없이 한 번의 과정으로 표면형을 도출한다는 큰 장점을 가지고 있다고 기술하고 있다. 또한 저자는 최적성이론이 입력형, 출력형 등 다양한 형태 간 대응에 관한 이론인 대응이론, 기저형에 가장 충실한 후보와 비교하여 유표성에 대한 기존 위반과 신규 위반의 두 가지 개념을 도입하여 음운변화를 설명한 비교유표성이론, 공감은 후보 상호간 충실성이며 최적후보는 공감후보에 충실하여야 함을 가정하는 공감이론 등으로 발전했지만 여러 문제점을 안고 있다고 주장하고 있다. 또한 이를 극복하기 위해 제안된 것, 즉, 연속주의적 도출과 중간형태를 받아들이고 생성부가 생성하는 후보에 연쇄의 개념을 도입하여 도출과 후보생성에 엄격한 제약을 두어야한다는 주장은 음운론적 불투명성을 설명하는 데는 성공했지만 이 두 개념의 도입은 최적성이론의 기본 개념과 고유한 장점을 훼손한 것이라 말하고 있다.

제3장 '형태론: 생산성과 제약(부산외국어대 이용성)은 영어의 어형성에 있어서 생산성(productivity)을 주로 다루고 있고, 어형성은 무작위하게 일어나는 것이 아니라 정해진 제약을 준수하는 한에서 발생한다는 Plag(1999)의 생각을 중심으로 어형성에 가해지는 제약을 제시하고 있다. 특히 음운적인 조건, 형태적인 조건, 의미적인 조건 그리고 통사적인 조건을 중심으로 지금까지의 연구 내용을 요약 소개하고 필요에 따라 대조 비판하고 있다. 또한 저자는 이러한 조건 혹은 제약들은 절대적인 것이 아니며 제약서열에 따라 위반을 보이기도 하며 이와 같은 제약의 상호작용이 조건을 위반하면서도 표면에 나타나 실재하는 단어가 있음을 보여주고 있다. 그리고 어떤 제약을 위반하는 경우에는 그러한 단어가 만들어지지 않는다는 절대적 부적

격형에 대하여 최적성이론을 도입하여 체계적이고 이론적인 설명을 시도하고 있다. 나아가 기존의 데이터 분석을 통한 조건의 발견과 제약의 설정 그리고 이들의 상호작용을 관찰하면 영어에서 실재하는 단어와 가능한 단어 (real words and potential words)를 포괄적으로 설명하고 불가능한 단어 (impossible)가 체계적인 공백을 이루는 이유를 자연스럽게 설명할 수 있다고 주장한다.

제4장 '최소주의 통사론'(영산대 권기양)은 생성문법 이론의 초기 단계부터 최근의 최소주의에 이르기까지 문법이론의 발전양상을 고찰하고, 최소주의 통사론의 기본 틀을 구체적으로 설명하고 있으며, 이를 토대로 최근에 제안된 자질상속이론(feature inheritance theory)과 병렬이동(parallel movement)을 활용하여 영어의 장소어구도치구문을 설명할 수 있음을 보여주고 있다. 최소주의와 관련하여 이 이론은 언어의 속성이 무엇인지에 대한 물음의 탐구일 뿐만 아니라, 왜 언어의 본질이 그래야 하는지에 대한 탐구이며, 이러한 물음에 대한 만족스러운 해답을 찾는데 주력하고 있다고 말하고 있다. 또한 최소주의는 인간의 언어재능을 고찰함에 있어서 철저하게 간결성 원리(principles of simplicity)를 준수하고 있음을 강조하고 있으며, 언어의 복잡성과 다양성(complexity and variety in language)은 분명하게 존재하는 것이지만, 이를 설명하는 다양한 규칙들을 더 단순한 형태로 줄일 수 있다는 Chomsky(1995, 2001)의 주장을 지지하고 있다. 그리고 완벽한 (최적의) 해결책이란 더 이상 단순화 할 수 없는 운용(operation)을 제외한 규칙들을 제거하는 것이라는 입장을 취하고 있다.

제5장 '인지의미론'(부산대 권연진)에서는 1970년대 중반 언어학계에 등장하여 1990년대 이후부터 현재까지 현대 언어학의 새로운 지평을 열어가고 있는 인지언어학(cognitive linguistics), 특히 인지의미론(cognitive semantics)을 개관하고 의미의 문제를 인지와의 관련 속에서 파악하려는 인지의미론의 주요 논제들을 살펴본 후, 인지의미론적 관점에서 이동 동사

(motion verb)인 go와 come을 분석하고 있다. 무엇보다 인지의미론의 주요 특징들인 인간의 신체화(embodiment)에 대한 관심, 백과사전적 지식 (encyclopedic knowledge)의 강조, 의미적 구조로서의 개념적 구조 (conceptual structure), 범주화(categorization)와 개념화(conceptualization)를 자세히 설명하고 있다. 그리고 전통적 범주화 원리인 고전 범주화 이론 (classical theory of categorization)과 그 대안으로 범주(category)란 중심적 혹은 전형적인 구성원으로 구성되어 있다는 Rosch(1975, 1977, 1978)의 원형 이론(prototype theory)을 고찰하고 다의성(polysemy)을 지니고 있는 낱말의 다양한 의미들이 원형 이론에 입각한 Langacker(1991)의 의미망 모형 (semantic network model)으로 어떻게 설명되는지, 또 중심적인 의미로부터 은유적, 추상적으로 어떻게 의미가 확장되는지를 개념적 은유(conceptual metaphor) 관점에서 고찰하고 있다. Come과 go의 분석과 관련하여 이 두 동사의 다양한 의미, 즉, 원형적이고 중심적인 의미인 직시적(deictic) 이동의 의미에서부터 비원형적 의미인 시간, 관점, 상태 변화, 그리고 소유와 상실 등과 같은 다양한 의미들이 의미적으로 어떻게 확장되는지에 초점을 두고 있다.

제6장 '기능 · 인지 · 담화 문법론'(경상대 김두식)은 기능주의적 관점에서 통사론 및 문법의 체계를 기능적, 인지적, 담화적 관점에서 접근하여 기능문법, 인지문법, 담화문법이라는 이름으로 기술하고 있다. 저자는 Butler(2003)의 주장을 수용하여 '의사소통 체계로서의 언어', '언어/문법의 기능적 설명', '의미론/화용론의 중심성', '담화적 고려', '인지적 고려' 등이 기능주의 문법의 중심 자질이라 간주하고 있으며, 외재적 동기로 Haiman(1985b)과 Peirce(1932)의 동형성(1형태-1의미 일치 관계)과 동기성으로 구성된 도형적 도상성이 문법 설명의 중요한 외재적 동기라고 주장한다. 그리고 기능/인지언어학자들이 도상성의 이 두 속성 중 동기적 도상성에 초점을 두어 세상구조와 언어구조 간의 일치성을 보여준다고 주장한다. 저자는 또한 인지문

법은 어휘라는 상징단위를 이용하여 언어의 문법 단계로 확장하며 언어구조는 일반적 인지과정에서 동인을 찾을 수 있어 '모습-바탕' 등과 같은 형태심리학의 원리와 시지각의 양상들에서 유추한 원리들을 사용하여 언어구조를 설명하는 접근법이라 정의하고, 인지적 요인인 해석연산, 경계성, 구문적 의미, 범주의 원형성과 등차성 등을 다루고 있다. 그리고 문장 단위 문법의 한계를 극복하기 위해 저자는 언어의 담화상에서의 사용적 측면을 강화한 담화(의존)문법이 중요함을 역설하고, 문미비중원리(End Weight Principle)와 구정보-신정보 원리(Given-New Principle)의 관점에서 논항교체를 설명하고 있다. 또한 시제선택과 연관지어 과거시제는 전경, 즉, 사건을 나타내고 과거진행과 과거완료는 배경, 즉 사건의 상황적 정보를 나타냄을 보여주고, 담화가 used to/would, be going to/will, this/that 간의 선택, 주어-조동사 도치를 유발하는 so나 부정어와 관련한 이동구문 등에도 밀접한 영향을 미친다고 주장한다.

제7장 '번역과 언어학'(부경대 김은일)은 번역의 문제를 언어학의 관점에서 어떻게 다룰 수 있는지를 주로 다루고 있는데, 원천언어(source language)에서 목표언어(target language)로 번역할 때 발생할 수 있는 문제점은 De Saussure(1916/1965)가 주장한 기표(signifier)와 기의(signified)의 관계가 자의적인(arbitrary) 언어의 특성에 기인된다고 주장한다. 즉, 원천언어의 기표에 일대일로 대응하는 목표언어의 기표가 없는 경우도 있을 수 있고, 일대일로 대응하는 기표가 있다고 하더라도 그 대응어의 문화적 함축이 다른 경우도 있을 수 있고, 원천언어의 어떤 표현에 해당하는 개념 자체가 목표언어에 존재하지 않는 경우도 있을 수 있다는 것이다. 이런 문제점을 해결하기 위하여 형태적 등가(formal equivalence)와 역동적 등가(dynamic equivalence), 외연적 등가(denotative equivalence), 내포적 등가(connotative equivalence), 텍스트 규범적 등가(text-normative equivalence), 화용적 등가(pragmatic equivalence), 형태적 등가(formal equivalence) 등을 개관하고,

번역전략인 직접번역(direct translation)과 간접번역(oblique translation) 그리고 직접번역의 세부 번역기법(translation tactics)을 소개한다. 아울러 번역 전환(translation shift)으로 층위전환(level shift)과 범주전환(category shift)을 다루고, 언어에 상관없이 번역텍스트에 전형적으로 나타나는 언어적인 특성인 번역보편소(Universals of Translations)로 Baker(1998)의 단순화(simplification), 명시화(explicitation), 수렴화(convergence), 모범화(normalization)를 소개하고 있다. 또한 번역학의 분류인 이론적 연구, 기술적 연구, 결과물 중심 연구, 기능 중심 연구, 과정 중심 연구 및 응용 번역학을 개관하고, 번역 코퍼스의 분석을 통해 밝힌 원천언어와 목표언어의 차이점에 대해 설명을 제공할 수 있는 언어학의 모델인 Givón의 기능문법(Functional Grammar)이 어떻게 원천언어와 목표언어의 차이점을 설명하는지 보여준다.

제8장 '제2언어 교육론'(동아대 홍광희)은 제2언어 교육학의 변천과정과 제2언어 습득의 인지적 과정에 대한 이론적 토대를 이루고 있는 입력(input)과 관련된 이론과 개념들을 논의하고 있다. 입력과 관련해서는 최근 국내 영어교육 현장에서 각광을 받고 있는 의사소통 중심 언어 교수법의 인지적 과정에 대한 이론적 근간인 '입력', '출력', 그리고 '상호작용'에 대해 개관하고, 아울러 이런 이론들이 적용된 실제 L2 수업지도의 효과에 대한 경험적 연구 결과들과 향후 수업지도 효과와 관련된 연구 방향을 주로 다루고 있다. 제2언어 교육학에서 입력은 L2 학습자들에게 그리고 L2 교사들에게 모두 중요한 요소라는 점을 인식하고, L2 연구자들의 입력에 대한 이런 근본적인 이해는 L2 학습자들에게 제공되는 입력의 종류('이해 가능한 입력', '수정 상호작용')와 방식('알아차림 가설')에 대한 논의와 관련이 있다고 주장하고 있다. 그리고 L2 교육 관계자와 학습자들을 위해 입력과 관련된 이론이 적용된 수업지도의 효과에 대해 신뢰성 있는 연구 결과를 얻기 위해서는 기존 연구들의 미비점들을 연구 방법론적으로, 자료 분석적으로 보완하

여 향후 연구가 진행되어야함을 지적하고 있다.

Aronoff, M. 1976. *Word Formation in Generative Grammar*. Cambridge, MA: MIT Press.

Baker, M. 1998. Norms. In M. Baker (ed.), *Routledge Encyclopedia of Translation Studies*. London: Routledge, 163-165.

Butler, C. S. 2003. *Structure and Function: A Guide to Three Major Structural-Functional Theories*. Part 1: Approaches to the simplex clause. Amsterdam: John Benjamins Publishing Company.

Chomsky, N. 1957. *Syntactic Structures*. The Hague: Mouton.

Chomsky, N. 1965. *Aspects of the Theory of Syntax*. The Hague: Mouton.

Chomsky, N. 1981. *Lectures on Government and Binding*. Dordrecht: Foris.

Chomsky, N. 1995. *The Minimalist Program*. Cambridge, MA: MIT Press.

Chomsky, N. 2001. Derivation by Phase. In M. Kenstowicz (ed.), *Ken Hale: A Life in Language*. Cambridge, MA: MIT Press, 1-52.

Chomsky, N and M. Halle. 1968. *The Sound Pattern of English*. New York: Harper and Row.

Clements, G. 1976. *Vowel Harmony in Nonlinear Generative Phonology: an Autosegmental Model*. Indiana University Linguistics Club.

Croft, W. 1995. Autonomy and functionalist linguistics. *Language* 71: 490-532.

De Saussure, F. 1916/1965. *Course in General Linguistics*. New York: McGraw-Hill.

Dik, S. 1978. *Functional Grammar*. Amsterdam: North Holland Publishing Company.

Dik, S. 1994. Functional Grammar. In E. Asher & J. Simpson (eds.), *The Encyclopedia of Language and Linguistics*. Oxford: Pergamon Press, 1318-1323.

Fillmore, C. 1975. *Santa Cruz Lectures on Deixis*. Bloomington: Indiana University Linguistics Club.

Fillmore, C. 1985. Frames and the Semantics of Understanding. *Quaderni di Semantica* 6: 222-254.

Givón, T. 1995a. *Functionalism and Grammar*. Amsterdam: John Benjamins.

Givón, T. 1995b. Isomorphism in the Grammatical Code. In R. Simone (ed.), *Iconicity in Language*. Amsterdam: John Benjamins, 47-76.

Goldsmith, J. 1976. *Autosegmental phonology*. Doctoral Dissertation, MIT.

Haiman, J. (ed.). 1985. *Iconicity in syntax*. Amsterdam: John Benjamins.

Halle, M. and K. P. Mohanan. 1985. Segmental phonology of modern English. *Linguistic Inquiry* 16: 57-111.

Halliday, M. A. K. 1994. *An Introduction to Functional Grammar* (2nd edition). London: Edward Arnold.

Krashen, S. 1977. The Monitor Model for Adult Second Language Performance. In M. Burt, H. Dulay & M. Finocchiaro (eds.), *Viewpoints on English as a Second Language*. New York: Regents, 152-161.

Krashen, S. 1982. *Principles and Practice in Second Language Acquisition*. Oxford: Pergamon Press.

Krashen, S. 1995. *Principles and Practice in Second Language Acquisition*. New York: Phoenix.

Lakoff, G. 1987. *Women, Fire, and Dangerous Things: What Categories Reveal About the Mind*. Chicago: The University of Chicago Press.

Langacker, R. 1987. *Foundations of Cognitive Grammar. Vol. 1: Theoretical Prerequisites*. Stanford: Stanford University Press.

Langacker, R. 1991. *Foundations of Cognitive Grammar. Vol. 2: Descriptive Application*. Stanford: Stanford University Press.

McCarthy, J. 1988. Feature Geometry and Dependency: A Review. *Phonetica* 43: 84-108.

Prince, A. & P. Smolensky. 2004 (1993). *Optimality Theory: Constraint Interaction in Generative Grammar*. (Revision of 1993 technical report,

Rutgers University Center for Cognitive Science). Malden, MA and Oxford, UK: Blackwell. [Available on ROA-537]

Rosch, E. 1975. Cognitive Representations of Semantic Categories. *Journal of Experimental Psychology: General* 104: 192-233.

Rosch, E. 1977. Human Categorization. In N. Warren (ed.), *Studies in Cross-Cultural Psychology* 1. London: Academic Press, 1-49.

Rosch, E. 1978. Principles of Categorization. In E. Rosch and B. Lloyd (eds.), *Cognition and Categorization.* Hillsdale, New Jersey: Erlbaum, 27-48.

Sagey, E. 1986. *The Representation of Features and Relations in Nonlinear Phonology.* Doctoral Dissertation, MIT.

Siegel, D. 1974. *Topics in English Morphology.* Doctoral Dissertation, MIT.

Spencer, A. 1988. Bracketing paradoxes and the English lexicon. *Language* 64: 663-682.

Szpyra, J. 1989. *The Phonology-Morphology Interface: Cycles, Levels and Words.* London: Routledge.

Yule, George. 1998. *Explaining English Grammar.* Oxford: Oxford University Press.

# 제2장

# 음운론: 최적성이론

■ 신승훈 / 영남대

## 1. 서론

음운론(phonology)은 자연언어가 가진 보편성과 개별언어가 가진 특수성의
관점에서 소리의 체계와 변이에 대해 연구하는 학문이다. 구조언어학을 거쳐
오늘날의 음운론이 학문으로써 그 골격을 갖추게 된 것은 Chomsky and
Halle의 The Sound Pattern of English(SPE; Chomsky and Halle, 1968)가
대표적이라 할 수 있다. SPE는 분절음이 여러 개의 자질(feature)로 이루어
져 있으며 음운현상은 규칙과 그 적용순서로 구성되어 있다고 주장하였다.
SPE는 아울러 이러한 규칙과 순서가 언어구사능력(competence)을 구성하고
무한히 많은 변화를 생성해낸다고 주장하였고 생성음운론(Generative
Phonology)의 가장 대표적인 모델이 되었다. 조금 과장된 예이긴 하지만

SPE의 틀 안에서 한국어 '생이별'이 실제 형성되는 과정을 설명하면 다음과 같다.

(1)  한국어 '생이별' 규칙적용 순서(Kim-Renaud, 1974)

/sɛŋ#lipyəl/

| | |
|---|---|
| sɛŋnipyəl | 비음화 |
| sɛɲipyəl | n-탈락 |
| sɛŋnipyəl | n-삽입 |
| sɛŋtnipyəl | t-삽입 |
| sɛŋcɲipyəl | 구개음화(Palatalization) |
| sɛŋt˺ɲipyəl | 저해음 비파열(Obstruent unreleasing) |
| sɛŋɲipyəl | 비연속음 뒤 자음탈락(Post-Noncontinuant C-deletion) |
| sɛŋɲibyəl | 유성음화(Voicing) |

[sɛŋ.ɲi.byəl]

과연 우리가 모국어화자로서 '생이별'이란 말을 할 때 우리 머릿속에 이와 같은 여러 과정을 거치는 것일까? 이러한 접근방법은 표면형 도출에 있어 위 (1)과 같이 지나치게 복잡한 규칙과 규칙의 적용순서를 설정하게 되는 필연적인 문제점을 드러내었고 이와 더불어 어떤 형태를 기저형으로 설정할 것인지에 대한 보다 근본적인 문제를 제기하게 되었다. SPE에서는 음성표기 (phonetic transcription)와 임의적인 기호(arbitrary notation) 사이의 어느 지점에 기저형이 있다고 주장하였다. 그러나 이러한 주장 역시 논란을 가중시킬 뿐이었고 음운론 연구는 지나치게 추상적인 기저형을 설정하거나 때로는 표면형의 특징을 모아 임의로 기저형을 설정하기도 하였다. 결국 Kiparsky (1982), Hyman(1970) 등과 같은 진일보한 연구 결과에도 불구하고 기저형을 설정함에 있어 SPE는 적절한 대안을 제시하는 데 실패하였다[1].

---

1) SPE에서 기저형과 관련된 토론은 Cheun(2004)의 6장 전체에 걸쳐 자세히 나타나 있

기저형의 설정과 관련하여 최근 관심을 끄는 흥미로운 사실은 외국어습득에 있어서의 학습자의 인지결과이다. 예를 들어 영어차용어인 한국어 "버스(bus)"의 기저형이 무엇이며 어떤 도출과정을 거치는지 결정하는 것이 결코 단순하고 쉬운 일이 아니다. 즉, 기저형 /bəs/에 한국어에서 가장 무표적인 모음 '으'가 삽입되어 표면형 [bəsi]가 도출되었다고 생각하기 쉬우나 이는 논란의 여지가 있다. 일본인들이 모국어에 없는 음의 연속을 포함한 소리, 예를 들어, [ebzo]를 들으면 /ebuzo/와 같이 환영모음(illusory vowel)을 넣어 이를 인지하고 이것이 잘못된 발화 [ebuzo]로 나타난다는 유명한 연구결과(Dupoux et al., 1999)는 기저형이 /ebzo/가 아니라 오히려 모음이 삽입된 /ebuzo/ 임을 시사하는 것이다. 이와 유사한 연구결과는 일본인의 영어 /r/과 /l/의 인지(Best and Strange, 1992; Bradlow, 2008), 중국인의 음절 뒤에 나타나는 파열음의 인지(Flege and Wang, 1989), 미국인의 음절 앞에 나타나는 힌디어의 치음과 반전음의 인지(Polka, 1991), Aoyama(2003)의 일본인의 영어 /n/-/ŋ/의 인지 등 최근 들어 급증하고 있는 추세이다. "기저형이 맞게 설정된다면 음운규칙은 자연히 그에 따라갈 것이다("If the representations are right, then the rules will follow(McCarthy, 1988: 84)")는 McCarthy의 말은 생성음운론에서 이러한 기저형 설정의 중요성과 어려움을 단적으로 표현한 말이라 하겠다.

SPE이후 성조, 강세 등 개별 분절음과는 독립적인 특성을 가지는 초분절음(suprasegment)의 특징을 설명하기 위해 단선적(linear)인 기저형을 배척하고 기저형에 여러 개의 계층(tier)을 설정한 이론이 등장하였는데 그 대표적인 것이 Goldsmith(1976), Clements(1976) 등에 의한 비단선음운론(Nonlinear Phonology) 혹은 이후 더 발전한 모델이 된 자립분절음운론(Autosegmental Phonology)이다. 이러한 이론은 기저형을 구체적으로 세분화하고 분절음과 자립분절적 요소를 별개의 계층으로 나누어 할당함으로써

---

으니 참고하기 바란다.

독립적으로 행동하는 자립분절적요소와 관련된 음운현상을 설득력 있게 보여주었다. 예를 들어 모음이 탈락되더라도 성조는 탈락하지 않고 인접 모음의 성조와 연결되는 현상(성조안정성, tone stability)등은 분절음이 여러 개의 층열로 이루어져있음을 보여주는 좋은 예라 할 수 있을 것이다. 이와 같이 자립분절음운론에서는 모든 자질이 자립적으로 행동하는 것을 설명한다는 점에서는 진일보한 이론이라 할 수 있으나 자립적 행동 역시 여전히 확산(spreading)과 단절(delinking)과 같은 규칙과 그 적용순서에 의해 좌우된다는 점에서는 SPE의 틀에서 크게 벗어났다고 보기는 어려울 것이다.

분절음이 자질의 집합으로 이루어진 것으로 주장한 SPE와 자립분절적 요소의 독자적 행동을 보여준 자립분절음운론 이후 음운론이론에 또 하나의 큰 진전을 가져온 것은 기하학적 자질도형(Feature Geometry)과 미명세표기(Underspecification)의 도입이다. Clements의 1985년 논문을 필두로, Sagey(1986), McCarthy(1988)등은 모든 자질이 동일한 개별 요소가 아니라 개별 요소 간 위계적 구조를 가지는 기하학적 자질도형으로 구성되어 있다고 주장하였다. 여러 가지 모형 중에서 McCarthy(1988)가 주장한 자질도형에 따른 자질모형을 그 예로 들면 다음과 같다.

(2)  McCarthy(1998)에 따른 자질모형

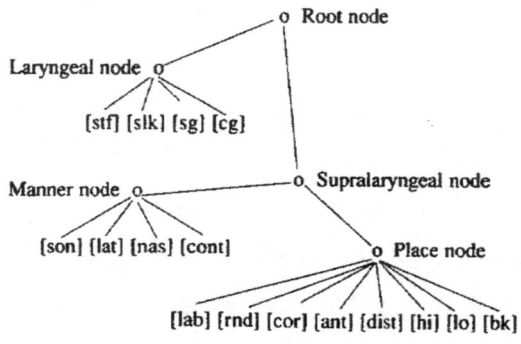

(2)에서 보는 바와 같이 자질도형은 가장 하부에 위치한 단말자질(terminal feature)과 이런 자질의 상위절점(superordinate node)인 부류절점(class node)으로 이루어진다. 예를 들면 [labial]이라는 자질은 조음장소절점(Place node)에 속하는 자질이며 [labial]이 속한 조음장소절점은 후강상부절점(Supralaryngeal node)에 속하게 된다. 이와 같이 하부조직과 하부조직을 가진 절점으로 구성되는 자질도형은 절점이 탈락하거나 동화하는 경우 아래 모든 자질이 같이 움직이는 종속관계로 나타냄으로써 개별하부자질에 대한 설명 없이도 절점에 대한 동화 혹은 삭제를 효과적으로 설명할 수 있다. 또한 자질 혹은 절점의 확산, 단절 혹은 저지(blocking) 과정을 통해 이와 같은 음운규칙을 자연스럽게 표현할 수 있는 장점을 가지고 있다.

음운론 이론에서 이러한 자질모형을 더욱 설득력 있게 만든 것은 미명세표기이론(Underspecification)이다. 미명세표기란 예측 가능한 자질은 기저형에 표기되지 않으며 반드시 표기되어야만 하는 자질만으로 기저형을 구성하는 것으로 크게 근원적 미명세표기(Radical Underspecification)와 대조적 미명세표기(Contrastive Underspecification)로 나뉜다. 굳이 명시할 필요 없는 잉여적인 자질(예: 비음이라면 유성)을 표기하지 않는다는 점에서는 두 표기 모두 동일하나 근원적 미명세표기는 잉여규칙으로 표기할 수 없는 자질만을 표기하는데 반해 대조적 미명세표기는 대조되는 자질을 각각 표기하게 된다. 미명세표기이론의 적용에 대한 언급은 4.1에서 다시 하기로 한다.

이러한 1960~80년대의 음운론이 전혀 다른 틀을 갖추게 된 것은 최적성이론(Optimality Theory: OT)이 발표된 이후의 일이다. 1991년 University of Arizona에서 열린 한 학회에서 Prince and Smolensky에 의해 "Optimality"라는 이름으로 처음 발표된 이후 최적성이론은 1993년 발표된 Prince and Smolensky의 Optimality Theory: Constraint Interaction in Generative Grammar과 역시 1993년 McCarthy and Prince에 의해 발표된 Prosodic Morphology I: Constraint Interaction and Satisfaction으로 이론의

기틀을 마련하였다. 이후 많은 학자들에 의해 연구되어 현재까지 음운론의 영역에서뿐만 아니라 통사론, 사회언어학, 전산언어학을 포함한 다양한 학문 영역에 적용되고 있는 최적성이론은 최근 20년간 음운론 전체의 거의 유일한 이론이라 보아도 무방할 지경에 이르렀다.

2장에서는 이러한 최적성이론의 기본 개념에 대해 살펴보고 3장은 최적성이론의 수정이론에 대한 도입 이유와 특징, 4장에서는 여러 수정이론이 불투명성을 어떻게 다르게 설명하는지 단계적 연쇄체인을 중심으로 그 실제 적용사례를 살펴보고자 한다.

## 2. 최적성이론의 개념

1990년에 접어들면서 Prince and Smolensky는 "C와 D사이에서 A는 B가 된다(A→B/C____D)"와 같은 SPE규칙이 /CAD/가 [CBD]가 되는 과정을 단지 기술하는데 지나지 않으며 전혀 설명력이 없다고 느끼게 되었고 이러한 생각은 이내 Prince and Smolensky(2004(1993))와 McCarthy and Prince(1993)에 의해 '최적성이론'이라는 이름으로 구체화되었다(McCarthy, 2008b). 최적성이론은 보편문법(Universal Grammar)의 일부인 보편적 제약(constraint)과 그 위계(hierarchy)가 문법을 구성한다는 기본적인 전제에서 출발하며 표면형을 도출하는 기본적인 구조는 다음과 같다.

(3)  최적성이론에서 최적형의 도출

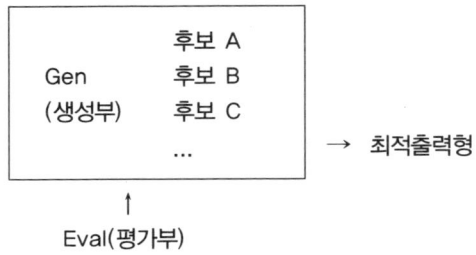

최적성이론은 크게 무한한 수의 후보를 만들어내는 생성부(Generator; Gen)
와 Gen에서 만들어진 후보를 평가하는 평가부(Evaluator, Eval)로 구성되어
있다. Eval은 최적형 후보를 선정하는 역할을 하는데 제약과 그 위계
(hierarchy or ranking)로 구성되어 있으며 Eval이 곧 한 언어의 문법이 된
다. 즉, 최적성이론은 무한히 많은 후보를 만들어내는 Gen과 언제나 위반
할 수 있는 보편적 제약과 제약의 엄격한 위계로 구성된 Eval로 구성되어
있다. Gen이 생성한 무한한 후보를 Eval이 평가하여 그 중 위계가 높은 제
약을 가장 많이 지키는 후보가 최적출력형으로 나타나게 되는 것이다.

예를 들어 4명이 문구점에서 펜을 산다는 것을 가정해 보자. 어떤 사람
은 가장 싼 것을 고르는 반면 다른 사람은 디자인이 좋은 것을, 또 다른 사
람은 가격과 상관없이 기능이 좋은 것을 살 것이다. 한편 디자인이 좋은 펜
을 고르려는 사람이 디자인이 좋은 두 종류의 펜 중에서 선택해야 한다면
가격, 기능, 브랜드 등을 다시 살펴볼 것이다. 다른 생각을 가진 다음 네 명
(갑, 을, 병, 정)이 각각 펜을 사는 경우를 가정해 보자.

(4) 갑의 경우(디자인 >> 가격 >> 기능 >> 브랜드)

|  | 디자인 | 가격 | 기능 | 브랜드 |
|---|---|---|---|---|
| a. ☞    A 모델 |  |  | * | * |
| b.      B 모델 | *! |  | * |  |
| c.      C 모델 | *! | * |  |  |
| d.      D 모델 |  | *! | * |  |

(A >> B는 A제약의 위계가 B보다 높음을 의미한다.)

갑이 펜을 고르는 기준은 디자인이 가장 중요한 요소(평가표의 가장 왼쪽에
위치)이며 그 다음으로 가격과 기능을 중요하게 생각한다. 이에 비해 브랜드
는 크게 중요한 요소가 아니다. 주어진 많은 후보들 중 갑은 디자인이 좋은
A와 D 중에서(해당 제약을 충족하지 않는 경우 *로 표시하고 후보에서 제
외되는 경우 !로 표시) 가격까지 저렴한 A를 고를 것이다. 물론 A는 기능도

떨어지고 브랜드도 좋지 않지만 갑에게 중요한 것은 디자인과 가격이므로 갑은 A를 선택하게 되는 것이다.

만약 다른 세 명이 펜을 산다고 가정할 때 각각 어떤 요소를 가장 중요하게 생각하느냐에 따라 전혀 다른 펜을 사게 될 것이다. 아래 을의 경우는 가격과 브랜드를 중요하게 생각하는 경우, 병은 펜의 기능을 중시하는 경우, 정은 브랜드와 디자인을 중시하는 경우이며 이러한 요소(제약)의 중요도(위계)에 따라 각각 다른 후보가 선택되게 된다.

(5)  을의 경우(가격 >> 브랜드 >> 디자인 >> 기능)

|  |  | 가격 | 브랜드 | 디자인 | 기능 |
|---|---|---|---|---|---|
| a. | A 모델 |  | *! |  | * |
| b. ☞ | B 모델 |  |  | * | * |
| c. | C 모델 | *! |  | * |  |
| d. | D 모델 | *! |  |  | * |

(6)  병의 경우(기능 >> 가격 >> 브랜드 >> 디자인)

|  |  | 기능 | 가격 | 브랜드 | 디자인 |
|---|---|---|---|---|---|
| a. | A 모델 | *! |  | *! |  |
| b. | B 모델 | *! |  |  | * |
| c. ☞ | C 모델 |  | * |  | * |
| d. | D 모델 | *! | * |  |  |

(7)  정의 경우(브랜드 >> 디자인 >> 기능 >> 가격)

|  |  | 브랜드 | 디자인 | 기능 | 가격 |
|---|---|---|---|---|---|
| a. | A 모델 | *! |  | * |  |
| b. | B 모델 |  | *! | * |  |
| c. | C 모델 |  | *! |  | * |
| d. ☞ | D 모델 |  |  | * | * |

이러한 개념은 이전 생성음운론 혹은 자립분절음운론과 다음과 같은 측

면에서 큰 차이를 보인다. 첫째, 제약(constraint)과 위계(hierarchy)가 각각 규칙(rule)과 규칙의 순서(rule-ordering)를 대체한다는 것이다. 이는 단순히 규칙이 제약으로, 또 순서가 위계로 바뀌는 것을 의미하는 것이 아니어서 기존 이론에서는 표면형이 모든 규칙을 지켜야하는 반면 최적성이론에서의 표면형은 많은 제약을 어길 수도 있으며 규칙이 적용되는 여러 번의 과정 없이 한 번의 과정으로 표면형을 도출할 수 있다. 둘째, 생성음운론 혹은 자립분절음운론은 규칙이 적용되는 기저형에 의존하는(input-driven) 문법인 반면 최적성이론은 표면형에 관심을 가지는(output-driven) 문법으로 정확한 기저형을 설정하여야 하는 기존 이론의 문제점과 부담을 크게 해소하였다. 셋째, 개별 음운현상에 대한 복잡한 규칙과 더 복잡한 적용순서가 아닌 언어 보편적 특성을 지닌 제약의 위계가 그 자체로 문법이 됨으로써 언어의 보편성을 강조하였고, 제약의 위계에 따른 언어의 다양한 형태(typology)를 잘 설명할 수 있는 장점이 있다. 이를 구체적으로 살펴보면 다음과 같다.

먼저 규칙과 제약의 차이를 McCarthy(2008b)에 소개된 Yawelmani의 경우를 통해 살펴보기로 하자. Yawelmani의 최대음절은 CVC이다. 이러한 음절크기에 대한 제약으로 Yawelmani의 기저형에 나오는 마지막 모음은 (8a)와 같이 탈락한다. 그러나 마지막 모음이 자음연속군을 선행하게 되면 (8b)와 같이 탈락하지 않는다.

(8)　Yawelmani 어말모음 탈락
　　a.　/taxa:-k$^?$**a**/　　[ta.xak$^?$]　　'bring'
　　b.　/xat-k$^?$a/　　　[xat.k$^?$a]　　'eat'

또한 Yawelmani는 어중에 세 개의 자음이 연속하는 경우 모음삽입이 일어나서 (9b)의 경우 두 개의 자음이 연속하는 경우와 달리 (9a)의 경우 모음삽입이 일어난다.

(9) Yawelmani 모음 삽입

    a. /ʔilk-hin/    [ʔi.lik.hin]    'sing(nonfuture)'

    b. /ʔilk-al/    [ʔil.kal]    'sing(dubitative)'

Yawelmani에서 나타나는 이러한 현상을 SPE의 틀 안에서 설명하면 다음 (10)과 같다.

(10) SPE에서의 Yawelmani 규칙

    a. 모음탈락규칙: V → ∅/CV___#

    b. 모음삽입규칙: ∅ → C___CC

그러나 이러한 규칙은 Yawelmani가 갖는 가장 중요한 점을 간과하는 것이다. 즉, 모음탈락과 모음삽입이 전혀 다른 두 개의 규칙이 아니라 결국 표면형이 CVC보다 큰 크기의 음절을 가지지 않고자 하는 것이 Yawelmani 음운현상의 가장 중요한 특성인 것이다. 즉, (8a)와 (8b)의 차이는 (8a)와 달리 (8b)에서 모음이 탈락하는 경우 *[xatk$^{ʔ}$]와 같이 CVC보다 큰 CVCC음절이 나타나게 되므로 모음탈락이 일어나지 않는 것이며 (9a)와 (9b)의 차이 역시 (9b)의 경우에서와 같이 (9a)에서 모음삽입이 일어나지 않으면 *[ʔil.khin]과 같은 CCVC와 같은 음절이 나타나게 된다는 데 있는 것이다.

    둘째, 이와 관련하여 좀 더 구체적으로 기저형과 표면형 중 어떤 것이 음운론에서 더 중시되어져야 하는지 생각해보자. 다음은 Tagalog의 접사삽입의 경우이다.

(11) Tagalog -um접사 삽입

| 어근 | 접사삽입 | 뜻 |
|---|---|---|
| a. tawag | t-um-awag | call |
| b. sulat | s-um-ulat | write |

c. gradwet  gr-um-adwet  graduate

d. aral   um-aral   teach

위의 예를 보면 접사 um의 위치가 접두사(d의 경우) 혹은 삽입사(a-c의 경우; infix)인 것처럼 보이는데 단어 앞에 자음이 있다면 자음군 뒤에, 그렇지 않다면 단어 앞(혹은 모음 앞)에 두는 것으로 일반화할 수 있을 것이다. 그러나 이러한 일반화는 단지 접사가 나타나는 환경을 기술할 뿐 왜 그와 같은 환경에서 나타나는지에 대한 어떤 설명력도 가지고 있지 않다. 특히, 음절두음으로써 자음 혹은 자음군이 강세에도 전혀 영향을 주지 않는 운율적 단위가 될 수 없다는 점을 고려하면 이와 같은 일반화가 주는 설명은 설득력이 낮다 할 것이다.

위의 접사 삽입에 대한 최적성이론에 의한 설명은 다음과 같다.

(12) 최적성이론제약

 a. NoCoda: 음절은 말음을 가지지 않아야 한다.

 b. Edgemost(L, *um*): 접사 um은 단어의 가장 왼쪽 가장자리에 위치하여야 한다.

(13) 평가표

 a. /um-sulat/ → [su.mu.lat]

| | /um-sulat/ | NoCoda | Edgemost (L, *um*) |
|---|---|---|---|
| a. | um.su.lat (um-sulat) | **! | Ø |
| b. ☞ | su.mu.lat (s-um-ulat) | * | * (s) |
| c. | su.um.lat (su-um-lat) | **! | ** (su) |
| d. | su.lu.mat (sul-um-at) | * | **!* (sul) |
| | su.la.umt (sula-um-t) | * | **!** (sula) |
| | su.la.tum (sulat-um) | * | **!*** (sulat) |

b. /um-gradwet/ → [gru.mad.wet]

| /um-gradwet/ | | NoCoda | Edgemost (L, *um*) |
|---|---|---|---|
| a. | um.grad.wet (um-gradwet) | ***! | Ø |
| b. | gum.rad.wet (g-um-radwet) | ***! | * (g) |
| c. ☞ | gru.mad.wet (gr-um-adwet) | ** | ** (gr) |
| | gra.um.dwet (gra-um-dwet) | ** | ***! (gra) |
| | gra.dum.wet (grad-um-wet) | ** | ***!* (grad) |
| | grad.wu.met (gradw-um-et) | ** | ***!** (gradw) |
| | grad.we.umt (gradwe-um-t) | ** | ***!*** (gradwe) |
| | grad.we.tum (gradwet-um) | ** | ***!**** (gradwet) |

c. /um-aral/ → [u.ma.ral]

| /um-aral/ | | NoCoda | Edgemost (L, *um*) |
|---|---|---|---|
| a. ☞ | u.ma.ral (um-aral) | * | Ø |
| b. | a.um.ral (a-um-ral) | **! | * (a) |
| c. | a.ru.mal (ar-um-al) | * | **! (ar) |
| d. | a.ra.uml (ara-um-l) | * | **!* (ara) |
| e. | a.ra.lum (aral-um) | * | **!** (aral) |

위의 평가표에서 나타나는 최적성이론에 의한 설명은 접사는 최대한 단어의
왼쪽에 위치(Edgemost(L, um))시키지만 음절말음을 최소화(NoCoda)하여야
한다는 것으로 이는 모든 언어가 음절말음을 회피하고자 하는 언어보편성을
Tagalog 역시 잘 지키고 있으며, 이와 동시에 um접사는 최대한 단어의 왼
쪽에 위치시키는 Tagalog의 형태론을 동시에 잘 보여준다.

셋째, 최적성이론은 제약의 위계에 따라 여러 가지 다양한 변이를 가지
는 계승유형론(Factorial Typology)을 명료하게 설명할 수 있다는 점이다.
여기에서 계승이란 n!에 의해 계산되는 제약의 조합에 의해 생성되는 다양
한 결과를 의미한다. 즉, 제약이 2개라면 2! = 2, 3개라면 3! = 6, 4개라면 4!
= 24와 같은 식이다. 이와 같이 3개의 제약을 어떻게 조합하느냐에 따라(예
를 들면, A>>B>>C, B>>A>>C, C>>A>>B 등) 6개의 가능한 언어변이를
쉽게 설명할 수 있다는 것이다. 다음 가상의 기저형인 /pap/에 대해 Max,
Dep, NoCoda가 다른 위계를 가지는 세 가지 경우를 예로 들어보자.

(14) /pap/ → [pap]으로 나타나는 언어의 경우

| /pap/ | | Max | Dep | NoCoda |
|---|---|---|---|---|
| a. | ☞ pap | | | * |
| b. | pa | *! | | |
| c. | pa.pə | | *! | |

(Max: $S_1$의 모든 분절음은 $S_2$에 그 대응어를 가진다. – 탈락금지)

(Dep: $S_2$의 모든 분절음은 $S_1$에 그 대응어를 가진다. – 삽입금지)

(15) /pap/ → [pa]로 나타나는 언어의 경우

| /pap/ | | Dep | NoCoda | Max |
|---|---|---|---|---|
| a. | pap | | *! | |
| b. | ☞ pa | | | * |
| c. | pa.pə | *! | | |

(16) /pap/ → [papə]로 나타나는 언어의 경우

| /pap/ | | NoCoda | Max | Dep |
|---|---|---|---|---|
| a. | pap | *! | | |
| b. | pa | | *! | |
| c. | ☞ pa.pə | | | * |

/pap/이라는 기저형이 있다고 가정할 때 (14)와 같이 유표성제약인 NoCoda 제약의 위계가 가장 낮지만 Max와 Dep과 같은 충실성제약이 높게 위치하는 경우 기저형과 충실하게 [pap]으로 나타나게 된다(Dep과 Max의 제약의 위계가 바뀌거나 동일한 경우도 동일한 출력형이 나옴). 그러나 (15)와 같이 NoCoda가 Dep보다는 낮게 위치하지만 Max보다 높게 위치하는 경우 모음 삽입이 일어나지 않고 음절말음이 탈락하여 [pa]로 나타나며, NoCoda가 가장 높은 제약의 위계에 있고 Dep이 가장 낮은 제약의 위계에 있을 때는 (16)과 같이 NoCoda를 지키고 Dep을 어기게 되면서 모음 삽입이 일어나게 된다. 이와 같이 최적성이론에서는 제약의 위계가 언어의 다양한 유형을 설명하는 장점을 가지며 언어의 유형은 결국 제약의 다양한 위계에 따른 것이

라는 것을 잘 보여준다.

넷째, 예외적인 경우를 제약의 위계로 설명할 수 있는 장점을 들 수 있다. 예를 들어 대표적인 예외성인 잉여율격성의 경우를 Hindi어를 중심으로 살펴보면 다음과 같다. Hindi어는 말미음절이 아닌 가장 오른쪽 음절인 제2 말미음절(penult)이 강세를 가지는데 이와 같은 잉여율격적인(extrametrical) 음절을 예외적으로 취급하지 않고 최적성이론은 다음과 같은 제약으로 설명할 수 있다.

(17) 제약

   a. NonFinality: 말미 음절은 강세를 가질 수 없다.

   b. EdgeMost(R, Stress): 강세는 단어의 가장 오른쪽 가장자리에 위치하여야 한다.

(18) 평가표

| /samiti/ | | NonFinality | EdgeMost(R, Stress) |
|---|---|---|---|
| a. | sámiti | | **! |
| b. ☞ | samíti | | * |
| c. | samití | *! | |

위의 평가표와 같이 모든 언어는 이와 같은 제약을 가지고 있으며 단지 그 차이점은 언어마다 제약의 위계가 다르다는 것으로 최적성이론의 틀 안에서 예외성을 설명할 수 있을 것이다.

## 3. 최적성이론의 발전

본 장에서는 여러 가지 목적에 의해 수정되어온 최적성이론에 대해 살펴보고 그 수정 목적과 특징, 그리고 적용에 대해 알아보고자 한다.

## 3.1. 대응이론(Correspondence Theory)

대응이론(Correspondence Theory; McCarthy and Prince, 1995)은 말 그대로 입력형, 출력형 등 다양한 형태 간 대응(Correspondence)에 관한 이론이다. 이러한 대응은 충실성(Faithfulness)과 비슷한 개념이지만 중첩형(Reduplicant), 절단형(Truncated form) 등 다양한 출력형 간의 관계, 혹은 입력형과 출력형과의 관계 등을 설명하기 위해 도입되었으며 실제 대응관계를 통해 음운적 불규칙성(phonological irregularity)을 효과적으로 설명하는 장점을 가지고 있다. 본 절에서는 각각 중첩형 형성과정과 절단형 형성과정에서 나타나는 대응관계를 McCarthy and Prince(1995)와 Benua(1995)를 중심으로 살펴보고자 한다.

먼저 McCarthy and Prince(1995: 4)가 주장한 대응이라는 개념을 정의하면 다음과 같다.

(19) 대응
비교하는 $S_1$과 $S_2$라는 음의 연속이 있을 때 $S_1$과 $S_2$간의 관계 $R$을 대응이라고 한다. 즉, α가 $S_1$의 일부분이며 β가 $S_2$의 일부분이어서 α$R$β일 때 α와 β는 서로 대응하는 관계이고 이를 대응소(correspondent)라고 한다(Given two strings $S_1$ and $S_2$, correspondence is a relation $R$ from the elements of $S_1$ to those of $S_2$. Segments α(an element of $S_1$) and β(an element of $S_2$) are referred to as correspondents of one another when α$R$β.)

대응이론의 가장 큰 기여는 음운론적 불규칙성이 출력형 사이의 대응관계를 유지하기 위해서라는 것을 증명한 데 있다. McCarthy and Prince (1995)의 Madurese의 예를 보면 다음 (20), (21)과 같다.

(20) Madurese의 비음화

    a. /soon/      [ɔn-sɔʔɔ̃n]    'request(noun)'

    b. /neat/      [nẽỹãt]      'intention'

위 (20b)의 예를 보면 비음화의 방향은 왼쪽에서 오른쪽으로 진행되며 (20a) 에서와 같이 오른쪽에서 왼쪽으로는 진행되지 않는다는 것을 알 수 있다. 그 러나 오른쪽에서 왼쪽으로 진행되지 않는 비음화가 다음 (21)의 중첩형 (reduplicant)에서는 그 방향으로 진행된 것을 확인할 수 있다.

(21) Madurese 중첩에서의 비음화규칙 과대적용

    a. /neat/      ỹãt-nẽỹãt    'intentions'

    b. /maen-an/    ẽn-mãẽn-ãn    'toys'

    이와 같이 중첩형 생성에서는 비음화가 예외적으로 적용되는데 대응이 론은 이러한 이유가 중첩형이 어기형(base form)과 대응하기 위한 것이라고 설명한다. 즉, 비음화규칙이 적용되지 않아야 함에도 불구하고 어기와 중첩 형 간의 대응을 위해 규칙이 과대적용(overapplication) 되고 있다는 것이다. 즉, 규칙의 과대적용은 중첩형이 어기를 닮아 어기에 충실(대응)하고자 하는 목적에서 기인하는 것이다.

    이를 대응이론의 틀 안에서 평가표로 설명하면 다음과 같다.

(22) /RED + neat/ → ỹãt-nẽỹãt

| /RED + neat/ | | Ident-BR[nas] | *NV$_{Oral}$ | *V$_{Nas}$ | Ident-IO[nas] |
|---|---|---|---|---|---|
| a. ☞ | ỹãt-nẽỹãt | | | ***** | ** |
| b. | yat-neỹãt | | *! | * | * |
| c. | ỹãt-neỹãt | **! | | *** | ** |

(Ident-BR[nas]: 어기와 중첩형에서 대응하는 분절음은 [nasal]자질에 대해 동 일한 값을 가져야 한다.)

(Ident-IO[nas]: 입력형과 출력형에서 대응하는 분절음은 [nasal]자질에 대해 동일한 값을 가져야 한다.)

다음은 이와 반대로 규칙이 적용되어야 함에도 불구하고 대응관계를 위해 규칙이 적용되지 않는 과소적용(underapplication)의 경우를 살펴보자. 과다적용이 어기와 중첩형 사이의 대응관계를 유지하기 위해 음운규칙이 적용되지 않아도 되는 경우에 적용되는 경우라면 과소적용은 어기와 중첩형 사이의 대응관계를 유지하기 위해 음운규칙이 적용되어야 하는 경우에 적용되지 않는 경우를 말한다. Akan의 예를 들어보자. Akan은 연구개 혹은 연구개 뒤쪽에서 소리 나는 자음이 전설모음 앞에 나타나는 것을 허용하지 않으며 이때 구개음화가 일어난다. 그러나 일반적인 형태가 아닌 중첩형의 경우를 보면 (23)과 같이 전설모음 앞에 어기에 존재하는 연구개 혹은 성문음이 나타나 구개음화가 적용되지 않았다는 것을 알 수 있다.

(23) Akan 중첩에서의 구개음화 과소적용

| 어기 | 중첩형 | 예상형 | 뜻 |
|------|--------|--------|-----|
| a. kaʔ | kɪ-kaʔ | *tɕɪ-kaʔ | bite |
| b. hawʔ | hɪ-hawʔ | *çɪ-hawʔ | trouble |

이와 같은 출력형 간의 대응관계는 다음 (24)와 같이 나타낼 수 있으며 (각 형태 간 연결된 선은 대응관계를 보여준다) 대응관계를 위한 규칙의 과다 혹은 과소적용을 일으키는 제약의 위계는 다음 (25)와 같다.

(24) 중첩에서의 대응관계

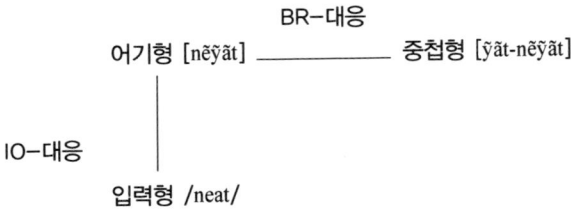

(25) 규칙의 과다 혹은 과소적용을 위한 제약의 위계
  a. 정상적용: 음운제약 >> IO-대응제약 >> BR 대응제약
  b. 과다적용: BR 대응제약, 음운제약 >> IO-대응제약
  c. 과소적용: 음운제약 >> IO-대응제약 >> BR 대응제약


   이러한 후보 간 대응은 절단(truncation)의 경우에도 동일하게 적용되어 절단형(truncated form)과 어기의 대응관계를 위해 음운규칙이 과다적용되거나 과소적용되기도 한다. 먼저 Benua(1995)를 중심으로 영어 애칭축약에서 나타나는 과소적용의 사례를 살펴보기로 하자.
   영어의 경우 철자 "a"로 쓰이는 모음 [æ]는 [r]로 끝나는 음절에서는 나타날 수 없으며 이러한 환경에서는 (26b)와 같이 [a]로 나타난다.


(26) English [æ]와 [a]의 분포

  a. map     [mæp]      b. mar    [mar]
     carry   [kæ.ri]       car    [kar]
     Harry   [hæ.ri]       hard   [hard]


그러나 이러한 음운적 규칙성은 절단형에는 예외적으로 적용되어 아래 영어의 애칭을 보면 동일한 음절 내에서 [ær]이 나타나는 것을 알 수 있다.

(27) 영어애칭 축약

    a. Harry [hæ.ri]    →    Har [hær]

    b. Larry [læ.ri]    →    Lar [lær]

    b. Sarah [sæ.ra]    →    Sar [sær]

동일한 음절에서 나타나는 [ær]의 연속을 허용하지 않는 영어의 규칙이 (27)과 같은 애칭축약에서는 적용되지 않았고 이러한 $*ær]_0$규칙의 과소적용은 규칙의 적용보다 더 중요하게 여겨지는 어기와 절단형의 대응관계로 설명 가능하다. 이를 그림으로 나타내면 다음 (28)과 같다.

(28) 영어애칭 절단에서의 대응관계(Benua, 1995)

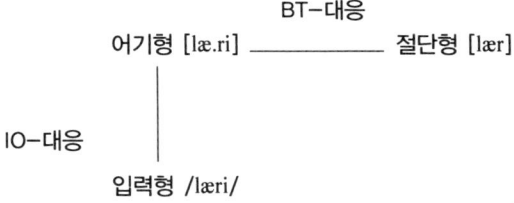

이와 같이 $*ær]_0$ 규칙의 과소적용은 어기와 절단형이 최대한 서로 충실한 모습으로 나타나야 한다는 어기형-절단형 대응관계(BT-대응)에서 비롯된 것이다.

    이번에는 Benua(1995)가 주장한 Icelandic의 예를 중심으로 과대적용의 예를 살펴보면 다음과 같다. Icelandic어의 경우 행동과 관련된 동사에서 명사를 파생(Deverbal Action Noun)할 때 동사원형의 마지막 모음을 탈락시키게 되는데 아래 (29)와 같다.

(29) Icelandic어의 동사에서 유래한 명사형

| 기저형 | 동사(어기) | 뜻 | 축약된 동명사 | 뜻 |
|--------|-----------|-----|-------------|-----|
| sötra | söötra | sip | söötr | sipping |
| puukra | puukra | conceal | puukr | concealment |

Icelandic에서는 장모음은 강세 받는 개음절(open syllable)에서만 나타나며 폐음절에서는 나타날 수 없다. 또한 단어의 마지막 한 개의 자음은 율격외적 (extrametrical)이며 그 이외의 음절말음은 모라를 가진다. Icelandic의 경우, "강세가 있는 음절은 두 개의 모라를 가지는 중음절(heavy syllable)이어야 한다"는 제약(Stress-to-Weight)을 고려해보면 어기인 동사원형의 경우 강세를 받음으로써 장모음화가 일어나 중음절을 구성하였다는 것을 알 수 있다. 그러나 축약된 동명사의 경우(예: söötr, puukr) 장모음이 나타날 수 없는 폐음절로 이루어져 있으며 특히, 음절말음이 이미 모라를 가지므로 강세모음의 장모음화, 즉, Stress-to-Weight가 적용되지 않아도 되는 환경에서 과대적용되었다는 것을 알 수 있다.

Icelandic의 동명사형 축약형과 관련된 또 하나 흥미로운 사실은 Icelandic이 과대적용뿐 아니라 과소적용의 경우도 동시에 보여준다는 것이다. 즉, Icelandic은 단어 마지막에 나타나는 공명도 상승 자음의 연속을 허용하지 않는다. 그러나 축약형의 경우, (29)에서 보는 바와 같이 단어 마지막에 공명도가 상승하는 자음연속이 나타나(tr과 kr) 모음삽입 혹은 자음탈락에 관한 제약이 어기와 축약형 사이의 대응관계로 인해 과소적용 된 것을 알 수 있다. Icelandic절단에서의 대응관계를 그림으로 나타내면 다음과 같다.

(30) Icelandic 절단에서의 대응관계(Benua, 1995)

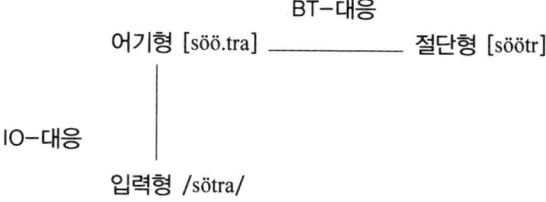

최적성이론이 제안되기 이전 축약과 절단이 형판(template)에 의한 것
이라는 기존 주장은 이와 같은 규칙의 과소 및 과다적용현상을 보면 설득력
이 떨어진다는 것을 쉽게 알 수 있다. 이와는 달리 대응이론에 의한 설명은
언어에서 나타나는 음운적 불규칙성이 대응관계에 의한 것이라는 것을 체계
적으로 보여줌으로써 보다 더 객관적 진실에 가깝게 접근하였다고 할 수 있
다.

## 3.2. 후보연쇄 최적성이론(OT-CC)과
### 조화적 연속주의(Harmonic Serialism)

최적성이론이 발표된 이후 이론의 가장 큰 문제점이자 지속적인 관심사는
음운론적 불투명성(Phonological opacity)을 해결하지 못하는 초기 최적성이
론의 결점을 보완하고자 하는 것이었다. 그러나 그러한 일련의 과정 속에서
도 McCarthy와 같은 이론의 제안자들이 고집스럽게 고수한 것은 연속주의
적 도출과 도출과정에서 나타나는 중간형태를 인정하지 않는다는 것과 생성
부가 여전히 무한히 많은 구조 혹은 후보를 생성할 수 있다(Freedom of
Analysis)는 것이었다. 그러나 이러한 기본 개념에서 출발한 공감이론
(Sympathy Theory; McCarthy, 1999)등이 오히려 최적성이론 전체에 대한
심각한 회의를 불러일으키게 되면서 2006년에 접어들어 McCarthy(2006)는
음운론적 불투명성을 근본적으로 해결하기 위해 초창기부터 줄곧 내걸었던

기본 개념을 포기하고 연속주의적 도출과 중간형태를 받아들이게 되었다. 동시에 생성부가 생성하는 후보에 연쇄(chain)의 개념을 도입하여 도출과 후보 생성에 엄격한 제약을 두기에 이르렀다.

이러한 최적성이론에 대한 수정이론은 2006년 Indiana대학교에서 개최된 Indiana Phonology Fest에서 McCarthy(McCarthy, 2006)에 의해 공식 언급되면서 후보연쇄 최적성이론(Optimality Theory with Candidate Chains, OT-CC)(McCarthy, 2006, 2007a, 2007b, 2008a)으로 명칭 되었으며 2009년이 되면서 조화적 연속이론(Harmonic Serialism, HS)[2](McCarthy, 2009a, b, 2010a, b)와 혼용되어 사용되고 있다. OT-CC 혹은 HS로 불리는 이론의 기본 개념은 초기 최적성이론과 달리 연속적 도출이 가능하여 여러 후보가 연쇄를 이루어 생성되며(예: A가 D로 나타날 때 후보연쇄는 <A, B, C, D>와 같이 B, C라는 중간형태를 통한 도출이 일어남) 이러한 도출과정에서 각각의 단계는 제약의 측면에서 조화의 향상(Harmonic improvement), 즉, 제약을 더 잘 충족시켜야 한다는 것이다. 이러한 이유로 후보가 연쇄적으로 일어나는 것을 의미하는 OT-CC라고 불리게 되었고 후보연쇄과정이 조화성(harmony)의 향상에 의한 것이므로 HS라고 명칭된 것이다.

구체적으로 후보연쇄에 대해 살펴보면 다음과 같다. 먼저, 후보연쇄는 세 가지의 조건인 기저형과 동일한 첫 후보, 점진성(gradualness), 조화성(harmony)의 향상을 지켜야 하는데 이를 구체적으로 살펴보면 다음과 같다.

---

2) McCarthy가 2009년에 주장한 조화적 연속주의는 1993년 Prince and Smolensky(2004 (1993)) 혹은 McCarthy and Prince(1993a)의 조화적 연속주의와는 조금 다른 개념이다. 즉, 초창기 최적성이론에서는 생성부가 생성한 입력형이 얼마나 더 조화적인지 평가받고, 가장 조화적인 최적형은 다시 생성부로 돌아가 다시 다른 후보를 만들고 다시 평가를 받게 되는 일련의 과정이 조화성이 최고조에 이를 때까지 연속적으로 계속된다는 의미였다. OT-CC에서의 조화적 연속주의는 이러한 과정이 후보의 연쇄로 이루어지며 동시에 점진성을 지키는 것으로 OT-CC 전체를 지칭하는 의미로 사용되고 있다.

(31) 후보연쇄의 세 가지 조건(McCarthy, 2006, 2007b, 2009a)

   a. 기저형에 충실한 첫 구성소(Faithful first member)

   후보 연쇄의 첫 형태는 기저형에 가장 충실한 후보로 음운구조를 가지
   는 것을 제외하면 기저형과 동일한 형태로 출발하여야 한다.

   b. 점진적 변이(Gradualness 또는 Gradual Divergence)

   연속하는 다음 후보는 이전 후보가 위반한 것보다 한 개의 충실성 위
   반만을 추가하여야 한다.

   c. 조화 향상성(Harmonic Improvement)

   연속하는 후보는 이전 후보보다 제약의 위계를 기준으로 더 조화로워
   야 한다.

a)는 후보연쇄의 첫 번째 형태가 음운구조를 가지는 것을 제외하면 기저형과
동일한 형태로 시작하여야 한다는 조건을, b)와 c)는 각각 후보연쇄에서 다
음 후보로의 연결이 가능하려면 한 개 이상의 충실성제약을 어길 수 없고,
이러한 충실성제약의 위반은 조화성향상으로 나타나야만 한다는 것이다. 아
래 (32)의 제약위계를 가진 언어를 가정으로 예로 들어보자.

(32) 가정된 언어의 제약위계

   NoCoda >> Max >> Dep >> $*VC_{VCLS}V$ >> ID[voice]

   ($*VC_{VCLS}V$: 모음사이 무성자음 금지)

이와 같은 제약위계를 가지는 언어를 가정할 때 /pap/과 같은 기저형은
다음과 같은 후보연쇄를 보일 수 있을 것이다.

(33) 제약위계 (32)를 기준으로 보았을 때 입력형 /pap/에 대한 정당한 후보연
   쇄(McCarthy, 2007a: 63)

   a. <pap>                      기저형에 충실한 첫 형태
   b. <pap, pa.pə>               NoCoda >> Dep이므로 조화향상

c. <pap, pa>　　　　　　　NoCoda >> Max이므로 조화향상

d. <pap, pa.pə, pa.bə>　　NoCoda >> Dep이므로 pap→pa.pə연결이 조
화향상이며 *VC_VCLS V >> Ident[voice]이므로
pa.pə→pa.bə연결 역시 조화향상

　　주목할 점은 위와 같은 언어가 음절 말 모음삽입과 모음사이 저해음의
유성음화를 모두 겪는다고 가정할 때 */pap/→[pa.bə]와 같은 연결은 점진
적 변이를 위반하여 불가능한 후보이며 이 경우 <pap, pa.pə, pa.bə>와 같이
<pa.pə>와 같은 중간형태를 거쳐 도출하여야 한다는 것이다. 이와 같은 불
가능한 후보연쇄의 예를 들면 다음과 같다.

(34) 입력형 /pap/에 대한 불가능한 후보연쇄(McCarthy, 2007a: 63)
　　a. **<pap, pab>[3]　　위 (32)의 제약위계를 기준으로 할 때 조화향상 없음
　　b. **<pa.pə, pa.bə>　첫 후보가 기저형과 충실하지 않음
　　c. **<pap, pa.bə>　　점진적으로 변이하지 않았음
　　　　　　　　　　　　　　　(삽입, 유성음화 동시진행)

　　이러한 개념은 전통적인 최적성이론과 비교하였을 때 최적성이론 하에
서 음운규칙이 적용되기 위한 최소한의 조건인 조화향상성을 설정함으로써
전체최소값(global minimum)이 아닌 대역최소값(local minimum)이 생성되
는 장점을 가지고 있는데 이를 구체적으로 설명하면 다음과 같다.

　　우리는 위에서 전통적인 최적성이론의 가장 큰 장점 중의 하나로 계승
유형론을 잘 설명한다는 것을 들었다. 즉, 최적성이론은 제약의 위계에 따라
다양한 언어적 변이를 설명할 수 있어서 제약이 3개라면 3! = 6, 즉 6개의
다양한 출력형이 그 위계에 따라 가능한 것이다. 그러나 이러한 최적성이론
의 장점은 때로 그 적용범위가 확대되었을 때 실제 일어나지 않는 형태까지

---

3) HS에서 별 표 두 개는 불가능한 후보연쇄를 의미한다.

설명할 수 있는 치명적 약점을 동시에 내포하고 있었다. 이러한 이유로 최적성이론이 발표된 이후 줄곧 최적성이론은 지나치게 강력하여 모든 것에 대한 설명이 가능하며 심지어는 실제 일어나지 않는 형태조차 설명할 수 있을 것이라는 비판이 제기된 것이 사실이다. 그러나 조화적 연쇄주의를 표방하는 OT-CC는 연쇄체인에 있어 조화향상이 없는 한 더 이상 음운현상의 진행을 멈춤으로써 기존 최적성이론에서의 한계를 벗어나고자 하였다. 이를 McCarthy(2008a: 283)는 구르는 돌에 비유하여 기존 최적성이론은 한 번 공을 굴리면 언덕 끝까지 자동적으로 공이 구르는 반면 조화적 연쇄주의는 언덕에 융기들이 있어 조화향상이 없는 한 융기에 공이 걸려 더 이상 아래로 나아갈 수 없다고 설명한다(즉, 공을 구르게 하는 힘은 조화성이다.).

실제 예를 들어보면 다음과 같다. 모라를 3개 가지는 superheavy인 CV:C음절은 많은 언어에서 허용되지 않는 형태(*CV:C)로 이러한 기저형 CV:C가 표면형에 나타날 때 가장 흔히 일어나는 음운현상은 모음의 축약과 삽입으로 아래 Cairene아랍어와 Mekkan Arabic이 각각 보여주는 바와 같다.

(35) 기저형 CV:C의 축약과 삽입(McCarthy, 2009a)
    a. 모음축약: Max, Dep >> Max($\mu$) (/CV:C/ → [CVC])
       Cairene Arabic: /si:b-ha/   [sibha]   'leave it(Fem)!'
    b. 모음삽입: Max, Max($\mu$) >> Dep (/CV:C/ → [CV:.CV])
       Mekkan Arabic: /xa:l-na/   [xa:lana]   'our maternal uncle'

흥미로운 사실은 기저형 /CV:C/에서 음절말음이 탈락하여 [CV:]로 일어나는 자연언어는 존재하지 않는다는 것이다. 그러나 실제 일어나지 않는 /CV:C/에서의 음절말음탈락현상을 고전최적성이론(Classic OT)으로 설명하는 데 아무런 문제가 없다는 것이다.

(36) 고전최적성이론에서는 가능한 /siːb-ha/ → [siː.ha] (McCarthy, 2008a: 300)

| /siːb-ha/ | Dep | Max(μ) | *[μμμ]ₒ *Appendix | Max |
|---|---|---|---|---|
| ☹ a. siː.ha | | | | * |
| b. siːb.ha | | | *! | |
| c. sib.ha | | *! | | |
| d. siː.ba.ha | *! | | | |

(☹ = 원하지 않는 전체최소값 출력형)

이와 같이 무한히 많은 후보를 양산하는 고전최적성이론에서의 Gen과 달리 OT-CC에서의 Gen은 기저형에 가장 충실한 후보를 기준으로 최소한의 변화(점진적 상이)를 겪는 형태만이 후보가 될 수 있다. 또한 이러한 충실성 제약을 어기는 최소변화후보가 최적형후보가 되기 위해서는 제약의 위계를 기준으로 조화성의 향상이 있어야 가능하다. 이러한 이유로 OT-CC에서는 [siːb.ha]의 최소변화후보인 [siːH.ha]로 연결(mapping) 될 수 없는데 그 이유 는 전체최소값 출력형인 [siː.ha]로 가는 필연적 중간형태인 [siːH.ha]가 어떤 제약의 위계로도 [siːb.ha]보다 조화롭지 못하여 후보연쇄가 더 이상 나아갈 수 없기 때문이다. OT-CC의 틀 안에서 이루어지는 다음 평가표를 보자.

(37) OT-CC에서는 불가능한 **<siːb-ha, siːHha, siːha> (McCarthy, 2008a: 301)

| /siːb-ha/ | Dep | Max(μ) | *[μμμ]ₒ *Appendix | Max | Max [place] |
|---|---|---|---|---|---|
| a. siːb.ha 조화성의 측면에서 다음 후보보다 더 조화로움 (is **more** harmonic under every ranking than) | | | * | | |

| | | | | |
|---|---|---|---|---|
| b. si:H.ha<br>조화성의 측면에서 다음 후보보다 덜 조화로움<br>(is less harmonic than) | | * | | * |
| c. si:.ha | | | * | * |

/si:b-ha/가 점진적으로 변화하여 [si:.ha]로 가기 위해서는 [si:Hha]를 거치는 것이 필수적이다. 이는 /b/가 한 번에 탈락하는 경우 Max와 Max[place]를 동시에 어겨 점진적 변이라는 조건을 위반하기 때문이다. 이런 이유로 /b/에서 Max[place]를 위반하여 조음장소가 없는 H 혹은 ʔ를 거쳐 Max를 위반하여야만 한다. 그러나 점진적 변이를 충족하는 *b→H의 연결이 주어진 제약의 위계에서 전혀 조화성의 향상을 보이지 못하며 이런 이유로 후보연쇄는 [si:Hha]로 나아가지 못하고 [si:b.ha]에서 멈추게 되는 것이다.

그러나 이러한 OT-CC가 지나치게 복잡한 조건과 후보연쇄를 도입함으로써 고전최적성이론이 가진 장점을 오히려 상쇄한다는 우려가 있는 것 또한 사실이다. 이론적 부분 역시 여러 논란의 여지가 있을 수 있는데 본 장에서는 Shin(2008)에 나타난 점진성을 중심으로 이러한 논란에 대해 살펴보자.

위에서 언급한 바와 같이 OT-CC의 틀 안에서 분절음이 탈락하거나 동화되는 경우 한 번의 과정으로 일어날 수 없는데 그 이유는 점진성을 지키기 위함이다. McCarthy(2007a, 2008a)에 나타난 탈락과 동화와 관련된 점진성을 먼저 살펴보면 다음과 같다.

(38) 점진성의 측면에서 자음탈락과 관련된 정당/부당한 후보연쇄
    a. &lt;pat.ka, paʔ.ka, pa.ka&gt;      정당; 조음장소탈락 후 자음탈락
    b. &lt;pam.ka, paN.ka, pa.ka&gt;      정당; 조음장소탈락 후 자음탈락
    c. **&lt;pat.ka, pa.ka&gt;      부당; 점진적인 변이가 아님
    d. **&lt;pam.ka, pa.ka&gt;      부당; 점진적인 변이가 아님

자음탈락의 경우 위에서 보는 바와 같이 분절음이 한 번에 탈락하는 경우 Max와 Max[place]를 위반하게 되어 t →? 혹은 m →N과 같은 조음장소탈락(debuccalization)의 과정을 거친 후 탈락하게 된다. 동화의 경우를 살펴보면 다음과 같다.

(39) 점진성의 측면에서 동화와 관련된 정당/부당한 후보연쇄
    a. <pat.a, pa?.ka, pak.ka>    정당; 조음장소탈락 후 동화
    b. <pam.ka, paN.ka, paŋ.ka>    정당; 조음장소탈락 후 동화
    c. **<pat.ka, pak.ka>    부당; 점진적인 변이가 아님
    d. **<pam.ka, paŋ.ka>    부당; 점진적인 변이가 아님

동화의 경우도 탈락과 동일하게 조음장소탈락의 과정을 거친 후 동화가 일어나는데 이는 t →k와 같은 연결이 점진성을 위반하기 때문이다.
    자음삽입의 경우를 살펴보면 다음과 같다. 예를 들어, 한국어의 "코물"이 "콧물"이 되는 경우를 가정해 보자.

(40) 한국어 비음삽입의 후보연쇄(Shin, 2007a, 2008)
    a. ?<kʰo.mul, kʰoN.mul, kʰom.mul>
      : 부당; N 삽입이 Max와 Max(nas)을 동시에 위반
    b. ?<kʰo.mul, kʰo?.mul, kʰoN.mul, kʰom.mul>
      : 부당; ? → N이 Ident[nasal]과 Ident[voice]를 동시에 위반

위 (40)의 후보연쇄에서 보는 바와 같이 어떠한 방법으로 삽입이 일어나더라도 점진성을 지키는 것, 혹은 점진성을 지키는 것으로 규정하는 것이 쉬운 일이 아니다. 즉, 최적성이론의 틀 안에서는 원칙적으로 모든 자질이 표기된다는 점을 감안하면 조음장소가 없는 N삽입만으로 Max와 Max(nas)을 동시에 어기게 됨으로써 또 다시 최적성이론의 미명세표기에 관한 논란을 피하

기는 어려울 것으로 보인다.

4장에서는 최적성이론의 가장 큰 문제로 지적된 음운론적 불투명성을 3장에서 소개한 다양한 최적성이론의 수정이론이 어떻게 다르게 설명하는지 연쇄추이에서의 적용사례를 중심으로 살펴보고자 한다.

## 4. 사례연구: 수정이론에 의한 연쇄추이 불투명성

최적성이론의 평가부인 Eval의 제약군은 크게 두 가지로 나누어진다. 충실성 혹은 대응제약군(Faithfulness or Correspondence constraint set)과 음운 혹은 유표성제약군(Phonological or Markedness constraint set)이다. 최적성이론의 발표 이후 충실성제약의 측면에서 보면 기저형과 표면형의 충실성에서 더 나아가 후보 간 충실성, 여러 출력형 간 충실성 등으로 그 적용 영역이 확대되어져왔고 이는 중첩, 절단 등 다양한 출력형이 가지는 예외현상을 효과적으로 설명해 왔다. 또한 유표성제약의 측면에서 보면 정렬제약군의 다양한 적용, 신규 및 기존제약 위반의 도입, 선행제약(Precedence constraint)의 도입 등 다양한 제약군이 등장하여 평가에 적용되어졌다. 이와 같은 다양한 충실성 혹은 유표성제약의 등장은 그 자체로 이론의 풍성함과 광범위한 활용이라는 장점을 가지고 있는 듯 하지만 한편으로는 최적성이론을 유지하는 데 필수불가결한 수정 및 보수작업의 일환이었다는 것을 부인하기 어려운 것도 사실이다. 본 장에서는 최적성이론의 등장에서 최근까지 이러한 논란의 가장 핵심이 되어온 불투명성의 예를 다양한 수정이론의 틀 안에서 분석하고 그 적용사례의 장단점을 파악하고자 한다.

본 장에서 분석에 사용할 불투명성의 예는 자음약화(consonantal weakening 또는 lenition)에 따른 단계적 연쇄추이(stepwise chain shift)로 구체적인 예는 4.1.과 같다.

## 4.1. 자음약화와 단계적 연쇄추이

역급여순, 역출혈순 등과 함께 불투명성의 가장 대표적 사례로 들 수 있는
것은 단계적 연쇄추이이다. 본 장에서는 특히 유성음화, 마찰음화와 같은 자
음약화가 단계적으로 일어나는 사례를 중심으로 불투명성을 살펴보고자 한
다. 최적성이론의 틀 안에서 유성음화와 마찰음화는 각각 *VC$_{VCLS}$V
(McCarthy 2006, 2007a)와 *VC$_{ST}$V(McCarthy 2006, 2007a)와 같은 모음
간 무성자음 혹은 폐쇄음 출현금지제약으로 쉽게 설명할 수 있다. 그러나 언
급한 바와 같이 단계별 약화가 일어나는 경우 음운론적 불투명성을 낳게 되
고 전통 최적성이론의 틀 안에서는 표면상 예외로 나타나는 이와 같은 현상
을 설명할 수 없다.

먼저 자음약화가 단계적으로 일어나는 과정을 보면 다음과 같다. 많은
켈트어군(Celtic)에 속한 언어의 경우 어근의 앞에 위치하는 무성폐쇄음은
접두사의 모음 뒤에서 유성폐쇄음으로 유성음화하여 약화되며, 유성폐쇄음은
유성마찰음으로 약화된다. 그러나 기저형의 무성폐쇄음이 유성마찰음으로 약
화되지는 않아 결국 한 단계씩 연쇄추이를 일으킨다. 자료 (41)은 North
Welsh의 경우이다.

(41) North Welsh에서의 단계적 연쇄추이 (Lass, 1984)

| 명사 어근 | his(명사) | 뜻 | 변화 |
|---|---|---|---|
| a. pen | i ben | head | p → b (유성음화) |
| b. brand | i vraud | brother | b → v (마찰음화) |

이러한 자음약화의 단계적 연쇄는 역사언어학에서도 흔히 일어나는 현
상으로 다음 (42)와 같다.

(42) 역사언어학에서 나타나는 단계적 자음약화현상(Lass, 1984)

    a. Latin /k/ → Old Spanish /g/ → Modern Spanish [ɣ]

      aqua          agua             aɣa      'water'

    b. Latin에서 유래한 Portuguese(O'Grady and Dobrovolsky, 1989)

| Latin | Portuguese | 뜻 | 변화 |
|---|---|---|---|
| apiculam | abelha | bee | p → b |
| fabem | fave | bean | b → v |

물론 이와 같은 단계적 연쇄와는 달리 한 번에 두 단계가 약화되어 표면적으로 투명한 경우가 없는 것은 아니어서 Uto-Aztecan어족의 Panamint 어의 예를 들면 다음과 같다.

(43) 모음사이 환경에서 나타나는 Panamint의 유성 및 마찰음화(McLaughlin, 1992)

    a. 명사

| 표면형 | 기저형 | 뜻 | 변화 |
|---|---|---|---|
| tɨpa | tɨβa | pine nut | p → β |
| tokoa | toɣoa | snake | k → ɣ |

    b. 명사+후치사

| | | | |
|---|---|---|---|
| paa-paʔan | paaβaʔa | water-on → on the water | |
| paa-kuppan | paaɣuppa | water-in → in the water | |

    c. 명사 복합어

| | | | |
|---|---|---|---|
| toya-pi | toyaβi | pinyon pine | p → β |

음운론적으로 투명한 (43)의 예와 달리 (41), (42)와 같이 자음약화가 단계적으로 일어나는 경우 아래 평가표 (44)에서 보는 바와 같이 전통적인 최적성이론의 틀 안에서 설명하는 것은 불가능하며 표면형만으로 평가하는 고전최적성이론의 특성상 이러한 문제점은 피할 수 없는 것이다.

(44) 전통 최적성이론에 따른 자음약화 연쇄추이 설명오류

| /i + pen/ | | *VC$_{VCLS}$V | *VC$_{ST}$V | Ident [cont] | Ident [voi] |
|---|---|---|---|---|---|
| a. | i pen | *! | * | | |
| b. ☞ | i ben | | *¡ | | * |
| c. | i fen | *! | | * | |
| d. ☜ | i ven | | | * | * |

최적성이론이 발표되기 이전에는 이와 같은 자음약화 현상을 미명세이론(Underspecification Theory)과 기하학적 자질도형(Feature Geometry)의 틀 안에서 명세 혹은 표기(specification)된 자질이 확산하는 것으로 설명하였고 사실 이러한 접근법은 상당히 설득력 있는 것으로 간주되었다. 왜냐하면 실제로 이러한 설명을 뒷받침하는 여러 종류의 많은 조화현상(특히 ATR 등의 모음자질, 성조, 비음동화 등; Archangeli and Pullyblank, 1994 참고)이 존재하기 때문이다. 그러나 이러한 설명 역시 다음과 같은 치명적 오류를 지니고 있다. 즉, 공명음(sonorant) 사이에서의 유성음화를 설명하기 위해서는 모음 혹은 비음의 [voice] 혹은 [+voice] 자질이 확산되는 것으로 설명하여야 하는데 미명세이론의 틀 안에서 모음이나 비음의 [voice]자질은 예측 가능(predictable)하기도 할 뿐 아니라 잉여적(redundant)이어서 명세될 수 없으며 그렇다면 확산시킬 [voice] 자질 또한 사라지기 때문이다. 동일한 방법으로 모음 간 마찰음화를 설명하기 위해서는 모음의 [continuant] 자질을 명세하여야 하는데 모음은 본질적으로 [continuant]이므로 잉여적인 자질인 [continuant]를 명세할 수 없고 따라서 확산하기도 어렵게 된다는 문제점을 가지고 있다.

본 장에서는 이와 같은 현상에 대해 4.2. 국부제약연대에 의한 분석, 4.3. 비교유표성에 의한 분석, 4.4. OT-CC에 의한 분석을 통해 여러 수정이론에서 불투명성을 어떻게 다루고 있는지 살펴보고자 한다.

## 4.2. 국부제약연대에 의한 분석

국부제약연대(Local Constraint Conjunction)는 최적성이론의 발표와 함께 Smolensky(1993, 1995, 1997), Itô and Mester(2003b), Kirchner(1996) and Morenton and Smolensky(2002) 등 여러 학자들에 의해 주장되어온 제약 활용 방안이다. 국부제약연대의 기본개념은 해당 영역에서 각각의 제약 위반은 허용되지만 이러한 제약이 연대 혹은 결합(conjunction)되어 있는 경우 이를 위반할 수 없다는 것이다. 즉, A&B >> C >> A, B와 같은 제약의 위계에서 제약 C는 A와 B보다 상위에 있어 이를 위반할 수 있지만 결합이 되어있는 A&B연대제약은 어길 수 없다는 것이다.

아래 평가표는 무성폐쇄음이 유성폐쇄음으로 한 단계 약화하며 유성파열음으로 두 단계 약화하지 않는 단계적 연쇄추이현상에 대해 제약연대에 의한 설명이다.

(45) 제약연대에 의한 North Welsh 유성음화 분석

| /i + pen/ | | Ident[voi] & Ident[cont] | $*VC_{VCLS}V$ | $*VC_{ST}V$ | Ident [cont] | Ident [voi] |
|---|---|---|---|---|---|---|
| a. | i pen | | *! | * | | |
| b. ☞ | i ben | | | * | | * |
| c. | i fen | | *! | | * | |
| d. | i ven | *! | | | * | * |

기저형의 무성폐쇄음에 유성음화와 마찰음화가 동시에 진행되는 경우 표면형에 나타나는 유성마찰음은 Ident[voi]와 Ident[cont]를 모두 어기게 되어 최상위에 위치한 연대제약 Ident[voi] & Ident[cont]를 어기게 되어 탈락한다. 결국 연대제약을 위반하지 않는 유성음화만 일어나게 된다.

(45)와 달리 기저형에 유성폐쇄음이 나타나는 경우 마찰음화가 일어나더라도 연대제약의 일부인 Ident[voice]는 위반하지 않게 되고 이에 따라 해

당 연대제약을 위반하지 않음으로써 (46)와 같이 마찰음화가 일어날 수 있다.

(46) 제약연대에 의한 North Welsh 마찰음화 분석

| /i + brand/ | Ident[voi] & Ident[cont] | *VC$_{VCLS}$V | *VC$_{ST}$V | Ident [cont] | Ident [voi] |
|---|---|---|---|---|---|
| a.      i brand |  |  | *! |  |  |
| b. ☞  i vrand |  |  |  | * |  |

Panamint어의 경우와 같이 두 단계 약화가 일어나는 언어의 경우 이러한 연대제약이 하위에 있는 것으로 설명할 수 있을 것이다. (47)은 이러한 예를 설명한다.

(47) Panamint에서의 두 단계 자음약화

| /tɨpa/ | *VC$_{VCLS}$V | *VC$_{ST}$V | Ident [cont] | Ident [voi] | Ident[voi] & Ident[cont] |
|---|---|---|---|---|---|
| a.      tɨpa | *! | * |  |  |  |
| b.      tɨba |  | *! |  | * |  |
| c. ☞  tɨβa |  |  | * | * | * |

Ident[voi] & Ident[cont]와 같은 제약연대가 위계의 하위에 위치하는 경우 기저형에 나타나는 무성폐쇄음은 상위에 위치한 자음약화와 관련된 모든 유표성제약을 충족하기 위해 후보 (c)와 같이 유성마찰음으로 약화되어 나타나게 된다.

이와 같이 제약의 연대를 통하여 고전최적성이론의 가장 큰 문제점 중 하나로 지적되었던 단계별 변이를 설명할 수 있을 것이다. 그러나 이러한 설명에도 불구하고 McCarthy에 의해 지속적으로 지적된 바와 같이 국부제약연대는 무분별한 제약의 연대를 통해 존재하지 않는 유사 불투명성(pseudo-opacity)까지 설명할 수 있다는 점(McCarthy, 1999: 365-366, 2002, 2003a),

하위 제약을 어겨도 되지만 동일한 하위 제약을 포함하는 또 다른 제약을 위반하지 않아야 함으로써 발생하는 엄격지배(strict dominance)에 대한 이론적 문제점, 그리고 국부제약연대의 적용 영역이 불분명하여 오남용 될 수 있다는 문제점 등 이론과 관련된 많은 문제점을 안고 있어 최근 최적성이론의 틀에서 사장되는 추세이다(이와 관련된 자세한 논의는 McCarthy, 1999, 2006, 2007b를 참고하기 바란다.).

## 4.3. OT-CC의 Prec에 의한 분석

중간형태와 도출단계를 배제하고 병렬주의를 채택한 최적성이론이 불투명성을 설명하기 위해 공감이론 등 다양한 수정이론을 제시하였음에도 이를 설득력 있게 받아들이는 학자는 거의 없었으며 오히려 최적성이론 자체에 대한 회의로까지 받아들여지게 되었다. 이에 오랜 기간 배제하였던 중간도출단계를 이론에 도입하여 이론을 수정한 것이 OT-CC이며 이후 이론적 보강을 거쳐 OT-CC 혹은 HS로 통칭하여 사용되고 있다.

OT-CC가 하나의 출력형이 아닌 여러 중간형태를 포함하는 후보연쇄를 도입하여 중간과정까지도 모두 평가함에도 불구하고 조화성, 점진성을 모두 지켜야 하는 OT-CC의 틀 안에서 연쇄추이를 설명하는 것이 간단한 작업은 아니다. 다음 평가표 (48)에 이러한 고민이 담겨져 있다.

(48) North Welsh 자음약화의 첫 단계에 대한 부적절한 평가표

| /i # pen/ | *VC$_{VCLS}$V | *VC$_{ST}$V | Ident [cont] | Ident [voi] |
|---|---|---|---|---|
| a. ☞ iben (Ident[voi]) | | *$_i$ | | * |
| b. ☛ \<ipen, iben, iven\> (Ident[voi], Ident[cont]) | | | * | * |
| c. ipen | *! | * | | |

OT-CC에서 이러한 문제점을 해결하기 위해 추가로 제안한 것이 선행 제약(Precedence constraint, Prec)이며 그 정의는 다음과 같다.

(49) 선행제약(Prec)(McCarthy, 2007b: 98)

Prec(A, B) *(cand)*

A'와 B'가 각각 충실성제약 A와 B를 위배하는 LUM을 나타내고 *cand* = (*in, out*, $\mathcal{L}$, rL)로 나타낸다고 하자.

(i) <A', B'> ∈ rL인 경우 ∀B' ∈ $\mathcal{L}$에 대해 만약 ∄A' ∈ $\mathcal{L}$라면 위 반표시를 할당한다.

(ii) <B', A'> ∈ rL인 경우 ∀B' ∈ $\mathcal{L}$에 대해 만약 ∃A' ∈ $\mathcal{L}$라면 위 반표시를 할당한다.

Prec(A, B) (cand)

Let A' and B' stand for LUMs that violate the faithfulness constraints A and B, respectively.

Let *cand* = (*in, out*, $\mathcal{L}$, rL).

(i) ∀B' ∈ $\mathcal{L}$, if ∄A' ∈ $\mathcal{L}$, where <A', B'> ∈ rL, assign a violation mark.

and

(ii) ∀B' ∈ $\mathcal{L}$, if ∃A' ∈ $\mathcal{L}$, where <B', A'> ∈ rL, assign a violation mark.

Prec을 쉽게 풀이하면 다음과 같다. Prec(A, B)의 경우 B제약의 위반 이전 에 A를 위반하는 충실성제약 위반이 선행하는 경우 제약을 지키는 것으로 간주된다. 물론 후보연쇄가 A만을 위반하는 경우도 가능하다. 그러나 A위반 이 선행되지 않고 B를 위반하는 경우 Prec(A, B)제약의 위반으로 간주되며 또한 B의 위반이 A보다 선행하는 경우에도 제약의 위반으로 간주된다. 즉, A위반 없이 B위반이 있는 경우 한 번의 위반, B를 위반하고 A를 위반하는 경우 두 번의 위반으로 간주된다.

　이러한 Prec제약은 고전최적성이론과 달리 역출혈순을 설명하는데 아무런 무리가 없어 보인다. 먼저 McCarthy(2007b)를 중심으로 Bedouin Arabic의 역출현순 양상과 이에 대한 Prec분석을 살펴보자.

(50) Bedouin Arabic의 역출현순

| | | |
|---|---|---|
| 기저형 | /ħa:kim-i:n/ | 'ruling(남성 복수형)' |
| 구개음화 | ħa:kʲim-i:n | |
| 모음탈락 | ħa:kʲm-i:n | |
| 표면형 | ħa:kʲm-i:n | |

Bedouin Arabic의 경우 연구개음이 전설모음 앞에서 구개음화가 일어나며 (ki→kʲ), 또한 비어말 개방음절에서 고모음이 단모음으로 나타날 때 탈락(i]₀→Ø)한다. 그런데 이러한 두 규칙이 적용됨에 있어 모음탈락규칙이 먼저 적용되어 구개음화를 출혈하는 것이 아니라 역출혈의 순서로 적용되어 결국 표면형에는 구개음화된 연구개음은 나타나지만 이를 일으키는 모음은 없는 상태로 나타나 불투명성을 야기하게 된다. 이를 고전최적성이론과 OT-CC로 분석하면 다음과 같다.

(51) 고전최적성이론에 의한 잘못된 평가표[4](McCarthy, 2007b: 25)

| /ħa:kim-i:n/ | | *iCV | Max | *ki | Ident[back] |
|---|---|---|---|---|---|
| a. ☞ | ħa:kʲmi:n | | * | | *! |
| b. ☞ | ħa:kmi:n | | * | | |
| c. | ħa:kʲimi:n | *! | | | * |
| d. | ħa:kimi:n | *! | | * | |

---

4) 평가표의 수직 겹선은 주어진 정보로는 해당 제약의 위계가 정해지지 않았음을 나타낸다.

(52) Prec제약을 도입한 OT-CC에 의한 평가표 (McCarthy, 2007b: 101)

| /ɦa:kim-i:n/ | *$i$CV | *$ki$ | Max | Prec (ID[back], Max) | Ident [back] |
|---|---|---|---|---|---|
| a. ☞ ɦa:kʲmi:n {Id[back], Max} | | | * | | * |
| b. ɦa:.ki.mi:n | *! | * | | | |
| c. ɦa:.kʲi.mi:n {Id[back]} | *! | | | | * |
| d. ɦa:k.mi:n {Max} | | | * | *! | |

평가표 (52)의 Prec제약인 Prec(ID[back], Max)는 Max를 위반할 시 Ident[back]제약의 위반을 선행하기를 요구하며 이를 지키지 않은 후보 (d)는 후보 (a)와의 경쟁에서 탈락하게 된다.

이러한 Prec제약은 A→B→C와 같은 연쇄추이 분석에 있어서 그 제약의 본질이 충실성제약의 위반 순서에 관한 제약군으로 위반이 일어나는 순서를 제어한다는 점에서 설득력 있어 보인다. 이를 적용하여 North Welsh의 유성화를 Prec(Prec = (Ident[cont], Ident[voi]))으로 설명하면 다음과 같이 평가할 수 있다.

(53) Prec에 의한 유성음화 설명 (Shin, 2007b, 2010)

| /i # pen/ | *VC$_{VCLS}$V | Prec | *VC$_{ST}$V | Ident [cont] | Ident [voi] |
|---|---|---|---|---|---|
| a. ☞ i.ben (Ident[voi]) | | * | * | | * |
| b. ipen, iben, iven (Ident[voi], Ident[cont]) | | **! | | * | * |
| c. i.pen | *! | | * | | |

(Prec = (Ident[cont], Ident[voi]))

위의 평가표를 보면 후보 (a)와 (b)중, Prec의 위반순서를 Prec =

(Ident[cont], Ident[voi])와 같이 정의한다고 가정할 때 충실성제약의 위반 순서가 바뀐 후보 (b)는 평가에서 제외되어 후보 (a)가 최적형이 된다.

마찰음화가 일어나는 두 번째 연쇄추이에 대한 설명은 다음과 같다.

(54) Prec에 의한 마찰음화 설명(Shin, 2007b, 2010)

| /i # brand/ | *VC$_{VCLS}$V | Prec | *VC$_{ST}$V | Ident [cont] | Ident [voi] |
|---|---|---|---|---|---|
| a.　　　ibrand | | | *! | | |
| b. ☞　　ibrand, ivrand <Ident[cont]> | | | | * | |

후보 (b)는 Prec을 위반하지 않는 동시에 유표성제약을 지키므로 후보 (a)보다 더 적격형으로 평가된다.

이와 같이 Prec이 OT-CC의 틀 안에서 음운론적 불투명성을 보이는 단계별 연쇄추이를 설명하는데 큰 어려움은 없어 보인다. 그러나 이러한 Prec이 역급여순과 역출혈순을 효과적으로 설명함에도 불구하고 Shin(2007b, 2009, 2010)에서의 지적과 같이 연쇄추이에 관해서는 여전히 다음과 같은 잠재적인 문제를 지니고 있다. 먼저, Prec은 연쇄추이에 관한 일반적인 직관에 반하는 제약이라는 점이다. 즉, 실제 일어나는 p→b→v와 같은 모형을 가정할 때, 언어가 위반하는 제약은 Ident[voi]와 Ident[cont]의 순으로 위반하게 되는데 반해 Prec은 Prec = (Ident[cont], Ident[voi])와 같이 그 반대의 위반을 하도록 규정하여야 원하는 최적형을 얻을 수 있다는 점이다. 둘째, Prec이 <Ident[cont], Ident[voi]>의 순으로 위반하여 생기는 <ipen, ifen, iven>연쇄와 <Ident[voi], Ident[cont]>의 순으로 위반하여 생기는 <ipen, iben, iven>과 같은 두 연쇄 결과가 동일한 경우 수렴(convergence)과 같은 복잡한 과정을 거쳐야 한다(수렴에 관하여는 McCarthy, 2007b: 96-97 참고). 셋째, Prec제약의 등급 순위에 대한 메타제약(metaconstraint)을 지킬 수 없다는 점이다. McCarthy(2007b)에 따르면 Prec제약의 위계는 임의적일 수 없으며 Prec은 그 두 번째에 속하는 제약을 지배할 수 없어서 *Prec(A, B) >> B와 같은 제약의 위계가 나타날 수 없다는 것인데(McCarthy, 2007b: 98-99) 위 평가표에서 보는 바와 같이 단계적 연쇄추이를 Prec으로 설명하기 위해서는 메타제약이 지켜질 수 없다는 점이다.

이와 같은 Prec의 문제는 사실 OT-CC에서 피할 수 없는데 그 이유는 충실성제약위반의 순서를 담당하는 Prec이 A→B→C와 같이 연쇄적으로 일어나는 음운변이에서 A가 C가 되는 것과 도출된 B가 C가 되는 것을 막으면서 동시에 A는 B가 되고 B는 C가 되는 것을 허용하는 것이 불가능하기 때문이다. 즉, A는 B가 되지만 도출된 B는 어떤 음운현상도 겪지 않게 하기 위해서는 충실성제약의 순서를 담당하는 Prec이 역할을 해주어야 하지만 Prec은 직관에 반하는 기괴한 설정을 하지 않는다면 기저형에 가장 충실한 형태를 배제할 수 없기 때문이다.

## 4.4. CM에 의한 분석

3장에서 언급한 바와 같이 CM은 유표성제약에 대한 기존위반과 신규위반을 구분하여 기존 기저형(정확하게 말하면 기저형에 가장 충실한 FFC)에서부터 유래된 유표적 구조는 허용하지만 도출된 환경이 유표적인 것을 허용하지 않거나($_NM$ >> $_OM$) 또는 이와 달리 기저형에서의 유표적인 구조가 표면형에 나타나는 것을 허용하지 않는 현상($_OM$ >> $_NM$)을 잘 설명한다. 다음 평가표 (55)와 (56)는 North Welsh 자음약화 연쇄추이에서 각각 첫 번째와 두 번째로 일어나는 유성음화와 마찰음화에 대한 CM에 의한 분석이다.

(55) CM에 의한 유성음화 설명(Shin, 2007b)

| /i + pen/ | $*VC_{VCLS}V$ | $_O*VC_{VD\text{-}ST}V$ | $_N*VC_{VD\text{-}FR}V$ | Ident [cont] | Ident [voi] | $_N*VC_{VD\text{-}ST}V$ |
|---|---|---|---|---|---|---|
| a. ☞   i ben | | | | | * | * |
| b. (FFC) i pen | *! | | | | | |
| c.   i fen | *! | | | * | | |
| d.   i ven | | | *! | * | * | |

(56) CM에 의한 마찰음화 설명(Shin, 2007b)

| /i + brand/ | $*VC_{VCLS}V$ | $_O*VC_{VD\text{-}ST}V$ | $_N*VC_{VD\text{-}FR}V$ | Ident [cont] | Ident [voi] | $_N*VC_{VD\text{-}ST}V$ |
|---|---|---|---|---|---|---|
| a. ☞   i vrand | | | * | * | | |
| b. (FFC) i brand | | *! | | | | |
| c.   i frand | *! | | | | * | |

후보 (55a)의 도출환경에서 나타나는 [b]는 FFC에는 없는 유성폐쇄음이며 이런 이유로 신규위반으로 간주되어 $_N*VC_{VD\text{-}ST}V$제약을 위반하는 반면 $_O*VC_{VD\text{-}ST}V$제약을 위반하지 않는다. 반면 (56)의 도표에서 후보 (b)의 [b]는 FFC와 동일한 위반을 공유하여 기존위반으로 간주되고 최상위에 위치한 $_O*VC_{VD\text{-}ST}V$제약을 위반하게 되어 (55)와 달리 최적후보가 되지 못한다. 이러한 두 개의 평가표가 보여주는 가장 중요한 점은 위계에서 상위에 있는 $_O*VC_{VD\text{-}ST}V$제약과 하위에 있는 $_N*VC_{VD\text{-}ST}V$제약이다. 이러한 위계는 결국 기저형에 존재하는 유성폐쇄음은 허용하지 않고(높은 제약위계에 위치한 $_O*VC_{VD\text{-}ST}V$) 마찰음화하지만 도출된 환경에서 나타나는 유성폐쇄음은 더 이상 약화현상에 참여하지 않도록 하는 역할을 한다.

    연쇄추이에 대한 CM의 이와 같은 통찰력 있는 설명에도 불구하고 CM은 OT-CC 혹은 HS와 같이 공존하기 어려운 한계를 가지고 있다. 그 이유는 CM이 제안될 당시의 최적성이론은 도출과정이나 중간단계가 없이 기저형과 표면형만이 존재하여 신규위반과 기존위반의 개념이 가능하였지만

OT-CC에서는 여러 개의 중간형태가 존재하기 때문이다. 즉, CM은 기본적으로 신규위반과 기존위반으로 나누어지는데 후보연쇄에 나타나는 여러 중간형태의 다양한 충실성 위반이 신규위반인지 기존위반인지의 개념이 모호하기 때문이다. 이러한 이유로 CM은 본질적으로 OT-CC와의 공존이 불가능하거나 또는 매우 복잡한 구분단계를 거쳐 CM을 재설정하여야 하는 필연적인 어려움이 따른다.

## 5. 맺음말

생성음운론이 복잡한 규칙과 규칙순서에도 불구하고 음운현상을 기술할 뿐 설명하지 못한다는데 기인하여 보편적인 제약과 위계로 음운현상을 설명하고자 한 최적성이론이 1993년 발표된 이후 음운론 분야를 넘어 다양한 분야에 응용되면서 이론의 발전에 크게 기여한 것은 명백한 사실이다. 그러나 제약과 제약의 위계가 보편문법과 언어의 다양한 변이를 설명한다는 초창기 이론적 강점은 음운론적 불투명성을 해결하기 위해 발표된 공감이론, 국부제약연대, 다층위최적성이론 등 여러 수정이론의 등장과 더불어 점차 퇴색하게 되었다. 마침내 McCarthy는 저서에서 "고전 최적성이론의 본질적인 특성과 기본 결과물을 잃지 않으면서 도출과 관련된 통찰력을 이론에 도입하고자 ("The challenge, then, is to make use of the derivational insight without losing hold of OT's essential properties and basic results", McCarthy, 2007b: 56)" 후보연쇄를 도입한다고 언급하였다. 그러나 마지막까지 도입하지 않고자 고수했던 도출과 중간단계가 이론에 도입되면서 Gen이 무한한 후보를 생성하지 못하게 되었고, Eval 역시 하나의 형태로 이루어진 후보가 아닌 여러 후보를 가진 연쇄를 평가하여야 하는 부담을 안게 됨으로써 오히려 이론적 기본개념과 고유한 장점을 잃어버리게 되었다.

　　최적성이론에 관한 관심이 줄어들기 시작하면서 최근 나타나는 추세는 음운현상 및 구조에 대한 실험음운론적 접근이다. 고가의 아날로그 장비로만 가능했던 수십 년 전 상황에서 벗어나 최근에는 저렴하거나 무료인 다양한 디지털 음성분석도구와 통계처리프로그램 및 수학처리프로그램의 도움을 받게 되면서 다양한 실험과 분석이 가능해졌다. 이에 발맞추어 음운이론에서 예상하는 많은 현상들을 실제 확인하고 이러한 실험결과를 통해 이론을 발전시켜 나가는 추세가 두드러지고 있다. Coetzee et al.(2009)이 언급한 바와 같이 이와 같은 최근의 실험음운론 선호 추세는 여러 가지 측면에서 학문의 진일보를 가져오고 있다. 먼저 음운이론이 발화와 인지에 있어 더욱 음성학에 근거(phonetically grounded) 하게 되었다는 점이다. 이는 다양한 발화 혹은 인지형태에 대해 음성학에 근거하여 포괄적이고 통찰력있는 답변이 가능해졌다는 것을 의미한다. 또한 수학 및 전산방법의 도입으로 범주적(categorical) 음운표기에서 벗어남으로써 다양한 음성 실현에 대한 세부적이고 구체적인 설명이 가능해 지게 되었다. 이와 더불어, 가능한 형태와 불가능한 형태와 같은 이분법적 분류에서 벗어나 주어진 표면형이 얼마나 더 자연스러운지, 얼마나 더 어색한지의 정도(degree) 혹은 척도(scale)에 의한 대답이 가능하게 되었다. 최근 Phonology 26권(2009) 전체에 걸쳐 이와 관련된 연구결과를 특집으로 소개한 것은 이러한 추세와 무관하지 않아 보인다.

 짧은 시간동안 큰 진전을 이루어온 음운론이론이 이와 같은 최근의 다양한 실험과 분석을 통해 앞으로도 큰 발전이 있기를 기원하며 나아가 음운론의 발전이 모국어 및 외국어습득, 언어치료, 심리언어학, 전산언어학, 역사언어학, 사회언어학 등 다양한 관련 분야의 발전에 기폭제가 되기를 바란다.

Aoyama, K. 2003. Perception of Syllable-initial and Syllable-final Nasals in English by Korean and Japanese Speakers. *Second Language Research* 19:3, 251-265.

Archangeli, D. and Pulleyblank, D. 1994. *Grounded Phonology*. Cambridge, MA: The MIT Press.

Benua, L. 1995. Identity Effects in Morphological Truncation. *UMOP 18: Papers in Optimality Theory*, 77-136.

Bermúudez-Otero, R. 1999. *Constraint Interaction in Language Change: Quantity in English and Germanic*. Ph.D. dissertation, University of Manchester.

Best, C. and Strange, W. 1992. Effects of Phonological and Phonetic Factors on Cross-language Perception of Approximants. *Journal of Phonetics* 20, 305-330.

Booij, G. 1997. Non-derivational Phonology Meets Lexical Phonology. In Roca, I. ed., *Derivations and Constraints in Phonology*, 261-288. Oxford: Oxford University Press.

Bradlow, R. 2008. Training Non-native Language Sound Patterns: Lessons from Training Japanese Adults on the English /ɹ/ and /l/ Contras. In Edwards, H. and Zampini, L. eds., *Phonology and Second Language Acquisition*, 286-308. Philadelphia: John Benjamins.

Cheun, S. 2004. *Phonology*. Seoul: Seoul National University Press.

Chomsky, N and Halle, M. 1968. *The Sound Pattern of English*. New York: Harper and Row.

Clements, G. 1976. *Vowel Harmony in Nonlinear Generative Phonology: an Autosegmental Model*. Indiana University Linguistics Club.

Coetzee, A., Kager, R. and Pater, J. 2009. Introduction: Phonological Models and Experimental Data. *Phonology* 26, 1-8.

Dupoux, E., Kakehi, K., Hirose, Y. Pallier, C and Mehler. J. 1999. Epenthetic Vowels in Japanese: A Perceptual Illusion? *Journal of Experimental*

*Psychology: Human Perception and Performance* 25, 1568-1578.

Flege, J. E., and Wang, V. 1989. Native Phonotactic Constraints Affect How Well Chinese Subjects Perceive the Word-final English /t/-/d/ Contrast. *Journal of Phonetics* 17, 299-315.

Goldsmith, J. 1976. *Autosegmental phonology.* Ph.D. dissertation, MIT.

Hyman, L. 1970. How Concrete is Phonology? *Language* 46, 58-76.

Itô, J. and Mester, A. 1997. Prosodic Interludes and Sympathy Effects: Examples from Germanic Phonology. In Miglio, V and Morén B eds., *University of Maryland Working Papers in Linguistics* 5, 117-138.

Itô, J. and Mester, A. 2001. Structure Preservation and Stratal Opacity in German. In Lombardi, L ed., *Segmental Phonology in Optimality Theory: Constraints and Representations*, 261-296. Cambridge: Cambridge University Press.

Itô, J. and Mester, A. 2003a. Lexical and Postlexical Phonology in Optimality Theory: Evidence from Japanese. In Fanselow, G. and Féry, C. eds., *Linguistische Berichte. Sonderheft 11: Resolving Conflicts in Grammar*, 183-207.

Itô, J. and Mester, A. 2003b. On the Sources of Opacity in OT: Coda Processes in German. In Féry, C. and van de Vijver, R. eds., *The Syllable in Optimality Theory*, 271-303. Cambridge: Cambridge University Press. [Available on ROA-347]

Kim-Renaud, Y. 1974. *Korean Consonantal Phonology.* Ph.D. dissertation, University of Hawaii.

Kiparsky, P. 1982. *Explanation in Phonology.* Dordrecht: Foris.

Kirchner, R. 1996. Synchronic Chain Shifts in Optimality Theory. *Linguistic Inquiry* 27:2, 341-350.

Kiparsky, P. 2000. Opacity and Cyclicity. *The Linguistic Review* 17, 351-367.

Lass, R. 1984. *Phonology: an Introduction to Basic Concepts.* Cambridge: Cambridge University Press.

McCarthy, J. 1988. Feature Geometry and Dependency: A Review. *Phonetica*

43, 84-108.

McCarthy, J. 1999. Sympathy and Phonological Opacity. *Phonology* 16, 331-399.

McCarthy, J. 2002. *A Thematic Guide to Optimality Theory.* Cambridge: Cambridge University Press.

McCarthy, J. 2003a. Comparative Markedness. *Theoretical Linguistics* 29, 1-51.

McCarthy, J. 2006. Gen, Eval, and Phonological Opacity. Lecture Notes for Indiana Phonology Fest 2006. June 19-22, Bloomington, Indiana.

McCarthy, J. 2007a. Slouching toward optimality: Coda reduction in OT-CC. *Phonological Studies (Journal of the Phonological Society of Japan)* 7, 89-104.

McCarthy, J. 2007b. *Hidden generalizations: Phonological opacity in Optimality Theory.* London: Equinox Publishing.

McCarthy, J. 2008a. The Gradual Path to Cluster Simplification. *Phonology* 25, 271-319.

McCarthy, J. 2008b. *Doing Optimality Theory: Applying Theory to Data.* Malden, MA: Blackwell Publishing.

McCarthy, J. 2009a. Harmony in Harmonic Serialism. Unpublished ms., University of Massachusetts. [Available on ROA-1009]

McCarthy, J. 2009b. The P-Map in Harmonic Serialism. The Selected Works of McCarthy, J. Available at: http://works.bepress.com/john_j_mccarthy/101

McCarthy, J. 2010a. An introduction to Harmonic Serialism. Unpublished ms., Available at: http://works.bepress.com/john_j_mccarthy/103

McCarthy, J. 2010b. Harmonic Serialism Supplement to Doing Optimality Theory. The Selected Works of McCarthy, J. Available at: http://works.bepress.com/john_j_mccarthy/108

McCarthy, J. and Prince, A. 1993. *Prosodic Morphology: Constraint Interaction and Satisfaction.* Report, New Brunswick, NJ: Rutgers University Center for Cognitive Science, [Available on ROA-482].

McCarthy, J. and Prince, A. 1994. The Emergence of the Unmarked Optimality in Prosodic Morphology. *NELS* 24, 333-379.

McCarthy, J. and Prince, A. 1995. Faithfulness and Reduplicative Identity, In Beckman, J. Urbanczyk, S. and Walsh, L. eds., *UMOP 18: Papers in Optimality Theory*, 249-384.

McLaughlin, E. 1992. A Counterintuitive Solution in Central Numic Phonology. *International Journal of American Linguistics* 58:2, 158-181.

O'Grady, W. and Dobrovolsky, M. 1989. *Contemporary Linguistics: An Introduction.* New York: St. Martin's Press.

Polka, L. 1991. Cross-language Speech Perception in Adults: Phonemic, phonetic, and Acoustic Contributions. *Journal of the Acoustical Society of America* 89, 2961-2977.

Prince, Alan and Smolensky, P. 2004 (1993). *Optimality Theory: Constraint Interaction in Generative Grammar.* (Revision of 1993 technical report, Rutgers University Center for Cognitive Science). Malden, MA and Oxford, UK: Blackwell. [Available on ROA-537]

Sagey, E. 1986. *The Representation of Features and Relations in Nonlinear Phonology*, Ph.D dissertation, MIT.

Shin, S. H. 2003. Extended Sympathy on Comparative Markedness: Evidence from English Hypocoristics. *Studies in Phonetics, Phonology and Morphology* 9:2, 415-430.

Shin, S. H. 2007a. Application of OT-CC to a Non-opacity Issue: Realization of an Epenthetic Segment in Korean Noun Compounding. S*tudies in Phonetics, Phonology and Morphology* 13:3, 453-473.

Shin, S. H. 2007b. Constraint Conjunction, Comparative Markedness and Precedence in Typology of Lenition. *Korean Journal of Linguistics* 32-4, 607-626.

Shin, S. H. 2008. Gradual Divergence of OT-CC Revisited. *Korean Journal of Linguistics* 33-2, 283-303.

Shin, S. H. 2009. Eliminating marked structures and opacity in OT: based on

DEE and chain shift. *Studies in Phonetics, Phonology and Morphology* 15.1, 35-52.

Shin, S. H. 2010. Anti-Precedence and Chain Shifts in OT-CC. *Korean Journal of Linguistics* 35:2, 381-405.

Smolensky, P. 1993. Harmony, Markedness and Phonological Activity. Paper presented at Rutgers Optimality Workshop 1. Rutgers University, October 23, 1993.

Smolensky, P. 1995. On the Internal Structure of the Constraint Component of Con of UG. Colloquium presented at UCLA, April 7, 1995.

Smolensky, P. 1997. Constraint Interaction in Generative Grammar II: Local Conjunction. Paper presented at Hopkins Optimality Theory Workshop/ University of Maryland Mayfest 1997. May 8-12, 1997, Baltimore, Maryland.

# 제3장

# 형태론: 생산성과 제약

■ 이용성 / 부산외대

## 1. 서론

형태론은 단어의 구조와 단어의 형성을 연구하는 학문이다. 이러한 형태론의
연구분야에 대한 설명은 여러 곳에서 발견되지만 특히 Aronoff & Fudeman
(2005)에 잘 나타나 있다.

(1)  형태론의 연구영역

   In linguistics *morphology* refers to the mental system involved in word
   formation or to the branch of linguistics that deals with words, their
   internal structure, and how they are formed. (Aronoff & Fudeman
   2005:1-2)

(1)의 내용에서 잘 나와 있듯이 형태론은 단어에 관한 연구요 특히 단어의 구조(their internal structure) 그리고 단어형성과정(how they are formed)이라는 두 개의 거대한 연구주제를 가지고 있다. 하지만 단어의 구조도 역시 최종 목적인 어형성 연구의 근간을 제공하는 것에 더 큰 의의가 있으므로 어형성에 관한 부분이 형태론 연구의 주된 관심사임을 알 수 있다.

어형성에서 실재 단어와 가능한 단어 그리고 불가능한 단어로 나누어 불가능한 단어가 존재하지 않는 이유를 설명하고 오직 가능한 단어만을 그리고 모든 가능한 단어(all the well-formed and only the well-formed words)만을 만들어 내는 생성체계 또는 그에 대한 설명체계를 구축하는 것이 최근 형태론의 움직임이다. 이러한 흐름에 따라서 본 장에서는 과거의 어휘음운론에서 이 문제를 어떻게 다뤘으며 어휘형태론이 가진 문제점이 무엇인지를 지적하고 이를 해결하기 위한 어휘형태론 이후의 이론을 저자의 글로 재요약하여 소개하고자 한다.

특히 특정 단어가 부적격하거나 다른 단어로 인해 저지되는 현상에 대하여 관찰을 하고 이를 최적성이론을 도입하여 설명하고자 한다. 이에 따라 부적격한 단어는 중요한 제약을 위반하여 평가표에서 다른 후보보다 열등한 결과를 낳는다는 것을 중심으로 어형성을 설명하는 것은 결국 제약과 제약의 상호작용에 있음을 보여 그간의 연구를 요약해 보고자 한다.

## 2. 어휘형태론의 문제점

어형성에 관한 논의에 앞서 70-80년대 형태론 연구의 이론적 틀을 제공한 어휘형태론을 살펴본다. 어휘형태론에서의 중요한 설명의 도구는 접사의 분류(affix classification)와 층위의 구별(level differentiation)이다. 이는 Siegel (1974)의 접사구분과 층위유순가설로 집약될 수 있다.

(2) Affix Classification (Siegel 1974:111)

　　1군 접사(Class I affixes): {-y$_N$}, {-ation}, {-able}, {-ity}

　　2군접사(Class II affixes): {-y$_A$}, {-ness}, {-less}, {-ly} {-al$_N$}

(3) Level Ordering Hypothesis (Seigel 1974:152)

　　a. In English, Class I affixation precedes Class II affixation

　　b. The cyclic stress assignment rules follow Class I affixation and precede Class II affixation.

먼저 (2)에서 1군접사와 2군접사로 나눠지는 것은 Chomsky & Halle(1968) 에서 제안한 "+"경계가 있는 접사와 "#"경계가 있는 접사의 구별에서 비롯 된 것이며 (3)에서는 이들의 접사화는 1군접사가 붙고 1군접사와 관련된 강 세규칙을 포함한 1층위의 음운규칙이 적용되고 그 후에 2군접사가 첨가된다 는 것이다. 이러한 접사 분류와 층위유순가설은 1군접사 뒤에 2군접사가 붙 을 수는 있으나 2군접사 뒤에는 1군접사가 오지 못한다고 강력하게 규제한 다. 하지만 이러한 가정은 실재로 가능한 단어를 생성하지 못하는 과소생성 (under-generation)의 문제와 아울러 어휘형태론의 기본가정으로 인해 가능 하지 않은 단어를 생성하는 과다생성(over-generation)의 이중적인 문제를 야기한다. 먼저 과소생성의 경우를 살펴보자.

(4) Occurrence of prohibited affixation (Bracketing Paradoxes)

　　(Pesetsky 1979, Kiparsky 1982, Sproat 1992, Hoeksema 1987 등)

　　a. Class II affixation to bound stems:

　　　orna-ment, frag-ment, docu-ment, hap-less, commun-ist

　　b. Class I suffixation after Class II suffixation:

　　　[[[develop]-ment]-al]

　　c. Class I suffixation after Class II prefixation:

　　　[[un-[[grammatic]-al]]-ity]

d. Class II suffixation after inflection
   [un-[[happi]-er]]
e. Class I suffixation after compounding:
   [[Generative Phonolog(y)]-ist]

(4a)의 예를 보면 {-ment}는 타동사에 붙는 어미라는 점과 또한 강세에 영향을 미치지 않는 접사라는 점에서 당연히 2군접사로 분류되어야 하지만 실재로는 단어가 아닌 어근(bound root)에 첨가됨을 보인다. 즉 실제하는 단어를 체계가 다 만들어내지 못하는 과소생성의 문제를 일으키는 것이다. 이를 해결하기 위하여 Aronoff(1976), Selkirk(1982), Aronoff & Sridhar(1983), Szpyra(1989), 그리고 Giegerich(1999) 등에서는 {-ment}와 같은 접사는 1군접사이기도 하며 2군접사이기도 하다는 이중소속 접사(dual membership affixes)로 명명하였고[1] Szpyra(1989)는 이렇게 구속어간에 2군접사가 붙은 것으로 보이는 전체 단어를 비파생어로 간주하자는 제안을 하기도 했다. (4b)에서 (4e)까지는 이미 문헌에서 괄호매김역설(Bracketing Paradoxes)이라는 이름으로 소개된 부분이다. 이러한 문제에 대한 해결방안으로 형태소의 구조와 문법구조를 이분화 하는 재구조화(restructuring)를 제안하거나 (Kiparsky, 1982 참고) 나아가 층위유순가설을 완화하여 앞 층위로 다시 입력을 환원시키는 회송장치(loop)를 인정해야 한다(Halle & Mohanan 1985, Mohanan 1986). 그러나 이러한 회송장치는 층위유순가설을 무력하게 하는 것으로 어휘형태론의 주요 가설을 무력화하게 되는 결과를 가져오며 이는 "수치스러운(infamous)" 것이요(Giergerich 1999: 2) 어휘음운론의 "올가미(noose)"(Gussman 1988: 237)가 된다는 오명을 받게 되었다. 이러한 "수치스러운 올가미"에 대한 부정적인 견해는 어휘형태론의 생산성에 대한 근본 가정을 흔들어 놓게 되었다.

---

1) 이중소속 접사는 {-ment} 외에도 {-able}, {-ize}, {-er}, {-ist}, {-ism} 등의 예가 있음이 문헌에 나타난다(본 장의 3.1. 참고).

접사구분에 따라서 1군과 2군으로 나뉘고 2군접사가 1군접사의 내부에 붙지 못한다는 점은 어휘형태론에서 제시하는 강력한 제약이지만 (4)에서 보듯 그 제약이 유지될 수 없다. 그러나 이러한 과소생성의 문제보다 더 심각한 것이 과다생성이다. 어휘형태론에서는 허용하는 접사의 결합이 실재로는 나타나지 않는다는 것이다. 과다생성은 앞서 말한 형태론의 "오직 가능한 단어(only the well-formed words)"만을 생성해 내는 이론체계에 분명한 문제로 드러난다. 다음의 예를 보자.

(5)  Non-occurrence of predicted affixation
     (Fabb 1988, Spencer 1988, Hay & Plag 2004, 이용성 2010)
     a. No Class I affixation after Class I affixation:
        *sanity-al, *sanity-ize
     b. No Class II affixation after Class I affixation:
        *vanity-ful, *vanity-ly
     c. No Class II affixation after Class II affixation:
        *develop-ment-ful

(5)에서 제시한 접사의 연결순서는 어휘형태론의 기본가정에 따르면 가능한 접사의 결합이다. 1군접사내에서 그리고 2군접사 내에서 접사간의 상호작용에 대한 제약이 없으므로 1군접사 뒤에 당연히 다른 1군접사가 붙거나 (5a) 또는 다른 2군접사가 붙는 경우 (5b)가 허용되며 또 2군접사 뒤에 다른 2군접사가 올 수 있을 것으로 예견하지만 (5c) 이러한 예는 발견되지 않는다. 보다 자세히 예문을 살펴보면 (5a)의 경우 {-ity}는 1군접사이므로 이 뒤에 또 다른 1군접사인 {-al}이나 {-ize}가 첨가될 수 있다는 것이지만 실재로 이러한 단어는 존재하지 않는다. 그리고 심지어 {-ity} 뒤에 2군접사인 {-ful}이나 {-ly}와 같은 접사가 첨가되어 형성된 단어가 없다는 점이다. 나아가 2군접사 뒤에 다른 2군접사가 붙는 경우도 거의 목격되지 않는다.[2)

이렇듯 실재하지 않는 단어를 허용하는 어휘형태론은 또 다른 차원의 문제를 안고 있다. 이러한 문제로 인하여 어휘형태론은 "어형성"이론으로는 받아들여지기 힘들게 되었고 그간의 연구는 층위와 접사의 구별이 너무 세부적(too specific)이라는 점과 또 다른 면으로는 너무 일반적(not constrained)이라는 이중의 문제를 안고 있기에 이를 대신할 수 있는 어형성 이론이 필요하다는 주장이 대두되게 되었다.

## 3. 생산성과 제약

앞서 문제점을 지적하기는 하였으나 어휘형태론은 사실상 어형성에 관한 중요한 통찰력을 제시하며 접사의 구분은 매우 단순하면서도 강력한 설명의 도구를 제공한다. 다만 기본가정에서 파생한 여러 가지 문제를 이론 내에서 다룰 수 없는 한계를 드러낸 것이다. 이러한 문제점을 보완하는 여러 가지 움직임이 있는데 이러한 움직임은 일종의 제약중심의 제안으로 이어져 감을 볼 수 있다. 따라서 이러한 접사의 연결에 관한 제약을 이야기하기 전에 먼저 생산성과 제약의 관계를 살펴본다. 즉 생산성이란 어떠한 의미를 지니고 있으며 생산성을 설명하는데 제약이 어떠한 역할을 하는가 하는 것이다.

생산성이라는 주제는 형태론에서 참으로 끊임없이 다루어진 것이다. 이는 형태론의 핵심 연구분야로서 이를 연구하는 제안으로 공시성(synchrony)과 통시성(diachrony)의 구별, 언어능력(competence)과 언어수행(performance)의 구별, 토큰빈도(token frequency)와 유형빈도(type frequency)의 구별 그리고 점진적 생산성(scalar productivity)과 결정적 생산성(deterministic productivity)등에 대한 연구가 끊임없이 제시되었다. 본 절에서는 Plag(1999)와 Bauer(2001)를 중심으로 생산성의 개념을 약술하고 이

---

2) 실재로 2군 접사 뒤에 첨가될 수 있는 접사는 {-ness}나 {-ly$_{AV}$}정도이며 확장하면 {-like}의 몇 가지 접사가 포함될 뿐이다.

를 본고의 논의에 맞추어 제약과 생산성의 관계를 설명하고자 한다. 먼저 생산성에 대한 기본 개념을 살펴본다.

(6) Productivity Issues

    a. the frequency of the output words (Fernandez 1968: 74)

    b. the number of available bases (Lieber 1981: 114-115)

    c. the proportion of words actually used to the number of words potentially created by a particular process (Aronoff & Fudeman 2005)

    d. the probability of new forms occurring (in certain period of time) (Harris 1951: 374-375, Aronoff 1983: 163)

    e. the number and the nature of constraints involved in word formation for each affix or base (Plag 1999, 이용성 2010)

(6)에서 정리한 것은 그간 생산성의 문제를 어떤 각도에서 다루었는가를 요약한 것이며 인용한 글은 Bauer(2001: 25)를 참고하여 대표적인 것만을 정리한 것이다. 전통적으로 어떤 접사 또는 단어의 생산성이란 그러한 단어/접사가 붙어서 만들어진 말의 빈도수를 보는 것이며 이러한 견해가 (6a)이다. Fleischer(1975: 71)가 지적한 것처럼 하나의 형태론적 과정이 하나의 새로운 단어를 만들어 냈다고 해서 그 과정이 생산적인 과정이라 할 수 없으며 어느 정도의 빈도수(some degree of frequency)가 있어야 한다는 것이다. 이러한 빈도수가 곧 생산성을 의미하지는 않는다는 견해가 Botha(1968: 138) 이후 여러 곳에서 지적이 된 것이 사실이며 실질적인 문제로는 이러한 빈도수를 어떻게 측정하며 또 측정한다고 해도 어느 정도가 생산성의 유무를 구별하는 것인지를 정의한 예는 보이지 않는다. 이에 따라 생산성이란 유/무의 개념이 아니라 점진성의 개념이라는 점이 확인되는 것이다. 이러한 측면에서 생산성의 점진성과 결정성의 구별이 중요하게 대두된다. 생산성을 있다 없다

의 범주로 구별하는 것은 모순이며 생산성이란 정도에 따라 점진성을 염두에 두고 고려해야 한다는 것이다.

이렇게 빈도수를 이용하여 생산성을 점진적으로 결정하려는 시도는 결국 빈도수가 현저히 낮다면 생산성이 있다고 보기 어렵다는 개념적인 주장으로 생각해 볼 수 있다. 그러나 경우에 따라서는 수가 적은 몇 개의 결과물이 자주 나타나서 실제로 단어의 수는 적더라도 이들이 나타나는 빈도수는 많을 수 있다. 실재 단어가 몇 가지 인가를 나타내는 유형의 수(the number of the types)와 특정 접사가 붙은 단어가 반복하여 나타나는 것을 모두 계산한 토큰의 수(the number of tokens)가 다르므로 이러한 빈도의 구별에 대한 부분도 고려가 되어야 하지만 (6a)의 접근 방식에서는 이를 감안하지 않았다.

이러한 문제를 해소하기 위한 방법으로 Lieber(1981) 등은 특정 접사가 선택하는 어기의 수를 중심으로 생산성을 생각해 보고자 한다. 이러한 접근 방식은 코퍼스를 이용하여 실재 특정 접사가 일어나는 어기의 수를 헤아려 얻은 절대적인 수치를 생산성을 설명하는 도구로 사용하는 것이다. 이러한 부분은 분명히 토큰의 수를 세는 것이 아니라 유형의 수를 세는 것이므로 (6b)의 접근 방식은 유형빈도를 계산하는 것이다. 이용성(2012)의 예시를 들어보면 {-ity}가 붙어서 이루어진 단어는 2,154개이고 {-ness}가 붙은 단어는 4,336개 이므로 이를 (6b)의 입장에서 보면 {-ity}가 붙는 어기가 2,154, {-ness}가 붙는 어기는 4,336이라는 의미가 된다. 이러한 수치를 보고 {-ity}보다는 {-ness}가 생산성이 더 높다는 결론을 내릴 수 있다는 것이다.

하지만 여기에 문제가 있다. 위의 통계를 위해 사용한 Word Navigator의 단어 목록을 보면 {-ment}가 붙을 수 있는 어기가 966개이다(즉 {-ment}로 끝나는 단어의 수가 966개이다). 이를 보고 {-ment}가 {-ity}보다 생산성이 낮다고 말하기 어렵다. {-ity}는 어휘형태론에서 1군접사로 분류되고 {-ment}는 2군접사이며 2군접사는 그 정의적인 특성으로 생산성이 높다고 설명한다(Siegel 1974 참고). 그런데 실질적인 통계에서는 생산성이 높아야 하는 2군접사 {-ment}가 생산성이 낮은 것으로 간주되는 1군접사 {-ity}보다 생산성이 더 낮다는 모순에 봉착하게 된다.

이러한 문제를 해결하기 위한 방법으로는 특정 형태론적인 과정(a particular morphological process)내에서 비교를 해야 한다는 것이 (6c)의 입장이다. 즉 {-ity}와 {-ness}는 둘 다 형용사에 붙어 명사를 만드는 과정이므로 같은 형태론적인 과정이지만 {-ment}는 동사에 붙어서 명사를 만드는 것이므로 {-ity} 또는 {-ness} 접사화와 동일한 과정이라고 볼 수 없다는 것이다. 더 나아가서 (6c)는 {-ity}와 {-ment}의 생산성을 비교할 수 있는 근거도 마련해 주고자 실재 단어나 어기의 수가 아니라 동일 과정의 대상이 되는 어기의 수를 중심으로 실제로 생성된 숫자가 아니라 그 숫자를 바탕으로 단어의 비율을 고려하는 것이다. 명사나 동사, 또는 형용사는 그 수가 이론적으로 무한하기 때문에 이 부분을 어떻게 보완할 수 있는지는 모르지만[3] 개념적으로는 생각해 볼 수 있다. 실제 가능한 어기가 100개 인데 그 어기에 특정 형태론적 과정-A에 접사 X가 붙어서 생성된 단어가 50개라 하자. 그리고 또 다른 과정-B에서 200개의 가능한 어기에 접사 Y가 붙어서 생산된 단어가 70개라고 가정해 보자. 이러한 두 가지 과정 A와 B의 결과를 단순 숫자로 비교하면 X는 50개의 단어를 만들고 Y는 70개의 단어가 만들어지므로 (6b)의 입장에서 보면 Y가 X보다 더 생산성이 높다고 할 수 있다. 하지만 (6c)의 정신에 따라 비율로 보면 X는 50%, Y는 35%의 생산성을 보이므로 X가 생산성이 더 높은 것이라 결론을 지을 수 있고, 이렇게 하여 형태론적 과정을 달리하는 어형성간의 생산성을 비교할 수 있다는 장점이 있다.

(6d)는 생산성과 새로 만들어지는 단어를 연결한다. (6a)에서 (6c)까지

---

3) Baayen(1997: 190)은 실제로 생산성의 비율을 계산하는 정교한 수식을 도입하여 생산성 비율 계산의 예시를 제공하였다.

는 실제로 존재하는 단어를 모두 고려한 것이다. 하지만 생산성이라는 말이 의미를 가지려면 실제로 존재하는 단어의 수가 아니라 실제로 새로이 만들어지는 단어를 중심으로 생각해야 한다는 것이다. {-ful}과 {-like}를 비교해 보자. 이들은 형용사를 만드는 공통점이 있으며 실제로 Word Navigator에 수록된 단어수를 보면 {-ful}이 첨가된 단어가 524개 그리고 {-like}가 첨가된 단어가 530개이다. 이러한 수치를 비교해 보면 {-ful}과 {-like}는 생산성 정도가 비슷하다고 보아야 할 것이다. 하지만 {-like}가 붙은 단어는 새로이 만들어지는 반면에 {-ful}은 새로운 단어의 어형성에 참여하지 않으며 과거에 만들어진 말이 오늘날까지 이어지는 것이다. Aronoff(1983)의 설명을 따르면 {-ful}은 실재 단어(real words)의 수는 524개 이지만 이러한 접사가 붙은 잠재적 단어(potential words)는 거의 없으며 {-like}가 붙은 단어의 수는 530개로 {-ful}과 비슷하지만 잠재적 단어는 매우 많다 (airconditionerlike, college-like 등). 그렇다면 실제로 {-like}가 더 생산성이 있다고 볼 수 있다는 측면이다. 여기에 공시성과 통시성이 더해진다. (6d)의 괄호안에 있는 "in certain period of time이 이를 반영하는 것이다. 즉 오늘날에는 {-like}가 보다 생산적이지만 역사상 {-like}보다 {-ful}이 더 생산적인 시기가 있었고 그 시기에는 {-ful}이 더 생산적이었다는 말을 할 수 있는 것이다.

이러한 배경을 바탕으로 본 장에서는 (6e)의 입장을 소개하고 이를 바탕으로 논의를 한다. (6e)에서는 각각의 접사가 붙을 수 있는 여러 환경이 있고 그 환경이 지켜지는 범위를 제한하여 보면 그 범위 내에서의 생산성 정도는 같다는 것을 전제한다. 이를 이해하기 위해 먼저 굴절접사인 과거형 형태소인 {-ed}와 파생형태소인 {-ity}를 비교해 본다. 굴절접사와 파생접사를 비교하는 것은 과거의 입장에서 보면 의미가 없는 일인지 모른다. 굴절접사는 정의상 매우 생산적인 것이다. Stageberg(1971: 112)는 굴절접사를 정의하면서 그 특징으로 "주어진 품사의 모든 어간에 첨가된다"(they go with all stems of a given part of speech)고 한다. 과거형은 모든 동사에 첨가된다는 것이며 이는 동사의 수가 제한되어져 있지 않으므로 그 수가 무한하며 비율로 보아도 100%라는 것이다. 반면에 {-ity}는 Siegel(1974)의 접사분류에 따라 1군접사에 해당되며 정의상 생산성이 약한 접사이다. 하지만 {-ity}의 접사화를 {-al}이 붙은 형용사만을 어기로 고려하면 {-ity}는 그 정해진 어근의 수 안에서 거의 100%에 해당하는 생산성을 보인다.4)

이러한 예를 통해 주어진 접사는 환경만 맞으면 그 환경 내에서는 매우 생산적이라는 것을 알 수 있다. 그렇다면 생산성에 대한 견해를 다소 달리할 필요가 있다. 수치적으로 또는 비율적으로 생산성이 낮다는 것은 특정 접사가 첨가될 수 있는 환경에 제약이 많다는 의미로 해석이 가능하다. 이를 다시 위의 예에 적용시키면 과거형을 뜻하는 굴절접사는 첨가될 수 있는 환경으로 그 어간이 동사라는 것 밖에 없으므로 실제 어간의 수가 많기 때문에 수치상으로 생산성이 높은 것이요, 또한 동사 가운데에는 복수형을 절대 취하지 못하는 형태가 없으므로 비율적으로도 100%가 된다. 반면에 {-ity}는 형용사에 첨가되며 또 그 어근이 라틴어로 제한되고 특히 {-al}뒤에서는 {-ity}를 쓴다는 접사견인(affix attraction)의 조건이 있으며 실질적으로는 접사가 붙는 그 바로 앞에 주강세가 있어야 한다는 음운적인 조건이 있고 특성(quality), 상태(state) 그리고 조건(condition)을 뜻하는 {-ness}와 달리 (Jesperson 1941: 315) 특성(quality)을 주로 뜻하므로 의미적으로 제약이 되어져 있는5) 등 여러 종류의 제약이 가해져서 결과적으로 만들어지는 객관적

---

4) 표면상에 보이는 예외로 natural이 naturalness가 되며 naturality로 쓰이지 않는다는 예외가 보이나, Dictionary.com에는 naturality가 등재되어 있다.

5) Marchand(1969: 250, 271)에서는 {-ity}와 {-ness}가 공히 "state, quality, condition"을 뜻한다고 되어져 있으나 ability, ableness가 공존하며 이들 단어는 의미차이를 보인다는 것과 같은 의미의 두 단어가 존재하지 않는다는 동의어저지(Synonymy blocking)를 고려하면 받아들이기 힘든 말이다(동의어저지에 대해서는 3절의 의미적 제약에서 설명하기로 한다). 또한 Riddle(1985)도 이 두 접사가 미묘한 의미 차이가 있음을 주

인 단어의 수나 같은 어간에 대한 비율이 낮을 수 있다. 하지만 이 모든 조건이 다 지켜지는 상황 하에서는 100% 또는 이에 가까운 생산성을 보인다고 가정하는 것이다.

이처럼 생산성의 문제를 생산과정에 있어서의 제약으로 본다는 관점은 이미 Siegel(1974)이후의 어휘형태론에서 비롯되었다. 접사를 1군과 2군으로 나누어 2군접사 뒤에 1군접사가 붙을 수 없다는 부적격 구조를 걸러내려는 시도가 있었고 이를 위해 층위 유순가설이 도입된 것은 이미 1절에서 설명한 바 있다. 생산성의 문제에 대하여 Booij(1977: 5)는 다음과 같이 관찰한다.

(7) Booij의 관찰(Booij 1977: 5)
"The degree of productivity of a WF-rule can be seen as inversely proportional to the amount of competence restrictions on that WF-rule."

이는 생산성의 정도는 접사에 있다기 보다는 어형성규칙에 가해지는 제한성(restriction)에 비례하는 것이라는 말이다. 즉 접사 자체가 생산성을 결정하는 요인이 아니라 그 접사가 참여하는 어형성규칙에 가해지는 제한성(이를 제약이라 할 수 있다)이 표면적인 생산성의 원인이라는 것이다.

Plag(1999)도 이러한 Booij의 입장을 따라서 어휘형태론의 층위유순가설은 그 자체가 2절에서 논의한 이론적인 문제가 있으며, 생산성의 제약을 층위유순가설의 자연스러운 결과로 풀어보고자 한 노력도 문제가 된다고 보고 생산성이란 구조적인 제한(structural restriction)이 있어 특정 접사의 어형성 참여도를 제한하는 것으로 보았다. 특히 그는 그의 저서 후반부에서 {-ize}와 {-ify}의 두 접사가 서로 경쟁하며 상보적인 분포를 이루는 모습을

---

장한다.

최적성이론의 입장에서 풀어 보이며 생산성은 단순한 1군접사와 2군접사의 구별이 아니라 각각의 접사가 지켜야 하는 음운, 형태, 그리고 통사 화용에 대한 제약의 상호작용으로 인해 나타나는 것임을 설득력 있게 보인다.

따라서 이제 생산성의 초점은 각각의 접사가 지켜야 하는 제약과 언어가 지켜야 하는 일반적인 제약을 규명하는데 있으며 현재로서는 이상적인 이야기이지만 이러한 제약이 다 규명된다면 이들 제약의 상호작용으로 인해 표면형이 결정되는 것이며 이를 가장 강력하게 표현하면 표면형의 객관적인 수치나 아니면 범주내의 비율은 생산성과는 무관한 것으로 제약의 상호작용의 결과로 피상적으로 도출될 수 있는 것이지 생산성의 본질이 될 수 없다는 것이다. 본 장의 나머지 부분에서는 이러한 입장을 지켜가며 실제로 어형성에 나타나는 구조적 제한 또는 제약에는 어떠한 것이 있는지를 살펴보고 이들의 상호작용으로 인해 제약을 어기고도 단어가 만들어지는 경우와 제약을 어긴 경우 단어가 만들어지지 않는 경우가 생겨나는 것을 보이고자 한다.

## 4. 어형성의 제약

앞 장에서 우리는 생산성을 설명하는 가장 강력하고 가시적인 도구로 제약을 설정하였으며 이러한 제약의 상호작용이 생산성을 설명할 수 있음을 보였다. Plag(1999)는 구조적인 제한(structural restriction)외에도 다른 변수가 있다고 보았지만 이들 역시도 구조와 관련이 없다는 차원에서 구조적인 제한은 아니지만 일종의 제약임을 알 수 있다. 이렇게 볼 때에 생산성을 설명하는 것은 결국 제약의 종류와 제약의 서열을 발견해 나가는 과정임을 알 수 있다. 제약과 서열이 정해지면 이러한 평가표를 통하여 모든 적격단어를 설명하고 모든 부적격 단어를 배제하는 어형성의 체계를 구축할 수 있을 것이며 이러한 제약과 서열을 준수하는 한 생산성은 100%가 된다는 강력한 가정을 바탕으로 지금까지 알려진 제약 가운데 타당성이 있는 것으로 보이는 제약을 소개하고자 하며 4절에서는 이러한 제약의 서열이 어형성에 있어서 결정적으로 중요한 역할을 함을 보이고자 한다. 본 절에서는 어형성의 핵심이 되는 네 가지 영역의 제약 즉 형태적 제약, 통사적 제약, 의미적 제약 그리고 음운적 제약을 나누어 소개한다.

## 4.1. 형태적 제약

형태적 제약이란 형태소가 가진 특징적인 제약을 말하며 음운, 통사, 의미와 관련이 없는 형태소 고유의 제약을 말한다. 이 부분이 어휘형태론 이후 가장 분명하게 발전한 부분으로 실로 많은 연구과제를 제공하는 부분이라 할 수 있다.

(8)  최초접사와 최종접사

    a. Beginning Suffixes (Fabb 1988)

    Some affixes are added only to underived words (=Minimal words). (28/43)

      i.  Abstract Noun forming suffixes

| | |
|---|---|
| V-age (steerage) | V-al (betrayal) |
| V-ance (annoyance) | V-ment (containment) |
| V-y (assembly) | N-age (orphanage) |
| N-hood (nationhood) | N-ism (despotism) |
| N-y (robbery) | |

      ii.  Person Noun suffixes

| | |
|---|---|
| N-an (librarian) | N-ist (methodist) |
| V-ant (defendant) | |

      iii.  Adjective-forming suffixes

| | |
|---|---|
| V-ful (forgetful) | V-ant (defiant) |
| V-ory (advisory) | V-ive (restrictive) |

        N-ful  (peaceful)            N-ous  (spacious)

        N-y  (hearty)                N-ly  (ghostly)

        N-ish  (boyish)              N-an  (reptilian)

        N-ed  (moneyed)              A-ly  (deadly)

    iv. Verb-forming suffixes

        N-ate  (originate)           N-ify  (classify)

        N-ize  (symbolize)           A-ify  (intensify)

  b. Closing suffixes (Hay & Plag 2004)

    i.  Some suffixes does not allow any other suffix after them.

        N-hood, N-ful]$_N$, A-ity, N-dom, N-ly

    ii. Most of the Class II suffixes (to the exception of {-ness}, {-ly})

        *kindnessful   *goodnessless   *personalityhood

먼저 (8a)의 최초접사(beginning suffixes)를 관찰해 보자. Fabb(1988)는 어휘형태론의 층위유순가설이 설명력이 부족함을 지적하며 영어의 접미사 43개를 대상으로 이들의 하위범주화 정보(subcategorization information)를 참고하여 663개의 논리적으로 가능한 조합을 구성한 후 실제로 이들 663개 가운데 존재하는 것과 존재하지 않는 것을 구분하여 살펴보았다. 그런데 43개의 접미사 가운데 (8a)에 제시한 28개의 접미사가 [word-suffix-___]의 환경에 나타나지 않는 것을 확인했다. 이러한 접사를 최초접사(beginning suffixes)라 명하였는데 이러한 최초접사는 그 앞에 다른 접사를 허용하지 않는다. 다만 (8a-i)의 예 가운데 nationhood에서 본 것 같이 접사 {-ion} 뒤에 {-hood}가 나오는 예가 보이기는 하지만 Fabb는 그 앞에 있는 어기인 {nate}가 단어가 아니므로 word-suffix-___의 환경이 아니라고 보는 것이다. Fabb가 말하는 word란 최소단어(minimal word)를 뜻하는 것임을 알면 nation이 최소단어이므로 hood는 접사가 없는 단어에 붙은 것임을 이해할 수 있다.

이러한 Fabb의 28개 최초접사를 관찰해 보면 1군접사와 2군접사가 섞여 있는 것을 볼 수 있다. 특별히 2군 접사가 최초접사인 경우는 그 앞에 1군접사가 올 수 없다는 점이 매우 흥미로운 관찰이다. 앞서 어휘형태론의 문제점을 지적하며 (5b)에서 2군접사가 1군접사 뒤에 올 수 없는 경우를 관찰하였는데 Fabb의 입장에서 보면 그런 경우는 2군접사가 최초접사인 경우를 칭하는 것이다.

이제 (8b)를 보자. Plag(1999)와 Hay & Plag(2004)는 Fabb의 최초접사제안에 동의하며 연구를 더하여 어떤 접사는 그 뒤에 다른 접사를 취할 수 없는 최종접사(closing suffixes)라는 사실을 CELEX 코퍼스를 이용하여 입증해 보였다. 그들은 15개의 접미사만을 사용하였지만 그들이 사용하지 않은 {-ity}와 같은 접사도 이에 속함을 알 수 있다. 그들은 대부분의 2군접사가 최종접사임을 확인했지만(8a-ii), 그 중에는 {-ity}와 같은 1군접사도 속한다. 이 경우 우리는 (5a)와 (5c)의 문제점을 해결할 수 있다. (5a)의 경우 1군접사에 속하는 {-ity}가 최종접사이기 때문에 그 뒤에 다른 접사가 붙을 수 없기 때문이요 (5c)의 경우는 대부분의 2군접사가 최종접사에 속하기 때문에 2군접사라도 둘 이상이 올 수 없다는 것을 설명할 수 있다. Aronoff & Fuhrhop(2002: 474)는 최종접사의 주장에서 한 걸음 더 나아가 유일접사제약(monosuffixal constraint)을 제안한다.

(9)  Monosuffix (Aronoff & Fuhrhop 2002: 469)
     Most of the non-latin suffixes are used alone.

대부분의 비라틴계 접미사(즉 Siegel의 분류에서 2군접사에 속하는 접미사)는 오직 홀로 쓰일 수 있다는 것이다. 그러나 이러한 제약은 officialdom과 같은 형태가 있는 것으로 보아 받아들이기 어렵다. 또한 유일접사제약이 적용되는 접사는 사실 그 접사가 최종접사요 동시에 최초접사라는 점에서 별도의 제약으로 취급하지 않아도 될 것이다. 다만 이러한 최종접사에는 몇 가지 예외가 있다.

(10) Special status of {-ness}, {-ly}, {-like}
They are closing suffixes.
(*goodnessful, *kindnessless, *childlikely)
But they can be added after other closing suffixes.
(forgetfulness, carefully, childlikeness, businesslike)

(10)에서 보듯 몇몇 접미사는 자신이 최종접사이지만 다른 최종접사 뒤에 붙는다. 이에 대하여 Aronoff & Fuhrhop(2002)는 그간의 연구를 바탕으로 다음과 같이 설명한다.

(11) {-ness}와 {-ly}에 대한 Aronoff & Fuhrhop의 견해
    a. "-*ness* is an exception to the monosuffix constraint, albeit the only one in the language." Aronoff & Fuhrhop 2002: 474)
    b. "adverbial -*ly* is an inflectional suffix." Aronoff & Fuhrhop 2002: 482)

먼저 그들은 {-ness}가 유일한 예외라고 말한다. 그냥 예외로 처리하면 된다는 것인데 이러한 주장은 (11b)의 설명을 전제로 한다. {-ly}는 {-ness}와 같은 예외가 아니라는 것이다. 그들은 {-ly}는 파생접사가 아니라 굴절접사라 주장한다. 이 부분에 대하여 이미 Zwicky(1989: 145)는 {-ly}는 형용사를 부사로 바꾸는 범주변화(category changing)를 일으키므로 굴절접사가 아니라고 지적한 바 있으나 Arnoff & Furhop(2002: 481-482)는 부사는 어휘범주가 아니므로 범주를 바꾸지 않는다며 그 증거로 {-ly}가 붙은 부사에 다른 접사가 붙을 수 없다는 점을 들었지만 첫째 부사를 어휘범주로 보지 않

는 경우 부사의 비교급, 최상급 변화의 굴절을 설명할 수 없으며 둘째 드물기는 하지만 kindliness, sickliness 등에서 보듯 부사 {-ly}가 붙은 뒤에 {-ness}가 다시 첨가되는 예를 볼 수 있으므로 이러한 주장은 옳다고 할 수 없다. 게다가 {-like}와 같은 접미사는 고려의 대상이 되지 않았다. 이 부분에 대한 분명한 해결책은 없지만 필자는 {-ness}, {-ly}, {-like}와 같은 접사는 최종접사이며 동시에 부가접사(appendix)로 볼 것을 제안한다. 마치 nationhood에서 {-ion}이 접사이지만 최소단어의 내부에서 발견되는 것으로 Marchand(1969: 157-170)에서 이를 ending(말미사)로 명하여 일반 접미사와 구별한 것처럼 단어의 외곽에 부가접사(appendix)를 허용하여 접사 중에는 {-ness}, {-ly} 등과 같이 부가접사로서 사용될 수 있는 접사가 있음을 인정한다면 최종접사가 가진 일반적인 모습을 포기하지 않고도 최종접사 뒤에 붙는 접사 유형을 정리할 수 있을 것으로 본다.

(12) 접사견인(Affix Attraction)과 접사배척(Affix Hostility)

    a. Affix Attraction (Marchand 1969, Plag 1999, Hay & Plag 2004, 이용성 2010)

        i.  en X]$_V$-ment]$_N$

           entitlement    enrichment    endangerment (*enlistion)

        ii.  X-ate]$_V$-ion]$_N$

           designation    abbreviation    accentuation (*designatement)

        iii.  X-ize]$_V$-ation]$_N$

           civilization    realization    customization (*realizement)

        iv.  X-ify]$_V$-cation]$_N$

           identification    notification    verification (*certifyment)

        v.  X-ion]$_N$-al]$_A$

           national    relational    correctional (*nationic)

        vi.  un-[X-ful]$_A$]$_A$[6]

           unfearful    ungrateful    unthoughtful (*unpriceless)

vii. X-y]$_A$-ness]$_N$ (Baayen & Renouf 1996)

       crabbiness     nerdiness     twittiness (*nerdial)

b. Affix Hostility

   i. *un-X-less (Siegel 1974)

      *unpriceless   *unlimitless   *unthankless

   ii. *Affix + Beginning Suffix

   iii. *Closing Suffix + Affix

접사들 간에는 긴밀한 호응관계와 배척관계가 있다. 이를 접사견인(Affix attraction)과 접사 배척(Affix hostility)으로 나누어 설명할 수 있다. (12a)에서는 Marchand(1969), Plag(1999)등의 연구를 바탕으로 발견되는 여러 가지 접사의 연결관계에 대한 제약을 살펴보았다. 특정 접사사이에 분명한 호응관계가 있으며 이러한 호응관계는 어형성에서 잘 준수되는 경향을 보인다. Hay & Plag(2004: 508)에서는 이를 보다 강화하여 접사들 사이에는 분명한 위계가 존재하며 이러한 위계를 따라서 접사연결의 방향성이 결정된다고 보았다. 이를 위계가정(hierarchy hypothesis)이라 칭하고 CELEX 코퍼스를 통하여 이러한 위계가 실재한다는 것을 보인다. 하지만 이러한 위계는 오직 15개의 접미사만을 관찰한 결과이며 인접한 접사를 본 것으로 접두사와 접미사의 상호 호응관계는 설명하지 못하고 nationalization에서 보듯 {-al}{-ize}{-ation}의 위계가 있는 듯해 보이지만 derivational에서는 {-ation} 뒤에 {-al}이 첨가되어 위계를 거스르는 것을 볼 수 있으므로 전체적인 위계가정을 보완해 가기는 쉽지 않을 것이다. 하지만 본 절에서 주장하듯 인접한 접사나 떨어진 접사간의 호응관계를 볼 수는 있다. {-al}{-ize}가 서로 인접한 호응관계를 보이며 {-ize}{-ation}이 그러하고 {-ation}{-al}의 호응관계를 인정하면 굳이 전체적으로 철저한 위계를 세워 순서를 가정할 필요가 없을

---

6) unsurpassed, unabridged, unaged, unchangeable, unbridgeable, unbreakable 등의 예에서 보듯 {-ed}와 {-able}도 {-ful}과 같이 {un-}과 접사견인을 보인다.

것이며 실제로 접두사-접미사 사이에 일어나는 (12a)와 같은 호응관계는 위계가정으로는 설명할 수 없다. 하지만 이러한 정신은 접사와 접사가 연결되는 데에는 친화력이 있는 접사간의 상호작용이 존재한다는 것을 알 수 있다.

또한 (12b)에서 예시한 바와 같이 접사사이에는 견인관계가 아닌 배척관계를 보이기도 한다. 형용사에 {un-}이 붙어서 부정의 의미를 가질 수 있으나 그 형용사가 {-less}가 붙은 형태라면 허용되지 않는다는 것이다. 이를 확대해 보면 (8)에서 소개한 최종접사, 최초접사도 일종의 배척관계를 보이는 것이다. 최초접사는 그 앞에 일체의 접사를 배척하는 것이며 최종접사는 그 접사 뒤에 나오는 일체의 접사를 배척한다는 내용으로 이해해 볼 수 있는 것이다.

    (13) Multiple Application Constraint (Lieber 1981: 173)
        A general constraint "on the form of morphologically complex words, preventing the same affix being added twice in succession. [...] In many cases, the constraint appears to apply to homophonous affixes as well as to identical affixes.

형태적 제약의 마지막으로 (13)에서 제시한 복수적용제약을 살펴보자. 복수적용제약이란 하나의 형태소가 한 단어에서 두 번 쓰이지 않는다는 것이다. Lieber는 한 걸음 더 나아가 여기서 하나의 형태소는 모양이 같은 서로 다른 형태소, 즉 동음적 형태소(homophonic morphemes)도 포함한다. 명사에 붙어 명사를 만드는 {-y}(presidency, residency 등), 명사에 붙어 형용사를 만드는 {-y}(speedy, fishy 등)은 동음형태소로 이러한 경우 명사에 {-y}를 첨가한 후에 그 뒤에 {-y}를 첨가할 수 없다는 것이다.7) 이러한 주장은 앞에서 언급한 접사호응제약을 제한하는 역할을 할 수 있다. 앞에서 예를 들어

---

7) Menn & MacWhinney(1984)는 반복형태제약(repeated morph constraint)이라는 이름을 붙였으나 내용상에는 차이가 없다.

본 것처럼 ation-al-ize의 연쇄가 가능하고 ize-ation의 연쇄가 가능하다면 X-ationalizationalizational... 과 같은 단어도 허용이 되어야 할 것이다. 하지만 이처럼 {-ation}이 반복되거나 {-al}이 반복되거나 {-ize}가 반복되는 단어는 나타나지 않는다. 이러한 과도생성의 경우는 복수적용제약으로 걸러낼 수 있는 것이다. 다만 re-re-write, anti-anti-democracy와 같이 동일형태소가 접두사에서는 반복이 허용이 되지만 (13)을 접미사에 대한 제약으로 제한하면 되므로 접두사에서 반복되는 현상이 있다고 해서 (13)을 포기할 필요는 없을 것이다.

## 4.2. 통사적 제약

통사적 제약으로는 크게 두 가지가 있다. 이는 주로 어형성과정에서 나타나는 접사의 연결관계에 등장하는 품사의 정보이다. 다음의 예를 보자.

(14) Syntactic constraints

    a. Categorical constraints

       -ment]$_N$       -ness]$_N$         -ize]$_V$

    b. Subcategorization constraints

      i.  {-able}: Vt[-static] _____

| eatable | drinkable | printable | lovable |
|---------|-----------|-----------|---------|
| *penable | *goable | *haveable | |

      ii.  {-ee}: Vt[-static] _____

| employee | interviewee | debtee | referee |
|----------|-------------|--------|---------|
| *goee | *sleepee | | |

      iii.  {-ness}: A _____

| kindness | goodness | wrongness | righteousness |
|----------|----------|-----------|---------------|

      iv.  {-en$_V$}: A _____

| wide-en | deep-en | white-en | black-en |
|---------|---------|----------|----------|

통사적 제약에는 범주제약(categorical constraints)과 하위범주화제약(subcategorization constraints)이 있다. 범주제약이란 각각의 접사가 붙을 경우 그 결과로 나타나는 품사는 오직 한 가지라는 것이다. Aronoff(1976: 22)가 제안한 단일출력가설(Unitary Output Hypothesis)은 출력형이 음운, 형태, 통사, 의미적으로 하나라는 강력한 주장인데 이러한 단일출력가설은 지나친 제약이라는 비난을 면치 못한다(Plag, 1999: 45fn. 47-48). 그러나 적어도 통사정보에 있어서 만은 단일출력가설은 하나의 접사는 하나의 통사범주(품사)를 만들어 낸다는 것은 부인할 수 없다.

(15) 범주제약의 피상적인 예외
    valuable]$_N$    constant]$_N$    protestant]$_N$    adhesive]$_N$

(15)를 보면 {-able}, {-ant}, {-ive}가 공히 동사에 붙어서 형용사를 만드는 접사인데 결과적으로 명사로 쓰이는 것을 알 수 있다. 그렇다면 이들 접사는 통사적으로 하나의 문법범주를 만들어내는 것이 아니라 형용사, 명사의 두 종류의 범주를 만들므로 범주제약에 문제가 있다고 볼 수도 있다. 그러나 이 부분에 대해서는 품사전환(conversion)이라는 또 다른 어형성과정이 적용된 것으로 볼 수 있다. 이용성(2009)은 이에 대한 기존의 연구를 살펴보고 이는 valuable]$_A$에 새로운 어형성과정인 영접사 파생(zero derivation)이 적용된 것임을 입증해 보였다. 따라서 이들은 진정한 범주정보의 예외가 될 수 없다.

(14b)는 접사의 하위범주화에 대한 제약이며 여기서는 대표적인 것을 몇 가지 들어 예시한 것이다. 이는 Arnoff(1976: 48), Booij(1977: 140-141)에서 제안한 단일어기가설(Unitary Base Hypothesis)의 정신을 제약화한 것이다. 그러나 먼저 지적해야할 사실은 이러한 단일어기가설은 제안된 초기부터 문제가 있음이 인지되었다. Aronoff(1976)는 이를 해결하기 위해 품사정

보를 N, A, V, P의 네 범주로 보지 않고 [±N]과 [±V]의 결합으로 보아 형용사, 명사를 하나의 범주로 묶을 수 있다는 가정을 세웠다. 하지만 이러한 문법범주의 완화도 좋은 해결책이 되지는 못한다. 단일어기가설은 여러 가지 차원에서 문제를 일으킨다. 다음의 대표적인 문제를 보자.

(16) 단일어기가설의 문제점
    a. break]$_V$-able vs. fashion]$_N$-able
    b. pain]$_N$-ful vs. resent]$_V$-ful
    c. motion]$_N$-less vs. kind]$_A$-less
    d. deep]$_A$-en vs. height]$_N$-en

(16a)의 경우는 문법범주를 완화하여도 해결이 되지 않는다. Aronoff(1976: 48) 자신이 지적했듯이 {-able}은 동사에도 부가되고 명사에도 첨가된다. 그러나 [±N]과 [±V]의 가설에서는 명사와 동사를 하나의 범주로 묶을 수 없다. 동사와 명사를 [αN, -αV]의 속성을 가진 것으로 묶어서 자연부류라고 주장할 수도 있을 것이며 Aronoff처럼 {-able}은 단일어기가설에 따라서 명사에 붙는 접미사와 동사에 붙는 접미사가 동음형태소의 관계에 있다고 주장할 수도 있을 것이다. 그러나 후자의 주장은 단일어기가설을 근본적으로 취약하게 만든다는 것이 Plag(1999: 48)의 주장이다. Aronoff에서 거론되지 않은 접사 {-ful}도 {-able}과 같이 명사와 동사에 붙는 형태이며 이러한 형태의 존재는 문법범주를 확장하여 생각하는 것이 문제가 있음을 시사한다.

    (16c)는 화석화 단어(fossilized words)로 간주하면 그리 문제가 되지 않는다. Word Navigator에 등재된 {-less}가 첨가된 단어 1041개 중에서 오직 두 개의 단어 kindless와 weariless만이 형용사에 붙은 것이요 나머지는 다 명사에 첨가된다. 이러한 강력한 제약의 예외가 되는 이들 두 형용사 kind와 weary를 살펴보면 오직 {-ness}를 붙여서 명사를 만들 수 있는데 여기에 첨가된 {-ness}는 최종접사이기 때문에 그 뒤에 {-less}가 첨가될 수

없는 환경이 된다. 이 경우 {-less} 형이 첨가된 단어가 꼭 필요할 경우 Adams(1973: 178)가 제안한 명명가능성(nameablity)라는 화용적인 제약이 이를 예외적으로 허용한다고 볼 수 있다.

마지막으로 (16d)와 같은 경우가 있다. 겉보기에는 접두사 {-en}이 명사 또는 형용사에 붙었으므로 이를 묶어서 [+N]으로 정의를 하여 대범주를 설정할 수 있을 것 같지만 실제로 형용사에 {-en}이 붙은 것이 정상적인 것이며 명사에 {-en}이 붙는 현상은 예외적인 것이다. 그 예로 *depthen (deepen), *widthen(widen)과 같은 형태는 존재하지 않는다. 이 부분은 4절에서 심도 있게 다루겠지만 사실은 형용사라는 하나의 어기를 허용하는 {-en}이 이에 수반되는 다른 제약과의 상호작용으로 heighten과 같은 예가 나타나는 것으로 이해해야한다. 즉 지금까지 소개한 제약, 그리고 앞으로 소개할 제약이 모두 위반가능성(violability)이 있다는 최적성이론의 기본가정을 따라 설명이 가능한 것이다.

## 4.3. 의미적 제약

표면형으로 가능한 단어가 의미적 제약으로 인해 나오지 못하는 경우가 있다. 이러한 의미적 제약은 지금도 연구가 진행되고 있는 부분이므로 전체의 모습을 다 볼 수는 없지만 문헌에 소개된 자료를 바탕으로 동의어저지 (synonymy blocking)와 의미충돌(semantic conflict) 등 주요 부분을 살펴본다.

(17) 동의어저지(synonymy blocking)
"If you already have a perfectly good expression for something, don't invent another one." (Aronoff & Fuderman, 2005: 219) Semantic Identity is not allowed.
a. Data

i. Inflection

| | | |
|---|---|---|
| oxen/*oxes | children/*childs | mice/*mouses |
| went/*goed | took/*taked | ran/*runned |

ii. Derivation

| | | |
|---|---|---|
| glory/*gloriosity | fury/[?]furiosity | space/*spaciosity |
| cyclist/*cycler | thief/*stealer | broom/*sweeper |
| typist/*typer | student/*studier | assitant/*assister |

b. Additional restriction (Rainer 1988)

i. Productivity

The blocked are made by productive affixation.

ii. Frequency

The blocker must be a frequent word.

동의어저지는 어형성과정으로 생성된 단어가 기존의 단어와 동일한 의미를 지니는 경우를 금지하는 것이다. Aronoff & Fudeman(2005)의 인용문에 나와 있듯이 이미 좋은 말이 있으면 그 말과 의미가 같은 단어를 만들어낼 필요가 없다는 것이다. 다시 말해서 의미적인 동질성을 허용하지 않는 것이다. 이를 다시 말하면 의미가 조금이라도 다르다면 허용이 된다는 것이며 glory가 있어도 gloriousness가 도출될 수 있다는 Aronoff(1976)의 저지현상을 설명할 수 있다.

이러한 현상은 특히 굴절에서 분명히 나타난다. oxen이라는 단어가 존재하므로 oxes라는 복수형이 만들어지지 않는다는 것이다. 굴절에서는 의미의 동질성을 전제하는 것이므로 이러한 현상이 매우 많이 나타난다. 실로 형태적 조건화된 이형태(morphologically conditioned allomorph)를 설명하기에 용이한 방법이다. 다만 의미가 다르면 굴절이 달라질 수 있어서 mouse의 복수는 mice이지만 이 mouse가 의미를 달리하여 "컴퓨터의 작동기구"를 말할 경우는 mouses라는 복수형이 만들어질 수 있으며 hang의 과거로 hung이 존재하지만 의미가 달라지는 경우는 hanged도 가능하다는 것을 전제로 한다. Rainer(1988)은 이러한 동의어저지는 너무나 막연하여서 체계적인 설명을 가할 수 없음을 관찰하고 저지되는 접사는 생산성이 높은 접사라는 생산성 조건(productivity)과 저지하는 단어는 잘 알려진 단어라는 빈도수 조건(frequency)을 추가해야 한다는 추가적인 설명을 한다. Rainer의 입장에 따르면 normality-normalcy는 두 단어가 모두 빈도수가 낮고 더욱이 {-ity}와 {-cy}의 두 접사도 생산성이 낮으므로 하나가 다른 하나를 저지할 수 없다. 보다 극적인 예로 최근에 등장하여 쓰이는 informatize~informationalize~informaticize 등의 단어는 서로가 서로를 저지하지 못한다는 것을 알 수 있다.

하지만 이러한 동의어저지에 부가된 조건으로 생산성의 문제를 다시 거론하는 것으로 이는 순환적인 오류에 빠지기 쉽다. 생산성이라는 용어를 정의하기 어렵고 또한 빈도수라는 것도 객관화시키기 어려운 개념이다. 다만 굴절의 경우는 이러한 동의어저지가 매우 강력한 제약이 되지만 어형성의 근간을 이루는 파생과 합성에서는 이 같은 동의어저지현상의 존재는 인정하고 이러한 제약은 흔히 위반될 수 있음을 알 수 있다. 이는 제약의 서열이 낮은데서 나오는 것으로 동의어라 할지라도 다른 조건이 맞으면 만들어 질 수 있다는 폭넓은 견해를 가지는 것이 필요하다.

(18) 의미충돌(semantic conflict)

    a. {un-} prefixation results in negative meaning. (Aronoff 1976: 63)

        unhappy     untidy     unlucky     uncomfortable

        *unsad     *unshabby     *unbad     *unugly

    b. [re-V] presupposes "change of state"(=transition) (Aronoff 1976: 47)

        re-create     re-act     reunite     rearrange

        *re-send     *rekill     *re-have     *resleep

    c. [de-V], [un-V] presupposes "recoverability." (Haspelmath 2002: 105)

|     |               |              |            |
| --- | ------------- | ------------ | ---------- |
| i.  | de-escalate   | decolonize   | deprogram  |
|     | *de-assassinate | *deincinerate | *dedrown  |
| ii. | uncover       | unlock       | undo       |
|     | *uncreate     | *unbreak     | *unkill    |

접사와 어기의 의미가 서로 충돌하여 양립할 수 없는 경우 그러한 단어가 제한되는 경우를 통칭하여 의미충돌이라 명한다. (18a)는 형용사에 붙어서 부정의 의미를 더하는 {un-}은 전체적으로 부정적인 의미를 지닌다는 것이다. 이는 이미 Zimmer(1964: 15)에서 관찰된 바 있으며 그는 "un-X"는 전체가 부정적인 것을 나타낸다고 하였고 Katamba(1993: 79)는 X가 긍정적인 의미를 지녀야 한다고 했다. undirty가 없는 것은 clean이라는 단어가 있어서 동의어저지를 한다고 볼 수도 있지만 그와 동일한 현상으로 설명할 수 있는 unclean은 dirty가 있음에도 불구하고 존재하므로 이를 별도의 제약으로 설정하지 않을 수 없을 것이다. 그러나 이러한 제약에 예외가 보인다.

(19) (18a)의 예외
   a. unafraid
   b. unfearful, unharmful, undoubtful
   c. unsurpassed, unappalled unashamed.

(19a)는 화석화된 형태로 어쩌면 유일한 예외인지도 모른다. 반면에 (19b)와 (19c)는 설명이 가능하다. "un-X"는 부정적인 의미를 나타내야 한다는 제약과 (12a-vi)에서 제시한 접사견인 제약이 상호 충돌하는 경우이다. 이러한 현상은 제약의 상호작용으로 설명이 가능하다는 것을 다음 절에서 논의할 것이다.

   (18b)와 (18c)는 모두 동사에 붙는 접두사의 특성인데 동사의 특성에 따라 접두사와 양립이 되지 않을 수도 있다는 것이다. {re-}는 상태의 변화

를 전제로 하고 {de-}와 {un-}은 복원가능성(recoverability)을 전제로 한다. 따라서 상태의 변화를 나타내지 않는 동사(주로 상태동사)에는 {re-}가 결합되지 못하며 복원가능성이 없는 동사(주로 전이동사)에 {de-}나 {un-}을 붙이지 못한다는 것으로 이미 잘 알려진 의미적 제약이다.

(20) 양도 불가능성 소유(inalienable possession) (Bauer 1983: 93)
    a. 가능한 유사종합합성어
        a kind-hearted person    (a person with a kind heart)
        a three-legged table    (a table with three legs)
        a large-scaled project    (a project with a large scale)
        a red-roofed house    (a house with a red roof)
    b. 불가능한 유사종합합성어
        *two-cared family    (family with two cars)
        *a big-capped boy    (a boy with a big cap)
        *a large-gardened house    (a house with a large garden)
        *a red-spectacled boy    (a boy with red spectacles)

유사종합합성어(quasi synthetic compounds)는 형용사와 명사가 결합된 구의 형태에 마지막에 {-ed}가 첨가되어 [A-N]-ed의 형태를 가지는 합성어를 말한다. 이러한 합성어는 일체가 형용사이며 명사를 수식하거나 서술한다. 전반적으로 보면 N2 with [A-N1]의 구조가 [A-N1]-ed N2의 형태로 바뀌는 것인데 여기서 N1은 N2의 양도불가능한 부분이어야 한다는 것이다. Bauer는 이러한 양도불가능성 소유에 대한 제안은 그 이전의 연구에도 많이 나나 있음을 지적한다. 예를 들어보자. "a kind-hearted person"이라는 말이 가능한 것은 heart가 person에서 뗄 수 없는 한 부분이라는 조건이 맞으므로 가능하지만 "*a two-carred family"에서 car는 family를 구성하는 뗄 수 없는(양도불가능한) 부분이 아니므로 유사종합 합성어를 이루지 못한다는 것이다. 살펴보면 (20b)의 예들은 N1이 N2에 있어 반드시 필요한 부분(뗄 수 없는 부분)이 아니라는 것을 알 수 있다.

(21) 의미적 잉여성(semantic redundancy) (Bauer 1983: 93)
- a. total redundancy
  - *a two-eyed person
  - *a two-legged student
  - *a one-nosed mule
- b. genus-species in compounds (Bauer 1978: 86)
  - *animal horse    *human man    *tree elm
  - *placemoor    *fish tuna    *person woman

하지만 양도불가능성 소유조건을 지키면서도 실제로 나타나지 않는 유사종합합성어가 있다. (21a)에서 보인 ?a two-eyed person, ?a two-legged student같은 경우를 살펴보자. 정상적으로는 양도불가능성 소유를 지키는 것이므로 이상이 없을 것 같은데 일반적인 상황에서는 쓰이지 않는다. 이러한 형태는 의미적 잉여성(semantic redundancy)이 있는 것이다. 사람이라면 당연히 눈이 두 개고 다리가 두 개다. 따라서 예시한 형태의 유사종합합성어는 새로운 의미를 부여하지 못한다. 어형성은 새로운 형태에 새로운 의미를 부여하는 것이라는 차원에서 볼 때, 전혀 새로운 의미를 부여하지 못한다면 이러한 어형성은 불필요한 것이다. 물론 가상의 세계에서 모두가 눈이 하나인 사람들 틈에 눈이 둘인 사람이 나타났다면 이는 새로운 지시물을 나타내므로 이러한 상황 하에서는 a two-eyed monster이라는 말이 사용될 수도 있을 것임을 예상할 수 있다.

(21b) 역시도 의미적인 잉여성을 보인다. Bauer의 설명에 따르면 두 개의 명사로 이루어진 합성어 N1-N2에서 머리요소인 N2가 N1의 하위범주에 속하는 경우는 합성어가 가능하지 않다고 한다. 먼저 나온 부분이 전체부류

(type)를 그리고 뒷부분이 예(token)를 나타낸다는 의미로 이러한 합성어를 형태-예시 합성어(type-token compounds)라고 하기도 한다. horse는 animal 의 한 종류이다. 그러므로 N1이 N2보다 큰 범주를 나타내므로 형태-예시의 순서를 지닌 합성어이요 따라서 부적격한 합성어가 된다는 것이다.

사실 이러한 의미적인 잉여성은 새로운 제약이라기보다는 어형성의 일반적인 특징을 도입해 보면 기존의 제약으로 설명할 수 있다. 즉 보다 일반화 시킨 설명이 가능하다는 것이다. (21a)의 경우는 이미 새로이 의미를 더한 것이 없으므로 어형성이 제한된다는 것을 관찰하였다. 즉 *two eyed person이라는 단어는 person이라는 단어에서 더해진 의미가 없다. 이러한 차원에서 보면 *two eyed person은 단순하고 널리 쓰이는 단어인 person에 의해 동의어저지 된다고 볼 수 있다. (21b)도 같은 맥락에서 이해할 수 있다. *animal-horse를 보자. horse는 당연히 animal이다. 그러니 *animal-horse는 horse의 의미에 더해진 것이 없다. 그렇다면 새로운 의미를 만들어내는 것이 아니므로 비경제적인 행위이며 새로운 의미를 만들지 못할 때 기존의 동일한 의미가 저지를 하듯 *animal-horse도 horse와 다를 것이 없기 때문에 horse라는 단어가 존재함으로 인해 저지된다고 본다면 앞에서 이야기한 동의어저지(synonymy blocking)에 포함시켜 이야기를 해도 되리라 본다.

## 4.4. 음운적 제약

끝으로 몇 가지 주요 음운적 제약을 검토해 보자. 음운적 제약은 여러 학자들에 의해 제시된 뒤에 많은 비판을 받게 되는 부분으로 모두를 소개할 수는 없다. 다만 아직도 논의가 진행 중이거나 어느 정도의 합의를 도출한 제약을 중심으로 설명하고자 한다. 먼저 Jesperson이 관찰하여 가장 폭넓게 다루어진 음운적 제약으로 동음어저지(homonymy blocking)가 있다. 다음의 예를 보자.

(22) 동음어저지(homonymy blocking) (Ichimura 2006)

      bet + {-er} → *better (good의 비교급)

      die + {-er} → *dyer (염색하는 사람)

      let + {-er} → *letter (편지)

      cook + {-er} → *cooker (요리기구)

      pray + {-er} → *prayer (기도문)

      live + {-er} → *liver (간) (cf. Jesperson 1942: 231-232)

동음어저지의 근본적인 취지는 파생으로 만들어진 단어가 기존의 단어와 발음이 동일할 경우 이를 저지한다는 것이다. 여기서 동음어란 우리가 알고 있는 bank, bat 등과 같이 발음과 철자가 같거나 side-sighed, ate-eight처럼 발음은 같으나 철자가 다른 것을 모두 칭한다. 먼저 동음어 저지는 이러한 동음어를 모두 반대하는 것은 아니다. 예를 든 경우는 모두 비파생어이거나 굴절접사가 포함된 경우이다. 이러한 굴절이나 비파생어는 파생과정이 아니므로 동음어저지에 저촉을 받지 않는다. 이러한 동음어 저지에 대하여 Plag (1999: 290)는 일체를 반대하는 입장을 취한다.

(23) 동음어저지에 대한 Plag의 견해

      Although frequently mentioned in the pertinent literature, homonymy blocking cannot be assigned real significance. (Plag 1999: 290)

동음어저지는 문헌에서 많이 언급되고는 있지만 실제로 이론적인 중요성을 부과할 수 없다는 것이다. Rainer(1988)는 자신이 동의어저지에서 제시한 조건인 생산성(productivity)과 빈도(frequency)를 감안하면 동음어저지를 제한할 수 있다고 보았다. Jesperson(1942: 231-232)은 liver의 예를 들면서 동음어저지가 되지만 환경에 따라서 liver가 사는 사람(the one who lives)의 의미로 사용될 수 있다고 하였다. 이러한 점을 고려하면 동음어저지는 필요한 제약이지만 이러한 제약의 위반을 강요하는 다른 제약이 있다고 볼 수 있으며 동음어저지를 포기하기 보다는 동음어저지와 상호작용을 하는 다른 화용적인 제약을 연구해 보아야 할 것이다.

(24) 운율제약(prosodic constraints)

    a. {-al$_N$} Affixation: It must be added to a stressed syllable. (Siegel 1974)

| | | | |
|---|---|---|---|
| arríval | remóval | dispósal | rehéarsal |
| *prómissal | *éxital | *bótheral | *límital |

    (cf. burial)

    b. {-ful$_A$} Affixation: It must be added to a stressed syllable. (Siegel 1974)[8]

| | | |
|---|---|---|
| frúitful | páinful | áwful |
| resóurceful | delíghtful | respéctful |

    c. {-al$_A$} must be attached to a foot. (Fudge 1984: 42)

| | | |
|---|---|---|
| pérsonal | nátional | nátural |
| paréntal | fátal | rácial |

    d. {-ee$_N$} must have the primary stress on it. (Fudge 1984: 40)

| | | |
|---|---|---|
| emploée | rentée | interviewée |

    e. {-ize$_V$} cannot be added to an adjective with final stress. (Raffalsiefen 1999: 234)

| | | |
|---|---|---|
| prívat-ìze | glóbal-ize | rándom-ize |
| *corrúpt-ize | *secúr-ize | *obscén-ize |

운율제약(prosodic constraints)은 접사화와 강세가 관련이 있다는 것이다. 이러한 관련성은 (24a), (24b), 그리고 (24e)의 예에서처럼 기존의 강세를 참고

---

8) {-ful}의 접사화에 대한 Siegel의 관찰은 그녀의 정교한 예시에도 불구하고 wórshipful, púrposeful과 같은 예외가 있다.

하여 접사화를 진행하는 소극적인 방법과 (24c), (234)에서 보이는 기존의 강세패턴을 수정하며 접사화를 진행하는 적극적인 방법이 있다. 이용성 (2000)은 이러한 접사의 운율제약을 운율하위범주화제약(prosodic subcategorization constraints)이라 명하고 이러한 제약의 상호작용이 소극적인 접사화과정과 적극적인 강세변화과정을 동반한 접사화과정을 설명할 수 있음을 잘 보인다. (24e)만은 부정적인 조건을 제시한다. 이 같은 강세와의 부정적인 관계는 다른 방법으로 설명할 수 있음을 Plag(1999)의 설명을 통해 4절에서 살펴볼 것이다.

(25) 단음절 제약(Monosyllabic Word Constraint)

    a. {-en$_V$} Affixation

| | | | |
|---|---|---|---|
| widen | deepen | sadden | whiten |
| *violeten | *refusen | *objecten | *poisonen |

    b. {-en$_A$} Affixation

| | | | |
|---|---|---|---|
| golden | silken | woolen | earthen |
| *diamonden | *velveten | *cottonen | *foresten |

    c. {-th$_N$} Affixation

| | | | |
|---|---|---|---|
| width | depth | wealth | truth |
| *oblongth | *prettieth | *fortuneth | *sincereth |

(25)에서 예시된 단음절 제약의 영향을 받는 접사는 불과 소수에 지나지 않는다. 어떻게 보면 이러한 접사들은 새로운 단어를 만들어 내는 경우가 적으므로 전통적인 의미에서 생산성이 없다. 하지만 이들이 생산성이 없는 이유를 알기 위해서 필요한 설명이 아닐 수 없다. 단음절 제약은 어기가 하나의 음절인 단어에만 붙어야 한다는 것을 보인다. 어기가 단음절이며 형용사인 어기의 수가 적으므로 이러한 형용사에 {-en}을 첨가하여 동사를 만드는 경우가 적을 수밖에 없음을 알 수 있는 것이다. 이처럼 오늘날에 생산성이 떨

어지는 이유와 실재 출력형의 단어수가 적은 이유는 단지 이들이 역사적인 것이어서가 아니라 접사화에 가해지는 제약이 너무나 제한적이기 때문임을 알 수 있다.

(26) 자질제약(featural constraints)

    a. {-en$_V$} is affixed to (R)C[-sonorant, (-strident)] segment.
    (Marchand 1969: 272)

| | | | |
|---|---|---|---|
| blacken | harden | redden | darken |
| *brownen | *greenen | *laxen | *bluen |

    b. {-al$_N$} is affixed to (R)C[-sonorant, +anterior] segment

| | | | |
|---|---|---|---|
| acquittal | refusal | rehearsal | rental |
| *reproachal | *acceptal | *rebukal | *declinal |

생산성이 낮은 것으로 알려진 {-en}은 (25)에서 본 것처럼 단음절 제약이 있을 뿐만 아니라 (26)에서 보듯 그 앞에 파열음이 있어야 한다는 것이다. 이를 나누어 보면 {-en}은 첫째 그 앞에 자음이 있어야 하며 둘째 그 자음은 저해음이어야 하고 셋째 저해음 중에서도 마찰음이나 파찰음은 안 된다는 세 가지 제약이 가해지는 것이다. 이와 비슷한 예로 {-al$_N$}의 접사화도 앞에 자음이 있어야 하며 그 자음은 전방성이 있어야 하고 또 (24a)에서 보듯 기존의 어말에 강세가 있는 동사에만 붙는다. 이러한 논의를 통하여 (26)에 나타난 접사들이 실재 적격출력형(wellformed outputs)의 수가 적을 것임을 알게 해 주는 부분이다.

(27) 유음저지(Liquid Blocking)

    a. {-al$_A$} is not added to a word that contains [l].

      i.

| | | | |
|---|---|---|---|
| natural | fatal | personal | national |
| herbal | portal | rational | natal |

ii. solar  lunar  familiar  popular

particular  angular  planar  linear

iii. floral  literal  lateral  larval

cultural  lyrical  sculptural  liturgical

b. {-able} is not added to words ending with [l]. (Szymanek, 1985:102)

*doublable  *saddleable  *wriggleable

*wrinkleable  *giggleable  *puddleable

c. {-al$_N$} is not added to words ending with l(C). (Raffelsiefen, 1999:237-8)

i. *apealal  *annulal  *assailar

ii. *prevailal  *compelal  *entailal

iii. *insultal  *resultal  *withholdal

iv. *evolval  *repulsal  *engulfal

d. The Illformedness of N-ly]$_A$-ly]$_{Av}$ (Bauer 1983: 89)

*lovelily  *bodilily  *brotherlily  *miserlily

*elderlily  *worldlily  *monthlily  *motherlily

(27a)의 유음이화는 역사적으로 잘 알려진 예이다. {-al$_A$}은 형용사를 만드는데 정상적으로는 (27a-i)에서 보듯 -al로 나오지만 앞에 l이 있는 (27a-ii)와 같은 경우에는 -ar로 나타난다. 하지만 (27a-iii)에서 예시한 것처럼 앞에 /l/이 있는 경우라도 그 사이에 r이 존재하면 여전히 -al의 모습을 보인다. Malkier(1978: 134)는 {-al}의 기원이 되는 라틴어의 ~alis와 ~aris가 상보적인 분포를 보이기 때문이며 이러한 라틴어의 상보적인 분포가 영어에 그대로 적용이 되어 -al과 -ar이 상보적인 분포를 보인다고 설명한다. 그러나 이는 역사적인 현상으로 최근에 만들어진 glottal, labial, elemental, clinical, familial 등의 단어에서는 지켜지지 않는다.

이러한 역사적인 현상이 오늘날에도 {-able}과 {-al$_N$}에서는 여전히 나타나고 있음을 보이는 예가 있다. Szymanek(1985:102)은 {-able}을 첨가할 때에 어말의 자음이 유음 /l/로 끝나는 경우에는 생성되지 않는다고 관찰했다. 이러한 관찰을 자세히 보면 어간의 말음이 /l/인 경우에 그 뒤에 {-able}이 첨가될 수 없음을 보인다. 재음절화(resyllabification) 이전의 두 개의 인접한 음절이 모두 음절말음에 /l/이 있으면 안 된다는 것을 보인다. 어찌 보면 (27a)에서 제시한 역사적인 유음이화가 보다 제한적으로 적용되어 말음 간의 상호작용으로 제한된 것으로 볼 수 있다. 그렇다면 앞에서 예를 들어 본 glottal, labial, elemental과 같은 단어는 처음의 /l/은 음절 두음에 있고 어말의 /l/은 음절 말음에 위치하므로 Szymanek이 관찰한 단어들과 차이를 보이므로 이를 중심으로 설명을 할 수도 있으리라 본다.

Raffelsiefen(1999: 237-8)은 정교한 논증을 통해 명사형을 도출하는 {-al_N}은 /l/이 어말자음에 있는 경우에는 첨가되지 않음을 보인다. 이 역시도 유음과 유음의 충돌을 피하는 방법으로 보인다. 이에 예외가 되는 것으로 보이는 supplial, declinal, implial 등과 같은 단어는 앞에 있는 /l/이 자음군에 속하여 있으므로 설명이 가능하다고 보았다(Raffelsiefen 1999: 238 참고). 그러나 좀 더 심도 있게 살펴보면 (27c-iii)의 *insultal, *resultal, *withholdal 등과 같은 단어에서도 /l/이 자음군에 속해 있음을 볼 수 있다. 하지만 이 자료도 Szymanek의 예와 같은 방법으로 설명이 가능하다. *insultal, *resultal, *withholdal 등의 단어에서는 /l/이 모두 음절 말음으로 나타난다. 이는 (27c-iv)에서도 마찬가지이다. 결국 Szymanek의 예처럼 음절 말음에서 /l/이 연이어 나오는 것을 금지하는 것이다. 이러한 설명은 (27c-i)과 (27c-ii)에도 확대적용할 수 있다. 이들 역시도 재음절화 이전에 어간의 /l/이 말음에 위치하고 있음을 볼 수 있다. 물론 이를 중간단계가 없는 최적성이론의 틀에서 "재음절화 이전"을 어떻게 정의할 것인가의 문제는 쉽지 않겠지만 적어도 역사적인 유음이화의 현상이 오늘날에도 어형성금지의 모습으로 존재한다는 것만은 사실이다.

(27d)에서 Bauer(1983: 89)는 형용사를 만드는 접사 {-ly} 뒤에 부사형 어미 {-ly}가 첨가되는 단어가 없는 것도 일종의 유음저지현상으로 보았다. 그러나 이 부분은 의견을 달리할 필요가 있다. 실제로 사전에는 -lily의 연속 체로 되어져 있는 단어가 많이 보인다. 다음의 예를 보자.

(28) -lily의 연속을 보이는 단어

| silly-sillily | melancholy-melancholily |
|---|---|
| surly-surlily | ugly-uglily |
| seely-seelily | jolly-jollily |
| comely-comelily | holy-holily |

만일 유음저지현상으로 (27d)를 설명하려고 한다면 (28)과 같은 단어가 존재 하는 것을 설명할 수 없다. 하지만 (28)의 단어를 보면 -lily의 형태를 가진 것이 사실이지만 처음 {-ly}는 접사가 아니라 비파생어의 한 부분인 경우이 다. 즉 sillily는 silly에 {-ly}가 첨가된 것이지만 silly는 *sil에 {-ly}가 붙은 것이 아니다. 이러한 경우에는 얼마든지 {-ly}가 첨가될 수 있다. 따라서 이 러한 현상은 유음저지의 예로 보기 보다는 (13)에서 언급한 복수적용제약 (multiple application constraint)이라는 형태적 제약으로 설명하여 같은 형 태의 접사 {-ly}가 연속해서 붙지 못한다는 설명이 더 설득력이 있어 보인 다. 하지만 이 역시 Raffelsiefen(1999: 252)이 관찰한 바와 같이 cleanlily, friendlily와 같은 예외가 있으므로 쉬운 문제는 아닐 것이다.

## 5. 제약의 상호작용

앞에서 영어의 어형성에 작용하는 여러 가지 제약을 살펴보았다. 논의를 하 는 가운데 어떤 제약은 위반이 되는 경우를 살펴보았는데 이러한 부분은 제 약이 위반가능성(violability)을 지니기에 나타나는 현상으로 보아 제약의 상호작용을 통하여 설명이 가능함을 예시해 보이고자 한다. 3절에서 제시한 내용을 제약으로 체계화하기도 쉬운 일은 아닐 것이며 3절에서 이야기하지 않은 화용적, 문맥적인 제약도 필경 존재할 것으로 보지만 본 절에서는 대표적인 몇 가지 상호작용의 예를 보이고자 한다.

## 5.1. 보충적 이형태(Suppletive Allomorphs)

먼저 Plag가 설득력 있게 보여준 접사경쟁(affix competition)의 예를 들어보자. Plag는 {-ize}와 {-ify}가 같은 의미를 지니며 마치 이 둘은 보충적 이형태(suppletive allomorph)의 관계에 있는 것으로 보아 Lapointe(1999: 267)의 제안을 따라 기저에 둘을 다 표기하여 평가를 통해 최적형을 구별하여 내는 방법을 제시하였다. 그의 대표적인 평가표를 관찰해 보자.

(29) Plag(1999: 199)의 평가도표

　　a. rándomìze

| random + ize/ify | *ClashHead | R-Align-Head |
|---|---|---|
| ✓ i. (rándo)(mìze) | | σσ |
| ii. (rándo)mi(fỳ) | | σσσ! |

　　b. karstify

| karst + ize/ify | *ClashHead | R-Align-Head |
|---|---|---|
| ✓ i. (kársti)(fỳ) | | σσ |
| ii. (kás)(tìze) | *! | σ |

(29)의 평가표는 Plag(1999: 199)의 평가표를 관련내용만으로 줄여서 간단하게 보인 것이다. Plag는 *ClashHead라는 제약으로 강세의 충돌에 벌점을 가하고 또 종단규칙으로 알려진 R-Align-Head를 설정하여 강세를 뒤쪽으로 배정하려는 두 가지의 제약이 상호작용을 하여 적법한 최적형을 선별한다고 한다. 즉 (29a)의 경우처럼 어간이 2음절어이고 앞 음절에 주강세가 있는 경

우는 {-ize}도 {-ify}도 동일하게 강세충돌을 막을 수 있지만 2음절 접사가 붙는 경우 종단에서 주강세가 더 멀어지게 되어 최적형이 될 수 없어 결과적으로 randomize가 선택된다. (29b)의 경우, 어기가 단음절어나 마지막 음절에 강세가 있는 단어에 {-ize}가 첨가되면 강세충돌이 야기되므로 치명적인 위반을 하게 되지만 {-ify}와 같은 2음절 접사가 첨가되면 강세충돌을 막을 수 있어서 최적형이 된다. 이러한 그의 입장을 확대하면 personal~ *personic, originate~*originize 등의 차이도 설명할 수 있을 가능성을 열어 놓은 것으로 실로 제약의 상호작용이 같은 의미의 다른 형태소들이 보충적 이형태에 있다는 가정을 통하여 설명을 할 수 있게 된다.

    Cetnarowska(2001)은 Plag가 {-ize}와 {-ify}를 이형태로 취급한다는 비판을 하였으나 이 부분에 관한 Cetnarowska의 생각이 전적으로 옳다고 볼 수는 없다. civilize와 signify를 비교해 보자. civilize는 가능하지만 *civlify 가 불가능한 것을 보면 {-ize}가 나오는 곳에 {-ify}를 쓸 수 없다는 것이며 signate라는 동사가 없는 것도 분명 {-ify}와 {-ate}가 상보적인 분포를 보임을 알 수 있다. 이들 각 접사의 의미가 분명한 차이를 보이지 않는다면 보충적 이형태로 가정하는 Plag의 제안이 잘못되었다고 비판하기는 어려우며 실로 Plag의 보충적 이형태 가설이 형태소의 분포를 잘 설명하기에 추가적인 연구를 해 보아야 할 부분이라 본다.

## 5.2. 절대적 부적격형(Absolute Illformedness)

white-whiten, black-blacken의 관계를 유추하면 blue~*bluen의 관계도 이루어 질 것으로 보이지만 *bluen은 절대로 생성이 되지 않는다. 이러한 절대적 부적격형은 어형성의 체계적인 공백(systematic gap)을 만드는데, 이처럼 표면형이 도출되지 않는 경우를 설명하기 위하여 Prince & Smolensky(1993)는 다음의 제약을 설정한다.

(30) 형태소구현제약(Morphological Parse = MParse)

(Prince & Smolensky 1993, Raffelsiefen 2004)

Morphemes are parsed into morphological constituents.

표면에 형태소가 구현되지 않으면 MParse를 위반하게 된다. 그런데 MParse
의 위반이 가장 최적형이라면 형태소가 구현되지 않는 경우 즉 단어가 생성
되지 않는 경우를 설명할 수 있는 것이다. 또한 MParse를 위반한 후보는 다
른 모든 충실성제약과 유표성제약을 다 충족시킨 것으로 본다.

(31) MParse 위반의 해석

The Null parse by stipulation satisfies all well-formedness and
faithfulness constraints. By definition, the Null parse violates only the
special constraint MParse, which no other candidate violates. (Orgun
& Sprouse 1999: 192)

Orgun & Sprouse(1999: 192)는 MParse를 위반한 후보인 null parse는 오
직 MParse만 위반하고 다른 모든 제약을 충족시킨 것으로 본다고 해석하며
다른 모든 null parse가 아닌 후보는 이를 위반하지 않는다고 설명한다. 이
러한 설명을 통해 우리는 특정한 어형성은 존재할 수 없음을 알 수 있다. 두
가지의 경우를 들어 이를 예시해 보자.

(32) MParse와 다른 제약의 상호작용

a. blue + en → *bluen

| blue + en | Affix-to-[-son] | MParse |
|-----------|-----------------|--------|
| i)   bluen | *! | |
| ✓ ii)   Ø | | * |

b. un + dirty  →  *undirty

| un + dirty | A-Attraction | MParse |
|---|---|---|
| i)  undirty | *! | |
| ✓ii)  Ø | | * |

(32a)에서는 bluen이라는 단어가 만들어지지 않는 과정을 설명한다. {blue}
와 {-en}을 결합하지 않고 단어를 만들지 않으면 MParse의 위반이 된다. 하
지만 이를 결합하여 *bluen을 만들면 (26a)에서 언급한 자질 제약을 위반한
다. 이 자질제약을 Affix-to-[-son]으로 표기한 것이다. 이 경우 자질제약이
MParse보다 상위인 경우는 (32a)와 같이 출력형이 없는 null parse가 최적
형이 된다. null parse가 최적형이 된다는 것은 결국 기저의 결합이 표면에
절대로 나타나지 않는다는 뜻이다.

(32b)는 접사제약과의 상호작용이다. 앞서 (12a-vi)에서 un-X-ful/able/
ed의 구조가 선호된다는 접사견인에 대하여 설명한 바 있다. 이러한 접사견
인 제약을 통칭하여 A-Attraction이라 명하자. undirty의 A-Attraction이
MParse보다 상위에 위치한다는 서열을 참고하면 un-dirty와 같은 단어는 생
겨날 수 없음을 보인다. 왜냐하면 undirty에서는 A-Attraction에서 보이는 접
미사가 아닌 {-y}라는 접미사가 있기 때문이다. 물론 앞서 (18a)에서 의미적
제약으로 un-X는 긍정적인 의미이어서는 안된다는 제약이 있지만 이러한 제
약은 결정적인 것이 아님을 뒤에서 논의할 것이다.

## 5.3. 음운적 제약 》 통사적 제약

이제 보다 깊이 들어가 4.2에서 이야기한 MParse와 다른 제약이 상호작용을
보이는 예를 살펴본다. 먼저 몇 가지 경우에서 음운적 제약이 통사적 제약보
다 상위에 있는 것을 볼 수 있다. 물론 이 말은 모든 음운적 제약이 모든 통
사적 제약보다 상위라는 말은 아니다. 다만 결정적으로 특정한 음운적 제약

이 특정한 통사적 제약보다 상위에 있으므로서 통사적인 제약을 위반하고도 표면형이 나타날 수 있다는 것이다. 이에 대한 예시로 (32a)의 연장선상에서 high + en의 도출을 생각해 보자. {-en}은 저해음에 붙어야한다는 Affix-to-[-son]제약을 준수해야 할 뿐 더러 형용사에 붙어야 한다는 Affix-to-Adj를 지켜야 한다. 그러나 Affix-to-Adj에 붙이면 *highen이 되어서 Affix-to-[-son]을 위반한다. 반면에 명사인 height에 붙여 heighten을 만들면 이번에는 Affix-to-[-son]을 위반한다. 그렇다고 null parse를 하면 MParse를 위반하게 된다. 이러한 모습을 다음의 평가표에서 확인해 보자.

(33) high + en → heighten의 평가표

| high + en | | Affix-to-[-son] | MParse | Affix-to-Adj |
|---|---|---|---|---|
| a. | highen | *! | | |
| ✓ b. | heighten | | | * |
| c. | Ø | | *! | |

앞서 절대적 부적격성을 설명하면서 [Affix-to-[-son] >> MParse]라는 제약순은 설명한 바 있다. 여기에 통사적 제약인 Affix-to-Adj가 위반되면서 표면형에 나오는 것으로 보아서 그 제약순이 MParse보다 낮은 것을 알 수 있다.

그렇게 보면 *highen보다는 null parse가 그리고 null parse보다는 heighten이 더 상위에 있음을 알 수 있고 (33)의 평가표는 이러한 제안이 아무런 문제가 없음을 보인다. 이렇듯 blue의 경우는 명사형조차 없기에 null parse가 최적형이 되지만 high는 명사형이라도 존재하기에 통사적 제약인 Affix-to-Adj를 위반하면서도 표면형에 나오는 것을 알 수 있다. 이러한 제약의 상호작용은 {-en}이 명사 또는 형용사에 붙을 수 있다고 가정한 범주 확대를 용납하지 않는다. (34)의 예가 이를 잘 보여준다.

(34) deep + en → deepen의 평가표

| deep + en | | Affix-to-[-son] | MParse | Affix-to-Adj |
|---|---|---|---|---|
| ✓ a. | deepen | | | |
| b. | depthen | | | * |
| c. | Ø | | * | |

만일 {-en}이 형용사 또는 명사에 붙는다는 범주확장을 인정하면 (34b) 역시 명사에 붙었으므로 표면에서 허용해야 할 것이다. 하지만 제약의 상호작용으로 보면 deepen이 주어진 모든 제약을 충족하는 반면에 depthen은 Affix-to-Adj라는 통사적 제약을 위반하므로 최적형이 될 수 없음을 체계적으로 잘 설명할 수 있다. 이러한 부분은 어형성의 예외성을 인정하면서도 관련제약이 위반가능성(violability)이 있으며 그러한 제약이 위계가 낮을 때 생겨나는 현상이라는 부분을 명확하게 설명할 수 있다.

## 5.4. 형태적 제약 》 의미적 제약

이번에는 (32b)에서 논의한 *undirty를 확장하여 보자. undirty는 un-X가 부정적인 의미를 지닌다는 의미적 제약을 위반하기도 하였다. 이러한 의미상의 제약을 편의상 Semantics(un-X)(=Sem(un-X))라 칭한다. 하지만 이의 위반과 상관없이 더 치명적인 A-Attraction을 위반하였으므로 최적형이 될 수 없었다. 그렇다면 unfearful과 같은 단어는 의미적인 제약을 위반하고도 존재한다는 사실도 4.3.의 논의와 같은 맥락에서 설명이 가능하다. 설명의 요지는 unfearful은 Sem(un-X)만을 위반하였지만 undirty는 Sem(un-X)와 아울러 A-Attraction을 추가적으로 더 위반한 것이다. unfearful의 평가표를 보자.

(35) un + fearful → unfearful의 평가표

| un + fearful | A-Attraction | MParse | Sem(un-X) |
|---|---|---|---|
| ✓ a.   unfearful | | | * |
| b.   Ø | | *! | |

결정적으로 MParse가 Sem(un-X)보다 상위이고 A-Attraction보다는 하위라는 제약의 위계가 있기에 올바른 설명을 할 수 있다. 결국 MParse보다 상위에 있는 제약은 반드시 충족되어야 하는 것이지만 그보다 하위에 있는 제약은 경우에 따라 위반 될 수도 있음을 알 수 있다. 여기에서 MParse보다 상위에 있는 제약은 형태적인 제약이고 하위에 있는 제약은 의미적인 제약이기 때문에 제약의 전이성을 통해서 [형태적 제약 >> 의미적 제약]의 관계가 있음을 알 수 있다.

이제 좀 더 복잡한 경우를 보자. unclean, unclear와 같은 경우는 가능한 단어이다. 이러한 단어들이 가능한 것은 A-Attraction에 위반되지 않기 때문이다. undirty의 경우는 un-dirt-y의 형태구조를 가지기에 un-X-y의 모습이므로 접두사 {un-}과 접미사 {-y}가 A-Attraction의 평가대상이 되지만 unclean의 경우는 접미사가 없으므로 A-Attraction을 공전만족(vacuous satisfaction)하는 것이다. 그렇다면 unhappy의 경우는 어떨까? 마지막에 {-y}라는 접미사가 있으니 이러한 경우도 undirty와 마찬가지로 A-Attraction을 위반하는 것이 아닐까? 이 경우에 대해서는 이미 Marchand (1969: 157-170)의 설명을 따라 happy의 {-y}는 최소단어의 내부에 들어 있는 ending(말미사)로 보아 단어중심의 어형성에서는 비파생어와 같이 취급한다는 사실을 설명한 바 있다.[9]

---

9) 사전에는 실제로 un-X-y의 형태를 보이는 단어가 존재한다. Word Navigator에는 이러한 형태로 추정되는 단어가 32개가 존재한다. 그 중에서 -y가 접사가 아닌 것으로 추정되는 단어가 unpretty, untidy, unready, unwary, unsteady의 5개가 있고 의미적으로 긍정적인 뜻을 지닌 단어가 unscary, unfaulty, uncrazy 등 11개가 있으며 ungreedy,

그러나 아직 중요한 문제가 남아 있다. [MParse >> Sem(un-X)]의 제약순은 un의 의미제약을 어기고도 단어가 형성될 수 있음을 보인다. 그렇다면 최초에 이야기한 불가능한 단어인 unsad, unbad 등 (18a)에서 언급한 형태도 허용이 된다는 이야기가 된다. 다음의 그릇된 평가표를 보자.

(36) un + bad → Ø의 그릇된 평가표

| un + bad | A-Attraction | MParse | Sem(un-X) |
|---|---|---|---|
| ? a.　unbad | | | * |
| b.　Ø | | *! | |

(36)의 표를 보면 엉뚱하게도 *unbad라는 단어가 선택된다. 평가표에 따르면 unbad는 Sem(in-X)를 위반하지만 그보다는 MParse가 상위에 있으므로 최적형이 될 수 있는 것이다. 그러나 자세히 살펴보면 unfearful과 *unbad는 단어의 구성이 다르다. unfearful은 fear에 접미사 {-ful}이 붙은 뒤에 {un-}이 첨가되었다. 반면에 *unbad에서 bad는 비파생어이다. 이는 {un-} 접사화의 의미적 제약이 구분되어야 함을 보인다. 즉 비파생어인 경우에는 의미적인 제약으로 긍정적인 의미의 un-X형이 만들어지지 않지만 파생어의 경우에는 가능하다는 것이다. 이를 참고하여 Sem(un-X)를 둘로 구분하여 비파생어와 구속어근에 접사가 붙은 최소단어에 적용되는 의미제약 Sem(un-Minimal Word)(=Sem(un-MW)와 최소단어에 접사가 붙어 만들어진 파생어에 적용되는 의미제약 Sem(un-Derived Word(=Sem(un-DW)를 구별하여야 할 것이다. 즉 Sem(un-MW)는 실제로 위반되는 사례가 없지만 Sem(un-DW)는 위반이 가능하다. 이제 Sem(un-MW)가 MParse보다 높으면 우리는 원하는 결과를 얻는다.

---

uncanny, unsavory와 같이 역형성으로 만들어진 단어가 8개 존재한다. 이들을 역사적인 이유를 들어 제거해도 여전히 10여개의 단어가 un-X-y의 모습을 보인다. 이 부분에 대해서는 추가적인 연구가 필요하리라 본다.

(37) un + bad → Ø의 올바른 평가표

| un + bad | Sem(un-MW) | A-Attraction | MParse | Sem(un-DW) |
|---|---|---|---|---|
| a.　unbad | *! | | | |
| ✓ b.　Ø | | | * | |

이러한 최적성이론의 접근 방식을 도입하여 제약의 상호작용으로 어형성을 설명하면 그간 막연하게 논의되었던 여러 제약의 실질적인 의미와 그 활용을 세분화하여 볼 수 있으며 이전의 문헌에서 예외로 취급하거나 일반성이 없는 단순 관찰에 지나지 않았던 현상들을 체계화하고 이를 설명의 도구로 사용할 수 있다.

# 6. 맺는말

형태론에서 생산성의 문제는 어형성과 직결되는 중요한 문제이요 형태론의 주요과제 중의 하나이다. 이러한 생산성에 대하여 여러 가지 서로 다른 견해가 존재하지만 이러한 견해를 통하여 생산성을 바로 이해하기는 쉽지 않다. 본 장에서는 이러한 생산성에 대한 이전의 견해를 살펴보고 생산성의 한계란 어형성에 관여하는 제약의 영향이라는 부분을 강조하였다. 출력형의 수만으로 생산성을 판단할 수 없으며 그렇다고 유사한 과정과 비교하여 상대적인 우열을 비율로 나타내는 것도 어형성을 설명하기에는 부족한 부분이 있다. 그리하여 이 장에서는 최근의 연구동향에 따라서 생산성을 어형성에 관여하는 제약의 정도와 강도를 가지고 설명하려는 시도를 소개하였다.

　물론 많은 연구가 진행되고 또 수정되어야 할 것이지만 기본적인 가정은 제약의 종류를 식별해 내고 이들의 상호작용을 잘 파악하게 되면 생산성은 수치나 비율에 있지 아니하며 어형성에 관여하는 제약에 달려 있는 것이며 어떠한 접사나 단어라도 제약을 준수하는 한에서는 같은 정도의 생산성을 보인다고 가정하였다. 이렇게 하여 어형성에 관여하는 제약으로 우리의 관심사를 옮겨보았고 실제로 어떠한 제약이 소개되었으며 그들의 타당성은 어느 정도인지를 논의하였다. 형태적, 통사적, 의미적, 음운적인 제약을 소개하였는데 이는 결코 모든 제약을 다 소개한 것이 아니다. 다만 흔하게 인용되는 제약을 살펴보고 때로는 그러한 제안의 오류를 지적하였다. 어형성 연구를 위해서는 이들 각 분야의 제약을 더 연구할 필요가 있으며 continuous-continuity의 쌍에서 보이는 예를 통해 {-ous}의 탈락(음운적, 형태적 요인에 의한 탈락), 또는 {-ity}가 동사에 붙을 수 있는가({-ity}의 하위범주화 재조명) 등 실로 연구해 보아야 할 부분이 무궁무진하다. 그중에서도 가장 다루기 힘든 의미적 제약은 언어의 역사성 및 다양성 등으로 인해 많은 어려움을 제시한다. 더구나 이러한 네 가지 영역의 제약 뿐 아니라 화용적 제약이나 제약의 적법성이나 상호작용을 규정하는 메타제약이 필요할 수 있다는 것도 학자들의 연구를 통해 알 수 있었다.

이처럼 현재로서는 아직 미지의 과제가 많이 남아 있는 것이 사실이기는 하지만 본 장의 마지막 부분에서는 제약들과 이들의 상호작용을 통해 어떤 제약은 특정 환경에서 위반되는 모습을 보였다. 즉 최적형으로 선정되는 표면형이 완벽한 것이 아니라 주어진 제약을 위반하고도 제약서열(constraint ranking)로 인하여 실제로 도출되는 모습을 설명하였다. 실제 적용의 예에서 문제가 있을 수 있으나 분석의 올바로 되었는가, 그렇지 아니한가를 떠나 본 장에서 제시한 설명방식이 단어를 보는 눈, 그리고 어형성을 연구하는 새로운 지평을 열어준다는 것만은 사실이다. 이곳에서의 논의가 보다 진지한 추가적인 연구의 밑거름이 되기를 바란다.

이용성. 2000. Prosodic subcategorization: An OT alternative to Lexical phonology. *Proceedings of SICOL 2000*, 221-231.

이용성. 2009. Conversion as zero affixation: Evidence from affix interaction. 『영어학』 9(1): 135-160.

이용성. 2010. 『영어 단어구조와 어형성』. 서울: 동인출판사.

이용성. 2012. {-ity}와 {-ness}의 생산성 소고. 한국언어과학회 겨울 연구회 발표논문집. 한국언어과학회.

Adams, V. 1973. *An Introduction to Modern English Word-Formation*. London: Longman.

Aronoff, M. 1976. *Word Formation in Generative Grammar*. Cambridge, MA: MIT Press.

Aronoff, M.. 1983. Potential words, actual words, productivity and frequency. *Proceedings of the 13th International Congress of Linguistics*, 163-171.

Aronoff, M. & K. Fudeman. 2005. *What is Morphology*. Oxford: Blackwell.

Aronoff, M. & N. Fuhrhop. 2002. Restricting suffix combinations in German and English: Closing suffixes and the monosuffix constraints. *Natural Language and Linguistic Theory* 20: 451-490.

Aronoff, M. & S. N. Sridhar. 1983. Atarizing Reagan: Morphological Levels in English and Kannada. In Richardson, M. and Chukerman (eds.), *Interplay of Phonology, Morphology and Syntax*. Chicago Linguistics Society, Chicago.

Baayen, H. 1997. Markedness and productivity. In Wolfgang U. D., Martin P. & J. R. Rennison (eds.), *Advances in Morphology. Trends in Linguistics Studies and Monographs 97*. Berlin & New York: Mouton de Gruyter, 189-200.

Baayen, H. & A. Renouf. 1996. Chronicling the times: Productive lexical innovations in an English newspaper. *Language* 72(1): 69-96.

Bauer, L. 1978. *The Grammar of Nominal Compounding*. Odense: Odense University Press.

Bauer, L. 1983. *English Word-formation.* Cambridge: Cambridge University Press.

Bauer, L. 2001. *Morphological Productivity.* Cambridge: Cambridge University Press.

Botha, R. P. 1968. *The Function of the Lexicon in Transformational Generative Grammar.* The Hague and Paris: Mouton.

Booij, G. E. 1977. *Dutch Morphology. A Study of Word Formation in Generative Grammar.* Lisse: de Ridder.

Cetnarowska, B. 2001. A Review on Ingo Plag, *Morphological productivity: Structural Constraints in English Derivation. Journal of Linguistics* 37(2): 451-462.

Chomsky, N. & M. Halle. 1968. *The Sound Pattern of English.* New York: Harper & Row.

Fabb, N. 1988. English suffixation is constrained only by selectional restriction. *Natural Language and Linguistic Theory* 6: 527-539.

Fleischer, W. 1975. *Wortbildung der Deutschen Gengenwartssprache.* (4th edition) Niemeyer: Tübingen.

Fernandez, F. 1968. *A Grammatical Sketch of Remo: A Munda Language.* Doctoral Dissertation, University of North Carolina, Chapel Hill.

Fudge, E. 1984. *English Word-Stress.* London.: George Allen & Unwin.

Giergerich, H. J. 1999. *Lexical strata in english: Morphological Causes, Phonological Effects. Cambridge Studies in Linguistics 89.* Cambridge: Cambridge University Press.

Gussmans, E. 1988. Review of Mohanan (1986). *Journal of Linguistics* 24: 232-239.

Halle, M. and K. P. Mohanan. 1985. Segmental phonology of modern English. *Linguistic Inquiry* 16: 57-111.

Harris, Z. 1951. *Methods in Structural Linguistics.* Chicago: University of Chicago Press.

Haspelmath, M. 2002. *Understanding Morphology.* New York: Oxford

University Press.

Hay, J. and I. Plag. 2004. What constrains possible suffix combinations? On the interaction of grammatical and processing restrictions in derivational morphology. *Natural Language and Linguistic Theory* 22: 565-596.

Hoeksema, J. 1987. Relating word structure and logical form. *Linguistic Inquiry* 17: 177-183.

Ichimura, L. 2006. *Anti-Homophony Blocking and its Productivity in Transparadigmatic Relations.* Doctoral Dissertation, Boston University [Also in ROA 881]

Jespersen, O. 1942. *A Modern English Grammar on Historical Principles. Part VI: Morphology.* London: George Allen & Unwin. [reprinted in 1974]

Katamba, F. 1993. *Morphology.* London: MacMillan.

Kiparsky, P. 1982. From Cyclic Phonology to Lexical Phonology. In H. van der Hulst & N. Smith, (eds.), *The Structure of Phonological Representations, Part II.* Dordrecht: Foris Publications, 131-175.

Lapointe, S. G. 1999. Stem selection in OT. In G. Booij & J. van Marle (eds.), *Yearbook of Morphology 1999.* Dordrecht: Kluwer Academic Publishers, 263-297.

Lieber, R. 1981. *On the Organization of Lexicon.* Doctoral Dissertation, MIT.

Malkiel, Y. 1978. Derivational categories. In Greenberg, J. H. (ed.) *Universals of Human Languages, Vol. 3: Word Structure.* Stanford: Stanford University Press, 125-149.

Marchand, H. 1969. *The Categories and Types of Present-Day English Word-Formation: A Synchronic-Diachronic Approach.* München: University of Alabama Press.

Menn, L. & B. MacWhinney. 1984. The repeated morph constraint: toward an Explanation. *Language* 60: 519-541.

Mohanan, K. P. 1986. *The Theory of Lexical Phonology.* Dordrecht: D. Reidel.

Pesetsky, D. 1979. Russian morphology and lexical theory. Ms., MIT, Cambridge.

Plag, I. 1999. *Morphological Productivity: Structural Constraints in English Derivation.* Berlin: Mouton de Gruyter.

Prince, A. & P. Smolensky. 1993. *Optimality Theory: Constraint Interaction in Generative Grammar.* Technical Report #2 of the Rutgers Center for Cognitive Science. Rutgers University.

Orgun, C. O. & R. L. Sprouse. 1999. From MPARSE to CONTROL: deriving ungrammaticality. *Phonology* 16.2: 191-224.

Raffelsiefen, R. 1999. Phonological constraints on English word formation. In Booij. G. and J. van Marle (eds.), *Yearbook of Morphology* 1998. Dordrecht: Kluwer, 225-287.

Rainer, F. 1988. Toward a theory of blocking. In Booij, G. and J. van Marle (eds.), *Yearbook of Morphology.* Dordrecht: Kluwer, 155-185.

Riddle, E. M. 1985. A historical perspective on the productivity of the suffixes -ness and -ity. In J. Fisiak (ed.), *Historical Semantics, Historical Word-formation.* Berlin: Mouton de Gruyter, 435-461.

Siegel, D. 1974. *Topics in English Morphology.* Doctoral Dissertation, MIT. [Published by Garland Press, New York, Outstanding Dissertations in Linguistics, 1979.]

Spencer, A. 1988. Bracketing paradoxes and the English lexicon. *Language* 64: 663-682.

Sproat, R. 1992. Unhappier is not a bracketing paradox. *Linguistic Inquiry* 23: 347-352.

Szpyra, J. 1989. *The Phonology-Morphology Interface: Cycles, Levels and Words.* London: Routledge.

Szymanek, B. 1985. *English and Polish Adjectives. A Study in Lexicalist Word-formation.* Catholic University, Lublin.

Zimmer, K. 1964. *Affixal Negation in English and Other Languages.* Supplement to *Words* 20.

Zwicky, A. M. 1989. Quicker, more quickly, *quicklier. In Booij, G. and J. van Marle (eds.), *Yearbook of Morphology 1989*. Dordrecht: Foris Publications, 139-173.

&lt;Website Citations&gt;

Word Navigator: http://wordnavigator.com/
Dictionary.com: http://dictionary.reference.com/

# 제4장

# 최소주의 통사론*

■ 권기양 / 영산대

## 1. 서론

어린아이가 태어나서 노출되는 언어적 환경은 매우 빈약한 언어자료로 이루어졌는데도 불구하고 어린아이는 어떻게 한 언어에 대한 완전한 지식을 습득하게 되는가에 대한 설명 방법은 1960년대 이후 많은 언어학적 연구를 거듭해오고 있다. Chomsky는 인간이 언어습득에 있어서 그 출력이 입력을 크게 능가하는 문제를 플라톤의 문제(Plato's problem)라고 부르고, 플라톤의 문제에 대해 처음으로 원리와 매개변인적(principle and parameter, P&P) 설명을 제시하면서, 어린이의 두뇌 속에 일련의 문법원리, 즉 보편문법

---

* 본 논문은 2011년 10월 4일 개최된 새한영어영문학회 특별학회에서 발표한 내용을 수정, 보완하였으며, 대학원생들을 위한 강의록 형태로 내용을 정리하였음.

(universal grammar, UG)을 유전자 속에 가지고 태어나는데 각 원리에는 값이 정해지지 않은 매개변인이 존재한다고 주장한다. Chomsky는 개별문법은 일차적인 언어자료에 기초하여 값이 정해지지 않은 매개변인에 값이 주어짐으로써 만들어진다고 주장한다. 어린아이가 비교적 짧은 기간에 빈약한 일차적 언어자료에 노출되고도 한 언어에 대한 거의 완전한 지식을 가지게 되는 것은 언어습득과정이 문법원리가 포함하고 있는 매개변인의 값을 결정하는 것에 지나지 않기 때문이라고 설명한다. 최근에 인간언어의 최소주의적 접근이 가능하게 된 것도 언어지식에 대한 원리와 매개변인적 설명 방법이 상당한 수준의 성공을 거둘 수 있었다는 데서 비롯한다고 할 수 있다. 생성문법이론에서 언어연구의 초점은 언어습득의 문제를 해결하는 데 있었다. 이러한 언어습득의 문제를 설명적 타당성을 준수하는 언어이론으로 이끈 P&P이론을 확립한 Chomsky는 언어습득의 해결방법에서 논의의 초점을 언어습득의 문제를 최적의 방식으로 해결할 수 있는 방안을 모색하게 된다. 소위 Chomsky가 언급하는 설명적 타당성에서 설명적 타당성을 능가하는 설명력인 진정한 설명력을 지는 언어이론의 방향전환을 1990년 초반부터 최소주의 프로그램(Minimalist Program)이라는 이름으로 시작하게 된다(이홍배 2004).

본 논문에서는 1960년대부터 2000년대 초반까지 생성문법이론의 발전과정을 고찰하고 최근의 최소주의 이론의 배경과 전망을 살펴본다. 또한 Chomsky(2008)에서 제안하는 자질상속(feature inheritance)과 병렬이동(parallel movement)을 살펴보고 병렬이동을 활용하여 다양한 언어현상을 분석한다.

# 2. 생성문법이론의 발전과정[1]

## 2.1. 표준이론(Standard Theory)

표준이론의 가장 큰 특징은 네 가지로 기술할 수 있다. 첫째, Chomsky는 *Aspects of the Theory of Syntax*(1965)에서 모국어 사용자에게 선천적으로 내재해 있는 언어에 대한 지식을 언어능력(competence)이라 부르고, 또한 언어의 실제적 사용을 언어수행(performance)이라고 보고 양자를 구별하고 있다. 둘째, 문장의 의미는 오로지 심층구조의 정보만을 기초로 해석된다. 셋째, 변형규칙이 적용되어도 의미의 변화를 초래하지 않으며 그대로 문장의 의미가 보존됨을 전제로 한다. 넷째, 문법기술의 타당성으로 관찰적 타당성(observational adequacy)[2], 기술적 타당성(descriptive adequacy)[3], 설명 타당성(explanatory adequacy)[4]을 제안하고 있다. 표준이론의 모형은 아래와 같이 통사부문, 음운부문, 의미부문으로 구성되어 있다(신인철 2003).

---

1) 초기생성문법이론의 발전과정에 대한 내용은 대부분 신인철(2003)을 참고하였음.
2) 어떤 문법이 언어자료를 정확하게 관찰하여 기술할 때 그 문법은 관찰의 타당성을 지닌다.
3) 어떤 문법이 언어사용자의 직관에 알맞게 주어진 자료뿐만 아니라 그 언어에 깔려있는 규칙성과 일반성을 포착할 때 기술의 타당성을 지닌다.
4) 개별언어의 타당한 문법 중에서 인간이 선천적으로 가지고 태어난 언어습득능력을 설명할 수 있는 보편문법(universal grammar)은 설명의 타당성을 지닌 것으로 보고 있다.

(1) 표준이론의 모형

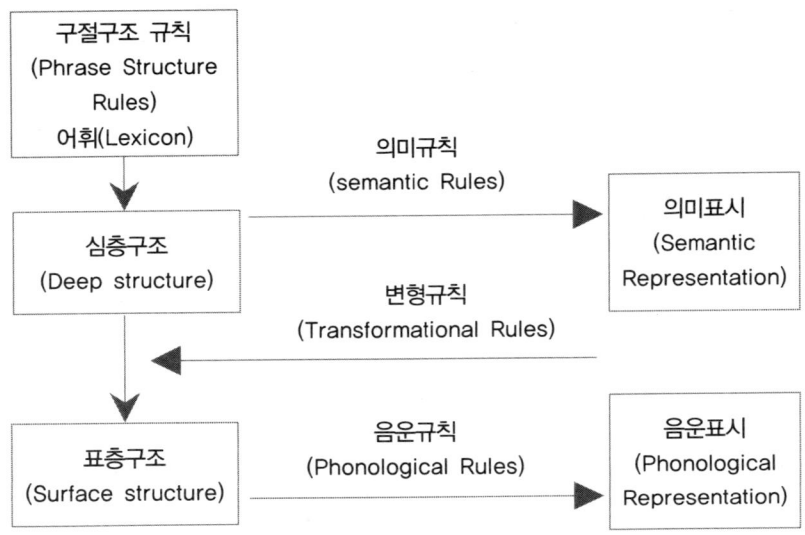

## 2.2. 확대표준이론(Extended Standard Theory)

확대표준이론은 표준이론의 단점을 보완하고 문법체계의 일반성을 유지하려
는 시도에 의해 제시된다. 기존 표준이론에서는 변형규칙이 적용되어도 의미
의 변화를 초래하지 않으며 그대로 문장의 의미가 보존된다고 전제한다. 그
러나 변형규칙도 의미의 변화를 가져온다는 사실이 밝혀지자 Chomsky는
*Aspects* 모형을 수정하게 되었다. 즉 종래의 표준이론의 기본모형을 그대로
받아들이면서 의미해석규칙의 적용범위를 확대시키게 되었다. 다음 확대표준
이론 모형에서 볼 수 있듯이 의미는 심층구조에서만 얻을 수 있는 것이 아
니라 변형부문과 표층구조 그리고 음운부문에서도 결정될 수 있다고 제안한
다(신인철 2003).

(2)  확대표준이론의 모형

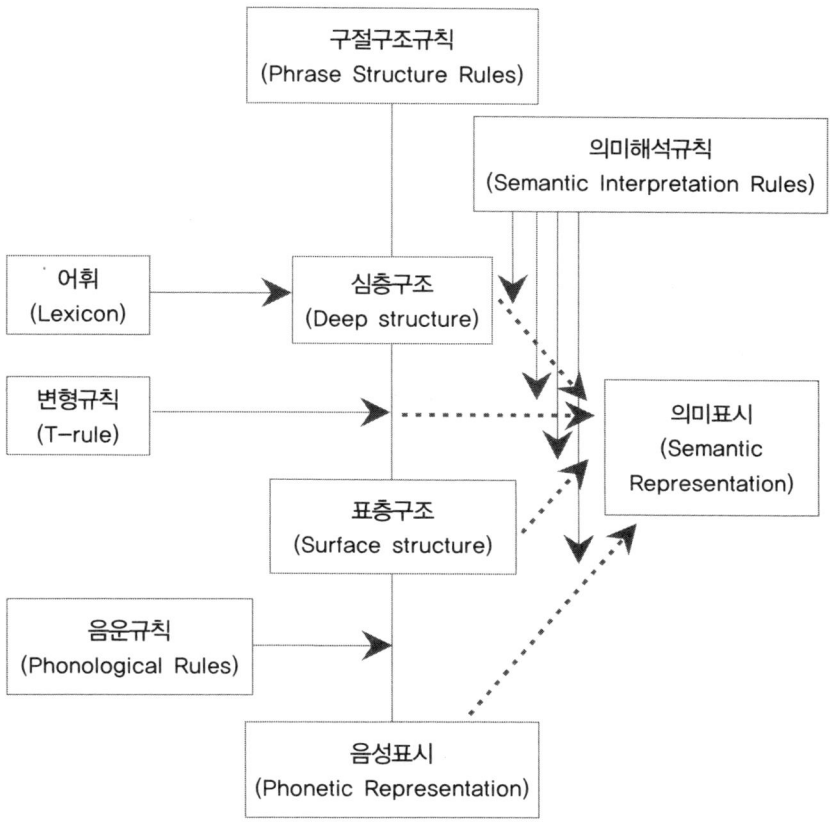

## 2.3. 수정확대표준이론(Revised Extended Standard Theory)

수정확대표준이론은 Chomsky의 *Reflection on Language*(1975)와 "Conditions on Rules of Grammar"(1976), "On Wh-movement"(1977)에서 제시된 이론으로 D-structure에 변형규칙인 Move-α가 적용되어 NP나 wh-phrase가 이동하게 되면 S-structure에는 이동되기 이전의 자리를 표시해 주는 흔적(trace)이 남게 되며 이 S-structure가 문장의 의미해석을 전담하게 된다. 수정확대표준이론의 모형은 다음과 같다(신인철 2003).

(3) 수정확대표준이론의 모형

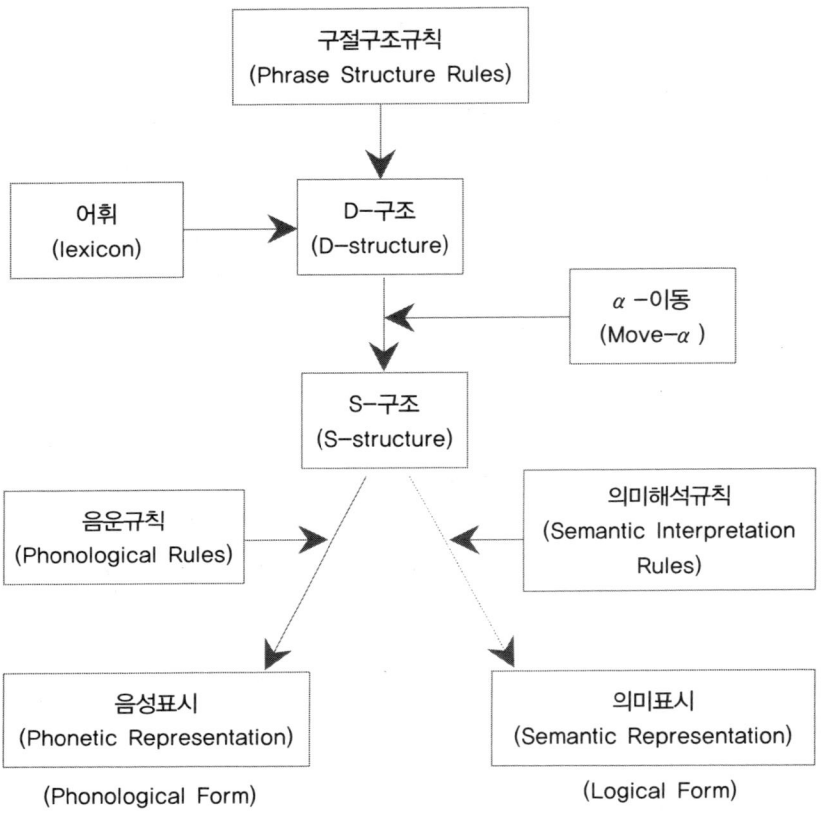

## 2.4. 지배결속이론(Government and Binding Theory)

지배결속이론(GB 이론)은 종래의 규칙의존체계(rule-dependent system)에서
원리의존체계(principle-dependent system)로 획기적인 탈바꿈을 시도한 이
론으로 다음과 같은 특징이 있다. 첫째, GB 이론은 이성주의(rationalism)
철학에 바탕을 두고 언어기능의 대부분은 선천적으로 타고난 것이며 언어경
험이 촉매로 작용하여 성인들의 문법체계가 완성된다고 본다. 둘째,
Chomsky는 *Knowledge of Language*(1986a)에서 원리체계가 두뇌의 한 부

분인 언어기능의 본질에 다가가는 체계임을 가정하고 있으며 인간의 두뇌 속에 들어있는 내재화된 언어(Internalized-language)에 대한 연구를 강조하고 있다. 셋째, Chomsky가 *Lectures on Government and Binding*(1981)에서 제안하고 있는 원리체계는 서로 조합(module)을 이루어 밀접하게 상호작용하는 문법모형을 구성하고 있으며, 이것이 GB이론5)의 특징이라고 할 수 있으며, 7가지의 원리가 적용된 문법 모형은 (4)와 같다.

　　그러나 지배결속이론은 다음과 같은 단점이 있다. 첫째, GB 이론이 가지고 있는 언어표시의 적격성에 대한 잉여적 설명은 문법체계의 간명성 혹은 경제성을 추구하는 언어이론의 관점에서 보면 비효율적인 방법이다. 즉 GB 이론이 추구하는 언어기술에 대한 조합적 접근방법은 태생적으로 잉여성을 가질 수밖에 없다. 둘째, D-구조와 S-구조의 존재 근거를 찾을 수 없다. GB 이론에는 네 개의 표시층위 즉, D-구조, S-구조, PF, LF가 있다. PF와 LF는 언어재능(the faculty of language)에서 독립적으로 존재하는 것으로 믿어지는 언어수행체계와 접속하는 필연적 표시층위인 반면, D-구조와 S-구조는 문법내적인 표시층위로서 그 존재의 근거를 언어기능 내에서도 언어수행체계에서도 찾을 수 없다. 셋째, GB 이론에서 가장 핵심이 되는 구조적 관계는 지배(government)개념이다. 자연언어에서 관찰되는 모든 문법적 현상을 지배관계로 기술하려고 시도함에 따라, 학자에 따라 또는 기술하는 언어현상에 따라 다양하고 복잡한 지배개념이 등장하게 된다. 이것은 기술적 타당성을 향상시킬 수는 있어도 설명적 타당성의 입장에서는 심각한 문제를 제기하게 되었다. 설명적 타당성을 상실한 이론은 자연히 보편문법으로서 그 입지를 상실하게 된다. 따라서 1980년대를 풍미하였던 GB 이론은 1990년대 들어서 경제성을 추구하는 문법이론에 그 자리를 내어주게 된다(신인철 2003).

---

5) 7개의 원리체계 중에서도 지배이론과 결속이론이 가장 중요한 핵심을 이루고 있기 때문에 보통 GB이론이라고 부름.

(4)   지배결속이론의 문법적 모형(신인철 2003)

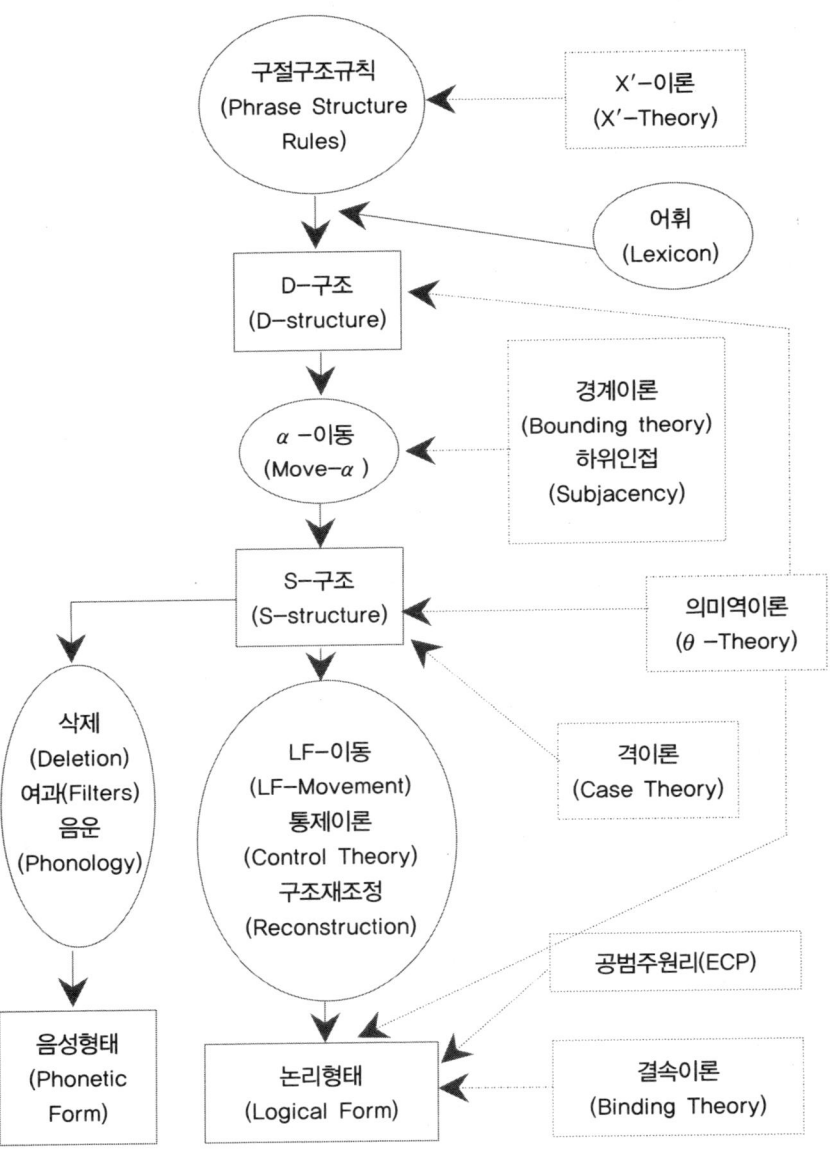

# 3. 최소주의 이론(Minimalist Program)의 배경[6]

## 3.1. 최소주의 이론의 기본 가정

최소주의 이론은 Chomsky(1993, 1994, 1995, 2000, 2001, 2004, 2005, 2007, 2008)등을 통해서 활발하게 연구되고 있는 문법이론으로 언어현상을 자연적이고 경제적인 원리에서 설명하고자 한다. Chomsky에 따르면 인간의 언어기능은 인간의 시각기능이나 면역기능과 마찬가지로 인간의 유전자 (gene)내에 존재하며, 언어기능은 다른 신체적인 기능과는 달리 비교적 최근 에 일어난 진화론적 발달의 결과로서 모든 인간의 유전자에만 균일하게 존 재한다고 주장한다. 그렇다면 인간의 언어기능이 어떤 설계명세(design specification)에 의해 설계되었으며, 언어기능은 이 설계명세를 얼마나 훌륭 하게 따르고 있는 것일까?

언어기능이 충족시켜야 될 조건, 즉 설계명세를 논하기 위해서 Chomsky(2000)는 인간의 사고체계와 감각운동기관은 가지고 있지만 언어기 관을 갖추지 못한 가상적인 영장류에 대한 진화론적 우화(evolutionary fable)를 제시하고 있다. 이 영장류는 인간이 가지고 있는 인지체계와 명제 적 태도(propositional attitude)를 가지고 있지만 언어기관이 없기 때문에 자 신의 생각을 다른 상대에게 전달할 수가 없다. 그런데 진화에 돌연변이 (mutation)가 일어나 이 영장류의 두뇌에 언어기관이 삽입되었다고 가정한 다. Chomsky(2000)는 영장류의 두뇌 속에 새로 삽입된 언어기관이 이미 있 던 다른 기관과 접속하여 의도한대로 작동하도록 하려면, 언어기관은 다른 기관이 읽을 수 있는 지시(readable instructions)를 제공해야 한다고 주장한 다. 다시 말해서, 언어 L은 언어수행체계인 감각운동체계와 사고체계에 이 체계가 해독할 수 있는(legible) 표시를 제공해야 한다. Chomsky(2000)는 이것을 해독성조건(legibility condition)이라고 부른다.

---

6) 최소주의 이론의 배경에 대한 내용은 이홍배(2004)를 참고하였음.

Chomsky(2000)에 따르면 언어 L은 인지체계(cognitive system)를 포함하며, 이 인지체계에는 언어 L의 소리, 의미, 구조에 대한 정보가 저장되어 있다고 제안한다. 언어수행체계는 인지체계에 저장되어 있는 이 정보를 이용하여 말을 하고 이해한다. 언어수행체계는 (전달할 메시지의 의미를 담은) 소리를 조음(articulation)하고 (전달된 메시지를 담은) 소리를 인지(perception)하는 감각운동체계(sensorimotor system)와 화자로서 청자에게 전달할 메시지의 의미를 구성하고 인지한 메시지의 의미를 파악하는 사고체계(systems of thought) 두 가지가 있으며, 이 두 체계는 아래 (5)의 최소주의 이론의 모형에서 볼 수 있듯이 별개의 체계로서 독립적으로 운영된다(이홍배 2004).

(5)  최소주의 이론의 모형

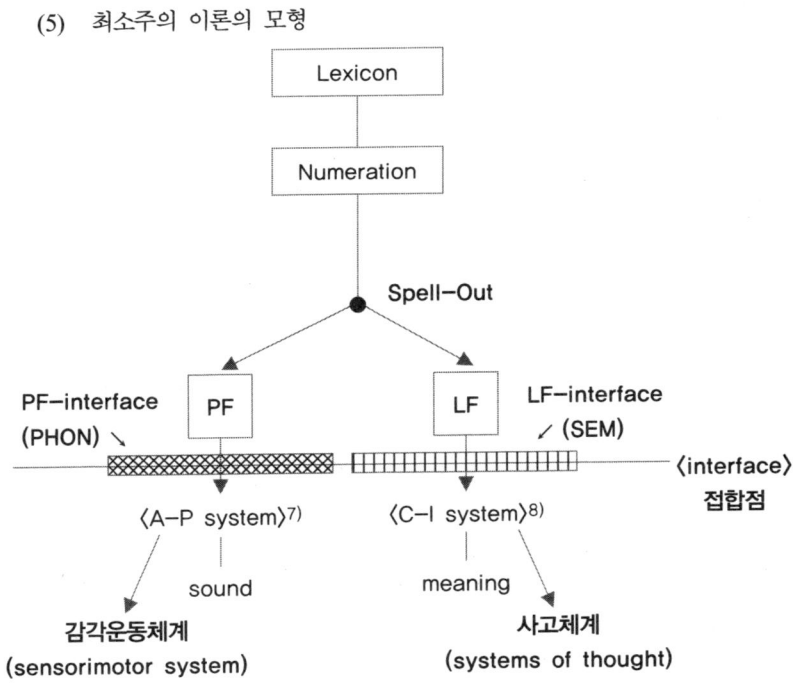

---

7) 소리를 만들거나 인지하는 조음-인지체계(articulatory-perceptual system).

Chomsky(2000)는 이러한 수행체계에 감각운동체계와 사고체계가 있으며 이 중 전자가 언어 L과 접속하는 층위를 PF-접합층위라고 부르고, 후자가 접속하는 층위를 LF-접합층위라고 부른다. 언어수행체계가 두 개의 독립적이고 별개의 층위에서 언어 L과 접속하여 정보를 제공받으므로, L이 생성하는 언어표현 EXP는 PF-접합층위에서 제공할 소리(sound)에 대한 정보를 포함하는 표시 PHON과 LF-접합층위에서 제공할 의미(meaning)에 대한 정보를 포함하는 표시 SEM으로 구성된다고 할 수 있다. 우리의 언어사용이란 PF-접합층위와 LF-접합층위에서 제공된 PHON과 SEM의 지시(instruction)를 우리의 언어수행체계가 표출(externalization)하는 것을 말한다. 따라서 PF-이론과 LF-이론은 각각 PHON과 SEM의 속성을 문자화(spell-out)하는 것이다(이홍배 2004).

## 3.2. 핵심기능범주(Core Functional Category)의 선택속성과 기본절 구조

어휘항목은 두 가지 주요 범주, 즉 실질범주와 기능범주로 나눌 수 있다. 최소주의 이론에서는 언어의 통사적 현상이 기능범주의 속성에 의해 결정되는 이유로 기능범주의 역할에 중점을 두고 있다. 최소주의 통사론에서 주로 논의되고 있는 기능범주로는 문장의 힘(force)을 나타내는 C와 시제(tense)를 나타내는 T 그리고 경동사(light verb) $v$가 있다. 이들은 주로 절 구조와 관계가 있으며 통사론에서 핵심기능범주(core functional categories, CFC)라고 부른다. 다음으로 핵심기능범주 C, T, $v$의 선택속성에 대하여 살펴보자. 첫째, (6)에서 볼 수 있듯이 보문소(complementizer) 핵 C는 모든 뿌리절의 핵이 되며 실질범주(N, V, A, P)에 의해서만 선택된다(이홍배 2004).

(6) a. [$_{CP}$ An unpopular candidate was elected]
    b. [$_{CP}$ Who did they meet?]

---

8) 의미를 담당하는 개념-의도체계(conceptual-intentional system).

c. John [VP claims [CP that [Mary is intelligent]]]

d. John makes a [NP claim [CP that [Mary is intelligent]]]

e. John is [AP sure [CP that [Mary is intelligent]]]

f. It depends [PP on [CP how [you behave yourself]]]

둘째, C와는 달리 기능범주 *v*와 T는 선택되지 않는 경우가 없다. 다시 말해서, *v*는 항상 T에 의해 선택되고, T는 C나 V에 의해 선택된다. T가 정형절(finite clause)의 시제핵이거나 통제동사의 보어절의 시제핵일 경우는 C에 의해 선택되고, 인상술어(raising predicate)나 예외격 동사의 보어절의 시제핵일 경우 V에 의해 선택된다. (7a-b)에서 인상동사와 예외격동사의 보어절은 TP가 되고, (7c-d)에서 시제절과 통제절은 CP이다.

(7) a. Everyone seems [TP e to be happy]

b. Everyone believes [TP John to be innocent]

c. John said [CP that [TP Bill would visit us]]

d. John tried [CP [TP **PRO** to visit us]]

셋째, Chomsky(2001)에서는 경동사 *v*가 타동사구문 (8a)뿐만 아니라 수동구문 (8b)와 비대격(unaccusative)구문 (8c)에도 나타나며 항상 T에 의해 선택된다.

(8) a. John hit the ball.

b. John was killed.

c. John arrived late.

넷째, 타동사구문에서는 *v*가 NP나 DP를 외부논항으로 선택한다.

다섯째, 모든 기능범주(C, T, *v*)는 위에서 논의한 선택속성 외에 추가적인 SPEC을 수의적(optional)으로 허용한다. T의 SPEC위치가 추가적인 XP로 채워지는 현상을 우리는 일반적으로 확대투사원리(Extended Projection Principle, EPP)를 충족시키기 위한 통사적 현상으로 간주한다. 우리는 확대투사원리를 C와 $v$에도 확대하여 C와 $v$에 추가적인 SPEC이 올 수 있는 것을 EPP-자질 때문으로 간주할 수 있다. EPP-자질은 비록 그 결과로 도출된 구조가 의미해석에 영향을 주지만 비해석성 자질이다. Chomsky(2000)는 위와 같은 핵심기능범주의 선택속성을 기본으로 하여 최소주의 이론의 기본적인 절 구조를 다음과 같이 제시한다.

(9)  최소주의 이론에서 기본 절 구조

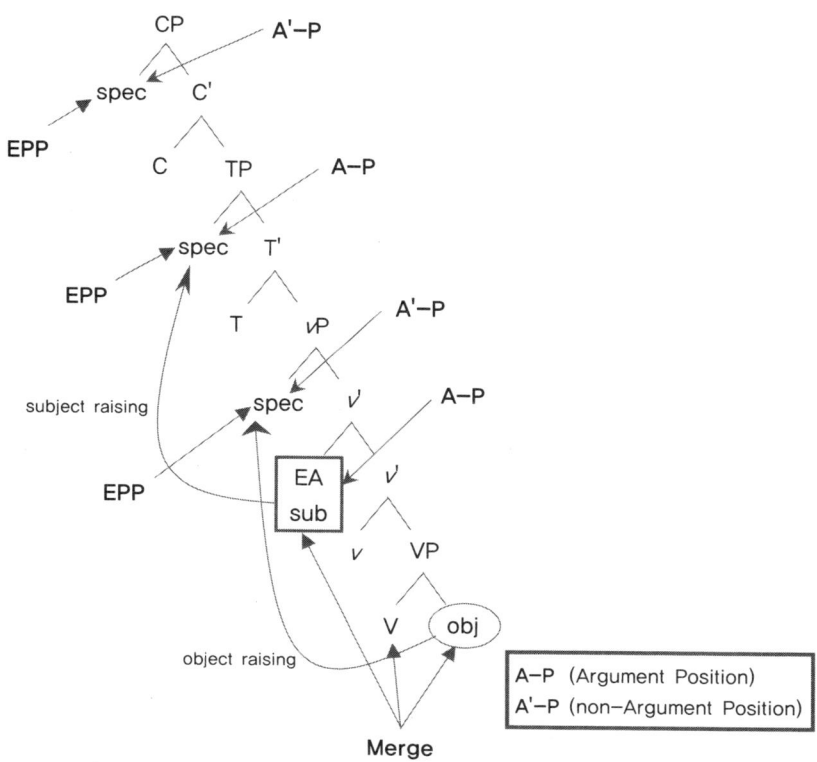

(9)에서 머리어(head)가 $v$ 또는 C이면, XP는 순수병합(pure Merge)에 의해 도입될 수 없다. 즉, XP는 이동에 의해서만 도입된다. C와 $v$의 SPEC 위치에 있는 XP는 순수병합된 것이 아니라, 각각 wh-이동과 목적어 전이에 의해 이동된 것이다. 다시 말해서, C와 $v$의 추가적인 XP 위치가 비논항 위치이므로 XP가 논항이면 이동에 의해서만 이 위치에 나타날 수 있다.

### 3.3. 자질(Feature)과 점검(Checking)

Chomsky(2000)에 따르면 인간의 언어에는 두 가지 불완전성으로 보이는 속성이 있는데 하나는 비해석성(uninterpretable) 자질이고 다른 하나는 전위(displacement)자질이다. 어째서 이러한 불완전성이 인간언어에 존재하는 것일까? 그것은 외부체계인 수행체계가 요구하는 해독성조건과 관계가 있을지도 모른다. 초기 변형문법에서는 전위가 적용되기 전과 후의 구조를 각각 심층구조, 표층구조라고 불렀다. 그때까지 전위는 문장의 해석에 아무런 영향을 주지 않는 것으로 간주되었다. 그러나 그 후의 연구에서 표층구조가 제공하는 의미의 부분도 있다는 제안이 나옴에 따라, 문장의 의미해석에 있어서 심층구조가 하는 역할과 표층구조가 하는 역할을 구분하게 되었다. 심층구조는 우리가 흔히 말하는 논항구조로서 문장의 의미역 구조나 함의를 나타내고, 표층구조는 영향권 속성과 담화-관련 속성인 주제-논평, 전제, 초점, 명시성, 신/구정보 등 주변적 요소와 관련이 있다. Chomsky(2000)는 심층구조의 속성은 모든 언어-유사체계에서 발견되는 속성이고, 표층구조의 속성은 인간언어에만 나타나는 속성이라고 주장한다. 만약 이러한 구분이 옳다면, 인간언어는 다른 언어-유사체계에 없는 이 특이한 속성, 즉 표층구조의 속성을 반영하도록 설계되어야 한다. 그렇다면 언어는 이러한 속성을 어떤 방식으로 반영하고 있는 것일까? Chomsky(2000)에 따르면 전위속성이 인간언어에만 존재하는 영향권과 담화-관련 속성을 표현하기 위해 인간언어에 도입되었다는 것이다(이홍배 2004).

어휘항목의 형식자질 중에 LF에서 해석을 받지 못하고 PF에서 해석을 받을 필요가 없는 자질을 비해석성 자질이라고 부르며, 이러한 자질은 접합점에서 적용되는 해석성 조건(Interpretability Condition)을 위반한다. 해석조건이란 어휘항목은 접합점에서 해석되는 속성인 소리와 뜻의 속성 외에는 어떠한 자질도 포함하지 않는 것을 말한다. 예를 들면, 명사의 격(case) 자질과 동사와 형용사의 일치자질(Φ-f)이다. 또한 기능범주의 자질 C, T, $v$는 모두 비해석성 자질에 속한다.

이러한 기본적인 형식자질의 개념을 배경으로 격과 일치현상에 대해 살펴보자. 격이 없는 명사구를 포함하는 표현은 비문법적이다. 격여과(case filter)에 따르면 모든 명사적 표현은 격여과를 위반하지 않기 위해서 격을 부여받을 수 있는 위치에 나타나야한다. 시제의 Spec자리나 동사의 목적어 자리에서 격이 부여되고 to-부정사의 Spec자리에선 격을 받을 수 없다. 지배결속이론에서 격자질과는 달리 일치자질은 통사적으로 그렇게 많은 관심을 끄는 연구대상이 아니었다. 단지 격부여(Case assignment)가 독립적인 조작이 아니라 일치조작의 일부라고 생각하는 것이 더 합리적인 결론이 아닌가라는 논의가 있었다. 예를 들어 (10)를 살펴보자.

(10) John$_i$ T seems t$_i$ to be honest.

위의 예문에서 주어와 동사 사이에는 격부여와 일치가 동시에 일어난다. 동사의 T는 주어에 주격을 부여하고 동사는 주어와 일치한다. 지배결속(GB)이론은 이러한 현상에 대하여 정형절의 I(nflection) 내에 두 개의 핵 T와 AGR(eement)을 설정하여 표시했다. GB이론에서 격과 일치에 대한 논의를 활발하게 한 연구자는 Pollock(1989)이다. Pollock은 Emonds(1978)의 제안을 받아들여 두 개의 핵 T와 AGR을 지닌 I를 AGR-P로 분리할 것으로 제안한다. 이것을 굴절소 분리가설(the Split INFL Hypothesis)이라고 부른다. Pollock(1989)은 (11)의 도표에서 볼 수 있듯이 영어의 예에서 동사, 부사, 부정소의 상대적 어순을 설명하려면 (12)와 같은 절 구조가 필요하다고 주장한다. 영어와 프랑스어의 VP-adverb(often)와 NEG(not)의 분포를 도표로 살펴보면 (11)과 같다.

(11) 영어와 프랑스어의 VP-adverb(often)와 NEG(not)의 분포

<table>
<tr><th></th><th>영어</th><th>프랑스어</th></tr>
<tr><td rowspan="8">시<br>제<br>절</td><td>a. John **often** *kisses* Mary.<br>   (S+often+V)</td><td>a. Jean *embrasse* **souvent** Marie.<br>   (S+V+souvent+O)</td></tr>
<tr><td colspan="2">영어에서는 often과 같은 VP-부사가 어휘동사(lexical verb)를 선행하는 반면 프랑스어에서는 어휘동사 뒤에 온다.</td></tr>
<tr><td>b. John *has* **completely** lost his mind.<br>   (S+have+completely+pp)<br>Books *are* **often** rewritten for children.<br>   (S+be+often+pp)</td><td></td></tr>
<tr><td colspan="2">영어에서는 조동사만이 부사를 뛰어넘음.</td></tr>
<tr><td>c. John does **not** *eat* chocolate.<br>   (S+not+V)</td><td>c. Jean (ne) *manger* **pas** de chocolat. (S+V+not)</td></tr>
<tr><td colspan="2">부정적 표현도 VP-부사와 유사한 분포를 보인다.</td></tr>
<tr><td rowspan="2">비<br>시<br>제<br>절</td><td></td><td>d. Ne **pas** *manger* de chocolat est une honte. (not+V-inf)</td></tr>
<tr><td></td><td>e. *Parler* à **perine** l'italien après cinq ans d'ètude est une honte.<br>   (V-inf+often)</td></tr>
</table>

Chomsky(1986b)에서 제시된 전통적인 GB의 절구조로도 (11)에서 보여주는 동사와 부사, 부정소의 상대적 어순을 설명할 수 있다. 다시 말해서 전통적인 GB 절구조를 가정할 경우 (11)에 대해서 우리는 다음과 같은 기술적 일반화를 제시할 수 있다. 첫째, (i) 프랑스어의 정형절에서는 V가 I로 인상되는 반면, 둘째, (ii) 영어의 정형절에서는 조동사만이 I로 인상되며, 비

조동사는 I로 인상될 수 없다.

영어의 (11a-c)에서는 (ii)에 따라 어휘적 동사가 I 위치로 이동할 수 없기 때문에 부사/부정소-동사-목적어 어순이 나타나는 것이다. 그러나 프랑스어 (11d)와 같은 부정사구에서는 위에서 언급한 기술적 일반화로는 어순이 지켜지지 않는다. 프랑스어 부정사 구에서는 정형절에서와는 달리 동사가 부정소를 넘어 I로 인상될 수 없는 것을 보여준다. 그러나 (11e)에서 볼 수 있는 것처럼 프랑스어의 부정사구에서는 정형절에서와 마찬가지로 동사가 부사를 넘어 I로 인상될 수 있다. (11e)에서 동사 *parler*가 부사 *perine*를 넘어 인상되었다. 그렇다면, 프랑스어의 부정사구에서 부정소와 동사 그리고 부사와 동사의 상대적 어순의 차이를 어떻게 설명할 것인가? Chomsky(1986b)에서 제시된 전통적인 GB의 절구조에서는 동사가 인상될 수 있는 위치가 I 하나밖에 없다. 따라서 기술적 일반화 (i)에 따라 프랑스어에서는 어휘적 동사가 I로 인상될 수 있다고 하면, 어휘적 동사가 부정소 pas를 넘어 I로 인상된 \*Ne manger **pas** de chocolat est une honte.가 왜 비문법적인가를 설명할 수 없으며, 프랑스어의 부정사구에서는 기술적 일반화 (ii)가 성립하지 않는다고 하면 어휘적 동사가 부사를 넘어 I로 인상된 (11e)를 설명할 수 없게 된다(이홍배 2004).

이상과 같은 문제를 해결하기 위해 Pollock(1989)은 TP(=IP)와 VP사이에 추가적인 AGR-P를 설정해야 한다고 주장한다. Pollock(1989)에 따르면 동사가 T로 직접적으로 이동하는 것이 아니라 먼저 AGR로 이동한 다음 T로 인상된다고 주장한다. 동사가 AGR을 거쳐 T까지 인상되는 프랑스어의 정형절에서와는 달리 부정사 구에서는 동사가 AGR로만 이동하기 때문에, (11d)에서는 동사가 부정소 pas 다음에 오고 (11e)에서는 동사가 부사를 앞선다. 프랑스어에서 동사의 과거분사형은 목적어가 접어(clitic)대명사로서 동사의 앞 위치로 이동할 경우 목적어와 성과 수에 있어서 일치한다는 점에서 Pollock은 AgrsP와 AgroP를 포함하는 절 구조를 다음과 같이 제안한다.

(12) 굴절소 분리가설(Split-Infl Hypothesis)에 의한 절 구조

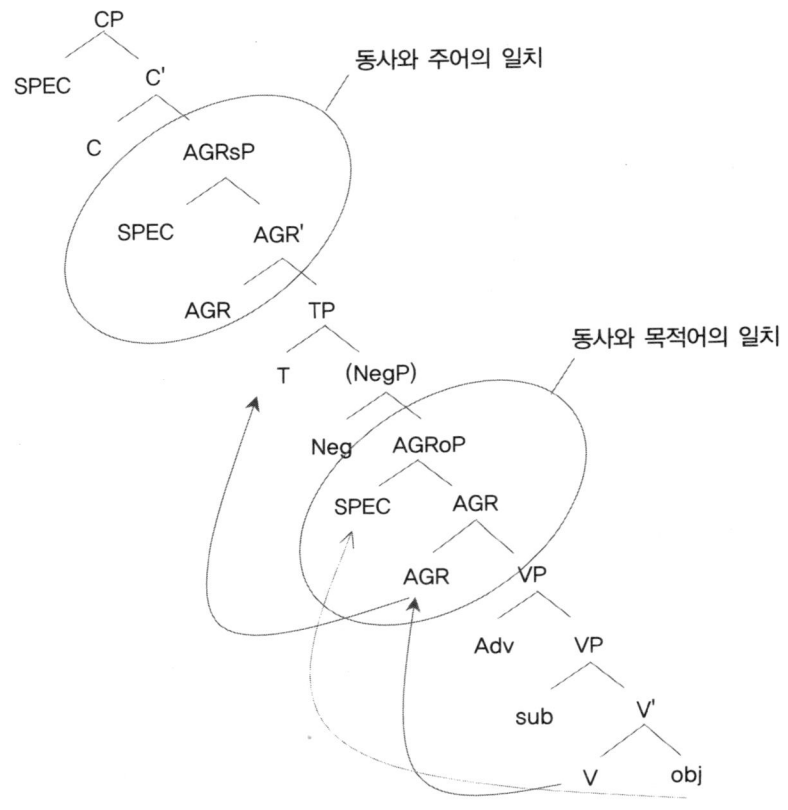

다음으로 점검과 점검구조에 관하여 살펴보자. 동사에 일치자질과 시제자질은 어떻게 주어지는 것일까? GB이론에서 시제자질과 일치자질은 일종의 굴절접사(inflectional affix)로 취급되었다. 접사는 자신이 직접 이동하여 해당하는 어휘항목과 결합하거나 어휘항목이 필요한 접사를 찾아 이동해야 한다. 즉 *John loves Mary*와 같은 문장을 도출하기 위해서는 접사하강(affix lowering)을 하든지 동사를 T로 인상해야 했다. 그러나 통사론에서 하강조작이란 거의 금물로 되어있다. 이것이 사실이라면 동사를 T로 인상할 수밖에

없다. 그러나 동사의 형태를 접사나 동사를 하강하거나 인상하는 방식으로 결정하는 것은 우리가 앞에서 다룬 적이 있는 (13)와 같은 문장을 설명하는 데 난관에 봉착하게 된다.

(13) John **often** *kisses* Mary.

동사가 T로 인상된다면 부사 *often*을 뛰어넘는 결과가 되어 (13)과 같은 문장이 성립이 되지 못한다. 이것을 해결하기 위해 도입된 방식이 바로 Chomsky(1993)의 점검(checking)이라는 개념이다. Chomsky(1993)는 *John* 이 주격을 지닌 상태로 구조에 삽입되어 일련의 조작이 작용된다고 하였다. 이때 일련의 작업이 *John*이 주격이 있는지 없는지 확인하는 작업을 말한다. 이 작업을 시제 T가 수행하는데 *John*이 주격을 지니고 있는가를 명시어-핵 관계에 의하여 핵이 명시어를 확인해 주는 것이다. (11a-c)에서 영어와 프랑스어가 동사와 부사/부정소의 상대적 차이를 보이는 것은 바로 이 두 가지 점검 방식 때문이다. 프랑스어는 동사의 형식자질에 대한 점검이 외현적 (overt)으로 일어나야 하므로 외현적 이동이 적용된 구조를 문자화 이전에 만들어낸다. 그러나 영어의 경우에는 동사의 자질에 대한 점검이 내현적 (covert)으로 일어나 내현적 이동이 적용되어 문자화 이후에 만들어진다. 이 러한 설명을 그림으로 나타내면 다음과 같다.

(14) 외현적 점검과 내현적 점검 구조

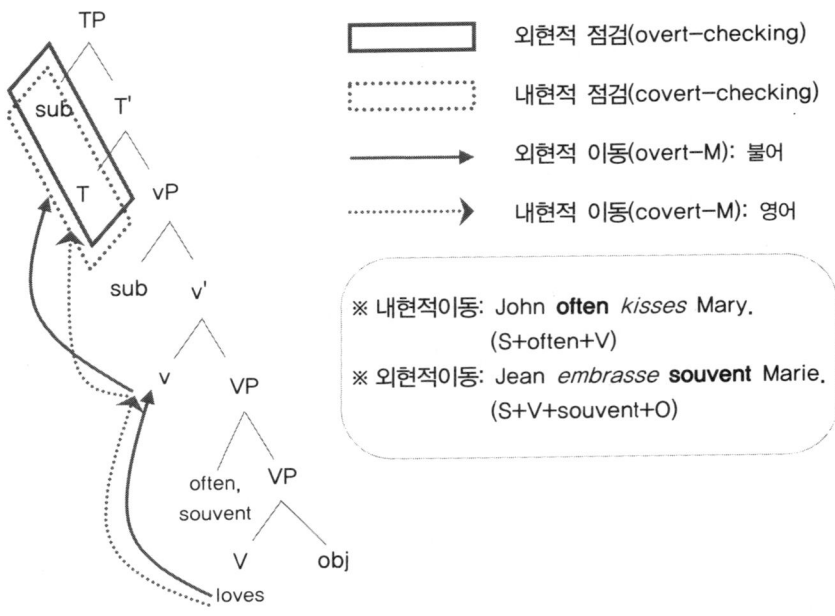

영어와 프랑스어의 주어, 동사, 목적어 이동에 관한 현상을 정리하여 도표로 표현하면 다음과 같다.

(15) 영어와 프랑스어의 주어, 동사, 목적어 이동현상

|  | 주어 이동 | 동사 이동 | 목적어 이동 |
|---|---|---|---|
| 영어 | visible | invisible | invisible |
| 프랑스어 | visible | visible | visible |

(15)와 관련하여 우리는 영어와 프랑스어에서 주어, 동사, 목적어 이동에 관한 언어적 차이는 왜 일어나는 것인가라는 문제에 직면하게 된다. Chomsky(1995)는 이 현상은 기능범주 T와 *v*의 자질의 강도(strength)에 의해서 결정된다고 주장한다. 즉 프랑스어는 영어와 달리 T가 강성(strong) V-자질(Φ-feature)을 가지고 있기 때문에 강성자질은 비해석성 자질로서 문자화 이

전에 점검에 의해 삭제되어야 한다. 이것이 프랑스어에서 동사가 T에 외현적으로 이동되는 이유이다. 주어의 외현적 이동과 목적어의 내현적 이동도 같은 맥락으로 설명하고 있다. 이러한 설명을 그림으로 나타내면 다음과 같다.

(16) 주어, 동사, 목적어 이동의 외현적 이동과 내현적 이동 구조

a. 주어이동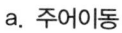

b. 동사이동

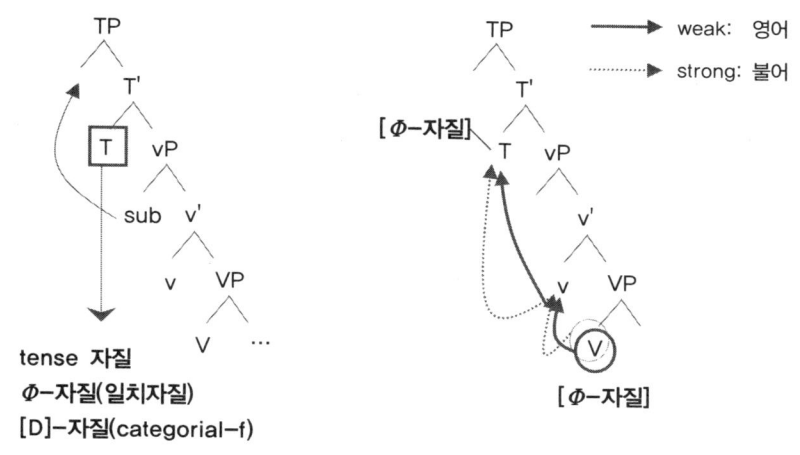

c. 목적어 이동

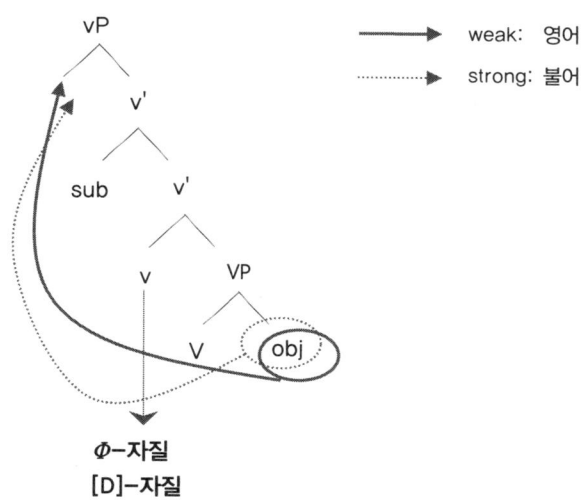

Chomsky(1993)에 따르면, 내현적 이동이 외현적 이동보다 더 경제적인 조작으로서 경제성을 고려하는 문법체계에서는 더 경제적인 내현적 이동이 선호된다. 이것을 지연원리(procrastinate principle)라고 부른다. 그러나 앞에서도 보았듯이 외현적 이동과 내현적 이동은 적용되는 시점만 다를 뿐이지 내용에 있어서는 동일하다. 외현적 이동은 PF-접합점에서 요구되는 조작이지만, 내현적 이동은 PF-접합점과 LF-접합점 어디서도 요구되는 조작이 아니다. 내현적 이동의 적용이 언어표현의 PF-표시나 LF-표시에 아무런 영향을 미치지 못한다. 경제성 원리에 따라 모든 조작의 적용은 그 타당한 이유가 있어야 하고 이는 언어수행조건이 요구하는 해독성조건에서 찾아야 한다. 그러나 내현적 이동은 그러한 근거를 찾을 수 없다. Chomsky(1995)는 이 문제를 해결하기 위해서 α-이동(Move-α) 대신에 F-이동(Move-F)을 제안하였다. 즉, 외현적 이동에서는 범주가 이동하지만, 내현적 이동에서는 범주가 이동하지 않고 해당 범주의 형식자질이 이동하며 이것을 F-이동이라고 부른다(이홍배 2004).

## 3.4. 최소주의 이론에서 구구조이론의 모형

Chomsky(1995)에서 제시된 또 하나의 큰 변화는 기능범주 AGR의 소멸과 또 다른 기능범주 경동사 $v$의 도입이다. AGR은 주어와 시제의 일치, 목적어와 동사의 일치를 점검한다. 그러나 문제는 AGR의 일치자질이 비해석성자질로서 LF-표시에서 삭제되어야 한다는 점이다. 이것은 AGR이 LF에서 하는 역할이 없으므로 삭제되어야 한다는 것을 뜻한다. 그러나 AGR를 삭제하면 주어와 시제의 절점이 어느 절점과도 연결되지 않고 허공에 떠있는 구조가 된다. 이러한 구조는 받아들일 수 없다. 우리는 T를 핵으로 삼아 구구조를 다시 구성할 수 있다. 다시 구성한 구구조에서 만약 T가 주어의 격을 점검할 뿐만 아니라 동사가 지닌 일치자질도 점검한다고 가정하면, 도출과정에서 궁극적으로 삭제될 기능범주 AGR를 설정할 필요가 없다. 이러한 논리로 이전의 AGRP가 점검하던 일치자질이 VP로 흡수되고 핵심기능범주만 남는 구조로 환원되게 된다(이홍배 2004).

　이와 더불어, 경동사 *v*를 가정하는 이유를 살펴보자. Larson(1988)은 이중목적어 구문을 분석하면서 이중 VP구조를 가진 구조를 제안하고 이를 VP-패각(VP-shell)구조라고 부른다. 다음은 AGR이 포함된 구조와 Larson의 VP-패각구조를 나타낸다.

(17) AGR소멸구조와 VP-shell 구조

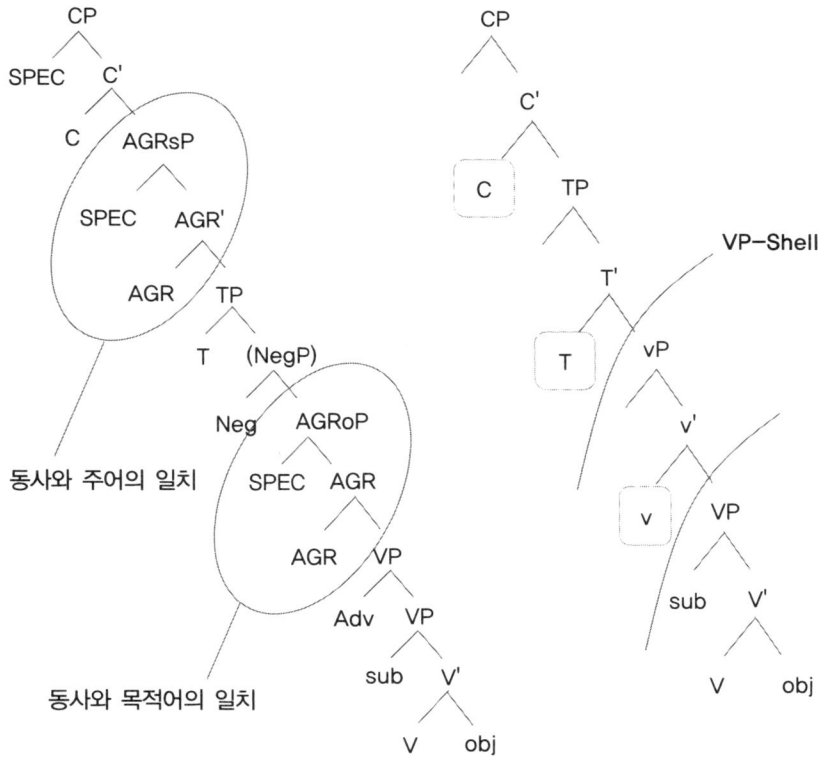

Chomsky(1995)는 VP-Shell 구조를 모든 타동사 구문까지 확대시키면

서 또 다른 기능범주 경동사 *v*를 도입하게 된다.

(18) a. (*The rock rolled*) down the slope.
    b. (*We*) (*rolled*) (*the rock*) down the slope.

(18)에서 (b)가 성립하면 (a)도 성립하게 된다. 다시 말해서 (18b)는 (18a)와 동일한 문장으로 분석할 수 있다. (18b)의 문장을 도출하려면 (19)에서 동사 rolled를 *v*위치로 인상해야 한다. Chomsky(1995)는 (18b)는 "we made the rock roll down the slope"와 그 의미가 유사하므로 *v*를 추상적인 사역 경동사(abstract causative light verb)라고 부른다. Chomsky(1995)의 분석을 그림으로 나타내면 다음과 같다.

(19) 경동사 *v*의 도입

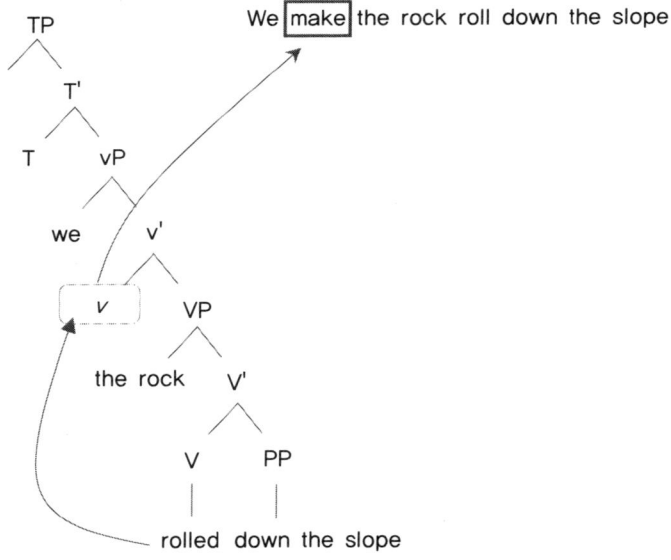

이렇게 해서 마침내 최소주의 이론의 구주조이론의 모형이 다음과 같이 만들어 지게 된다.

(20) 최소주의 이론에서의 구구조이론의 모형

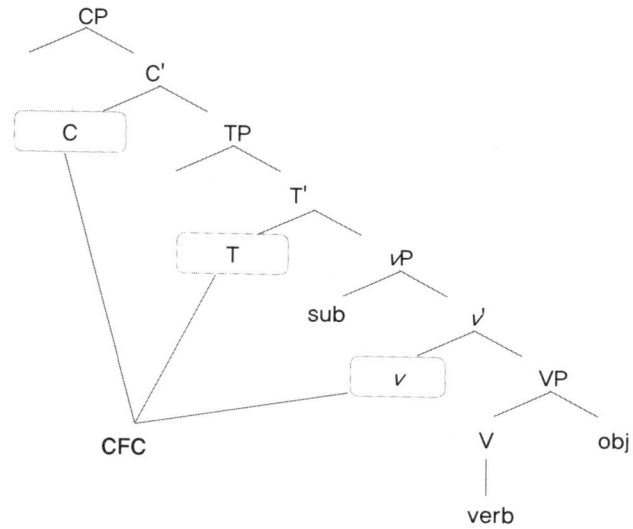

## 4. 최소주의 이론의 최근 동향

### 4.1. 자질상속(Feature Inheritance)과 가장자리-자질(Edge Feature)

최근의 최소주의 이론 동향에는 다음과 같은 중요한 변화들이 있다. Chomsky(2008)는 기존의 Chomsky(2000, 2001)에서 주장한 국면단위별 도출(derivation by phase)의 개념을 계승하고, 더 나아가 Chomsky(2000, 2001)에서 제시했던 가정보다 더 급진적인 제안을 한다. 즉 모든 통사운용은 국면의 핵(head)에 의해서만 촉발된다는 것이다. 이를 뒷받침하기 위해 Chomsky(2008)는 통사운용을 촉발하는 가장자리-자질(edge-feature)과 일치-

자질(φ-feature)은 오직 국면의 핵인 C와 $v$만이 가질 수 있다고 가정한다. 하지만, 국면의 핵이 가지는 일치-자질은 국면 핵에 의해 선택된 핵인 T나 V로 상속된다. 다시 말해 T 자체는 이러한 자질들이 결여되어 있고, T가 C에 의해 연산체계에서 선택될 때 비로소 T는 C로부터 일치-자질을 상속받는다. 이러한 자질상속(feature-inheritance)이라는 과정을 통해 T는 비로소 연산체계 내에서 탐침(probe)으로서 역할을 수행할 수 있게 된다는 것이다. C와 T사이의 자질상속에 관한 도출과정과 $v$와 V사이의 자질상속에 관한 도출과정을 각각 (21)과 (22)처럼 나타낼 수 있다.

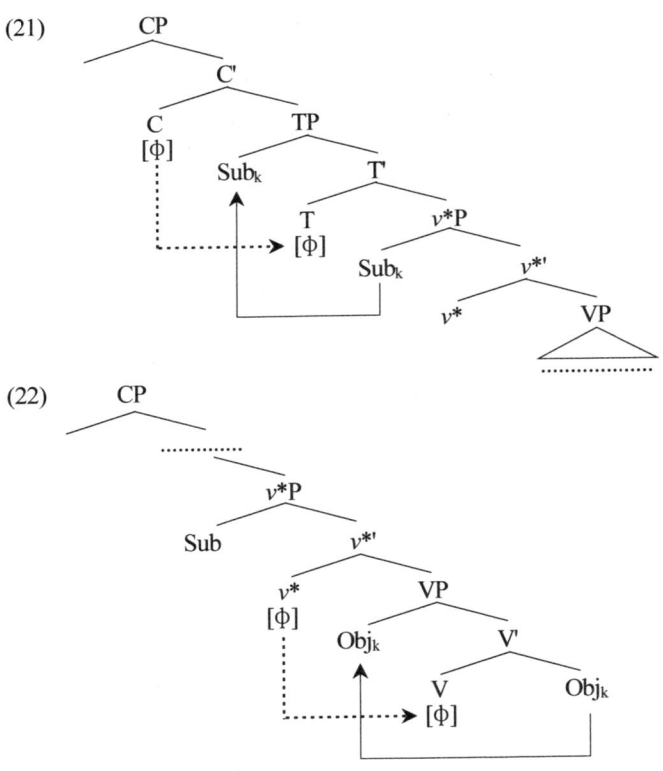

Chomsky(2008)는 국면 핵은 두 가지 자질을 가지고 있다고 주장한다. 하나는 일치자질이며, 또 다른 하나는 이동과 관련 있는 가장자리-자질(EF)이다. 또한 Chomsky(2008)는 병합(Merge)은 가장자리-자질(EF)에 의해서 일어난다고 주장하고 있다. 즉 C의 EF가 C의 보어로서 TP를 병합하며, $v$의 EF가 $v$의 보어로서 VP를 병합하게 된다. 따라서 주어가 [Spec, T]로, 목적어가 [Spec, V]로 이동하는 것은 각각 T와 $v$의 EF 만족을 위한 내부병합(Internal Merge)으로 이동하는 것이다. 이러한 개념에 기초하여 Chomsky (2008)는 A-이동과 A'-이동의 차이점을 도출적으로 설명할 수 있다고 주장한다. A'-이동은 국면 핵의 EF에 의한 이동이며, A-이동은 국면 핵으로부터 일치자질과 EF을 물려받은 후 T와 $v$에 있는 EF에 의한 이동으로 구별할 수 있다.

이러한 국면의 핵인 C에서 T로의 (혹은 v*에서 V로의) 자질 상속은 다음과 같은 몇 가지 중요한 의미를 갖는다. 우선 A-이동과 A'-이동의 구분을 더 이상 미리 규정할 필요가 없게 되었다. 국면의 핵이 갖는 EF에 의해서 촉발된 병합에 의해서 야기되는 이동은 A'-이동이 되며, T나 V에 의해서 이끌어지는 이동은 A-이동이 된다는 것이다. 이를 다른 각도에서 해석해보면, 국면의 핵이 가지는 EF에 의해서 이루어지는 이동은 모두 A'-이동이 된다는 것은 이제는 더 이상 국면 핵인 C가 의문사-자질, 화제-자질, 초점-자질, 의문사-자질들을 모두 포함하고 있는 C-영역(C-domain)이라는 가정을 할 필요가 없다는 의미를 갖는다. 왜냐하면 가장자리-자질은 어떠한 성분이라도 국면의 핵의 가장자리로 유인할 수 있으며, 유인된 성분이 위치한 최종 위치에서 해석을 받으면 되기 때문이다.

## 4.2. 병렬이동(Parallel Movement)

4.1.에서 살펴보았듯이, Chomsky(2008)는 모든 통사운용이 국면 핵에 의해서 촉발되며, 국면 핵은 두 가지 종류의 자질을 가지고 있다고 본다. 국면 핵에 의해 선택된 핵(즉, T나 V)에게 상속되는 일치자질이 그 하나이고, 국

면의 핵이 가지고 있는 가장자리-자질이 또 다른 하나이다. 국면의 핵이 가지는 EF는 국면 핵의 명시어 자리로의 A'-이동을 일으키는 자질이다. 또한 Chomsky(2008)는 A-이동을 통해 TP의 명시어 자리로 이동한 요소는 EF에 의해 A'-이동을 할 수 없다고 주장한다. Chomsky(2008)는 다음과 같은 wh-의문문에서 의문사구 *who*는 TP의 명시어 자리를 거쳐 CP의 명시어 자리로 이동하는 것이 아니라, C와 T가 동시에 각각의 명시어 자리로 *v*P의 명시어 자리에 있는 의문사구 *who*를 이동시킨다는 병렬이동(parallel movement)을 주장한다.

(23) Who saw John?

이러한 병렬이동은 다음과 같은 4가지의 근거로 그 타당성이 있다고 할 수 있다. 첫째는 wh-목적어 구문에서의 병렬이동현상이다.

(24) a. [of which car]$_i$ did they find they find [the driver t$_i$]?
    b. *[of which car]$_i$ did [the driver t$_i$] cause a scandal?

(24a)에서는 wh-어구가 목적어 위치로부터 이동할 수 있는 반면에, (24b)에서는 wh-어구가 주어위치로부터 문두로 이동할 수 없다. 그러나 (25)에서처럼 wh-어구가 주어위치에서 이동하는 것은 가능하다.

(25) [of which car]$_i$ was [the driver t$_i$]$_k$ awarded t$_k$ a prize?

이러한 현상을 설명하기 위해 Chomsky(2008)는 다음과 같은 병렬이동을 제안하고 있다. 즉 (25)에서 wh-어구는 주어위치에서 이동한 것이 아니라 기저위치에서 *[the driver t$_i$]*의 [Spec, T]로의 이동과 *[of which car]*의 [Spec, C]로의 이동이 동시에 일어나는 것이다. 따라서 Chomsky(2008)는 다음의 도출과정 (26)에서 볼 수 있듯이, (25)의 wh-어구는 (24b)처럼 기저 주어위치에서 이동한 것이 아니라 (24a)처럼 기저목적어위치에서 *[the driver t_i]*과 *[of which car]*이 병렬이동 하였기 때문에 비문이 아니라는 주장을 펴고 있다.

(26)

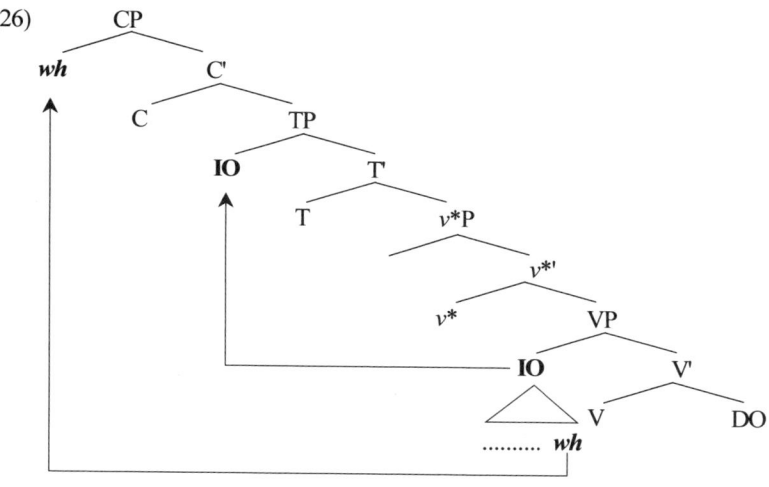

둘째, 다음과 같은 wh-주어구문에서 병렬이동의 근거를 찾을 수 있다.

(27) Who reads this book?

Chomsky(2008)는 (27)에서 wh-어구는 다음의 도출과정 (28)처럼 기저 위치에서 [Spec, T]로의 이동과 [Spec, C]로의 이동이 동시에 일어난다고 주장한다.

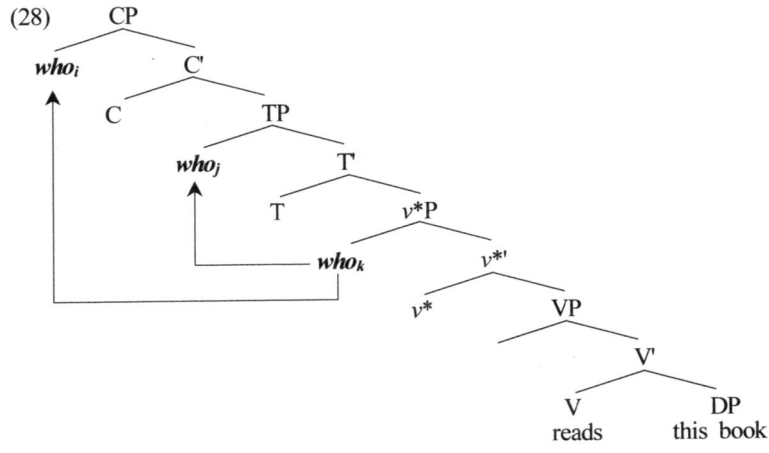

(28)

이러한 주장의 장점은 wh-어구가 일단 [Spec, T]이동하였다가 다시 [Spec, C]로의 이동하는 도출과정의 문제점을 해소할 수 있다. wh-어구가 일단 [Spec, T]이동하면 wh-어구가 가지고 있는 격 자질이 이미 점검을 받아 더 이상 이동을 할 수 없게 되어(frozen in place) wh-어구는 [Spec, C]로의 이동이 불가능하게 된다. 이러한 도출과정은 (27)의 정문과 달리 C의 비해석성 자질이 점검되지 않아 비문법적인 문장으로 잘못 분석하게 된다. 그러나 병렬이동으로 분석하면 위와 같은 문제점은 깨끗하게 해소된다. 한편, 병렬이동은 다음과 같은 2개의 A-연쇄(chain)와 1개의 A'-연쇄를 형성한다.

(29) a. A-chains: (who$_j$, who$_k$)

   (who$_k$)

  b. A'-chain: (who$_i$, who$_k$)

(28)의 도출과정에서 우리는 운용자(operator) who$_i$와 A-연쇄의 who$_j$ 사이의 직접적인 관계를 파악할 수 없지만, 다음과 같은 영어의 예와 한국어의 예에서 병렬이동으로 형성되어 [Spec, T]에 있는 A-연쇄의 head인 who$_j$

의 존재 가능성을 찾을 수 있다.

(30) a.   Who$_i$ seems to his$_i$ friends to be preferable

b.   *Who$_i$ do you seem to his$_i$ friends to prefer

c.   James$_i$-nun   casin$_i$-ul   cohaha-n-da.              (Jung 2006)

James-Top   self-Acc   like-Pres-C.

'James likes himself.'

(30a)에서의 약교차 현상(weak crossover)의 결여는 대명사가 [Spec, T]에 있는 요소에 의해 A-결속된다는 것을 증명해주고 있으며, (30c)에서의 결속효과 A 현상은 [Spec, T]에 있는 보이지 않는 요소(invisible element)가 대용어(anaphor)를 결속하고 있다는 것을 증명하고 있다. 즉 (30)의 현상들은 병렬이동에 의해 생성되는 [Spec, T]에 있는 A-연쇄의 head가 통사적으로 작용하고 있다는 증거를 보여주는 단적인 예인 것이다.

끝으로, 병렬이동은 활성화 조건(activation condition)에 의해 타당성을 찾을 수 있다. Chomsky(2008)는 어떤 요소가 unvalued feature를 가지고 있어야만 이동이 가능하다는 활성화 조건을 주장하고 있다. 따라서 일단 어떤 요소 α의 모든 자질이 값이 주어져(valued) 완전한 A-연쇄를 형성하고 난 뒤에는 α의 A'-이동은 불가능하다. 그러므로 A'-이동은 A-이동이 일어나기 전이나 동시에 일어나야만 한다는 논리를 찾을 수 있다.

## 4.3. 병렬이동(Parallel Movement)을 활용한 언어현상 분석

이번 절에서는 최근의 최소주의 이론에서 도입된 자질상속이론과 병렬이동을 활용하여, 영어의 장소어구도치구문(locative inversion)과 일본어의 뒤섞기(scrambling) 구문을 분석하여 보자. 첫째, 병렬이동을 활용하여 영어의 장소어구도치구문을 분석하여 보자. Bresnan(1994), Kwon(2002), Lee &

Kwon(2007, 2008)에 의하면 (31-32)에서처럼 영어의 장소도치어구는 주제화 현상과 유사한 점이 많다고 언급하고 있다.

(31) a.  Mary said [that the dog, the man kicked].
    b. *Mary said [    the dog, the man kicked].

(32) a.  Mary said [that [under the tree] sat a woman].
    b. *Mary said [    [under the tree] sat a woman].

(31)에서 우리는 내포절에서 주제화(Topicalization) 이동이 일어날 때 보문소 *that*은 생략되어서는 안 된다는 것을 알 수 있다. 이러한 현상은 장소도치어구인 (32)에서도 마찬가지로 나타나고 있다. 따라서 장소어구도치이동은 A'-이동이라는 것을 알 수 있다. 또한 (33)에서처럼 비한정적 장소어구 *somewhere*는 장소도치구문에서 문두에 나타날 수 없으며 한정적 장소어구가 나타나야 한다.

(33) a.  A child was found somewhere.
    b. *Somewhere was found a child.

이러한 사실은 장소도치어구가 주제적인 특징을 가지고 있다는 것을 암시하며, 장소도치어구는 주제어(topic)처럼 A'-요소임을 알 수 있다. 이러한 관찰에 의거하여 장소도치어구구문 (34)를 (35)와 같이 병렬이동으로 분석할 수 있다.

(34) Into the room walked Brian.

(35)

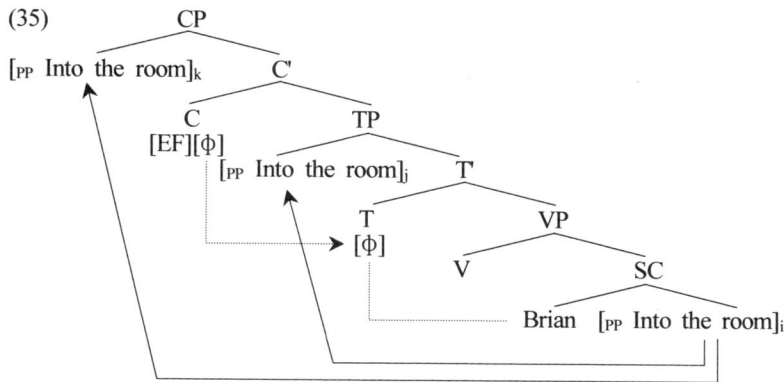

장소도치어구구문 (34)를 병렬이동으로 분석하면 다음과 같이 2개의 A-연쇄와 1개의 A'-연쇄가 형성된다.

(36) a. A-chains: (*[Into the room]$_j$, [Into the room]$_i$*)

   (*[Into the room]$_i$*)

   b. A'-chain: (*[Into the room]$_k$, [Into the room]$_i$*)

비록 (34)에서 A'-연쇄의 핵인 *[Into the room]$_k$*와 A-연쇄의 핵인 *[Into the room]$_j$* 사이의 직접적인 관련 현상을 찾을 수 없지만 장소도치어구구문에서 A-연쇄에 관한 경험적 증거를 찾을 수 있다.

(37) [Into every dog$_i$'s cage] peered its$_i$ owner.

(37)에서의 약교차 현상(weak crossover)의 결핍은 대명사가 A-결속된다는 것을 암시한다. 이는 A'-이동을 할 수 밖에 없는 장소도치어구가 병렬이동으로 A-이동을 함께하였다는 것을 의미하며, 병렬이동이 장소도치어구현상의 A'-특징과 A-특징을 함께 설명할 수 있다는 것을 나타내주고 있다.

다음에는 병렬이동을 활용하여 일본어의 뒤섞기(scrambling) 현상을 분석하여 보자. Saito(1985)는 뒤섞기(scrambling) 현상은 A'-이동이라고 주장하면서 다음과 같은 예를 제시하고 있다.

(38) a. John$_i$-no  sensei-ga    kare$_i$-o  (zibun-de) syookaisita (koto)
        -GEN teacher-NOM he-ACC (self-by)  introduced (fact)
     'John's teacher introduced him (to the audience).'
   b. ??/*[John$_i$-no    sensei-o]$_i$  kare$_i$-ga (zibun-de) t$_i$  syookaisita (koto)
        -GEN teacher-ACC he-NOM(self-by)       introduced (fact)
     'John's teacher, he introduced (to the audience).'

(38a)로부터 목적어를 문두로 뒤섞기 이동을 한 (38b)에서 [*John$_i$-no sensei-o*]$_i$, 'John's teacher'는 *kare* 'he'와 동일지시(coreferential) 되지 않는다. 이러한 현상은 약교차 현상을 보여주는 것이며, 뒤섞기 이동에 의해 문두로 이동한 [*John$_i$-no sensei-o*]$_i$, 'John's teacher'는 A'-위치에 자리하고 있다는 증거이다. 또한 다음 예문을 살펴보자.

(39) Zibun-zisin-o$_i$    Taroo-ga   t$_i$  seme  -ta (koto)
     self -self -ACC       -NOM       blame-Past fact
     'Himself, Taroo blamed.'                 (Miyagawa 2006)

만약 (39)의 *zibun-zisin-o* 'self-ACC'가 A-위치에 있다면, (39)는 결속조건 A를 위반하여 비문이 되어야하는데 문법적인 문장이다. 따라서 뒤섞기 이동을 한 *zibun-zisin-o* 'self-ACC'는 A'-위치에 있다는 것을 알 수 있다. 그러나 Miyagawa(2001)는 뒤섞기 이동은 T의 EPP-자질을 점검하기 위한 A-이동이라고 주장한다. 이러한 주장의 근거로 Miyagawa(2001)는 다음과 같은 결속현상을 들고 있다.

(40) a. *[Otagai -no      sensei]-ga      karera-o    hihansi -ta  (koto)
         each other-GEN teacher-NOM    they-ACC  criticize-Past fact
         'Lit. Each other's teachers criticized them.'

     b. karera-o$_i$  [otagai -no        sensei]-ga   t$_i$  hihansi -ta  (koto)
         they-ACC each other-GEN teacher-NOM         criticize-Past fact
         'Lit. Them, Each other's teachers criticized.'     (Miyagawa 2006)


(40a)에서 대용어 *otagai* 'each other'가 선행사인 *karera* 'they'에 결속
되지 않고 있다. 그러나 (40b)에서는 뒤섞기에 의해 문두로 이동한 *karera*
'they'가 *otagai* 'each other'를 성분통어하고 있기 때문에 정문이다. 이러한
현상은 뒤섞기로 인해 이동한 요소는 A-결속어(A-binder)로서의 자격을 가
지고 있다는 증거를 제공한다. 그러나 Miyagawa(2001)의 주장과 반대되는
예문을 찾을 수 있다.


(41) a. Zen'in-ga      zibun-zisin-o    seme -na    -katta (to omo -u)
         all    -NOM self -self-ACC blame-Neg  -Past  that think-Pres
         'Everyone did not blame herself/himself.'  (All > Not, *Not > All)
     b. zibun-zisin-o$_i$   zen'in-ga  t$_i$ seme -na   -katta (to omo -u)
         self -self-ACC all    -NOM blame-Neg -Past  that think-Pres
         'Herself/Himself, Everyone did eot blame.'  (All > Not,  Not > All)
                                                          (Miyagawa 2006)


(41a)에서 양화사 주어인 *zen'in* 'all'은 부정어보다 wide scope를 가진
다. (41a)로부터 뒤섞기가 일어난 (41b)에서는 양화사 *zen'in* 'all'과 부정어
사이에는 중의적 해석이 가능하다. 작용역(scope)에 관한 해석이 성분통어와
관련이 있다는 가정 하에서, Miyagawa(2001)는 (41a)에서 양화사 *zen'in*
'all'은 부정어의 성분통어 영역보다 외부에 위치해야 하며, (41b)에서 양화

사 zen'in 'all'은 부정어의 성분통어 영역보다 낮은 [Spec, v*]영역 내에 위치해야한다고 주장한다. 이런 도출과정을 통해서 zen'in 'all'은 부정어의 성분통어 영역 하에 있게 되어 부정어보다 narrow scope를 가지게 된다. 이에 의거하여, Miyagawa(2001)는 (41)에서 주어와 목적어는 의무적으로 T의 EPP-자질 때문에 [Spec, T]로 뒤섞기 이동을 한다고 주장한다. 그러나 (41b)에서 뒤섞기 이동을 한 요소는 (40)처럼 대용어 zibun-zisin-o 'self-ACC'이기 때문에, 이 요소가 Miyagawa(2001)의 주장에 의거하여 A-위치에 있게 된다면 (41b)는 결속조건 A를 위반하여 비문으로 잘못 판정된다. 따라서 뒤섞기 이동을 하는 요소는 A'-위치에 있다는 결론을 이끌어 낼 수 있다. 이러한 결론은 다음 예문에서 그 근거를 찾을 수 있다.

(42) Taroo-o$_i$      Hanako-ga$_k$   t$_i$   zibun$_k$-no   ie   -de   sikat -ta
     -ACC           -NOM          self -GEN   house -at   scold-Past
     'Hanako scolded Taroo at her house.'

(42)에서 뒤섞기 이동을 한 목적어는 zibun 'self'의 선행사 역할을 할 수 없다. 따라서 뒤섞기 이동을 한 목적어는 zibun 'self'은 A'-위치에 있다는 것을 알 수 있다. 만약 뒤섞기 이동을 하는 요소가 A'-위치에 있다면, (41b)에서의 결속현상을 어떻게 설명할 수 있을 것인가에 대한 의문을 가질 수 있다. (40b)를 다시 한 번 살펴보자.

(43) karera-o$_i$   [otagai -no      sensei]-ga   t$_i$   hihansi -ta   (koto)
     they-ACC   each other-GEN   teacher-NOM      criticize-Past   fact
     'Lit. Them, Each other's teachers criticized.'          (Miyagawa 2006)

(43)에서 뒤섞기 이동 요소인 karera-o 'they'가 A'-위치에 있다면, (43)에서 나타나는 결속현상을 설명할 수 없다. 이러한 문제를 해결하기 위하여

다음과 같은 병렬이동을 이용하여 (43)을 분석하고자 한다.

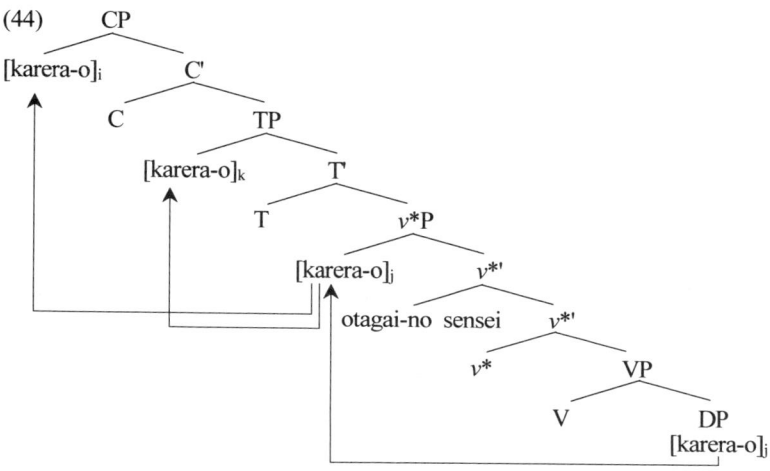

병렬이동으로 분석한 (44)에서 다음과 2개의 A-연쇄와 1개의 A'-연쇄를 도출할 수 있다.

(45) a. A-chains: ([karera-o]$_k$, [karera-o]$_j$)

([karera-o]$_j$)

b. A'-chain: ([karera-o]$_i$, [karera-o]$_j$)

(45a)에서 2개의 요소로 형성된 A-연쇄의 머리어가 [Spec, T]에 위치하고 있다. 비록 뒤섞기 이동 요소인 *karera-o* 'they'가 A'-위치인 [Spec, C]에 있지만, [Spec, T]에 있는 A-연쇄의 복사흔적이 결속어 *otagai* 'each other'의 선행사 역할을 할 수 있게 된다. 즉 병렬이동으로 생성된 [Spec, T]이 위치한 복사흔적 때문에 (43)에서의 결속현상을 설명할 수 있다. 흥미 있는 예문으로 독일어의 뒤섞기 이동현상을 살펴보자. Webelhuth(1992)에 의하면

다음과 같은 예문에서 뒤섞기 이동요소가 동일 문장에서 A'-결속과 A-결속을 동시에 가질 수 있다고 언급한다.

(46) Peter hat die Gäste$_i$ [ohne PRO e$_i$ anzuschauen] einander$_i$ t$_i$ vorgestellt
Peter has the guests without       looking-at    each other introduced
'Peter introduced the guests to each other without looking at them.'

(46)에서 뒤섞기 이동요소 *die Gäste* 'the guests'는 부가절에 있는 기생공백(parasitic gap) e와 대용어 *einander* 'each other'를 동시에 결속할 수 있다. 일반적으로 기생공백은 A'-위치에 있다는 것을 가정한다면, 우리는 *v*\*P-영역 내에서의 병렬이동의 근거를 (46)에서 찾을 수 있다. (46)을 병렬이동으로 분석한 (47)을 살펴보자.

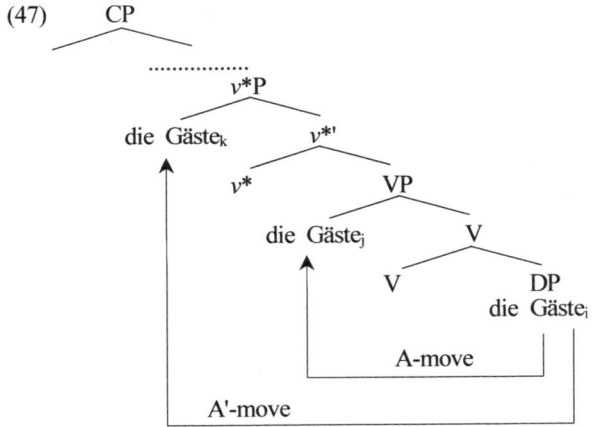

*v*\*P-영역 내에서의 뒤섞기 이동이 병렬이동으로 적용되어진 (47)에서 A'-위치인 [Spec, *v*\*]으로 이동한 *die Gäste* 'the guests'는 기생범주 e를 결속하며, A-위치인 [Spec, V]으로 이동한 *die Gäste* 'the guests'는 대용어

*einander* 'each other'를 결속할 수 있다. 따라서 예문 (46)은 *v*\*P-영역 내에서의 병렬이동의 근거를 제공해준다고 할 수 있다.

## 5. 결론

생성문법이론에서 언어연구의 초점은 언어습득의 문제를 해결하는 데 있었다. 이러한 언어습득의 문제를 설명적 타당성을 준수하는 언어이론으로 이끈 원리와 매개변인(Principle & Parameter) 이론을 확립한 Chomsky는 언어습득의 해결방법에서 논의의 초점을 언어습득의 문제를 최적의 방식으로 해결할 수 있는 방안을 모색하게 된다. 소위 Chomsky가 언급하는 설명적 타당성에서 설명적 타당성을 능가하는 설명력인 진정한 설명력을 지는 언어이론의 방향전환을 1990년 초반부터 시작하게 된다.

최소주의는 인간의 언어재능을 고찰함에 있어서 철저하게 간결성원리(principles of simplicity)를 준수하고 있다. Chomsky가 초기 생성문법이론에서는 인간의 언어재능이 어떠한 형태인가를 중점적으로 연구하였다. 그리고 GB-이론을 거쳐 원리-매개변인이론까지 문법이론이 성숙해 지면서 나름대로 언어재능의 형태가 정해졌다. 그 이후 Chomsky는 그 언어재능이 가장 쉽고 단순한 규칙을 준수하는 지, 혹은 언어재능이 가장 복잡하지 않고, 단순하고 쉬운 방법을 채택할 수 있는가를 규명하고자 노력하였다. 이러한 언어의 본질을 규명하는 것이 바로 지금 Chomsky가 추구하고 있는 최소주의 이론의 방법적 원리라고 할 수 있다.

본 논문에서는 생성문법이론의 발전과정을 중심으로, 표준이론에서 최소주의 이론에 이르기까지 각 이론에 대한 특징과 내용을 살펴보고, 최소주의 이론이 도출되기까지의 배경과 최소주의 이론의 기본 가정들을 고찰해보았다. 또한 최근의 최소주의 이론에서 제안된 자질상속이론과 병렬이동을 활용하여 영어의 장소어구도치구문과 일본어의 뒤섞기 구문에서 나타나는 언

어현상을 설명할 수 있음을 살펴보았다. 또한 생성문법이론의 일련의 역사적 흐름과 발전과정을 통해서, Chomsky가 어떻게 언어 이론을 발전시켜왔으며, 최소주의 이론이 어떠한 방향으로 나아가고 있으며, 앞으로의 어떠한 모습으로 전개될 것인가를 예견해본다.

신인철. 2003. 『영어통사론의 이해』. 서울: 한국문화사.

이홍배. 2004. 『최소주의 통사론』. 서울: 한국문화사.

Bresnan, J. 1994. Locative Inversion and the Architecture of Universal Grammar. *Language* 70, 72-131.

Chomsky, N. 1955. The Logical Structure of Linguistic Theory. Ms. Harvard/ MIT.

Chomsky, N. 1965. *Aspects of the Theory of Syntax*. The Hague: Mouton.

Chomsky, N. 1981. *Lectures on Government and Binding*. Dordrecht: Foris.

Chomsky, N. 1986a. *Knowledge of Language*. New York: Praeger.

Chomsky, N. 1986b. *Barriers*. Cambridge, MA: MIT.

Chomsky, N. 1993. A Minimalist Program for Linguistic Theory. In K. Hale and S. J. Keyser (eds.), *The View from Building 20*. Cambridge, MA: MIT Press, 1-52.

Chomsky, N. 1994. Bare Phrase Structure. MIT Occasional Papers in Linguistics 5. MIT.

Chomsky, N. 1995. *The Minimalist Program*. Cambridge, MA: MIT Press.

Chomsky, N. 2000. Minimalist Inquiries: the Framework. In R. Martin, D. Michaels & J. Uriagereka (eds.), *Step by Step*. Cambridge, MA: MIT Press, 89-155.

Chomsky, N. 2001. Derivation by Phase. In M. Kenstowicz (ed.), *Ken Hale: A Life in Language*. Cambridge, MA: MIT Press, 1-52.

Chomsky, N. 2004. Beyond Explanatory Adequacy. In A. Belletti (ed.),

*Structures and Beyond*. Oxford: Oxford University Press, 104-31.

Chomsky, N. 2005. Three Factors in Language Design. *Linguistic Inquiry* 36: 1-22.

Chomsky, N. 2007. Approaching UG from Below. In U. Sauerland & H.-M. Gartner (ed.), *Interfaces + Recursion =Language?*. Berlin/New York: Mouton de Gruyter, 1-29.

Chomsky, N. 2008. On Phases. In R. Freidin, C. P. Otero, & M. L. Zubizaretta (eds.), *Foundational Issues in Linguistic Theory: Essays in Honor of Jean-Roger Vergnaud*. Cambridge, MA: MIT Press, 133-166.

Chomsky, N. & H. Lasnik. 1993. Principles and Parameters Theory. In J. Jacobs, A. von Stechow, W. Sternefeld, & T. Vennemann (eds.), *Syntax: An International Handbook of Comtemporary Research*. Berlin: de Gruyter, 506-69.

Emonds, J. 1978. The Verval Complex V'-V in French. *Linguistic Inquiry* 9: 49-77.

Jung, Y. 2006. [+Focus]/Subject Prominence, Feature Inheritance, and the EPP. ms. The 2006 KALS-KASELL International Conference on English and Linguistics.

Kwon, K. 2002. Locative Inversion and EPP. *Studies in Modern Grammar 27*: 37-56.

Lasnik, H. 1999. *Minimalist Analysis*. Malden, MA: Blackwell.

Lee, W. & K. Kwon. 2007. Deriving the Nature of Locative Inversion. *Studies in Modern Grammar* 48: 1-19.

Lee, W. & K. Kwon. 2008. Locative Inversion Constructions and Parallel Movement. *Journal of Language Sciences* 15(2): 163-182.

Miyagawa, S. 2001. EPP, scrambling, and *wh*-in-situ, In M. Kenstowicz (ed.), *Ken Hale: A Life in Language*. Cambridge, MA: MIT Press, 293-338.

Miyagawa, S. 2006. Optional A-Scrambling. ms. Kyoto University.

Pollock, Y. 1989. Verb Movement, Universal Grammar and the Structure of IP. *Linguistic Inquiry* 20: 365-424.

Saito, M. 1985. Some Asymmetries in Japanese and Their Theoretical Implication. Doctoral Dissertation, MIT.

Webelhuth, Gert, 1992. *Principles and Parameters of Syntactic Saturation.* Oxford: Oxford University Press.

# 제5장

# 인지의미론

■ 권연진 / 부산대

## 1. 서론

1970년대 중반에 현대 언어학계에 등장한 인지언어학은 인간 마음의 본질을 규명하여 언어, 몸과 마음, 마음의 작용, 신체적 및 사회적 경험 간의 상관성 등을 탐구하는 학문 분야이다. 인지언어학은 인지의미론 또는 인지문법론으로 상호 혼용되어 왔지만, 오늘날에 이르러 인지언어학은 포괄적인 상위 개념으로, 인지의미론과 인지문법론은 그 하위 개념으로 자리 잡았다.

　　본 연구는 최근 언어학계에서 활발하게 연구되고 있는 인지의미론을 개관하고 인지의미론에서의 주요 논제들을 살펴본 후, 구체적인 사례를 분석하는 데 그 목적이 있다. 우선 인지의미론의 주요 특징들인 인간의 신체화(embodiment)에 대한 관심, 백과사전적 지식의 강조, 의미적 구조로서의 개

넘적 구조, 범주화와 개념화를 살펴본다. 범주화는 우리의 사고, 지각, 행동, 언어활동 전반에 걸쳐 영향을 미치기 때문에 인간의 모든 활동의 기본이 되고 본능적으로 행하게 되는 모든 사고 활동이라고 할 수 있다. 따라서 우선 Aristotle 시대부터 1950년대까지 2,000년 이상 지속되어 온 전통적 범주화 원리인 고전 범주화 이론을 개관하고 또한 많은 경험적인 문제점을 지적할 것이다. 특히 범주 경계의 모호성을 음운론적, 형태론적, 그리고 통사론적 관점에서 살펴본다.

그리고 고전 범주화 이론에 대한 대안으로 범주(category)란 세계의 정신 개념에서 중심적 혹은 전형적인 구성원으로 구성되어 있다는 Rosch (1975, 1977, 1978)의 원형 이론을 바탕으로 최근에 논의가 활발하게 진행 중인 다의성(polysemy)을 Langacker(1991)의 의미망 모형과 인지 과정으로서의 은유 관점에서 살펴본다(Lakoff & Johnson 1980). 여기에서 의미망 모형은 낱말의 의미가 가장 원형적인 의미에서 출발해서 이와 관련된 개념들을 연결하면서 망구조로 뻗어나간다는 것이다.

인지의미론의 이러한 이론적 배경을 바탕으로 인지의미론적 관점에서 구체적인 사례인 이동 동사(motion verb) go와 come을 분석할 것이다. go와 come의 다양한 의미, 즉, 원형적 의미인 직시적 이동의 의미 이외에 시간, 관점, 상태 변화, 그리고 소유와 상실 등과 같은 다양한 의미들이 의미적으로 어떻게 확장되는지를 분석한다.

## 2. 인지의미론 개관

광의의 의미에서 인지의미론(cognitive semantics)[1]의 또 다른 명칭이기도 한 인지언어학(cognitive linguistics)은 인간 마음의 본질, 더 나아가 인간의

---

1) 인지언어학의 한 분야인 인지의미론이라는 용어가 처음으로 사용된 것은 Lakoff(1986)이다.

본질을 규명하여 언어, 몸과 마음, 마음의 작용, 문화의 상관성 등을 탐구하기 위한 학제적 연구(interdisciplinary research)로서, 언어 연구에서 Chomsky의 생성문법으로 대표되는 자율언어학(autonomous linguistics) 또는 형식주의 언어 접근법의 한계에 대한 대안으로 1970년대 중반에 등장한 현대 언어학의 한 학파이다.[2] 인지언어학은 1970년대와 1980년대에는 비교적 소수의 학자들에 의해 연구가 되었으나, 1990년대 초부터 이 분야에 대한 연구가 활발히 진행되고 있다.

언어 능력을 인지 능력과 무관한 자율적 체계로 파악하려는 구조주의 언어학과 생성문법과 달리, 인지언어학은 언어의 이해와 사용은 지각, 개념 체계, 경험과 신체화된 인지, 세상의 경험, 문화적 배경 등과 같은 일반적인 인지 능력과 깊은 상관성을 가지고 있다고 본다. 또한 인지언어학은 철학, 심리학, 언어학, 인류학, 컴퓨터과학, 신경과학 등 여러 학문 분야로부터 마음과 그 작용에 관한 경험적 성과를 언어 이론에 통합하였으며 인간의 범주화(categorization)에 대한 연구와 게스탈트 심리학(Gestalt psychology)의 전통에 큰 영향을 받았다.

인지언어학은 이론의 성립과 체계화 과정에서 의미와 문법이 중심적 연구 대상이 되었기 때문에 인지의미론 또는 인지문법(cognitive grammar)이라는 용어로 혼용해서 사용되지만[3], 인지언어학은 포괄적인 상위 개념으로, 인지의미론과 인지문법은 하위 개념으로 자리 잡았다(임지룡 2010: 6). 인지언어학, 인지의미론, 그리고 인지문법론의 관계를 나타내면 다음과 같다 (Evans & Green 2006: 50).

---

2) 초창기 인지언어학을 주도했던 대표적인 학자들은 George Lakoff, Ronald Langacker, Charles Fillmore 등으로, 이들은 1960년대 후반 Chomsky 학파와 경쟁적 관계에 있었던 생성의미론자들(generative semanticist)이었다.

3) 인지의미론은 연구대상의 초점을 의미에 두지만, 인지문법은 문법에 초점을, 인지음운론은 음운에 초점을 두며, 인지화용론은 언어의 운용에 초점을 둔다.

(1)  인지언어학에서 의미와 문법 연구

┌─────────────────────────────────────────┐
│              **인지언어학**                │
│  인간 마음에 대해 알려진 바와 양립하는      │
│  방식으로 언어를 연구하는 분야로서, 언어    │
│  가 마음을 반영하고 밝혀 주는 것으로 간     │
│  주한다.                                  │
└─────────────────────────────────────────┘

┌──────────────────────────┐   ┌──────────────────────────┐
│       **인지의미론**       │   │       **인지문법론**       │
│  경험과 신체적 인지 그리고 언어 │   │  언어를 구성하는 상징적 언어 단 │
│  사이의 관계를 연구하는 분야   │   │  위를 연구하는 분야          │
└──────────────────────────┘   └──────────────────────────┘

이러한 인지의미론의 특징은 다음과 같다.

첫째, 인지의미론의 핵심적인 가정 중 하나는 인간의 신체화에 대한 관심이다. 다시 말해서, 개념적 구조(conceptual structure)가 신체화되어 있다는 것이다. Chomsky의 생성문법이나 Montague의 형식의미론에서는 인간의 신체나 경험의 본질을 고려하지 않고 언어의 형식적인 측면을 연구하였다. 하지만, 인지의미론에서는 인간의 마음이나 언어는 인간의 신체적 경험과 분리하여 연구될 수 없으며 우리의 사고는 본질적으로 신체화된 경험에서 유래한다는 관점에서 출발한다. 이러한 견해를 체험주의(experientialism), 체험주의 실재론(experiential realism), 또는 경험주의 접근법(empiricist approach)이라 부른다. 예를 들어, 위-아래(up-down)와 관련하여 I'm feeling up these days(요즘 기분이 좋다) 혹은 I'm feeling down(기분이 좋지 않다)이라고 한다. '기분, 사기, 분위기' 등에서 '위'는 긍정을, '아래'는 부정을 의미하는데, 이러한 차이는 우리의 신체적 경험에서 동기화된다. 다시 말해서, 우리의 신체적 경험으로 볼 때 기쁠 때나 행복할 때, 그리고 건강할 때는 몸을 위로 똑바로 세우는 반면, 슬플 때나 괴로울 때, 그리고 아플 때는 몸을

움츠리거나 아래로 가라앉는다. 이러한 신체적 경험을 바탕으로 좋은 것은 대개 위로, 나쁜 것은 아래로 표현된다는 것이다4).

둘째, 언어의 의미에서 언어적 지식(linguistic knowledge)과 백과사전적 지식(encyclopedic knowledge)에 대한 관점 차이이다. 자율언어학에서는 언어적 지식과 백과사전적 지식을 엄격히 구분하고 의미 분석 대상을 언어적 지식에 국한하였다. 반면에 인지의미론에서는 의미적 구조가 본질적으로 백과사전적이라고 본다. 다시 말해서, 의미는 언어 자체에만 주어져 있는 것이 아니라 단어를 포함하고 있는 언어 단위가 특정한 개념과 관련 있는, 우리가 세계에 살면서 이용할 수 있는 사회적 지각, 경험이나 문화적 지식에 근거해서 해석되어야 한다는 것이다. 어린이가 해변에서 놀고 있는 문맥을 배경으로 safe(안전한)를 포함하고 있는 다음의 예문을 살펴보자.

(2) a. The child is safe.
    b. The beach is safe.
    c. The shovel is safe.

(2a)는 '어린이가 다칠 위험이 없다'이며, (2b)는 '해변은 어린이가 다칠 수 있는 위험이 최소화된 환경이다'를 의미한다. 마찬가지로 (2c)는 '삽이 다치지 않는다'를 의미하는 것이 아니라, '삽이 어린이를 다치게 하지 않는다'는 의미이다. 위의 예문에서 화자의 의미를 이해하기 위해서는 '어린이, 해변, 삽', 그리고 '안전한'과 관련된 화자의 백과사전적 지식을 이해해야 한다는 것이다.

셋째, 자율언어학에서 언어 분석의 주요 관심은 통사 구조(syntactic structure)에 두고 있으며 주요 연구 분야도 통사론이다. 반면에 인지의미론

---

4) 신체적 경험을 바탕으로 좋고 긍정적인 것은 대개 위로 표현되고, 나쁘고 부정적인 것은 대개 아래로 표현된다. 이것을 지향적 은유(orientational metaphor)라 한다.

에서 언어 분석의 주요 관심은 의미이며 의미 구조는 개념적 구조이다. 언어의 가장 기본적인 기능이 의사소통이며, 의사소통을 할 때 전달하고자 하는 의미를 적절하게 전달하고, 또한 화자가 전달한 의미를 청자가 적절하게 해석을 하는 것이 중요하다는 것이다. 이것은 결국 언어 분석에서 의미의 중요성을 일컫는다.

넷째, 의미를 다루는 관점이 범주화나 개념화(conceptualization)에서 시작한다. 하나의 범주는 가장 기본적이고 중심적인 원형(prototype)에서 출발해서 많은 주변적인 변이형으로 이루어진 방사성 구조(radial structure)로 구성되는데, 이러한 범주나 개념이 의미로 파악되는 것이다(Lakoff 1987). 또는 한 단어의 의미가 가장 원형적인 의미에서 출발해서 이와 관련된 개념들을 연결하면서 의미망(semantic network) 구조로 뻗어나감으로써 의미가 확장된다(Langacker 1991). 방사성 구조의 한 예로 '어머니'(mother)를 보자. Lakoff(1987)에 따르면, 범주 '어머니'의 중심에는 원형적 어머니가 있으며 원형에서 비원형적 어머니로 확장된다. 원형적 어머니는 유전 모형, 출산모형, 양육 모형, 가계 모형, 결혼 모형 등 다섯 가지 모형을 갖추어야 한다. 이러한 모형을 다 갖추지 못할 경우 비원형적 어머니가 되는데, 계모, 양모, 수양모, 대리모, 출산모, 미혼모 등이 그 예들이라 할 수 있다.

인지언어학자들은 의미에 대한 인지적 이론을 발전시키기 위해 여러 연구 분야에 적용되어 온 다양한 인지언어학적 방법론을 발전시켰다(김동환 2005, 임지룡 2007 참조).

첫째, 범주의 내적 구조에 대한 이론으로는 Rosch(1975, 1977, 1978)의 원형 이론(prototype theory)이 있다. 원형 이론이란 고전 범주화 이론에 대비되는 이론으로, 사람들이 범주화를 할 때 이상적인 보기, 즉 원형에 바탕을 둔다는 것이다.

둘째, 개념적 구조에 대한 이론으로는 Johnson(1987)의 영상도식(image scheme), Fillmore(1975, 1982, 1985)의 틀 의미론(frame semantics),

Lakoff(1987)의 인지모형(cognitive model)과 이상적 인지모형(idealized cognitive model), Lakoff & Johnson(1980)의 개념적 은유(conceptual metaphor)와 환유(metonymy), Fauconnier(1985/1994)의 정신공간 이론(mental space theory), 그리고 Fauconnier & Turner(2002)의 개념적 혼성 이론(conceptual blending theory) 등이 있다. Johnson(1987)의 영상도식은 선개념적인 체험을 구조화한 인지모형으로, 우리의 신체적, 물리적 경험을 바탕으로 형성되는 구조인데, 가장 기본적인 신체적, 물리적 경험은 우리의 몸이다. 영상도식에 대한 최초의 주장은 Johnson이며 Lakoff(1987)은 인지모형 이론의 한 방법으로 영상도식에 대해 논의하였다. Fillmore(1975, 1982, 1985)의 틀 의미론에서는 낱말의 의미란 경험, 확신 혹은 관례의 구조화된 배경과 관련하여 이해된다. 틀(frame)은 특정 낱말이 환기시키는 일련의 지식 구조로, 그 지식 구조는 그 낱말이 가지고 있는 객관적인 자질뿐만 아니라 문화·사회적인 배경 지식도 포함되어 있다. Lakoff(1987)의 인지모형은 한 낱말이 환기시키는 개념들이 조직되는 방식을 모형으로 나타낸 인지적 구성물로서, 이것은 우리 일상의 지각적 경험으로부터 구조화된다. Lakoff에 따르면, 이상적 인지모형은 세계에 대한 이론을 표상하는 비교적 안정된 정신적 표상이다. 그는 이 모형을 사용해서 노총각(bachelor)과 어머니와 같은 개념에 대한 배경 지식이 이상적 인지 모형과 어떤 관련성이 있는지를 설명하였다. Lakoff & Johnson(1980)의 개념적 은유와 환유는 본질적으로 개념적이며 사상관계를 나타낼 뿐만 아니라, 관습적이고 관습화될 수 있다. 다시 말해서, 은유(metaphor)와 환유는 언어뿐만 아니라 사고와 행동으로 대표되는 일상적인 삶에 널리 퍼져 있고, 사고와 밀접하게 관련되어 있어 인간의 말하는 방식이자 사고의 방식이라고 한다. 그들은 언어가 추상적인 개념적 영역과 구체적인 개념적 영역 간의 체계적인 사상, 즉 개념적 은유를 반영한다고 주장하였다. Fauconnier(1985/1994)의 정신공간 이론에서 정신공간은 언어 구조와 구별되는 것으로서, 담화 상황에서 사람들이 언어를 통해서 생각하고 말할 때 머릿속에 구성되는 개념적 구조이다. Fauconnier & Turner(2002)의 개념적 혼성 이론은 개념적 혼성이라는 인지 과정을 이용하는 인지언어학이다.

셋째, 의미의 원근법적 특성은 주어진 동일한 장면이 그 장면을 바라보는 언어 사용자의 관점이나 주관에 따라서 달리 해석된다는 것이다. 여기에는 주관화(subjectification)와 주의 배분(distribution of attention)이 있다. Traugott & Dasher(2002)는 문법화(grammaticalization)에서 의미 변화의 범위가 더 객관적인 의미에서 더 주관적인 의미로의 전이에 의해 가장 잘 설명될 수 있다고 주장했는데 이러한 과정을 주관화라 부른다(Traugott & Konig 1991). 주관화는 동일한 상황을 다양한 방법으로 구조화하고 해석하는 인간의 인지능력인 해석의 한 차원이다. 주의 배분은 Talmy(1975)의 주장으로, 주어진 장면이나 사건을 구성하는 요소들에 대해 각기 다르게 주의를 배분하는 인지능력이다. 다시 말해서 전체 장면 중에서 우리의 관심을 끄는 특정한 요소에 주의를 기울이는 능력을 말한다.[5]

넷째, 언어 형태와 의미의 관계는 Haiman(1985)의 도상성(iconicity) 개념으로 설명된다. 도상성이란 언어의 형태가 의미에 동기부여 한다는 언어의 성질을 의미한다. 도상성은 언어의 형태와 의미 사이에 자연스러운 관계가 있다고 본다는 점에서 체험주의 철학에 바탕을 두고 있는 인지언어학의 정신을 가장 잘 나타낸다고 볼 수 있다.

다섯째, 내용어(content word)와 기능어(function word)의 관계는 Hopper & Traugott(1993)의 문법화의 개념으로 다루어진다. 문법화란 통시적·공시적으로 내용어가 기능어로 바뀌거나 또는 덜 문법적인 기능어가 더 문법적인 기능어로 바뀌는 현상뿐만 아니라 담화·화용적인 것에서 통사적인 것으로 바뀌는 현상을 통틀어 일컫는 개념이다. Hopper & Traugott는

---

5) Talmy(1996)는 주의 배분 대신에 주의 창문화(windowing of attention)라는 용어를 사용하는데, 주의 창문화라는 인지 과정을 주의 배분의 한 유형으로 간주한다.

문법화를 유발시키는 화용론적 요인과 인지적 요인 그리고 문법화가 일어날 때 형태들이 어떻게 의미 변화를 겪는지에 대해 논의하였다.

지금까지 인지언어학의 주요 방법론에 대해 살펴보았다. 첫째, 범주의 내적 구조에 관한 원형 이론, 둘째, 개별적인 범주들이 하나의 개념적 구조로 통합된 영상도식, 틀, 개념적 은유와 환유, 정신공간, 개념적 혼성의 개념이며, 셋째, 언어 의미의 원근법적 본성, 즉 주의 배분과 주관화, 넷째, 형태와 의미의 관계에 관한 도상성, 다섯째, 내용어와 기능어의 관계에 관한 문법화 등이다. 인지언어학의 주요 방법론은 다음과 같다.

(3)  인지언어학의 방법론 (김동환 2005: 41)

| 주안점 | 인지언어학의 주요 방법론 |
|---|---|
| 범주의 내적 구조 | 원형 이론 |
| 개념적 구조 | 영상도식 이론<br>틀 이론<br>은유 이론<br>환유 이론<br>정신공간 이론<br>개념적 혼성 이론 |
| 의미의 원근법 | 주의 배분 이론<br>주관화 이론 |
| 형태와 의미의 관계 | 도상성 이론 |
| 내용어와 기능어의 관계 | 문법화 이론 |

## 3. 범주화 이론

인간은 범주화에 대한 내재적인 능력을 가지고 있다. 범주화란 인간의 사고, 인식, 행동, 언어 사용 등에 있어서 가장 기본적인 바탕이 되는 것으로 다양성 속에서 유사성을 파악하는 내재적인 능력, 사물과 사건들을 유사하다고 판단되는 것들끼리 하나로 묶는 인지 활동이다(박정운 2000, 임지룡 1997). 이러한 범주화 과정을 통해 묶여서 분류되는 것이 범주(category)이다. 따라서 범주라는 수단에 의해서 우리가 경험한 세계를 이해하고 사고한 것을 전달할 수 있다. Lakoff(1995: 6) 역시 지적했듯이, 범주화는 우리의 사고, 지각, 행동, 언어활동 전반에 걸쳐 영향을 미치기 때문에 인간 생활에서 아주 중요한 것으로 간주되고 있으며 범주화의 능력 없이는 물리적 세계는 물론이고 사회적, 지적 생활도 쉽지 않다. 이런 측면에서 본다면, 범주화는 인간의 모든 활동의 기본이 되고 본능적으로 행하게 되는 모든 사고 활동이라고 할 수 있다.

## 3.1. 고전 범주화 이론

고전 범주화 이론(classical theory of categorization)은 Aristotle 시대부터 1950년대까지 2,000년 이상 지속되어 온 전통적 범주화 원리이다. 서양 사고의 근본을 이루고 있는 고전 범주화 이론은 이분법적인(binary) 객관주의에 근거를 두고 있다. 따라서 고전 범주화에서 한 범주의 구성원 자격, 즉 개념이란 개별적으로는 필요조건(necessary condition)이며 집단적으로는 충분조건(sufficient condition)이라는 기본적인 속성을 가지고 있다. 필요조건이란 그 개념에 해당되는 실체(entity)가 되려면 반드시 그 속성을 가져야 한다는 것이고, 충분조건이란 어떤 실체가 모든 속성들을 가지고 있으면 그 실체는 필연적으로 그 범주에 해당된다는 것이다. 그러므로 이것은 하나의 실체가 범주 구성원 자격을 위해 필요충분조건의 집합을 충족시킴으로써 범주 구성원이 된다는 것이다(Evans & Green 2006). 예를 들어, 범주 'man'에 대한 필요충분자질은 [TWO FOOTED]와 [ANIMAL]을 들 수 있는데, 이 두 개의 자질 중 어느 하나라도 없으면 'man'의 범주를 이룰 수 없다. 다시 말해서 'man'이라는 개념 속성을 가지기 위해서는 위의 두 자질을 반드시 갖추어야만 한다. 마찬가지로 'bachelor'라는 범주는 [HUMAN], [MALE], [ADULT], 그리고 [NOT MARRIED]과 같은 자질의 집합으로 구성된 복합 정신적 표상으로 해석된다. 이러한 4개의 자질 중 어느 하나라도 없으면 그 범주의 구성원이라 할 수 없다. 이 때 자질은 이분법적이어서 존재하거나 혹은 존재하지 않은 두 값 중 하나를 취하게 된다.

　　Aristotle에서 시작된 고전 범주화 이론의 기본원리는 다음 세 가지로 요약될 수 있다(Taylor 1995: 23-24).

(4)　a. 범주는 필요충분자질의 집합이다.
　　　b. 범주는 분명한 경계를 갖는다.
　　　c. 범주의 구성원들은 동등한 자격을 갖는다.

　　제1원리인 (4a)는 범주의 구성원들이 필요하고도 충분한 자질(necessary-sufficient feature)의 공통 속성을 갖는다는 것이다. 예를 들어, '정사각형'(square)의 기하학적 정의는 'It is a closed, flat figure, it has four sides, all sides are equal in length, and all interior angles are equal'(닫힌, 평면 도형임, 네 개의 변을 가짐, 모든 변의 길이가 같음, 모든 내각의 크기가 같음)과 같은 속성으로 기술된다. 하나의 범주가 지니고 있는 자질 혹은 조건은 그 범주의 구성원들이 가지고 있는 공통의 속성을 뜻한다.

　　제2원리인 (4b)는 범주의 구분이 분명하다는 것이다. 이 원리에 따르면, 범주의 경계간에 모호한 경우가 전혀 없다. 다시 말해서 일단 하나의 범주가 만들어지면 그 안에 속하게 되는 개체와 속하지 않는 개체로 뚜렷하게 이원화된다. 따라서 어느 정도 어떤 범주에 속하면서 어느 정도 다른 범주에 속하는 개체는 존재하지 않는다는 것이다. 하나의 개체가 정사각형인지 아닌지는 속성 목록에 의해서 확연하게 구분된다. 네 개의 속성을 가지고 있으면 정사각형이지만, 어느 하나라도 없다면 정사각형이 될 수 없다.

　　제3원리인 (4c)는 한 범주에 속하는 구성원들은 구성원들간의 정도성을 고려하지 않고 동등한 자격을 갖는다는 것이다. 즉, 한 범주에 속하는 구성원들 사이에는 더 낮거나 더 못한 관계는 존재하지 않는다는 것이다. 예를 들어, '새'의 범주에 속하는 '참새', '제비', '까치', '오리', '타조', '펭귄' 등의 가치를 동일하다고 본다. 왜냐하면 범주 구성원 모두가 동일한 속성을 공통적으로 가지고 있다고 보기 때문이다. 일단 필요충분조건을 만족하게 되면 그 범주의 구성원이 된다. 하지만 어떤 구성원이 그 범주의 더 좋은 예가 될 수 있다거나, 혹은 더 나쁜 예가 될 수는 없다.

이와 같은 Aristotle의 고전 범주화 이론은 논리학을 비롯하여 서양의 과학적 인식 및 세계관의 기반이 되어왔고 특히 범주화 이론이 가장 잘 적용되는 영역은 집합론(set theory)인 것으로 알려져 있다(임지룡 1993). 홀수와 짝수가 그 대표적인 예이다. 홀수와 짝수가 갖는 필요충분조건, 즉 홀수는 2로 나누어서 1이 남는 수이고 짝수는 2로 나누어지는 수 등과 같은 이 범주의 구성원들이 공유하고 있는 공통속성이 있다. 따라서 홀수와 짝수는 뚜렷한 경계를 가지며 또한 홀수의 구성원들은 홀수만큼의 동등한 자격을 가지고 있다.

## 3.2. 고전 범주화 이론에 대한 반증

수 세기 동안에 걸쳐 기정사실로 여겨졌던 고전 범주화 이론은 여러 경험적 증거들에 의해 많은 비판을 받게 되었다. Wittgenstein(1953)의 가족 유사성 (family resemblance), Berlin & Kay(1969)의 기본 색채어(basic color term), Zadeh(1965)의 퍼지 집합 이론(fuzzy set theory), 그리고 Labov (1973)의 모호한 가장자리 현상(fuzzy edge phenomenon) 등의 연구에서 알 수 있듯이, 다양한 측면에서 Aristotle의 고전 범주화 이론을 반증하는 경험적인 증거들이 제시되었다.

먼저 Wittgenstein(1953)은 복잡한 개념들을 정의하는데 필요충분조건이 적절하지 않다고 지적하였다. 그에 따르면, 복잡한 개념에 포함되는 개체들 사이에는 유사성이 중복된다는 것이다. 그는 가족 유사성이라는 비유를 써서 게임(game)을 좋은 사례와 나쁜 사례로 나눌 수 있음을 설명함으로써 고전 범주화 이론의 문제를 지적하였다. 여기서 가족 유사성이란 가족 구성원 모두에게 공통적인 특성은 없지만, 부분적으로 유사한 특성들이 연결되어 가족 구성원들을 하나의 가족으로 인정하게 만드는 유사성을 뜻한다. 그는 이와 같은 현상이 게임에도 그대로 적용된다고 본다. 다시 말해서, 카드 게임, 공 게임, 올림픽 게임 등에서 모든 게임이 다른 게임과 약간의 유사성을 가지고 있지만, 이 게임 모두를 연결하는 요소는 없다는 것이다. 이러한 유사성의 복잡한 망을 가족 유사성의 은유로 표현하고 게임이 일종의 가족을 형성한다고 보았다. 그의 가족 유사성 은유는 고전 이론의 범주 구성에서 필요하고도 충분한 자질, 곧 범주 구성원들이 갖는 공통 속성을 갖는다는 것을 부정하였다.

Zadeh(1965)의 퍼지 집합 이론과 Labov(1973)의 모호한 가장자리 현상 실험도 고전 범주화 이론의 모순을 잘 보여준다. 퍼지 집합 이론이란 인간의 주관적인 개념이나 애매하고 부정확한 개념에 대해 인간의 판단 과정을 수학적으로 접근하려는 이론이다. Zadeh는 전통적인 집합 이론은 '홀수의 집합', '짝수의 집합', '정수의 집합', '여자의 집합' 등과 같이 범주의 경계가 분명한 경우도 있지만, '잘생긴 사람', '몸무게가 무거운 사람', '키가 큰 사람' 등과 같이 범주의 경계가 애매모호한 경우도 많다고 하였다.

Labov도 모호한 가장자리 현상 실험을 통해 범주간에 경계가 분명하지 않다는 것을 증명하였다. 그는 그릇의 넓이와 높이가 다른 여러 개의 그릇 모양의 그림을 피실험자들에게 보여주고 그 각각을 컵, 머그잔, 사발, 꽃병이란 이름을 붙이게 하는 실험을 하였다. 피실험자들은 어떤 모양에 대해서는 의견의 일치를 보였다. 그릇의 모양이 아래로 내려갈수록 점점 좁아지며, 윗면의 지름과 높이의 비율이 같고 손잡이가 있을 때는 컵으로 간주했다. 그러나 윗면이 넓어지며 높이가 낮아질수록 사발이라고 간주하는 사람들이 점점 많아졌다. 그러나 그들은 꽃병과 사발 모양에 손잡이를 붙였을 경우에는 어려움을 겪었으며 의견이 일치되지 않았다. 또한 그릇에 담겨 있는 내용물에 따라서도 그들의 반응이 달랐다. 특정한 그릇에 대하여 텅 빈 상태로 제시했을 때는 사발이라고 대답을 하였으나, 그 그릇 속에 뜨거운 커피가 들어 있을 때는 컵이라고 반응을 보였다. Labov의 이러한 일련의 실험은 연속적인 대상 세계를 낱말의 단위로 분절할 수 없다는 것을 보여주는 것으로, 범주는 분명한 경계를 가진다는 고전 범주화 원리의 모순을 잘 보여주고 있다. 범주 사이에 뚜렷한 경계가 없다는 이러한 실험은 단지 그릇 모양에 국한된 것이 아니라 낱말 의미에도 적용할 수 있다. 예를 들어, 우리가 언덕(hill)과 산 (mountain)이라고 부르는 고도 사이에 분명한 경계가 없듯이, 낮과 밤의 경계를 본다면 어디에서 낮이 끝나고 밤이 시작되는지 분명하지 않다. 신체 부위의 이마와 머리의 경계 또한 분명하지 않다. 이는 연속적인 대상 세계를 낱말의 단위로 분절하였기 때문인데 대상 세계를 이분법적으로 구분하는 고전 범주화의 한계를 보여주는 것이다.

## 3.3. 범주 경계의 모호성

범주들 사이에 뚜렷한 경계가 없다는 것을 보았다. 본 절에서는 범주 사이에 경계가 뚜렷하지 않다는 것을 음운론적, 형태론적, 그리고 통사론적 관점에서 살펴본다.

### 3.3.1. 음운론에서의 범주 모호성

변별적 자질(distinctive feature)이란 용어는 언어 내에서 소리를 구별하기 위해 소리의 최소 단위를 가리킨다. 이것은 언어에서 사용되는 소리와 관련 있는 보편적 인지 속성이다. 예를 들어, /p/와 /b/는 조음장소(place of articulation)와 조음방법(manner of articulation)은 동일하지만, 유성성 (voicing)에서만 차이를 보인다. 범주화의 고전적 모형에 따르면, 이러한 변별적 자질은 본질적으로 이분 자질(binary feature)로 나누어진다는 가정에 기초를 두고 있다. 따라서 유성음은 [+voiced]이고 무성음은 [-voiced]로 나타낼 수 있다.

하지만, Jaeger & Ohala(1984)는 유성성과 같은 자질은 이분적으로 나누어지는 것이 아니라고 주장하면서 소리의 부류를 이렇게 명백하게 구별하는 것에 문제가 있음을 지적하였다. 그들은 영어 모국어 화자들에게 [±anterior], [±sonorant], and [±voice]에 따라서 영어 단어의 초성음을 구별하도록 훈련을 시켰다. 계속되는 테스트에서 그들은 피실험자들에게 영어 단어의 초성음을 범주화하도록 한 결과, 그들은 이런 소리들이 유성음이나 무성음으로 일관되게 정의를 내릴 수 있는 것이 아니라 어떤 소리는 다른 소리보다 더 유성음답거나 그다지 유성음답지 않은 것으로 인식되었다. 그들의 유성음 연속체는 다음과 같다.

(5)   ← 가장 유성음다움                      가장 유성음답지 않음 →
      /r,m,n/   /v,ð,z/   /w,j/   /b,d,g/        /f,θ,s,h,ʃ/      /p,t,k/
      ←———— 유성음 ————→            ←——— 무성음 ———→

(5)에서 /r, m, n/은 유성음의 가장 대표적인 예들이며, /p, t, k/는 무성음의 가장 좋은 예들이다. 유성 폐쇄음인 /b, d, g/은 유성음과 무성음 사이에 중간지점을 점하고 있다. 위에서 볼 수 있듯이, 유성음과 무성음이 중복되어 있는 것이 아니라 이 연속체 위의 단 하나의 지점에서 분할될 수 있다는 점에서 Jaeger & Ohala의 실험대상자들은 그 소리들을 정확하게 등급을 매겼다. 더욱 놀라운 것은 실험대상자들이 /r, m, n/과 같은 유성음이 /v, ð, z/와 같은 유성음보다 더 유성음다운 것으로 판정을 했다는 것이다. 이러한 연구 결과는 유성음 혹은 무성음과 같은 음운 범주 역시 모호한 범주처럼 여겨질 수 있다는 것을 암시한다.

## 3.3.2. 형태론에서의 범주 모호성

언어학에서 지소사(diminutive)란 작음이라는 의미를 전달하기 위해 단어에 첨가되는 접사를 가리킨다(Evans & Green 2006). 영어의 예를 든다면, 어미 -let, -le, or -y가 작음이란 의미를 나타내기 위해 첨가되기도 한다. 예를 들어, pig, eye, boot, horse가 piglet, eyelet, bootie, horsey가 되고 이름 Kate, John, Bill, Mike가 Katie, Johnny, Billy, Mikey가 되는 경우가 이에 해당된다. 반면에 이탈리아어, 스페인어와 독일어는 꽤 많은 지소사 형태소가 있다. 이러한 형태소는 어떤 대상이 작음을 의미하기도 하고 다른 의미로 사용되기도 한다.

이탈리아어의 지소사 접사는 -ino, -icino, -etto, -ello, -olo, -olino, -uzza와 같은 많은 형태가 있다6). 지소사는 대개 물리적으로 작은 대상을 의미한다.

(6)  a. paese (village) → paesino (small village)
     b. ragazzo (boy) → ragazzino (little boy)
     c. villa (villa) → villetta (small villa)
     d. albero (tree) → alberello (small tree)

하지만, 이러한 지소사가 다음의 예에서 보듯이 때로는 작은 크기가 아닌 애정을 의미하기도 한다.

(7)  a. mamma (어머니) → mammina (엄마)
     b. vestito (dress) → vestitino (small dress/nice little dress)
     c. casa (house) → casella (small house/nice little house)

---

6) 이탈리아어 예들은 Taylor(1995)와 Evans & Green(2006)에서 가져왔다.

추상적인 대상을 나타내는 명사가 지소사가 될 수 있다. 이 지소사가 추상명사에 적용되면 작음의 개념이 공간적인 영역에서 비공간적인 영역으로 의미가 확장된다(Taylor 1995, Evans & Green 2006).

(8)  a. sinfonia (symphony) → sinfonietta (small-scale symphony)
     b. cena (supper) → cenetta (light supper)
     c. pioggia (rain) → pioggerella (light rain, drizzle)

(8)에서 지소사는 짧은 시간적 지속이나, 줄어든 세기, 줄어든 규모를 의미한다.

이 지소사가 형용사나 부사에 적용되면 강도나 범위를 감소시키는 역할을 한다.

(9)  a. bello (beautiful) → bellino (pretty, cute)
     b. bene (well) → benino (quite well)

이 지소사가 동사에 첨가될 때는 간헐적이거나 부족한 성질을 표현한다. 이 경우 전형적인 동사적 접미사는 -icchiare와 -ucchiare가 있다.

(10) a. dormire (sleep) → dormicchiare (snooze)
     b. lavorare (work) → lavoricchiare (work a little, work half-heartedly)
     c. parlare (speak) → parlucchiare (speak (a foreign language) badly)

Evans & Green(2006)이 지적했듯이, 이탈리아어의 지소사는 단 하나의 의미와 연상되는 것이 아니라 서로 다른 방식으로 행동하는 의미의 범주를 구성하지만 서로 관련이 되어 있는 것처럼 보인다. 이러한 지소사의 범주는 관련이 있는 형태와 서로 연관성이 있는 의미 속성을 공유하는데, 그 의미란 크기, 양, 질의 감소를 의미한다. 따라서 이러한 범주는 Wittgenstein이 제시한 가족 유사성을 보여주고 있다고 하겠다.

### 3.3.3. 통사론에서의 범주 모호성

낱말은 전통적으로 품사(part of speech)라고 부르는 명사와 동사와 같은 부류로 분류될 수 있다. 이러한 전통적 견해에 따르면 낱말은 형태적 그리고 분포적 행동에 따라 분류될 수 있다. 명사는 -tion(예; addition), -ity(예; curiosity), -ness(예; happiness), -al(예; arrival)과 같은 접사를 첨가해서 형성되는 낱말이다. 또한 복수형 접미사 -(e)s를 취할 수 있는 낱말도 명사이며, *a good* _____ 와 *the greatest* _____ 에서처럼 관사 a/the와 형용사의 연속체 뒤에 나타날 수 있는 낱말도 명사이다. 이런 점에 있어서 품사는 분명한 경계가 있는 실재이며 문법적인 문장은 명확한 경계가 있다고 할 수 있다.

하지만, 명사와 동사의 문법적 행동을 본다면 명사와 동사가 따르는 문법 규칙의 본질에 변화가 있음을 알 수 있다. 이것은 명사와 동사와 같은 품사가 동질적(homogeneous)이라기보다는 불분명한 범주라는 것을 의미한다(Evans & Green 2006). 예로서, 타동사의 행위자 명사화 변형(agentive nominalization)을 살펴보자.

> (11) a. John is one who imports rugs. → John is an importer of rugs.
>      b. John was one who knew that fact.
>         → *John was the knower of that fact.

많은 언어에서 어떤 행위를 수행하는 사람은 형태적인 방식에 의해 행위를 의미하는 동사에서 파생된다. 예로서, teach와 act에서 -er이나 -or이 붙어 사람을 의미하는 teacher 또는 actor가 된다. 하지만, (11b)의 비문법성으로 보건대 모든 타동사가 행위자 명사화 변형이 적용되지 않음을 알 수 있다.

다음의 예문을 보면 모든 동사가 -able로 대치되는 것은 아니라는 것을 알 수 있다.

(12) a. His handwriting can be read. → His handwriting is readable.
     b. The lighthouse can be spotted. → *The lighthouse is spottable.

예문 (12)의 문법적인 차이에서 보듯이, 일부 동사는 'be V-able' 구문으로 대치 가능하지만, 다른 동사들은 이러한 구문으로 대치불가능하다. 이것은 문법규칙의 본질에 있어서 상당한 차이가 있음을 암시하며 이런 점에서 동사와 같은 품사는 모호한 범주를 구성한다고 할 수 있다.

### 3.4. 원형 범주화 이론

원형 범주화 이론(prototype categorization theory)은 대개 원형 이론으로 알려져 있는데, 원형 이론에 대한 체계적이고 방대한 연구는 Rosch(1975, 1977, 1978)에서 시작되었다. 그녀는 범주 구성원간에 정도의 차이를 보이는지에 대한 실험을 수행하였다. 그녀에 따르면, 새의 범주에서 사람들이 더 새다운 새와 그렇지 않은 새를 파악하는 실험을 하였는데, 이 실험의 결과는 범주의 구성원들은 동등한 자격을 갖는다는 고전 이론의 제3원리에 문제가 있음을 지적하였다.

원형 이론은 전통적인 필요충분조건에서부터의 커다란 변혁으로 원형이란 그 범주를 대표할 만한 가장 전형적인, 중심적인, 이상적인, 좋은 보기를 뜻한다. 곧 원형적인 보기는 중심적 보기이며, 비원형적인 보기는 주변적 보기가 된다. 원형 이론의 발달은 1960-70년대 Berlin & Kay(1969)와 Rosch(1975, 1977, 1978)의 연구에서부터 출발한다. 고전이론과 달리 원형 이론은 대부분의 범주들은 필요충분조건으로 정의를 내릴 수 있는 것이 아니라 범주란 세계의 정신 개념에서 중심적 혹은 전형적인 구성원으로 구성되어 있다는 것이다. 원형 이론의 핵심은 한 범주 구성원들의 지위가 동등하지 않다는 것이다. 다시 말해서, 범주의 어떤 구성원이 다른 구성원보다 더 잘 맞고, 하나의 범주가 어디에서 시작되고 어디에서 끝을 맺는가 분명하지 않다는 것이다.

Rosch(1975: 229-233)는 일련의 실험에서 각 범주의 원형적 보기, 보통의 보기, 그리고 비원형적 보기를 다음과 같이 제시하고 있다.

(13) Rosch의 범주 보기

| 의미범주 | 원형적 보기 | 보통의 보기 | 비원형적 보기 |
|---|---|---|---|
| 가구 | 의자, 소파 | 벤치, 식기, 선반 | 선풍기, 전화기 |
| 과일 | 사과, 오렌지 | 라임, 탄젤로 | 피클, 스쿼시 |
| 차 | 자동차, 스테이션왜건 | 왜건, 지하철 | 서프보드, 엘리베이터 |
| 새 | 울새, 참새 | 까마귀, 황금방울새 | 펭귄, 박쥐 |

위의 표에서 알 수 있듯이, 이 실험에 참여했던 거의 모든 사람들이 의자와 소파가 가구라는 범주의 가장 좋은 보기이며, 사과와 오렌지는 과일, 자동차와 스테이션왜건은 차, 울새와 참새는 새의 가장 좋은 구성원, 즉 원형이라고 생각했다.

하나의 예시로 그녀는 새의 범주를 제시하고 있다. 어떠한 범주가 새가 되기 위해서는 알을 낳고, 부리가 있고, 2개의 날개가 있으며, 2개의 다리가 있고, 깃이 있고 날 수 있고, 지저귀거나 노래를 부르며, 새장에서 사는 등 13개의 특징들이 있다. 그녀에 따르면, 새의 범주에서 울새가 가장 높은 등급을 가지며, 참새, 카나리아, 비둘기 등은 그 다음으로 높은 등급을 가지며, 앵무새, 꿩, 올빼미는 약간 더 낮은 등급을 가지는 것으로 나타났다. 오리, 공작은 더 낮았고, 타조, 펭귄, 그리고 마지막으로 박쥐 순으로 나타났다. 결국 새의 범주에서 울새가 가장 새다운 새로 간주되며, 박쥐가 가장 새답지 않은 새로 간주되었다. 우리가 마음속에 새를 연상할 때, 거위나 타조, 펭귄이 아닌 울새를 떠올리게 된다. 왜냐하면, 울새가 새의 범주를 기술하는 가장 많은 자질들을 가지고 있기 때문이다. 대부분의 범주는 분명한 경계를 가지는 것이 아니라 오히려 모호하다는 것이다.7) 어떤 실례가 특정한 범주에 속하는지 그렇지 않은지의 판단은 개인간에도 서로 다르고 심지어 한 개인 안에서도 다를 수 있다고 보기 때문이다.

Lakoff(1987: 85-90)은 몇 가지 유형의 환유적 원형을 제안하였다. 첫 번째 유형은 전형적 보기(typical example)이다. 전형적 보기는 보통 무의식적이며, 자동적이라는 특성을 지니고 일생 동안 변화를 겪지도 않는 특징이 있다. 다음은 전형적 보기의 예이다.

(14) a. 참새와 울새는 전형적인 새이다.
     b. 사과와 배는 전형적인 과일이다.

어떤 문화에서 참새와 울새는 범주 새의 전형적 구성원으로 이것은 세계의 어떤 지역에서 이런 새가 흔하기 때문이다. 이와 관련하여 환경은 우리가 무엇을 범주의 좋은 보기로 판단할지에 영향을 미친다고 할 수 있다.

두 번째 유형은 사회적 판박이 보기(social stereotype)이다. 사회적 판박이 보기는 공적인 논쟁으로부터 발생하는 의식적인 이상적 인지모형으로, 이것은 대중적인 논의의 주제가 되며, 오랜 시간에 걸쳐서 변화를 겪게 되

---

7) Geeraerts(1989: 592-593)는 원형 범주의 특징을 다음과 같이 요약하고 있다.
   a. 원형 범주는 범주 구성원 자격의 정도에 있어 차이를 보인다. 이것은 모든 구성원이 동일하게 그 범주를 대표하는 것이 아니라 한 구성원이 다른 구성원보다 그 범주를 더 잘 대표한다는 것을 뜻한다.
   b. 원형 범주의 경계가 모호하다.
   c. 원형 범주는 기준적 (필요충분) 자질의 집합으로 정의될 수 없다.
   d. 원형 범주는 가족 유사성 구조 혹은 보다 일반적으로는 방사상의 의미 구조 형태를 취한다.

고, 사회적 쟁점이 되기도 한다.

(15) a. 판에 박힌 노총각은 가사일 솜씨가 없으며 여자 꽁무니를 쫓아다니는 남자이다.
　　 b. 판에 박힌 주부는 어머니이다.

세 번째 유형은 이상적 보기(ideal)이다. 우리들이 가지고 있는 심리적 이상형을 말한다. 결혼에 대한 이상적인 모형은 성공적인 결혼, 서로를 이해하는 결혼, 결혼 생활이 오래 지속될 것 같은 결혼 등이 있다. 이상적 보기는 대개 전형적 보기나 판박이 보기와 대조를 이룰 수 있다. 이상적 정치가와 사회적 판박이 정치가를 비교해보자.

(16) a. 이상적인 정치가는 공공심이 강하고 이타적이고 근면한 사람이다.
　　 b. 판에 박힌 정치가는 이기적이고, 권력을 갈망하고, 정보조작에 사로잡혀 있는 사람이다.

네 번째 유형은 모범적 보기(paragon)이다. 이것은 어떤 범주의 경험적 이상형을 말한다. 예를 들어, 야구계의 모범적 보기로는 베이비 루스나 왕정치가 해당되고, 롤스로이스는 고급 자동차의 모범적 보기를 대표하고, 넬슨만델라는 정치 지도자의 모범적 보기를 대표하고, 노암 촘스키는 생성언어학자의 모범적 보기에 해당된다. 모범적 보기는 전체 보기를 대표하기 때문에 해당 범주의 다른 구성원을 평가할 수 있는 배경이 되는 규범과 기대를 세운다.

다섯 번째 유형은 생성원 보기(generator)이다. 생성원 보기는 그것이 생성하는 다른 범주 구성원보다 더 원형적인 것으로 판단된다. 예를 들어, 자연수가 그 예이다. 자연수는 0과 9 사이의 정수 집합으로 나타내는데, 정수는 더 높은 자연수를 생성하기 위해 다양한 방식으로 결합한다. 10은 정수 1과 0을 결합한 것이다. 따라서 모든 자연수는 한 자리 수의 작은 집합으로부터 생성된다.

여섯 번째 유형은 현저한 보기(salient example)이다. 이는 사람들이 범주를 이해하는 데 익숙하고, 기억에 오래 남고, 두드러진 보기를 말한다. 예로서 하버드 대학(Harvard University)은 역사와 교육, 학문 분야에서 세계 최고이기 때문에 대학의 현저한 보기이다.

## 4. 원형 이론과 다의성

임지룡(1992)은 우리의 마음속에 저장되어 있는 낱말들이 개별적으로나 무질서한 상태로 되어 있는 것이 아니라 유기적인 의미망으로 조직되어 있다고 한다. 다시 말해서 다의성(polysemy)을 띄고 있는 낱말들의 의미가 망조직을 이루고 있다고 본다. 이처럼 하나의 어휘를 이루는 여러 가지 의미들의 밀접한 관련성을 잘 나타내주는 의미망 모형(semantic network model)은 Lindner(1983), Norvig & Lakoff(1987), Langacker(1991) 등에 의해 연구되었다(권연진 2008). 이들 연구에 따르면, 다의어가 지니는 여러 의미들 사이의 의미적 관련성이 의미망 모형을 통해 체계적인 관계로 나타난다.

Langacker(1987, 1991, 2000)는 원형 이론과 도식(schema)에 바탕을 둔 의미망 모형을 채택한다. 이 모형에 따르면 한 범주의 구성원은 망에 있는 마디(또는 교점, node)로서 두 가지 유형의 범주화 관계를 통해서 서로 연결한다. 첫 번째 유형의 범주화 관계는 원형으로부터 확장(extension from the prototype)으로서 이것은 A ⇢ B로 나타난다. 즉, 점선 화살표로 나타낸다. 여기에서 A는 원형이고, B는 A의 모든 속성은 아니지만, 일부 속성을 공유하기 때문에 그 범주의 실례로 범주화된다.

두 번째 유형의 범주화 관계는 도식에 대한 정교화(elaboration) 관계이다. 이것은 A → B로 나타난다. 즉, 실선 화살표로 나타낸다. 이 관계는 상세화 관계로서, 원형 혹은 확장(extension)은 도식보다 더 정교하고 상세한 것으로 기술된다. 그의 망 모형은 아래 (17)과 같다. 그에 따르면, 연결망은 도식화를 통해 '위'로, 확장을 통해 '외부'로, 그리고 상세한 더 많은 실례가 더해지면서 '아래'로 발생한다. 그의 의미망 구조란 특정 어휘의 다의적 의미가 의미망으로 구조화되어 있음을 말하는데, 이 모형에서 도식은 그림 (17)에서 보는 바와 같이 전형적인 범주 구조를 가진 원형과 확장을 포함한다.

(17) 의미망 모형(Langacker 1991: 271)

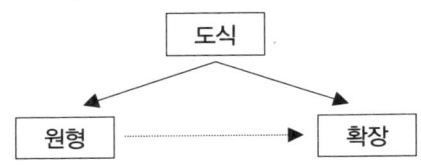

Langacker의 의미망 모형은 확장과 도식의 순환 작용에 의해 보다 복잡한 망으로 확대될 수 있다. 그는 이러한 의미망 모형을 토대로 다의어 낱말의 여러 가지 의미들을 제시하고 있다.

다의성을 지니고 있는 낱말의 다양한 의미들이 원형 이론에 입각한 의미망 모형으로 어떻게 설명되는지 살펴보자. 먼저 명사 ring의 의미를 알아보자. ring의 가장 원형적인 의미는 손가락에 끼는 반지이다. 하지만 명사 ring은 코걸이란 의미도 있는데, 이 둘 다 둥근 장식품이라는 공통점을 가지고 있다. 이기동(1995)은 원형적 의미인 반지에서 주변적 의미인 코걸이로의 의미확장 과정을 다음과 같이 설명하고 있다

(18) ring의 의미 확장(이기동 1995: 3)
  반지 ------------------> 코걸이

반지와 코걸이의 공통점은 둥근 모양의 장식품이다. 여기에서 장식 기능을 빼면 둥근 물체의 개념이 추출될 수 있다. 또 둥근 물체에서 둥글다는 개념만 빼내거나 물체의 개념만 뽑아내어도 ring으로 표현할 수 있다. Langacker는 ring의 의미망을 다음과 같이 나타내고 있다.

(19) ring의 의미망(Langacker 1991: 3)

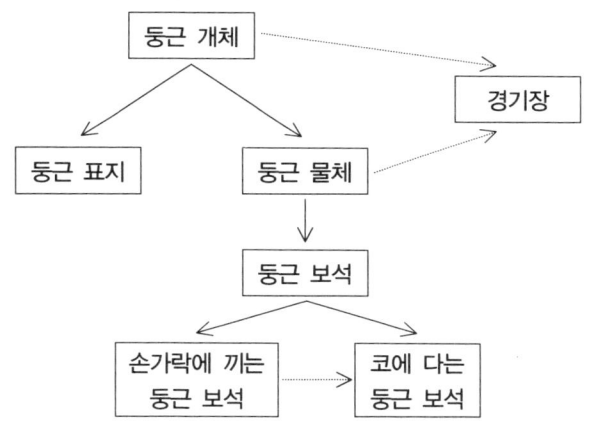

위의 그림에서 명사 ring의 다의성은 두 개의 서로 다른 범주화(확장과 정교화)에 의해 연결되는 마디에 의해 표시된다. 각 마디는 주어진 낱말의 의미를 나타내며 두 마디를 연결하는 선은 마디 사이의 연결 성질을 나타내고, 또한 마디들은 범주화 관계에 의해서 연관이 지어진다. 범주화 관계는 실선 화살표로 제시되는 도식 관계와 점선 화살표로 제시되는 확장 관계가 있다. 예를 들어, '손가락에 끼는 둥근 보석'은 '코에 다는 둥근 보석'으로 의미가 확장되며, 이 두 의미는 '둥근 보석'과 정교화 관계에 있다.

위의 그림 (19)가 보여주는 것은 ring이 나타내는 여러 의미는 서로 별개가 아니라 서로 연관이 되어서 연결망 조직을 이루고 있다는 점이다. 위의 그림에서 특별한 인지적 현저성을 나타내는 굵은 선은 ring의 원형 의미를 나타낸다. ring의 여러 의미 중 원형 의미는 '손가락에 끼는 둥근 보석'으로 이 의미는 화자들이 가장 많이 경험하는 인지 단위로 인식되기 때문에 언어를 습득할 때 가장 빨리 습득되는 의미이며, 가장 흔히 쓰이고, 가장 빨리 인식되며, 가장 쉽게 기억되며, 중립적인 문맥에서 활성화될 가능성이 가장 높은 의미이다. 또한 마디들 사이에 거리가 일정하지 않다. 예를 들어, '손가락에 끼는 둥근 보석'은 '둥근 개체'보다 '코에 다는 둥근 보석'에 더 가깝다. 이 거리는 유사성 정도를 나타내는데, 원형에서 가까울수록 활성화될 가능성이 높으며, 멀수록 활성화될 가능성이 낮아진다는 것을 나타낸다.

이처럼 의미망 모형에 의하면 한 낱말이 지니는 여러 가지 의미들은 사전에 나열되어 있는 의미들의 단순한 집합이 아니라 원형과 확장관계, 도식과 실례 등 유기적인 망조직을 가지고 있다. 다시 말해서 낱말의 의미가 가장 원형적인 의미에서 출발해서 이와 관련된 개념들을 연결하면서 망구조로 뻗어나간다는 것이다.

## 5. 인지 과정으로서의 은유

은유에 대한 논의는 Aristotle의 수사학적, 시학적 관점에서 출발하여 오늘날까지 계속되고 있고 초창기에는 문학적 영역에서 현재는 언어학적 영역으로까지 확대되어 연구되고 있다. Aristotle 이후 은유는 그다지 주의를 끌지 못하다가 20세기 초에 와서 Richards(1936)와 Black(1979)에 의해 이론적으로 체계화되었다. 이 학자들의 이론을 통틀어 은유의 전통적 관점이라고 한다. 전통적 관점에 따르면 은유는 언어적 현상으로 문자적 의미(literal meaning)와 비유적 의미(figurative meaning)로 나눌 수 있다. 따라서 은유는 일상적인 언어에서 배제되며, 유사한 개념을 표현하기 위해 하나의 개념에 대해 사용되는 새롭고 시적인 언어 표현이라고 정의를 내릴 수 있다(Lakoff 1994).

한편, 1980년대에 접어들면서 인지언어학적 관점에서 은유에 대해 새로운 이론이 정립되었는데, 은유에 대한 인지언어학적 연구는 Lakoff & Johnson(1980)에서 시작되었다. 인지언어학적 은유 이론을 개념적 은유 이론(conceptual metaphor theory)이라고 한다. 전통적 관점과 달리, 개념적 은유 이론에 따르면 은유는 언어뿐만 아니라 사고와 행동으로 대표되는 일상적인 삶에 널리 퍼져 있고, 사고와 밀접하게 관련되어 있어 인간의 말하는 방식이자 사고의 방식이라고 한다(Lakoff & Johnson 1980: 3).

인지언어학에서는 은유를 언어의 문제가 아닌 사고나 개념의 차원으로 보고 한 개념적 영역을 다른 개념적 영역으로 이해하는 인지과정으로 정의한다. 다시 말해서 은유가 근원영역(source domain)과 목표영역(target domain) 사이의 사상(mapping) 관계에 의해 이루어진다고 본다. 여기서 근원영역은 우리의 일상 경험으로부터 나온 것이므로 대체로 구체적이고 명확하게 윤곽이 주어지고 직접 경험하고 지각할 수 있는 개념인 반면, 목표영역은 표현하려는 영역으로서 더 추상적이고 주관적인 그리고 심리적인 경험과 관련된 개념들로서 그 윤곽이 불명확하고 구조화되지 않은 경험들이다. 따라서 근원영역은 언어적 은유에서 목표영역을 이해하기 위해 구체적인 낱말이나 언어 표현을 빌려오는 영역이고, 목표영역은 근원영역을 사용해서 우리가 이해하고자 하는 영역이다(김동환 2005: 191). 예를 들어 논쟁(argument), 사랑(love), 이론(theory), 생각(idea), 화(anger)와 같은 추상적인 개념들이 목표영역이며, 이러한 목표영역을 이해하기 위해 사용되는 개념인 전쟁(war), 여행(journey), 건물(building), 음식(food), 사물(object) 등이 근원영역이다.

개념적 은유의 개념을 다음 예문을 통해 살펴보자.

(20) a. 논쟁은 전쟁이다.
   Your claims are *indefensible*.
   b. 사랑은 여행이다.
   We stand *at the crossroads*.

c. 이론은 건물이다.

The theory needs more *support*.

d. 생각은 음식이다.

I can't *swallow* that claim.

(20)에서 추상적인 개념인 논쟁을 전쟁으로, 사랑을 여행으로, 이론을 건물로, 생각을 음식으로 이해한다. 이처럼 이해하기 어려운 추상적인 개념을 더 구체적이고 물리적이며 실체가 있는 개념으로 이해하는 것이 훨씬 더 용이하다.

개념적 은유가 어떻게 적용되는지 개념적 은유 '인생은 여행이다'(LIFE IS A JOURNEY)를 구체적으로 살펴보자.

(21) a. He *went through* life with a good heart.

b. I don't know *where to go* in my life.

c. He walked his way around many *obstacles*.

d. There were *two paths* open to me.

e. We are *at a crossroads*.

위의 예문에서 공통적으로 '인생은 여행이다'라는 은유를 발견할 수 있다. 추상적인 개념인 인생이라는 목표영역을 구체적인 개념인 여행이라는 근원영역을 통해서 개념화시킨다. 실제로 여행의 과정과 인생의 여정 사이에는 많은 공통점이 있다. 인생은 여행과 마찬가지로 출발과 끝이 있다. 누군가는 편안한 삶을 살기도 하고 누구는 힘든 삶을 살기도 한다. 인생과 마찬가지로 여행도 편안한 여행을 즐길 수도 있지만, 힘든 여행을 할 수도 있다. 인생을 살다보면 많은 선택의 순간이 있다. 마찬가지로 여행 중에도 갈림길에서 어느 길을 가야 할지 선택해야 하는 순간이 있다. (21a)에서 인생을 사는 사람을 여행을 하고 있는 여행자로, (21b)에서는 인생의 목적이 여행의 목적지로 나타났으며, (21c)에서는 인생을 살면서 만나게 되는 어려움들이 여행 중에 발생하는 여러 가지 물리적인 장애물로 표현되었다. 또한 (21d-e)에서는 인생에서 선택의 상황이 여행 중 분기점에서 어느 길로 가야 할지를 선택해야 하는 상황으로 표현되었다. 따라서 '인생은 여행이다'의 사상관계를 다음과 같이 제시할 수 있다.

(22) '인생은 여행이다' 은유의 개념적 사상

| 근원영역 : '여행' | | 목표영역 : '인생' |
|---|---|---|
| 여행객 | --------→ | 사람 |
| 목적지 | --------→ | 인생의 목적 |
| 장애물 | --------→ | 인생의 어려움, 난관 |
| 교차로 | --------→ | 해야 할 일 선택 |
| 여행 | --------→ | 인생에서의 사건 |

인생은 우리가 신체적으로 직접 경험할 수 없는 추상적인 과정이지만, 여행은 직접 경험하는 과정이라 할 수 있다. 여행객은 인생을 살아가는 사람으로 사상되며, 여행의 목적지는 인생의 목적, 여행에서의 장애물은 인생에서의 어려움이나 난관, 교차로는 인생에서 해야 할 일들을 선택하는 것, 여행은 인생에서의 여러 사건들로 사상될 수 있다. 이러한 두 영역의 사상 과정을 통해 '인생은 여행이다'라는 개념적 은유가 생성된다. Lakoff & Johnson(1980)은 이러한 은유가 우리의 사고를 지배하고 있으며 따라서 언어뿐만 아니라 우리의 일상 행동에도 많은 영향을 준다고 주장한다. 다시 말해서, 인간은 은유 없이 사고할 수 없으며, 은유는 우리의 일상생활 어디에서나 존재한다고 보는 것이 인지언어학적 관점에서의 은유라 할 수 있겠다.

지금까지 인지적 관점에서 은유의 의미를 살펴보았다. 인지적 관점에서의 개념적 은유란 구체적이고 직접적으로 경험할 수 있는 근원영역을 활용해서 추상적이고 새로운 목표영역을 구조화하고 개념화하는 인지 전략이라 할 수 있다. 이동 동사 go와 come의 의미가 기본적인 의미에서 은유적으로

확장되는 것도 개념적 은유를 바탕으로 우리가 신체적으로 직접 경험하고
체험하는 것들이 사상 과정을 통해 추상적인 영역으로 확장되는 것이라고
볼 수 있다. 다음 장에서 이러한 이론적 배경을 바탕으로 영어 이동 동사 go
와 come의 의미가 어떻게 은유적으로 확장되는지 살펴보자.

## 6. 인지의미론적 관점에서의 다의성 분석: 이동 동사 go와 come

이번 장에서는 지금까지 논의한 언어학적 배경을 바탕으로 인지의미론적 관
점에서 의미적 다의성에 대해 논의한다. 다의어(polysemous word)는 하나의
단어가 두 가지 이상의 다른 여러 의미를 갖는 단어를 말하고, 하나의 단어
가 서로 관련된 둘 이상의 의미를 가지는 언어현상을 총칭적으로 다의성[8]이
라 한다.

### 6.1. 이동 동사의 정의

이동(motion)이란 시간이 지남에 따라 어떤 실체가 특정한 장소에서 지각적
변화를 겪는 것으로 정의된다. 많은 언어학자들과 인지심리학자들에게 있어
이동에 대한 인식은 인간의 경험 중 가장 기초적인 것으로서 인지적 측면에
서 뿐만 아니라 언어 사용 측면에서 어떤 실체의 개념화에서 중요한 역할을
한다(임지룡 2000, Radden 1996). 따라서 모든 언어는 보편적으로 이동의

---

8) 영어 mouth는 '사람의 입'과 '강의 어구'라는 두 가지 의미를 가지고 있다. 하나의 단
   어가 두 개의 관련된 의미를 지니고 있으므로 mouth는 다의어로 취급된다. 반면에 동
   음이의어(homonym)는 하나의 단어가 서로 관련성이 없는 두 가지 이상의 의미를 가
   지고 있는 경우이다. 이는 발음이 같은 두 개 이상의 단어나 발음뿐만 아니라 철자까
   지도 같은 경우를 모두 포함한다. 예를 들어, meat와 meet는 전자의 경우이고, fan(부
   채, 축구팬, 야구팬 등)은 후자의 경우로 모두 동음이의어의 예이다.

개념을 표현하고 서로 다른 종류의 이동을 기술하는 방식을 가지고 있다. 하지만 이동의 개념을 기술하는 방식은 언어마다 차이점이 있다(Goddard 1998: 195). 예를 들어, 한국어의 '가다/오다'와 영어의 'go/come'은 이동의 주체, 발화시, 참조시, 화자 혹은 청자의 위치, 화용적인 요소 등에 따라 사용 양상이 서로 다르다.

　　이동 동사는 기본적으로 장소 변화를 수반하는 움직임/동작을 표현하는 동사로 정의된다. 즉, 이동 동사는 기본적으로 움직임을 나타내는 동사이다. 심리학자인 Miller & Johnson-Laird(1976: 527)는 이동 동사가 모든 동사 중에서 가장 특징적으로 동사성을 지니고 있으며 동사 중에서 가장 순수하고도 가장 원형적이라고 하였다. 이동 동사 중에서 go와 come은 장소의 변화를 수반하는 이동을 표현하는 동사로 가장 전형적인 이동 동사라 할 수 있다. 이 두 동사는 영어에서 가장 대표적인 이동 동사로서 직시적(deictic) 특성이 있기 때문에 다양한 의미로 사용된다.

　　채희락(1999)은 이동 동사를 엄격한 의미에서 정의를 내린다. 그는 '걷다, 뛰다, 달리다, 기다, 날다' 등의 부류들은 양태만을 나타내는 의사 이동 동사(pseudo-locomotion verb)라고 규정하면서 움직임 동사(movement verb)와 이동 동사(locomotion verb)를 구별하였다9). 이동 동사를 '동작 주체의 장소 이동을 핵심 의미 속성으로 가지고 있는 움직임 동사'로 정의를 내리고 있다(채희락 1999: 95). 다시 말해서, 이동 동사는 물리적인 이동이 반드시 포함되어야 한다는 것이다.

　　임지룡(1998)은 이동이란 시간이 경과함에 따라 어떤 실체가 위치에 있어서 지각적 변화를 겪는 것으로 정의를 내린다. 그는 이동 사건을 객관적

---

9) 어떤 물체가 이동하지 않고 움직일 수는 있지만, 움직이지 않고는 이동할 수가 없다. 이동은 단순한 움직임이 아니라 장소의 변화를 내포하고 있다. 이런 의미에서 채희락 (1999)은 움직임 동사를 movement verb로, 이동 동사를 locomotion verb로 번역해야 한다고 주장한다. 하지만, 본 연구에서는 이동 동사를 포괄적으로 motion verb로 번역 한다.

이동(objective movement)과 주관적 이동(subjective motion)으로 분류하고, 객관적 이동이란 이동체의 물리적·공간적 이동을 의미하므로 이동체가 이동 동사에 의해서 표현되는 일반적이고 자연스러운 경우이다. 반면에 주관적 이동이란 개념 화자의 상대적·심리적 이동을 의미하므로 대상의 실제적 이동이 아니라 비이동체가 개념 화자의 주관적인 관점에서 이동으로 포착된 특이한 경우이다.

## 6.2. 선행 연구

이동 동사에 대한 연구는 지난 수십년 동안 많은 학자들에 의해 진행되어 왔다. 먼저 영어 이동 동사에 대한 연구는 Fillmore(1975), Langacker(1987), Talmy(1985, 1991, 2000)와 같은 학자들에 의해, 그리고 한국어 이동 동사에 대한 연구는 이기동(1977, 2000), 채희락(1999), 임지룡(1998, 2000) 등 많은 학자에 의해 연구되어 왔다.

Fillmore(1975)는 발화가 일어나는 장소와 시간, 그리고 발화 참여자(participant)에 대한 배경지식(background information)을 포함하여 상황적 정보(situational information)를 필요로 하는 표현을 직시어(deixis)라고 하였다. 한국어 '가다/오다'와 영어 'go/come'은 어휘적 맥락만으로는 그것이 지시하는 바를 명확히 파악할 수 없는 것이다. 따라서 화자에 의해 생성된 이러한 직시어의 정확한 의미를 이해하기 위해서는 그 발화가 생성된 상황맥락에 대한 정확한 정보가 있어야 한다. '가다/오다'와 'go/come'은 어떤 개체가 기본적으로 한 장소에서 다른 장소로의 이동을 나타내는 동작 동사로 방향성(directionality)을 지니고 있으며 이 방향은 발화 상황에서의 대화 참여자, 즉 화자와 청자의 위치가 의미상 중요한 역할을 한다. 아래 예문을 살펴보자.

(23) a. He went to New York.

　　　b. He came to New York.


　위에서 주어인 he가 특정 장소에서 New York으로 위치를 이동했음을
표현하고 있다. 하지만, 함축하고 있는 상황적 맥락은 서로 다르다. 화자를
기준으로 했을 때 (23a)는 그가 화자가 있는 곳을 떠나 New York으로 이동
했음을, (23b)는 그가 다른 장소에서 화자가 있는 장소인 New York으로 이
동했음을 나타낸다.

　Fillmore는 'go/come'의 직시적 분포를 설명하기 위하여 발화시(coding
time)와 참조시(reference time)[10]의 개념을 사용하고 있다.


(24) a. Go *here/there now.

　　　b. Come here/there now.


　here/there는 장소를 나타내는 직시어로 발화시 화자의 위치와 관계가
있다. 즉, 화자의 위치를 기점으로 하여 그 기점으로부터 가까운 곳은 here,
발화시 화자의 위치에서 먼 곳은 there로 지시한다. go는 발화시 화자가 있
는 위치를 가리키는 here와는 사용할 수 없다. 하지만, come은 발화시 화자
의 위치를 제외한 나머지 경우에 발화 맥락에 따라 here/there와 같이 쓰일
수 있다.

　인지의미론적 관점에서 이동에 대한 개념을 어휘화하는 데 중요한 업적
을 남긴 학자는 Talmy(1985, 1991, 2000)이다. 그는 이동과 관련된 사건을
이동사건(motion event)이라 칭하고 이동사건의 기본적인 구성 요소로 전경
(figure), 배경(ground), 경로(path), 이동(motion) 등 4개의 요소를 제시하고,
부차적 구성 요소로 양태(manner)와 원인(cause)을 제시한다.

---

10) Fillmore(1975)에 따르면, 발화시란 화자에 의해 발화되는 시점을 의미하며, 참조시는
　　한 문장이 언급하는 사건의 순간적인 초점이나 배경이 되는 시점을 나타낸다.

(25) a. 전경: 움직이거나 개념적으로 이동 가능한 대상

　　 b. 배경: 전경의 이동과 관련된 참조점 대상(reference object)

　　 c. 경로: 배경 대상과 관련하여 전경을 따라가는 경로

　　 d. 이동: 이동이나 장소의 존재

　　 e. 양태: 주된 행위 혹은 상태와 함께 일어나는 보조적인 행동이나 상태

　　 f. 원인: 영어의 from 혹은 by 종속절에 의해 표현되는 사건을 일으키는
　　　　　 것

위의 구성요소와 관련 있는 예문을 보면 다음과 같다.

(26) a. John　 went　 to　　 the school.
　　　 [전경] [이동] [경로] [배경]

　　 b. John　 ran　　　　 to　　 the school.
　　　 [전경] [이동+양태] [경로] [배경]

(26a)에서 John은 전경, went는 이동, to는 경로, the school은 배경의 기능을 수행하며, (26b)에서 ran은 이동+양태의 기능을 수행한다.

Talmy에 따르면, 이동 동사는 6개 구성 요소를 가지면서 각각의 구성 요소들이 독립되어 나타나기도 하고, 때로는 구성 요소들이 다른 요소와 결합되어 어휘화되기도 한다. 이러한 구성 요소 중에서 가장 핵심적인 것이 이동인데, Talmy(1985, 1991, 2000)는 이 요소가 다른 요소와 결합되어 어휘화되는 양상에 따라 이동 동사를 세 가지 유형으로 분류하였다.

(27) 이동 개념의 어휘화 유형

　　 a. 제1유형: 이동 + 양태/원인 　→ 표면동사

　　　 예) slide, roll, bounce, run, jump, rush, skip, push, throw, kick 등

　　 b. 제2유형: 이동 + 경로 　　　→ 표면동사

　　　 예) enter, exit, pass, cross, join, descent, ascend, return 등

c. 제3유형: 이동 + 전경    → 표면동사
   예) rain, snow, spit 등


   Talmy에 의하면 제1유형에 속하는 언어는 중국어와 로망스어를 제외한 인도유럽어족 언어(Indo-European language)를 들 수 있는데, 영어가 대표적인 제1유형 언어이다. 제2유형에 속하는 언어는 로망스어로 스페인어가 가장 대표적이다. 한국어도 기본적으로 여기에 속한다고 할 수 있다. 제3유형에 속하는 언어는 이동과 전경이 결합된 동사로 American Indian어와 Navajo어 등이 있다.
   더 나아가 Langacker(1987, 1991, 2000)는 인지의미론적 관점에서 이동 동사의 의미확장을 도식적이고 추상적인 개념적 구조를 사용해서 설명한다. 그는 공간 이동(spatial motion)의 개념화를 위해 요구되는 최소한의 인지적 사건 집합을 다음 그림과 같이 제시한다.


(28) 의미확장 (Langacker 1987: 167)

$$\begin{bmatrix} [m \ / \ l_0] \ t_0 \\ C \end{bmatrix}_{T_0} > \begin{bmatrix} [m \ / \ l_1] \ t_1 \\ C \end{bmatrix}_{T_1} > \begin{bmatrix} [m \ / \ l_2] \ t_2 \\ C \end{bmatrix}_{T_2} > \cdots\cdots$$


   공간이동은 어떤 개체가 시간이 지나감에 따라 공간에서의 위치가 변화한다는 현상이다. 따라서 이동을 구성하는 필수 요소들은 이동체(mover), 경로, 그리고 시간(time)이다. Langacker는 위의 그림을 공간 이동의 개념화에 필수적인 최소한도의 인지적 사건 집합으로 보고 있다. 그림에서 윗부분은 이동체(m)가 어떤 특정한 시간($t_0$)의 순간에 특정한 장소(l)에 있는 공간적인 이동의 기본을 나타낸다. 따라서 $l_0 > l_1 > l_2$ ...은 이동 경로이고 $t_0 > t_1 > t_2$ ...은 시간 간격을 나타낸다. 대문자 C는 개념화자(conceptualizer)로서 시간이 경과하고 있는 $T_0 > T_1$ ...의 순간에 공간이동 현상을 개념화하고 있다. 따라서 이동체의 이동을 개념화하는 개념화자 C를 포함하면, 개념화자 C는

$l_0$에서 $l_n$으로의 이동을 추적한다. 이런 개념화는 시간상에서 발생한다. 예를 들어, 어떤 화자가 현재 이동하고 있는 이동체를 관찰한다면 사건 시간 t와 일치하게 된다. 하지만, 그 이동을 회상하거나 상상한다면 $t_0$과 $T_0$ 둘 다 $t_1$과 $T_1$을 선행하므로 일치하지 않는다.

Langacker는 위의 도식을 통해 이동 동사의 의미가 어떻게 의미확장 되는지 설명한다. 다음의 예문을 살펴보자.

(29) a. This milk is about to go sour.
　　 b. He went out of his mind.
　　 c. His dream of winning a gold metal has come true.
　　 d. Things will come right.

그에 따르면 상태 변화를 나타내기 위하여 l에 서로 다른 상태의 값을 부여하면 된다. 우유가 상하게 되는 경우인 (29a)에서 l은 우유의 서로 다른 신선함의 정도를 나타내며, 그가 정신이 나가버리게 되는 (29b)에서 l은 정신상태의 정도를 나타내게 된다. 이런 경우 $t_0$에서부터 $t_n$으로 이어지는 상태는 좋은 정도에서부터 나쁜 정도를 나타낸다. 따라서 상태변화는 위치변화에서부터 의미가 확장된다는 것이다. 즉, (29a)와 (29b)에서처럼 go를 가진 문장에서의 모든 상태변화는 바람직하지 않고 비현실적인 결과를 낳는다. 그러나 (29c)와 (29d)에서 come이 사용된 문장에서의 모든 상태 변화는 바람직하고 정상적인 상황이다. 만약 우리가 정상적이고 바람직한 상황을 직시적 중심으로 둔다면 핵심 의미는 직시적 중심부와 연관된 추상적인 이동과 연관될 것이다. 즉, 그것을 향한 이동과 그것으로부터의 이탈을 의미한다. 이런 점에서 go는 직시적 중심으로부터 이탈을 나타내고, come은 그곳으로의 진입(entry)을 의미한다.

다음으로 한국어 이동 동사의 선행연구를 살펴보자. 한국어 이동 동사의 연구는 영어 'go/come'에 대한 Fillmore의 분석에 이론적 바탕을 두고 있다. 이기동(1977)은 Fillmore의 연구를 바탕으로 기준점이라는 개념을 도입하고 이를 바탕으로 한국어 '가다/오다'의 의미를 장소의 이동, 동작의 계속, 상태의 변화 그리고 감정 및 감각의 변화 등으로 나누어 분석하였다. 특히 'go/come'과 '가다/오다'의 은유적 의미확장에 많은 유사점이 있음을 지적하였다.

이기동(2000)은 '가다'와 'go'가 갖는 다의성과 의미확장을 Lakoff (1987)이 제안한 은유와 환유 과정으로 설명하였다. 그는 영어 이동 동사 go가 가지고 있는 여러가지 의미가 서로 다르기는 하지만, 은유와 환유의 개념으로 서로 관련이 되어 있음을 보이고 있으며 또한 여러 의미들이 어떻게 은유적으로 확대되어 쓰이는지를 살펴보았다. go의 의미 확장에 다음과 같은 은유가 사용됨을 밝혔다(이기동 2000: 153).

(30) a. 시간은 움직이는 개체이고, 시간의 흐름은 공간 속의 이동이다.
b. 상태의 계속은 공간 속의 이동이다.
c. 상태의 변화는 어떤 영역 속으로나 밖으로의 이동이다.
d. 과정의 계속은 공간 속의 이동이다.
e. 소유의 바뀜은 공간 속의 이동이다.
f. 정도는 거리이다.
g. 행동의 장애는 이동의 장애이다.

위에 제시된 은유는 동사 go의 의미뿐 아니라 다른 이동 동사에도 위의 은유가 보편적으로 쓰이게 된다고 주장한다.

채희락(1999)은 영어와 한국어 이동 동사의 형태적, 통사적, 의미적 특성을 비교·분석하였다. 그는 한국어 이동 동사는 통사적으로 정의를 내리기가 어렵기 때문에 의미적으로 정의하는 것이 바람직하다고 보고, 의미적 정의를 바탕으로 이동 주체가 주어인지 목적어인지 그리고 그 이동 주체가 행위자인지 혹은 비행위자인지의 변수를 설정해서 이동 동사를 분류하였다.

한편 한국어/영어교육적 측면에서 '가다/오다'와 'go/come'을 비교한 연구도 있다(박기성 2002, 박선옥 2004). 박기성(2002)은 영어와 한국어의 언어학적 공간 인식에 관한 언어적 표현들의 차이를 비교·분석한 후, 대학 영어 작문 교육에의 활용을 목적으로 영어영문학을 전공하는 한국인 학습자를 대상으로 영어 작문 오류들을 분석하였다. 그는 공간 인식 과정에서의 모국어로부터의 간섭(interference) 현상의 유형과 빈도를 실험을 통해 제시하고, 이러한 실험을 통해 얻은 결과를 분석해서 대학생들의 영어 작문 교육에 활용하려고 하였다.

지금까지 이동 동사 go와 come에 대한 여러 학자들의 선행 연구를 영어와 한국어를 중심으로 살펴보았다. 다음 절에서는 이러한 선행 연구를 바탕으로 이동 동사의 의미에 대해 살펴볼 것이다.

## 6.3. 원형 의미

### 6.3.1. 직시적 의미

영어 사전을 보면 go와 come의 기본 의미를 다음과 같이 정의하고 있다 (Merriam-Webster Online Dictionary).

(31) go의 원형 의미

    a. to move on a course: go slow

    b. to move out of or away from a place expressed or implied: went from school to the party

    c. to take a certain course or follow a certain procedure: reports go through channels to the president

    d. to pass by means of a process like journeying: the message went by wire

    e. to extend from point to point or in a certain direction: the road goes to the lake

f. to be habitually in a certain state or condition: go bareheaded

g. to become lost, consumed, or spent: our time has gone

(32) come의 원형 의미

    a. to move toward something: come here

    b. to move or journey to a vicinity with a specified purpose: come and see what's going on

    c. to reach a particular station in a series: now we come to the section on health

    d. to approach in kind or quality: this comes near perfection

    e. to advance toward accomplishment: the job is coming nicely

    f. to advance, rise, or improve in rank or condition: has come a long way

    g. to arrive at a particular place, end, result, or conclusion: came to his senses

동사 go와 come은 발화 맥락에서 대화 참여자와 관련된 동작의 방향에 차이가 있음을 알 수 있다. 즉, come은 일반적으로 화자 쪽으로 가까이 오는 것을 말하고, go는 일반적으로 화자로부터 멀리 떨어져 나가는 것을 말한다. 따라서 다른 동사들과는 달리 go와 come은 직시적(deictic) 의미를 지니고 있다. 직시어는 this, that과 같은 한정사, 그리고 I, you, he, she, they 등과 같은 대명사에 국한되어 왔지만, 이동을 기술하는 동사의 직시적 의미를 나타내기도 한다. go/come은 기본적으로 한 장소에서 다른 장소로의 이동을 나타내는데, 발화상황에서 화자와 청자가 의미상 중요한 역할을 한다. 아래의 문장에서 함축하고 있는 상황적 맥락이 다르다.

(33) a. He went to New York last Sunday.

    b. He came to New York last Sunday.

위에서 보듯이, go의 기본적인 의미는 직시적 중심으로부터의 이동을 나타내는 반면, come의 기본적인 의미는 직시적 중심으로의 이동을 기술한다. 화자를 기준으로 go는 그가 화자가 있는 곳을 떠나 New York으로 이동한 것을 기술하는데 반해, come은 그가 다른 장소에서 화자가 있는 New York으로 이동했음을 기술한다. 다시 말해서 그가 목적지인 New York으로 이동했다는 사실은 동일하지만, 화자의 입장에서 go와 come이 가리키는 이동의 방향은 서로 반대가 된다.

동사 go는 화자로부터 멀어지는 이동을, come은 화자에게 가까워지는 이동을 나타낸다.

(34) a. Go home at 10 o'clock.
    b. Come home at 10 o'clock.

(34a)는 화자가 현재 집이 아닌 다른 장소에 있는 상황을 기술하고, (34b)는 발화 시점 또는 청자가 집에 도착하는 시점에 화자가 집에 있는 상황에서 발화할 수 있다. 따라서 go는 motion-away-from speaker 또는 motion-not-toward-speaker의 의미를, come은 motion-towards-speaker의 의미를 지녀 서로 상반되는 이동의 방향을 나타낸다. 이러한 면은 모든 언어에 나타나는 보편적인 현상이기도 하다(Wilkins & Hill 1995).

결론적으로 go와 come은 직시적인 면을 지닌 이동 동사로서 발화시와 참조시, 그리고 화자와 청자의 위치 또는 그 외의 위치 등 직시의 중심을 어디에 두는가에 따라 사용이 달라진다는 것을 알 수 있다. go의 원형적인 의미는 직시적 중심으로부터의 이동을 나타내는 반면, come의 원형적인 의미는 직시적 중심으로의 이동을 나타낸다.

## 6.3.2. 탄도체와 지표

Langacker(1987)는 이동을 설명하기 위해 게스탈트 심리학에서 유래된 탄도체(trajector = tr)와 지표(landmark = lm)의 개념을 제시하고 있다.

> The trajector is characterized as the figure within a relational profile. Other salient entities in a relational predication are referred to as landmarks.
>
> Langacker(1987: 217)

탄도체란 관계 윤곽(relational profile) 내의 모습으로 특징지워지며, 물리적 활동을 기술하는 과정에서 대개 공간적 탄도를 따라 움직인다. 지표란 관계 서술(relational predication)에서 또 다른 현저한 개체로, 탄도체의 위치를 잡아줄 때 참조점 역할을 하는 개체이다. 따라서 탄도체는 두 개체가 맺는 관계 서술에서 가장 두드러진 참여자이고 지표는 탄도체보다 그 두드러짐이 약간 떨어지는 나머지 하나의 개체이다.

앞 절에서 논의했듯이, come의 원형적 의미는 어떤 개체가 기준점에서 떨어진 위치에서 기준점이 있는 위치로 이동한다는 것이다. come의 인지 도식을 다음과 같이 나타낼 수 있다(이기동 1995: 207).

(35) come의 인지 도식

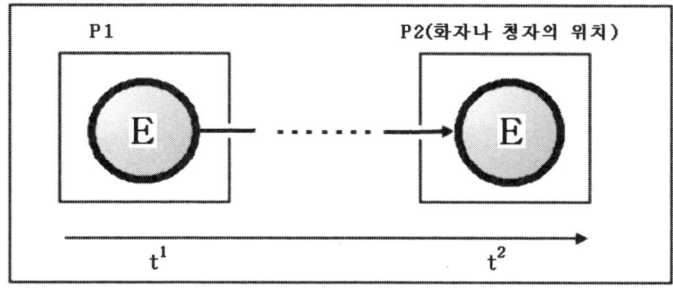

이기동(1995)에 따르면, come 동사는 어느 개체가 어느 장소 P1에서 다른 장소 P2로 이동할 때 쓰이는데, 이 때 P2는 화자가 있는 장소나 청자가 있는 장소가 된다. 위의 그림에서 작은 원은 탄도체를 나타내고 사각형은 탄도체의 영역이 된다. 어느 시점 t¹에서 탄도체는 시간이 지남에 따라 이동을 하여 원래 장소인 {P1}에서 결국 다른 장소인 {P2}에 이르게 되는데, 여기서 목적지인 P2는 화자나 청자가 있는 장소이기도 하고 화자나 청자와 관련된 영역이기도 하다. 다음의 문장을 살펴보자.

(36) a. They came running to meet me.
　　 b. He came to Seoul last night.
　　 c. I came home and had lunch.
　　 d. He has just come from China.

위의 예문들은 구체적인 형태를 지닌 개체가 구체적인 장소로 이동하는 가장 원형적인 come의 용법을 나타내고 있다. (36a)에서 이동하는 개체는 주어 they이며 이동의 기준점은 me가 있는 장소이다. (36b)에서 이동하는 개체는 he이고 이동의 기준점은 Seoul이며 발화시점 현재 화자와 청자 모두 Seoul에 있다. (36c)에서 이동하는 개체는 주어 I이며 구체적인 장소인 home으로 이동하는 원형적인 이동의 모습을 보여주고 있다. (36d)에서는 출발지점 China는 명시되어 있지만, 도착지점은 나타나지 않았다. 하지만, 이동하는 개체는 he이고 이동의 도착지점은 이 문장의 화자나 청자가 위치한 장소로 볼 수 있다.

다음으로 go의 경우 탄도체와 지표와의 관계에 대하여 살펴보자. go의 원형적 의미는 탄도체가 시간이 경과함에 따라 점점 이동하여 지표의 영역에서 나가 도착지로 이동하는 것을 나타낸다. go의 인지 도식을 다음과 같이 나타낼 수 있다(이기동 1995: 423).

(37) go의 인지 도식

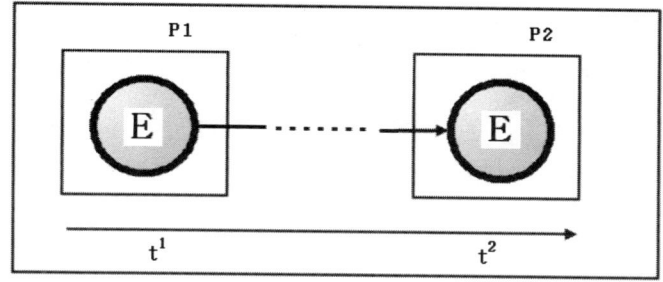

　　이기동(1995)에 따르면, go 동사는 어느 개체가 어느 장소 P1에서 움직여서 다른 장소 P2에 있게 되는 과정을 나타내는 데 쓰인다. 이 때 P1은 화자나 청자가 있는 곳이고 P2는 화자나 청자가 있지 않은 곳이다. 동사 come의 경우 목적지가 화자나 청자가 있는 장소가 되는 반면, go는 목적지가 화자나 청자가 위치하지 않는 곳이 된다. 다음의 문장을 살펴보자.

　　(38) a. I went home late last night.
　　　　 b. He went home.

　　(38)에서 이동의 주체는 구체적인 개체이며, 주어는 화자나 청자가 있는 장소에서 구체적인 장소로의 이동을 나타낸다.

## 6.4. 확장 의미

이번 절11)에서는 이동 동사의 원형 의미인 직시적 의미가 어떻게 확장되는지에 대해 살펴보자. 이동 동사의 확장 의미는 대개의 경우 5장에서 논의한 은유적인 확장에 바탕을 두고 있다.

---

11) 본 절은 권연진(2010)에 바탕을 두고 대폭 수정, 추가, 보완하였다.

## 6.4.1. 시간

시간은 종종 인간 마음에 의해 은유적으로 인식되는 추상적인 개념이다. 이동 동사의 확장 의미는 주로 은유적인 확장이다. 이 확장들은 공간적인 영역에서 비공간적인 영역으로, 그리고 보다 구체적인 영역에서 보다 추상적인 영역으로 이루어진다. 아래에서 보는 것처럼, 이동 동사들은 시간의 경과를 나타내기 위해 사용되기도 한다.

(39) a. Summer came earlier.
    b. We do have Christmas coming up.
    c. The World Cup comes around next month.
    d. As time goes go, you will understand what your life means.
    e. This summer is going fast.
    f. This Christmas went pleasantly.

(39)에서 come은 참조시에 도착을 의미하고, go는 참조시로부터의 출발을 의미한다. (39a-c)는 come이 시간영역에서 사용된 예문이다. 이처럼 화자에게 다가오는 사건이나 상황을 나타낼 때 come을 사용한다. (39d-f)에서 시간의 흐름을 go로 나타냄으로써 시간이 과거에서 미래로 이동하는 개체처럼 표현되었다. 여기에서 시간의 목표지점은 발화시점이 아니라 정해지지 않은 미래의 막연한 어떤 시점을 나타낸다. 시간은 과거로부터 화자의 위치로 진행되고 그리고 나서 그곳으로부터 미래로 출발한다. 공간에서 시간으로의 확장은 '시간은 장소이다'(TIME IS PLACE)(Lakoff & Johnson 1980)라는 은유에 의해서 동기화된다. 시간은 본질적으로 방향성이 없다. Fillmore (1975)에서 지적한 것처럼, 다른 시간대에 똑같은 상태로 남아있는 것과 시간 차원 그 자체 사이의 관계는 빈번하게 인간의 마음에 의해서 이동으로 간주되어진다. 시간에 대한 이동 은유에 의해서, 언어 사용자들은 세계를 시

간을 통과하는 이동으로 간주하고 혹은 세계를 지속적이면서 그것을 통과하는 것으로 간주한다.

이동 동사들은 미래시간을 나타내는 기능을 수행할 수 있다. 다음의 예문을 보자.

(40) a. I am going to visit my parents tomorrow morning.
b. We will have a conference on semantics this coming Friday.

미래 시간을 나타내는 go와 come의 의미 확장은 '시간의 경과는 공간에서의 이동이다'(PASSAGE OF TIME IS MOVEMENT IN SPACE)라는 은유에 기초하고 있다. 이것은 '시간은 공간이다'(TIME IS SPACE)라는 은유의 하위유형이다. go 동사는 즉각적인 미래를 표현하는 조동사가 될 수 있음에 주목해보자. be going to는 어떤 장소로의 이동이 진행중이라는 이동 동사의 원형 의미가 어떤 사건이 이미 계획되어 가능성 있는 사건의 의미로 확장될 때 쓰인다. Lakoff(1987)의 주장에 따르면, 은유적인 사상은 본질적으로 근원영역의 영상 도식적인 구조를 목표영역의 구조로 투사한다고 본다. 이러한 주장을 따라 Sweetser(1988)는 go 미래형의 경우 영상 도식 구조는 물리적인 이동으로부터 미래성으로의 은유적인 사상 속에서 유지될 수 있음을 제안한다. go 동사는 공간적으로 근접한 곳에서 멀리 이동을 나타내는 반면에 come은 공간적으로 멀리 있는 곳에서 근접한 곳으로의 이동을 나타낸다. 그것들의 의미는 일반적이고 화자로부터 혹은 화자로의 이동을 표현한다. 그러므로 공간의 이동과 유사하게 연관된다. 따라서 유형학적으로 구조화된 영상 도식은 물리적인 이동으로부터 추상화되고 시간 영역으로 사상된다. 그 결과 시간의 의미 영역은 선형적인 경로를 따라서 이동이란 개념으로 은유적으로 구조화된다고 할 수 있다.

## 6.4.2. 관점

이동 동사 go와 come은 화자 혹은 청자와 관련이 있는 상황을 기술하는 직시적 의미 이외에 특정한 관점에서의 장면을 제공해준다. 다시 말해서 이동 동사의 확장된 의미의 중요한 요소는 관점과 시점과 같은 인지적 개념과 관계가 있다. 아래의 예문들을 살펴보자.

> (41) a. The sun came out.
> b. The light went out.

Huddlestone & Pullum(2002)에 따르면, (41a)는 '태양이 보일 수 있다'는 것을 의미하지만, (41b)는 '빛이 보일 수 없다'는 것을 의미한다. 이러한 의미적 차이가 다른 시점에 기인한다는 것이다. (41a)와 (41b)에서 이동 동사 go와 come은 시점의 개념과 일치한다. 즉, come은 보는 사람을 향한 경로를 특징화하고 go는 멀어져가는 경로를 특징화한다.

Radden(1996) 역시 이동 동사가 특정한 관점으로부터의 장면을 나타낼 수 있음을 지적한다. 아래의 예문을 보자.

> (42) a. The men came into the house.
> b. The men went into the house.
> c. The men entered the house.

그에 따르면 (42a)에서 사건은 집안에 있는 관점에서부터 보이는 것이고, (42b)는 사건이 집 밖에 있는 관점에서 보이는 것이다. 그러나 그러한 관점은 (42c)의 비직시적 이동 동사에서는 내포되지 않는다. 그러므로 관점의 개념은 화행 참여자에 의한 직시적 관점과 제3자가 취할 수 있는 정신적 관점 둘 다를 다루는 보다 일반적인 개념으로 간주될 수 있다.

Clark(1974) 또한 이동 동사의 관용어 용법을 분석함에 있어 go와 come은 관점과 연관성이 있는 평가적인 의미를 불러일으킬 수 있음을 주장한다. 동사 go는 시간이 지남에 따라 한 영역을 벗어나 다른 영역으로 이동하는 개념을 나타낸다.

(43)  a. The plane came down near the lake.
　　 b. The plane went down near the lake.

그녀에 따르면, (43a)에서 come의 사용은 상대적으로 긍정적인 결과를 기술하는 것처럼 보이는 반면, (43b)에서 go의 사용은 부정적인 결과 즉, 충돌이나 불시착을 의미한다. 다시 말해서, (43a)는 비행기가 정상적인 비행을 마치고 무사히 호수 근처에 착륙했음을 의미한다. 반면에 (43b)는 정상적인 영역에서 비정상적인 이동을 나타내므로 비행기가 정해진 궤도를 이탈해서 호수 근처로 착륙했거나, 고장 등의 비정상적인 상황으로 호수 근처로 추락 또는 불시착했음을 의미한다.

이러한 차이는 (43a) 문장만 부사 safely에 의해 수식받을 수 있다는 점을 본다면 확실하다. The plane came down safely near the lake 문장은 의미적으로 용인 가능한 문장이지만, *The plane went down safely near the lake 문장은 의미적으로 용인 불가능한 문장이다. 그녀는 go와 come에 의해서 기술되는 상태와 연관된 부정과 긍정의 평가는 화자와 청자의 직시적 의미로부터의 확장에서 파생되는 것이라고 주장한다. 화자로의 이동(motion to the speaker)이란 의미는 (43a)에서와 같이 '화자 승인 상태'(speaker-approved state) 혹은 '대중 승인 상태'(public-approved state)에 도달하는 의미로 확장되는 반면에 (43b)에서는 어떤 다른 목적지로의 이동이란 의미는 최종상태에 대한 중립적 혹은 부정적 의미를 전달한다.

문법적인 차이 역시 관점 또는 시점에서의 차이에 기인한다. 다음의 예문을 보자.

(44) a.  A memory comes to [me/ us/ her/ him/ them] of snowfield in June.
    b.  *A memory goes to [me/ us/ her/ him/ them] of snowfield in June.

위에서 보는 것처럼 come은 대격 구문에 나타날 수 있고, 반면에 go는 대격 구문에 나타날 수 없다. Fukada(1997)는 이러한 문법의 차이에 대해 두 가지 이유를 제시한다. 첫째, 대격은 특정 경험자의 마음으로의 이동의 개념을 강조하고 이 속성은 go의 중심개념과 양립할 수가 없다는 것이다. 즉, 경험자의 영역으로부터의 이동의 개념과 양립할 수 없다는 것이다. 둘째, 우리의 일상 경험을 통해서 알 수 있는 것처럼, 기억이나 사상과 같은 추상적인 개체들은 다른 사람의 마음속으로 들어올 수는 있지만, 어떤 사람의 마음에서 다른 사람의 마음으로 이동할 수가 없다는 것이다. 이러한 구조는 빈번하게 일어나는 우리의 물리적 경험으로부터 나오는 기본적인 영상도식 중에 하나이다. 이것은 go와 come 사이의 의미적 차이가 관점의 차이인 것을 의미한다.

### 6.4.3. 상태 변화

이동 동사들은 공통적으로 공간적인 이동으로부터 보다 추상적인 상태변화로 은유화되어 전이된다. go와 come의 관용어적인 표현에 기초해서 Clark (1974)는 정상적인 상태는 항상 come의 도달점이 되고 go의 도달점은 비정상적인 상태로 특징화될 수 있다는 가설을 제시하였다. 즉, 관용어적 표현에서 come은 도달점으로서의 직시적 중심 자체를 가지고 come이 포함된 관용어는 어떤 정상적인 상태 속으로 들어가는 개체를 나타낸다. 그러므로 어떤 화자 승인 상태나 대중 승인 상태에서 마무리가 된다. 반면에 go의 도달점은 직시적 중심이 아닌 다른 어떤 것으로 특성화된다. 그 결과 go가 포함된 관용어는 정상적인 상태로부터의 이탈을 나타내며, 평가적 관점에서 중립적이거나 부정적인 상태로의 이동을 나타낸다. 아래의 예문들을 보자.

(45) a. He came (*went) round very slowly.
b. He came (*went) out of the coma yesterday.
c. He went (*came) into a coma yesterday.
d. He went (*came) out of his mind.

위의 예문에서 come 동사는 정상적인 상태로 들어온 것 (45a), 그리고 비정상적인 상태에서의 이탈 (45b)를 나타내는 반면, go 동사는 비정상적인 상태로 들어간 것 (45c), 그리고 정상적인 상태에서의 이탈 (45d)를 나타낸다. 다음의 예문들도 이러한 현상을 설명한다.

(46) a. He has come to understand that he was mistaken.
b. Finally they have come to an agreement.

(46a)는 '그가 잘못했다는 것을 이해하게 되었다'의 의미로 그 이전에는 이해하지 못한 상태에서 이해하게 된 상태로 이르게 됨을 나타낸다. 결국 이해하게 되는 과정에 이르게 된다고 생각되기 때문에 come을 쓴다. 마찬가지로 (46b)에서 '드디어 그들은 합의를 보게 되었다'를 의미한다. 이것은 합의를 보게 되는 과정에 이르게 되었음을 나타낸다.
하지만 go가 쓰인 다음의 예문을 보자.

(47) a. Despite our efforts, our team went to the wall.
b. My hearing is beginning to go.
c. The engine finally went.

(47a)의 의미는 '노력에도 불구하고 우리 팀이 졌다'이다. 즉, 패배하는 것은 상황이 정상적인 상태에서 비정상적인 상태로 이동해 가는 것으로 개념화된다. (47b) 역시 청력이 나빠진다는 것은 정상적으로 기능을 하지 못하게 됨을 의미한다. 정상적인 상태에서 이탈하여 비정상적인 상태로 이동한다는 것으로 이해할 수 있다. (47c)는 엔진이 정지되었다는 의미로 엔진 작동의 상태에서 고장의 상태로 이동된 것으로 개념화되었다.

아래의 예들은 직시적 중심부가 존재의 정상적인 상태이며, 이 정상적인 상태는 받아들일 수 있는 혹은 기대되는 행동의 유형을 내포하지만, 비정상적인 상태는 그렇지 않다는 것을 보여주고 있다.

(48) a. She went into a coma today.
　　 b. She came out of the coma today.

go를 포함한 표현은 정상적인 상태로부터의 이탈을 나타내지만, come을 포함한 표현은 정상적인 상태로의 진입을 나타낸다. 혼수상태에 있다는 것은 비정상적이며 그럼으로써 혼수상태로의 진입과 그것으로부터의 이탈은 각각 go와 come으로 나타내어진다. 이러한 차이는 아래 쌍의 예문에 잘 나타나 있다.

(49) a. The patient's temperature went up today.
　　 b. The patient's temperature came down today.

직시적 중심은 정상적인 체온인 $36.5^C$이다. go가 사용된 (49a) 문장이 의미하는 바는 직시적 중심부로부터의 이탈, 즉, 온도가 올라가서 정상적인 체온에서 벗어났다는 것이다. 이와 반대로, come은 섭씨 $39^C$와 같은 상태에서 직시적 중심부로 되돌아오는 것이다. 다시 말해서 (49b)가 의미하는 바는 정상 체온 상태로 되돌아오는 것을 나타낸다.

이와는 대조적으로, 아래의 예문들은 이상스러울 만큼 낮은 체온으로 고생하는 환자를 있는 그대로 기술하고 있다.

(50) a. The patient's temperature went down today.

　　 b. The patient's temperature came up today.

(50)에서도 go는 33$^C$까지 떨어지는 정상적인 상태에서 이탈하는 것으로 해석되는 반면에, come은 비정상적인 상태에서 36.5$^C$와 같은 정상적인 상태로 되돌아오는 것을 기술한다.

다음 이동 동사를 내포한 형용사 구절을 살펴보자. go와 come은 다른 형용사를 취하고, 서로 상호 교환이 불가능하다.

(51) go + mad / bald / sane / wrong / sour / bankrupt / blind / crazy / gray

　　 a. He's gone mad.

　　 b. The company has gone bankrupt.

　　 c. His hair went gray.

　　 d. He went white with anger.

형용사와 같이 나타나는 go와 come은 '되다'(become)를 의미한다. 따라서 이동을 나타내는 것이 아니라 상태변화를 나타낸다. (51)에서 go와 같이 사용되는 관용어들은 부정적인 의미를 가지고 있다. 따라서 긍정적인 의미인 *go alive, *go true, *go right와 같은 표현을 사용할 수 없다.

come과 같이 쓰이는 표현들은 바람직한 방향으로의 상태 변화, 기대되는 상태로의 변화, 점진적인 발전 등을 의미한다.

(52) come + alive / clean / true / right / loose

　　 a. He's coming around.

b. My wish has come true.

c. Don't worry. It'll all come right in the end.

d. Things will come right.

    (52a)는 정신을 잃었다가 다시 되돌아왔음을 의미하며, (52b)는 나의 소원이 이루어졌다는 긍정적인 의미를 가진다. (52c)는 좋은 상태로의 점진적인 변화를 의미한다.

    지금까지 come은 주로 긍정적인 변화를 나타내는 반면, go는 주로 부정적인 변화를 나타낸다는 것을 보았다. 이러한 연어(collocation) 현상에 대해 이성범(2002)은 화자에게 가까이 접근해 오는 것은 무엇인가 희망이나 기대감을 주는 것으로 생각되고, 화자로부터 멀리 이탈해 나가는 것은 바람직하지 못한 변화로 생각되기 때문이라고 본다.

    Go와 come은 비유적인 표현에서도 차이를 보인다(이성범 2002: 189-190).

(53) go

    a. to become lost, consumed, or spent: *our time has gone*

    b. to slip away, elapse: *the evening went quickly*

    c. to come to be given up or discarded: *these slums have to go*

    d. to become impaired or weakened: *his hearing started to go*

    e. to give way especially under great force: *the roof went*

(54) come

    a. to advance toward accomplishment: *the job is coming nicely*

    b. to advance, rise, or improve in rank or condition: *has come a long way*

    c. to arrive in due course: *the time has come*

    d. to appear to the mind: *the answer came to them*

e. to be available: *this model comes in several sizes*

위의 예문에서 알 수 있듯이, go는 바람직하지 않은 방향으로의 변화를, come은 바람직한 방향으로의 변화를 나타내는 데 주로 쓰인다.12)

이러한 현상은 영어에만 국한된 현상이 아니라 한국어에도 역시 적용된다.

(55) a. 꽃이 시들어 갔다. / ?왔다.
  b. 우유가 맛이 갔다. / ?왔다.
  c. 정신이 돌아왔다. / ?돌아갔다.
  d. 희망의 물결이 다가왔다. / ?다가갔다.

위의 예문들에서 보듯이, 한국어도 '가다' 동사의 경우 부정적인 방향으로의 변화 또는 상태를 나타내는 반면, '오다' 동사의 경우 긍정적인 방향으로의 변화 또는 상태를 나타낸다.

## 6.4.4. 상실(잃음) 및 소유(획득)

이동 동사 go와 come은 화자에게 멀어지는 또는 가까워지는 이동을 나타낼 뿐만 아니라 직시적 의미도 있어 그 의미가 다양하게 확장되는데, 확장된 의미 중에 상실 또는 소유의 의미도 있다. 먼저 come을 포함하고 있는 다음의 예문을 보자.

---

12) 때로는 go가 긍정의 의미를, come이 부정의 의미를 지니는 경우도 있다. 예를 들어, go는 때때로 turn out well 또는 succeed의 의미도 있어 He worked hard to make the party go라든지 혹은 She'll go great guns 등이 그러한 예이다. 미국영어에서 I came down with flu란 표현을 쓰지, I went down with flu라고 하지 않는다. 또한 go down with는 find acceptance의 의미로 쓰여 I think the plan will go down with the farmers는 '그 계획이 농부들에게 받아들여질 것으로 본다'의 뜻이다(이성범 2002: 191).

(56) a. Wins are hard to come by.

   b. Jobs will be hard to come by for this year's graduates.

   c. She came into a fortune after she won the academy award.

   d. How are things going for you today?

위에서 보는 바와 같이, come은 어떤 것을 얻어서 획득 또는 소유하게 됨을 의미한다. 이러한 획득의 의미가 직업을 얻게 되는 것뿐만 아니라 재산이나 행운을 얻는 것까지 의미가 확장된다. 또한 어떤 일이 앞으로 잘 진행된다는 의미로 개념화되기도 한다.

반면에 go는 어떤 것이 사라지는 의미로 확장된다.

(57) a. He went through all his money in one day.

   b. Gone with the wind.

   c. The patient went peacefully last night.

위의 예문에서 go의 의미는 사라지거나 죽는 것을 의미한다. (57a)는 구체적인 개념인 돈을 전부 써버리는 의미로 사용되었으며 (57b)는 영화 제목 '바람과 함께 사라지다'이다. (57c)에서는 환자가 죽었다는 의미로 사용되었다. 이처럼 go는 화자에게서 멀어져가는 의미에서 사라지거나 죽는 의미로까지 의미가 확장되기도 한다.

## 6.5. 이동 동사의 의미적 연결망

지금까지 논의했던 이동 동사의 원형 의미와 확장 의미가 어떻게 의미적 연결망을 통해 의미적 연관성을 가지는지 살펴보자. 인지의미론에 따르면 어휘의 다양한 의미는 의미적 연결망에 서로 연관이 되어 있다고 보고 각각의 의미는 중심적 원형 의미와 주변적 의미가 서로 연관이 되어 있다는 것이다.

다양한 의미들 사이의 연관성은 은유적 확장에 기초해서 실현된다. 그리고 개념적 연결망은 주어진 연결망에서 다양한 의미들이 서로 유사성이 있다는 가족 유사성을 띄고 있다.

앞서 언급했듯이, 다의적 어휘항목의 다양한 의미를 범주화하기 위해서 Langacker는 의미망 모형을 제안했다. 예를 들어, ring의 의미들은 둥근 개체, 둥근 표지, 둥근 물체, 둥근 보석, 손가락에 끼는 둥근 보석, 코에 다는 둥근 보석 등으로 인식된다. 이러한 다양한 의미들은 단일 기본의미에서 예측이 되는 것이 아니라 하나의 연결 의미망을 통해 서로 연관이 되어 있다는 것이다.

이처럼 인지의미론적 입장에서 본 연구는 go와 come의 다양한 의미, 즉, 직시적 이동의 의미, 시간, 관점, 상태 변화, 그리고 소유와 상실 등과 같은 다양한 의미들이 의미적으로 어떻게 연결되어 있는지를 살펴보았다. 이동 동사의 다양한 의미에 기초해서 이동 동사의 의미적 연결망을 다음과 같이 제안할 수 있다.

(58) 이동 동사 go와 come의 의미적 연결망

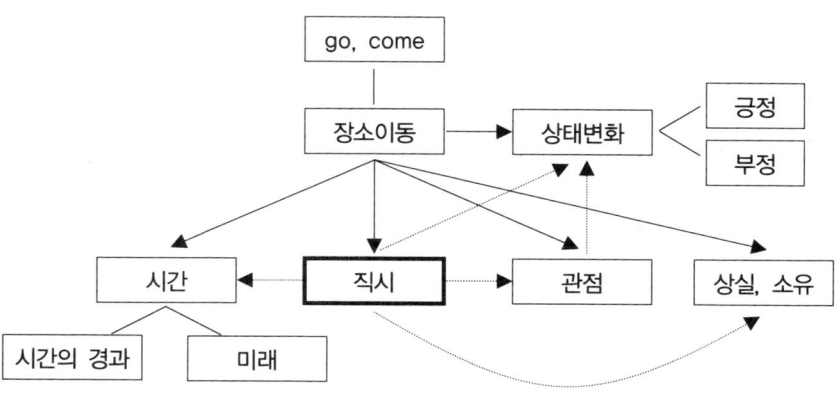

(58)에서 go와 come의 다양한 의미들은 범주화 관계에 의해 서로 연관

되어 있고 이러한 의미들은 의미적 확장에 의해 서로 연결되어 있는 마디에 의해 나타난다. 위 그림에서 실선 화살표는 직접적인 의미관계를 나타내며 점선 화살표는 의미 확장을 나타낸다. 두꺼운 고딕체 네모 안의 의미는 기본적인 인지영역을 포함하고 있는 직시적 의미, 즉 원형의 의미이다. go의 원형적 의미는 직시적 중심에서부터의 이동을 기술하는 것이고 come의 원형적 의미는 직시적 중심으로의 이동을 기술한다. 어쨌든 go와 come의 의미는 공간에서의 이동(motion in space)이다. 이동의 의미에서 시간, 관점, 상태변화, 그리고 소유와 상실 등으로 의미가 확장된다. 위의 그림에서 공간에서의 이동으로부터 시간, 직시, 관점, 상태변화, 소유 및 상실로는 실선 화살표로 그어져 있는데 이 의미는 직접적인 의미관계를 나타낸다. 직시에서 시간, 관점, 상태변화, 소유와 상실로의 은유적 확장은 점선 화살표로 나타나 있는데 이것은 은유적 확장을 의미한다. 또한 관점에서 상태변화도 점선 화살표로 연결되어 있다. 그리고 시간은 시간의 경과, 미래의 의미가 있고, 상태변화는 긍정과 부정의 의미가 있음을 나타낸다.

이러한 의미에서 이동 동사의 의미는 단일 의미로 나타나거나 원형에서 단일 확장으로 나타나는 것이 아니라 모든 범주화 관계를 포함하고 있는 다양한 의미를 모두 포함하고 있음을 알 수 있다. 이처럼 의미적 연결망은 위로, 아래로 확장되는 데 제한이 없고 계속해서 확장될 수 있음을 알 수 있다.

## 7. 결론

지금까지 1970년대 중반 언어학계에 혜성같이 등장하여 1990년대 이후부터 현재까지 현대 언어학의 새로운 지평을 열어가고 있는 인지언어학, 특히 인지의미론에 대해 논의하였다. 의미의 문제를 인지와의 관련 속에서 파악하는 의미 이론인 인지의미론의 기본 개념들, 이론적 배경, 그리고 주요 연구 논제들을 살펴본 후, 구체적인 사례인 이동 동사를 분석하였다.

인지의미론은 언어의 의미를 풍부하고 다양한 정신적 표상의 본질과 조직인 개념적 구조의 표상으로 간주한다. 따라서 개념적 구조는 신체적이며, 의미적 구조는 개념적 구조이다. 그리고 의미 표상은 백과사전적이며 의미구성은 개념화이다. 인지언어학적 방법론으로는 범주의 내적 구조에 대한 이론으로서의 원형 이론, 개념적 구조에 대한 이론으로서의 영상도식, 틀 의미론, 인지모형과 이상적 인지모형, 개념적 은유와 환유, 정신공간 이론, 그리고 개념적 혼성 이론 등이 있다.

본 연구의 목적인 인지의미론적 관점에서 이동 동사의 다의성을 분석하기 위해 이론적 배경을 살펴보았다. 우선 인간의 사고나 행동 그리고 언어 사용 등에 있어서 가장 기본적인 바탕이 되는 것으로 서로 유사성이 있는 것끼리 하나로 묶는 인지 활동인 범주화에 대해 논의하였다. 고전 범주화 이론, 고전 범주화 이론에 대한 반증, 음운론적, 형태론적, 그리고 통사론적 관점에서 범주 경계의 모호성에 대해 살펴보고, 원형 이론을 고찰하였다. 다의성을 지니고 있는 낱말의 다양한 의미들이 원형 이론에 입각한 Langacker의 의미망 모형으로 어떻게 설명되는지 알아보고 인지적 관점에서 기본적이고 중심적인 의미에서 은유적이고 추상적으로 어떻게 확장되는지를 살펴보았다.

인지의미론의 이러한 이론적 배경을 바탕으로 구체적인 사례인 이동 동사 go와 come의 의미를 분석하였다. 인지의미론에 따르면 어휘의 다양한 의미는 의미적 연결망에 서로 연관이 되어 있다고 보고 각각의 의미는 중심적 원형 의미와 주변적 의미가 서로 연관이 되어 있다는 것이다. 다양한 의미들 사이의 연관성은 은유적 확장에 기초해서 실현되고 개념적 연결망은 주어진 연결망에서 다양한 의미들이 서로 유사성이 있다는 가족 유사성을 띄고 있다. 특히, 인지의미론적 입장에서 본 연구는 go와 come의 다양한 의미, 즉, 원형적이고 중심적인 의미인 직시적 이동의 의미에서부터 비원형적 의미인 시간, 관점, 상태 변화, 그리고 소유와 상실 등과 같은 다양한 의미들이 의미적으로 어떻게 확장되는지를 분석하였다.

권연진. 2008. 인지언어학적 관점에서 본 공간 전치사 over의 다의성. 『새한영어
영문학』 50(2), 183-202.

권연진. 2010. The Polysemy of the Motion Verbs *go* and *come*. 『언어과학』
17(2), 131-149.

김동환. 2005. 『인지언어학과 의미론』. 서울: 태학사.

박기성. 2002. 영어와 한국어의 언어학적 공간인식의 차이와 대학 영어작문교육
에서의 활용 방안 연구. 『우리말연구』 12, 203-239.

박선옥. 2004. 외국어로서의 한국어 보조동사 '가다'와 '오다'의 교육. 『한성어문
학』 23, 161-187.

박정운. 2000. 범주화와 언어학. 『한국어 의미학』 7, 67-86.

이기동. 1977. 동사 '가다', '오다'의 의미분석. 『말』 2, 177-208.

이기동. 1995. 『영어 동사의 의미 上』. 서울: 한국문화사.

이기동. 2000. GO의 의미분석. 『담화와 인지』 7(1), 123-154.

이성범. 2002. 『영어화용론』. 서울: 한국문화사.

임지룡. 1992. 『국어의미론』. 서울: 탑출판사.

임지룡. 1993. 원형 이론과 의미의 범주화. 『국어학』 23, 41-68.

임지룡. 1997. 『인지의미론』. 서울: 탑출판사.

임지룡. 1998. 주관적 이동표현의 인지적 의미특성. 『담화와 인지』 5(2), 181-
205.

임지룡. 2000. 한국어 이동사건의 어휘화 양상. 『현대문법 연구』 20, 23-44.

임지룡. 2007. 인지의미론 연구의 현황과 전망. 『우리말 연구』 21, 51-104.

임지룡. 2010. 어휘의미론과 인지언어학. 『한국어학』 49, 1-35.

채희락. 1999. 이동 동사의 정의와 분류. 『현대문법 연구』 15, 79-100.

Berlin, B. & P, Kay. 1969. *Basic Color Terms: Their Universality and
Evolution*. Berkeley: University of California Press.

Black, M. 1979. More About Metaphor. In A. Ortony (ed.), *Metaphor and
Thought*. New York: Cambridge University Press. 19-43.

Clark, E. 1974. Normal States and Evaluative Viewpoint. *Language* 50, 316-
332.

Evans, V. & M. Green. 2006. *Cognitive Linguistics: An Introduction*. Lawrence Erlbaum Associates, Publishers.

Fauconnier, G. 1985/1994. *Mental Spaces: Aspects of Meaning Construction in Natural Language*. Cambridge, massachusettes & London, England: The MIT Press.

Fauconnier, G. & M. Turner. 2002. *The Way We Think: Conceptual Blending and the Mind's Hidden Complexities*. New York: Basic Books.

Fillmore, C. 1975. *Santa Cruz Lectures on Deixis*. Bloomington: Indiana University Linguistics Club.

Fillmore, C. 1982. Frame Semantics. In The Linguistic Society of Korea, *Linguistics in the Morning Calm*. Seoul: Hanshin Publishing. 111-137.

Fillmore, C. 1985. Frames and the Semantics of Understanding. *Quaderni di Semantica* 6, 222-254.

Fukada, C. 1997. Image Schemas for In-Out Orientation. *Papers in Linguistic Science* 3, 61-76.

Geeraerts, D. 1989. Introduction: Prospects and Problems of Prototype Theory. *Linguistics* 27, 587-612.

Goddard, C. 1998. *Semantic Analysis: A Practical Introduction*. Oxford University Press.

Haiman, J. 1985. *Natural Syntax: Iconicity and Erosion*. Cambridge: Cambridge University Press.

Hopper, P. & E. Traugott. 1993. *Grammaticalization*. Cambridge: Cambridge University Press.

Huddlestone, R. and G. Pullum. 2002. *The Cambridge Grammar of the English Language*. Cambridge: Cambridge University Press.

Jaeger, J. & J. Ohala. 1984. On the Structure of Phonetic Categories. *Proceedings of the 10th Annual Meeting of the Berkeley Linguistics*. Berkeley, CA: Berkeley Linguistics Society. 15-26.

Johnson, M. 1987. *The Body in the Mind: The Bodily Basis of Meaning, Imagination and Reason*. Chicago: The University of Chicago Press.

Labov, W. 1973. The Boundaries of Words and Their Meanings. In N, Bailey, & R. Shuy (eds.), *New Ways of Analyzing Variation in English.* Washington D.C.: Georgetown University Press. 340-373.

Lakoff, G. 1986. Classifiers as a Reflection of Mind. In C. Craig (ed.), *Noun Classes and Categorization.* Amsterdam: John Benjamins. 13-51.

Lakoff, G. 1987. *Women, Fire, and Dangerous Things: What Categories Reveal About the Mind.* Chicago: The University of Chicago Press.

Lakoff, G. 1994. What is a Conceptual System? In W, Overton & D. Palermo (eds.), *The Nature and Ontogenesis of Meaning.* Hillsdale, NJ: Lawrence Erlbaum. 41-90.

Lakoff, G. 1995. Embodied Minds and Meanings. In P. Baumgartner & S. Payr (eds.), *Speaking Minds.* Princeton, NJ: Princeton University Press. 115-129.

Lakoff, G. & M. Johnson. 1980. *Metaphors We Live By.* Chicago: The University of Chicago Press.

Langacker, R. 1987. *Foundations of Cognitive Grammar. Vol. 1, Theoretical Prerequisites.* Stanford: Stanford University Press.

Langacker, R. 1991. *Foundations of Cognitive Grammar. Vol. 2. Descriptive Application.* Stanford: Stanford University Press.

Langacker, R. 2000. *Grammar and Conceptualization.* New York: Mouton de Gruyter.

Lindner, S. 1983. *A Lexio-Semantic Analysis of English Verb Particle Constructions with 'out' and 'up'.* Indiana University Linguistics Club.

Merriam-Webster Online Dictionary.

Miller, G. & P. Johnson-Laird. 1976. *Language and Perception.* Cambridge: Cambridge University Press.

Norvig, P. & G. Lakoff, 1987. Taking: A Study in Lexical Network Theory. *BLS* 131, 195-206.

Radden, G. 1996. Motion Metaphorized: the Case of *coming* and *going.* In E, Casad (ed.), *Cognitive Linguistics in the Redwoods: The Expansion of a*

*New Paradigm in Linguistics.* Berlin et al.: Mouton de Gruyter. 423-458.

Richards, I. 1936. *The Philosophy of Rhetoric.* Oxford: Oxford University Press.

Rosch, E. 1975. Cognitive Representations of Semantic Categories. *Journal of Experimental Psychology: General* 104, 192-233.

Rosch, E. 1977. Human Categorization. In N, Warren (ed.), *Studies in Cross-Cultural Psychology* 1. London: Academic Press. 1-49.

Rosch, E. 1978. Principles of Categorization. In E. Rosch and B, Lloyd (eds.), *Cognition and Categorization.* Hillsdale, New Jersey: Erlbaum. 27-48.

Sweetser, E. 1988. Grammaticalization and Semantic Bleaching. *Proceedings of the Fourteenth Annual Meeting of the Berkeley Linguistics Society.* University of California, Berkeley. 389-405.

Talmy, L. 1975. Semantics and Syntax of Motion. In J. Kimball (ed.), *Syntax and Semantics.* Vol 4. New York: Academic. 181-238.

Talmy, L. 1985. Lexicalization Patterns: Semantic Structure in Lexical Forms. In Timothy Shopen (ed.), *Language Typology and Semantic Description Vol 3: Grammatical Categories and the Lexicon.* Cambridge: Cambridge University Press. 57-149.

Talmy, L. 1991. Path to Realization: A Typology of Event Conflation. *BLS* 17, 480-519.

Talmy, L. 1996. The Windowing of Attention in Language. In M, Shibatani & A. Thompson (eds.), *Grammatical Constructions.* Oxford: Clarendon Press. 235-288.

Talmy, L. 2000. *Toward a Cognitive Semantics Vol 1: Concept Structuring Systems.* Cambridge: The MIT Press.

Taylor, J. 1995. *Linguistic Categorization: Prototypes in Linguistic Theory.* Oxford: Oxford University Press.

Traugott, E. & R. Dasher. 2002. *Regularity in Semantic Change.* Cambridge: Cambridge University Press.

Traugott, E. & E. Konig. 1991. The Semantics-Pragmatics of

Grammaticalization Revisited. In E. Traugott & B, Heine (eds.), *Approaches to Grammaticalization*. Amsterdam · Philadelphia: John Benjamins Publishing Company. 189-218.

Willinks, D. & D, Hill. 1995. When GO means COME: Questioning the Basicness of Basic Motion Verbs. *Cognitive Linguistics* 6(2), 209-259.

Wittgenstein, L. 1953. *Philosophical Investigations*. New York: Macmillan.

Zadeh, L. 1965. Fuzzy Sets. *Information and Control* 8(3), 338-353.

# 제6장

# 기능·인지·담화 문법론

■ 김두식 / 경상대

## 1. 서론

하나의 언어를 배우고 습득하는 데는 그 언어의 문법체계를 아는 일이 필수
적이다. 그렇다면 문법체계는 어떻게 구성되어 있을까? 여기에 대한 대답은
크게 두 가지로 대답할 수 있다. 그 대답은 언어 또는 문법에 대한 두 가지
견해에서 얻을 수 있다. 한 가지는 통사론이 중심이 되고 자립적인
(autonomous) 규칙체계로 구성되어 있어 그 '내재적인 규칙(internal rules)'
으로 문법을 설명해야 한다고 보는 형식주의자(formalist)들의 문법의 견해이
고 나머지 하나는 언어의 궁극적인 목표가 의사소통이므로 언어의 사용적,
기능적 측면이 강조되어 통사론을 자립적인 체계로 보기 보다는 통사론을
의미론, 담화-화용론, 인지언어학 등의 영역에서 오는 '외적인, 기능적 요인

(external, functional factors)'으로부터 추출하여 그 규칙이나 제약을 설명해야 한다는 기능주의자(functionalist)들의 문법적 견해이다. 예를 들면

(1)  a. George turned the pages/the corner.
     b. The pages were/*The corner was turned by George.

(2)  a.   The dog walked under the bridge.
     a'. *The bridge was walked under by the dog.
     b.   Generations of lovers have walked under the bridge.
     b'.  The bridge has been walked under ⓣ by generations of lovers.

(Bolinger 1977: 9)

형식주의 입장에서 보면 위 (1)에서 the pages와 the corner는 모두 타동사의 대격(accusative case)이면서 피영향자(patient)로 사용되기 때문에 모두 수동화(passivization)변형으로 수동문이 가능해야 하나 주어가 the corner인 수동문만은 비문이 된다. 더군다나 사격(oblique case)인 (2)의 문장에서 (2b')처럼 대격도 피영향자도 아닌 경우도 수동문이 가능함은 형식주의의 접근법에 문제를 안겨준다. 여기에 기능주의의 접근법이 통하는 것이다. 즉, 담화장면에서의 설명적 동기로서 피영향성(affectedness)이라는 기능적 개념을 도입하여 수동화의 제약으로 가하면 되는 것이다. 본 논문은 후자의 견지에서 문법체계, 특히 통사론의 체계를 살펴보고자 한다.

이에 앞서 우리는 문법이란 단어의 사용 범위와 그 종류가 다양하여 이를 제한할 필요가 있다. 먼저 문법의 의미(sense)에 대해 Perrin(1965: 197ff)은 다음 4가지로 구분하고 있다.

(3)  의미 1: 실제적 '언어지식(linguistic knowledge)'으로서의 문법
     의미 2: '기술(description)'로서의 문법

의미 3: 올바른 '용법(usage)'으로서의 문법

의미 4: '교정(remedy)'으로서의 문법

우리는 특수한 목적과 연관된 4번째 의미의 문법 개념은 배제하기로 한다. 또한 문법의 종류에 대해 Leech(1988)는 문법을 3가지 즉, 이론적 (theoretical) 문법, 기술적(descriptive) 문법, 교육적(pedagogical) 문법으로 나눌 수 있다고 하였다. 본 글이 지향하는 바는 이론적 문법의 틀이나 기술적 관점과 교육적 관점 모두를 고려하지 않을 수 없다. 한편 많은 학자들은 문법을 '사실'로서의 문법과 '선택'으로서의 문법(Close 2002)으로 구분한다. Close는 사실을 기술해야 한다는 의미로서의 문법 개념과 맥락에서 표현이 선택된다는 의미로서의 문법 개념을 구분하여 사용하면서 전자의 경우를 '객관적 문법(objective grammar)'이라고 부른다면 후자는 '주관적 문법 (subjective grammar)'이라고 부른다. 예를 들어보자.

(4)　a. children/*childs

　　 b. We had lunch *at* the station restaurant. It *was* very hot *in* the big dining room.

위에서 보듯이 child의 복수형은 childs가 아니고 children이다라는 사실 등에 입각하여 문법을 기술하는 측면과, restaurant/dining room 앞의 전치사 선택은 단순히 사실로 결정되는 것이 아니라 화자가 그 장소를 '기능적' 관점에서 보았느냐 그 장소의 안과 밖의 구분이 중요하여 단순히 '공간적' 개념으로 보느냐의 주관적 관점에 따라 in과 at의 선택이 결정된다는 식으로 문법을 기술하는 측면을 구분할 필요가 있다는 것이다. '주관적 문법'의 견지에서는 담화의 중요성이 강조될 수밖에 없다. 바로 다음 예문 (5)에서 더 잘 살펴 볼 수 있다. 의미상으로는 근소한 차이일지 몰라도 발생되는 담화상황은 분명히 차이가 난다.

(5)  a. You ***do*** look nice in that hat.

　　 b. You ***really*** look nice in that hat.

　　 c. You ***indeed*** look nice in that hat.

　　　 ( → You look nice in that hat, indeed.)


즉, 모두 강조의 문장으로 사용되겠지만 각각의 문장이 발생하기 이전에 각기 다른 적절한 전제 상황에 따라 자연스럽게 나타난 것으로 보아야 할 것이다.1) 이러한 관점에서 보면 문법의 기술은 담화(discourse)를 고려하지 않을 수 없다.

　　현실적으로 볼 때 대학에서 일어나고 있는 통사론 및 문법 강좌를 살펴보면 크게 두 가지 즉, ‘영어 용법(use)에 관한 연구’로서의 ‘영문법’ 강좌와 ‘영어 구조(structure)에 관한 이론’으로서의 ‘영어통사론’ 강좌로 나누어 볼 수 있다. 전자의 경우 우리가 사용하는 모든 영어 문장이나 표현은 (언어적/상황적) 맥락이 결정하여 나타나게 한 것이라 반드시 이러한 맥락을 포함하는 텍스트 속에서 관련 영어 자료의 문법적, 의미적 특성을 확인하는 작업이 수업 중에 반드시 이루어져야 하며 따라서 특히 회화(나 작문)와 연관시켜 강의를 하게 된다. 한편 후자의 경우는 영어 표현의 문법 요소들의 성격, 요소들 간의 결합 및 (구조)관계, 선형적 순서, 유사 구조 및 관련 구조간의 변형 및 제약, 그리고 문법성 등의 내용이 수업 중에 다루어지며 이러한 개념들의 습득이 특히 영어 문장의 작문이나 독해에 유익할 수 있다. 그러나 이 두 종류의 강좌가 따로 구분되어 강의될 수도 있겠지만 ‘담화-기능문법(discourse-functional grammar)’이라는 이름으로 이 두 성격의 강좌가 한꺼번에 일어날 수도 있음을 상기시키고 싶다.

　　따라서 본 글에서는 기존의 통사론이 형식주의적인 점을 감안하여 통사론 및 문법의 체계를 기능적, 인지적, 담화적 관점에서 접근하여 설명하고자

---

1) 상세한 설명은 본 글 §7.2.1의 예문 (152), (153)를 참조할 것.

한다. 그러나 특히 기능문법의 경우는 그 체계와 세부 내용을 달리하는 파가 많아 그 구체적인 소개는 불가능하며 단지 기능문법, 인지문법, 담화문법으로 불리는 문법 체계들을 기능주의라는 이론 틀에서 이들을 통합하여 그 특징을 제시하고자 한다. 따라서 특정한 기능문법의 특정 이론이 아니라 기능주의적인 방법을 취합, 절충하여 이를 교육 현장에 응용한다는 측면에서 교육적 문법의 차원도 고려될 것이다.

## 2. 문법 및 통사론

본 절에서는 문법과 통사론의 개념을 명확하게 구분하고 통사론의 연구 영역을 살펴보기로 한다.

### 2.1. 문법과 통사론 간의 관계

이론적 측면에서 이야기할 때 '문법'이라는 단어가 좁은 의미로 통사론 (syntax)을 의미하기도 하지만 대체로 통사론을 포함한 더 넓은 의미의 연구 분야로 이해된다. 따라서 통사론은 문법이란 단어가 협의의 의미로 사용된 경우로서 구체적으로 넓은 의미의 '문법'의 한 부문(component)인 통사부 (syntactic component)를 가리키며 Chomsky가 이론적으로 독립시켜 집중적으로 연구 발전시킨 분야라고 말할 수 있다. 넓은 의미로 사용되는 광의의 문법은 학자에 따라 그 지칭 범위에 약간의 차이가 있다. 문헌을 검토할 경우 문법이 지칭하는 세부 영역을 고려할 때 대체로 다음 세 가지로 문법을 구분할 수 있다.

(6)  Grammar 1 = 'Morphology + Syntax'
        (Radford 1997, Huddleston 1988, Matthews 2007, Robins 1964)
     Grammar 2 = 'Phonology + Morphology + Syntax' (Ouhalla 1999 등)

Grammar 3 = 'Syntax + Semantics + Phonology' (Crystal, 2008 등)

먼저, <문법 = 형태론 + 통사론>인 경우, Huddleston(1988:1) 등은 언어를 기술하게 되면 다음 세 가지 성분을 포함해야 한다고 말하면서 그 중 문법은 형태론과 통사론을 다루는 분야임을 지적한다.


(7)  • 음운론(Phonology: 음성체계 기술)
     • 문법 = 형태론(morphology: 단어의 형태 연구) +
              통사론(syntax: 문장 형성의 방식 연구)
     • 어휘부(lexicon: 단어와 관용어의 목록으로서 발음, 문법행위, 의미 등
              을 명시함)


Huddleston은 나머지 두 부류의 문법 개념보다는 보다 축소된 의미이다. 한편 Radford(1997:1)도 Huddleston(1988)과 마찬가지의 견해로서 문법을 단어 및 구, 문장의 형성과 해석을 지배하는 원리에 대한 연구로 규정하고 있다. 이 때 단어의 형성과 해석은 형태론의 몫이고 구와 문장의 형성과 해석은 통사론의 몫이라고 본다. 이러한 관점이 바로 생성문법이 지향하는 문법의 개념이다.

다음으로, <문법 = 음운론 + 형태론 + 통사론>으로 보는 학자들도 있다. Ouhalla(1999:5)에 의하면, '문법'이라는 용어는 발음, 어형성(word formation), 문장 형성을 지배하는 규칙으로 이해된다고 한다. 따라서 이러한 견해에서는 문법이 음운론, 형태론, 통사론 모두를 포함하고 있다.

나머지 한 가지는 Crystal(2008:5)등과 같은 학자들은 문법의 세부 영역으로 통사론, 의미론(semantics), 음운론 등으로 세분되는 것으로 보는데 특히 기능주의 학자들(Dik 1994, van Valin 1993a, 1993b, Halliday 1994, Givón 1995a, 1995b 등)은 당연히 여기에 음성학(phonetics), 화용론(pragmatics)이 더 포함되는 것으로 볼 것이다. 따라서 이런 관점으로 문법

을 보는 학자는 문법을 언어형태와 구조가 어떻게 조직되고 맥락에서 어떻게 사용되는 가를 명시하는 일련의 원리로 본다.

최근의 연구 추세로 통사론 고유의 영역은 물론이겠지만 인근에서 접합되는 문법의 여러 부문 즉, 소위 '접합부(interface)'라는 형식 속에서 특히 코퍼스 언어학은 '어휘-문법(lexico-grammar)'(Sinclair 1991, Biber et al 1998 등) 또는 '어휘-통사적(lexico-syntactic)'(Harder 2001 등)이란 이름으로, Payne(1997), Lomaschvili(2011) 등은 'morph(-)syntax' 또는 'morpho-syntactic'이라는 이름으로, Levin & Rappaport Hovav(1994) 등은 '통사-어휘의미론(syntax-lexical semantics)'이란 이름으로 통사론이 연구되고 있다. 즉, 통사부로만 구성된 통사론이 아니라 이러한 여러 접합부를 인정한 통합된 통사론도 많이 유행하고 있다.2)

이상과 같이 좁은 의미의 문법은 통사론을 지칭하지만, 넓은 의미의 문법은 골격은 통사론이겠지만 형식문법(formal grammar)에서는 대체로 여기에 어휘론이나 형태론이 포함되는 반면에 기능문법(functional grammar)에서는 여기에 의미론, 화용론 등이 더 추가된다. 또 최근에는 접합부라는 이름으로 통사론 고유의 영역만이 아닌 접합되는 여타 문법 부문과의 통합된 통사론 연구도 많이 나오고 있음을 볼 수 있다.

## 2.2. 통사론의 연구분야

통사론은 문장 단위의 구조분석 이론이다. 문장을 이루는 구조는 일차적으로 단어이겠지만 더 큰 단위를 형성하는 과정에 구나 절이 될 것이다. 이렇게 단어들이 어떤 식으로 구나 절을 형성하는지에 대한 연구 분야가 바로 통사론이다. 언어를 복합구조(complex structure)라고 말하는데 이러한 복합구조에는 자전거, 컴퓨터, 회사, 탄소분자 등이 있다. 여기서 '복합적'이라고 말할

---

2) 언어학 전반에서 이러한 접합부 연구는 Ramchand and Reiss(2007)와 Folli and Ulbrich(2010) 등에서 볼 수 있다.

때 이것은 '복잡한(complicated)'이라는 개념과는 구분된다. 그러면 어떤 것이 복합적이라면 그것은 어떠한 특징을 가질까? 우리가 어떤 것을 복합적이라고 말할 때 다음과 같은 특징들을 지닌다고 말한다.3)

(8)  a. 그것은 부분 즉, 구성성분(components)으로 나누어 구분할 수 있다.
     b. 그러한 구성성분은 일정한 방식으로 배열(arranged)되어있다.
     c. 그러한 구성성분들에는 종류, 즉 범주(categories)가 다른 것들이 있다.
     d. 각각의 구성성분에는 전체 구조(structure)속에서 제각기 일정한 기능(function)을 가진다.

위의 4가지 특징을 가지면서 분석이 되는 것들에 대해서 우리는 구조(structure)를 가진다고 말한다. 어떤 것의 구조가 복합적이면 그것의 구성성분 또한 복합적이다. 다시 말하자면, 구성성분들 그 자체도 그 보다 작은 부분들로 구성되어 있는 것이다. 이렇게 될 때 우리는 부분들이 위계(hierarchy)를 이룬다고 말하며 이렇게 위계를 이루면서 형성되는 구조를 위계구조(hierarchical structure)라 한다. 언어구조 특히 영어문장도 위의 (a-d)로 분석 가능한 복합구조(complex structures)를 가진다고 말한다. 그래서 문장의 부분, 즉 단어들이 위의 (a-d) 4가지 특징 중 어느 하나라도 갖추지 못하고 결합될 때 그러한 표현들을 비문법적(ungrammatical)또는 '문법적으로 부적격(grammatically ill-formed)'하다라고 부르고, 4가지 특징을 제대로 갖추고 결합될 때는 그러한 표현들을 문법적(grammatical)또는 '문법적으로 적격(grammatically well-formed)'하다라고 부른다. 예를 들어보자.

(9)  a. *Stream old Sam sunbathed beside a.
     b. *Sunbathed old beside stream a Sam.
     c. Old Sam sunbathed beside a stream.

---

3) 이 아래 내용은 김두식(2009a)의 제6.2절의 내용을 축소, 보완한 것이다.

위의 3 문장 중에서 (9c)와 같이 배열되어 있는 문장만이 왜 문법적인 문장
이 될까? 이를 잘 설명하기 전에 복합구조라고 말하는 자전거의 구조를 예
로 들어보자. 자전거는 바퀴(wheel), 바퀴테(metal tube), 뼈대(frame), 페달
(pedal), 안장(saddle), 바퀴살(spoke), 바퀴통(hub), 케이블(cable), 핸들
(handlebar) 등으로 구성되어 있다. 그런데 이러한 부품들이 마구잡이로 결
합된 것은 분명히 아닐 것이다. 이들 중에는 자신의 '직접적인' 부품 즉, '직
접적인' 구성성분(immediate components)이 아닐 수도 있다. 예를 들어 바
퀴살은 바퀴의 '직접적인' 구성성분이지 자전거의 '직접적인' 구성성분은 아
닌 것이다. 여기서 직접적이란 말의 의미는 일차적(primary)이라는 의미와
같으며 그 부품이 우선순위에 의해 일차적으로 직접 결합되어야만 전체 구
조의 형성이 올바르게 됨을 나타낸다. 그러면 자전거의 구조를 다음과 같이
가정해 보자.

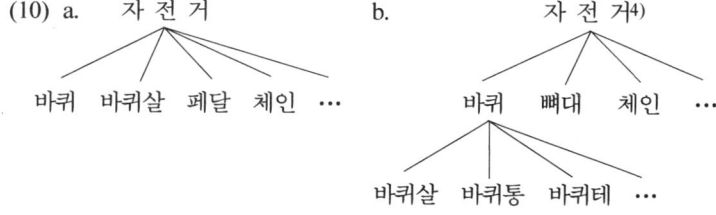

(10) a.　자 전 거　　　　b.　　　　　자 전 거[4)

만일 저전거가 (10a)와 같은 평평한 구조를 취할 경우, 자전거의 부품 조립
은 그 순서가 엉망이 되어 자전거로 행세할 수 없는 불량의 자전거가 될 가
능성이 크다. 그러나 (10b)와 같은 구조를 취하면 바퀴의 부품들이 결합되어
바퀴를 형성하고 그 다음에 바퀴와 다른 부품들(즉, 뼈대나 체인 등)이 결합
되어 더 큰 형태의 구조를 취하는 식으로 하면 완전한 형태의 자전거가 될

---

4) 자전거의 실제적인 결합 형태는 이 수형도보다는 더 단계가 많아 더 위계적일 것이지
   만 지면상 위계적이라는 사실만을 보이기 위해 간이 형태로 위계를 축소하여 그렸다.

가능성이 높아질 것이다. 결국 (10a)와 (10b)의 구조적인 차이는 일차적인 부품관계의 표시, 즉 직접적인 구성성분의 표시가 제대로 되어 있느냐에 달려 있다고 볼 수 있다. 즉 (10b)의 구조만이 바퀴살은 바퀴의 직접적인 구성성분이자 자전거의 간접적인 구성성분임을 나타내 주고 있는 것이다.

이러한 구조적인 특징이 언어구조 즉 영어문장에도 나타나고 있는 것이다. 다시 (9a)(즉, 아래 11a)의 예로 돌아가 그 구성성분을 각각 아래 (13)의 두 구조로 표시할 경우에는 (12)의 'old Sam'이라는 선형적 어순에서는 이들의 결합관계가 차이가 나지 않으며 결합에서 오는 의미 또한 구분해 주지 않는다. 그러나 (13)의 수형도(tree diagram)는 결합순서 상의 차이가 바로 수형도에 반영되기 때문에 그에 따른 의미차이도 구분할 수 있게 된다.

(11)  a. *Old Sam* sunbathed beside a stream.
      b. Though he was *old Sam* did regular press-ups.

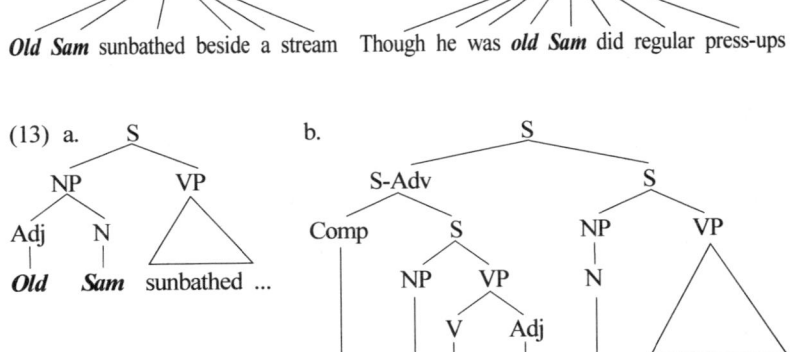

(11)에서 'old Sam'이 비록 둘 다 연속해서 나타나 있다손 치더라도 위계구조 속에 표시된 (11b)의 'old Sam'은 그 해당 구구조(phrase structure)인

(13b)에서 보듯이 하나의 구성성분을 이루지 않는 것으로 표시되기 때문에 하나의 '구성소(constituent)'로 결합되는 해석이 나올 수 없음을 확인할 수 있다. 따라서 영어문장이 (12)처럼 평면으로 구성된다면 (11)에서의 차이를 확인할 수 없지만 (13)처럼 영어문장이 위계를 이루는 복합구조로 본다면 이러한 차이를 확인할 수 있게 됨을 알 수 있다.

따라서 우리는 위의 (8)에 진술된 복합구조의 특징에서 유추하여 다음과 같이 통사론의 연구 영역을 확인할 수 있다.

(14) a. (8a)의 '구성성분' → '구성소' 자격 및 '구성소 결합' 여부 확인
    b. (8b)의 '구성성분의 배열' → 통사구조의 어순 현상 규명
    c. (8c)의 '구성성분의 종류' → '통사범주(syntactic category)'의 종류 및 성격 규명
    d. (8d)의 '구성성분의 기능' → 통사범주의 '문법기능(grammatical function)' 확인

위와 같이 일차적으로 통사론은 통사구조의 형성과 결합관계, 어순 등의 현상들을 규명하여야 하며 나아가 아래와 같은 구조들 간의 변이형에 대한 변형과 그에 따른 제약들을 설명해야 할 것이다.

<구성소 단위의 형성/결합 및 제약>
(15) a. old men/ *old the/ *old go/... (수식관계: <modifier + **head**>)
    b. study syntax/ *study happy/ *study the/...
                                    (보충관계: <**head** + complement>)
    c. He died/ *died he (주술관계: <subject + predicate>)
    d. my home/ *my go/ *my steadily/... (한정관계: <determiner + **head**>)

(16) the sixty years/*sixty the years/*years the sixty/*the years sixty/*sixty years the/... (한정/수식 관계)

위에서 보인 4가지 주요 구조관계(structural relation)는 모두 서로 구성소들이 인접한 상태로 결합이 되어 이루어진 구조로 보여지며 결합되는 구성소들 간의 순서는 단지 언어마다 매개변항(parameters)의 차이에 의해 달라질 뿐이다. (15)에서 보면, 두 단어가 '구'(절인 15c는 제외)를 형성하려면 반드시 중심어(head)가 포함되어야 함을 알 수 있으며 (16)에서처럼 3단어 이상으로 결합될 경우에는 두 가지 이상의 구조관계, 즉 여기서는 'the sixty years'가 결합되어 나오기까지 먼저 'sixty years' 속 두 단어사이에 '수식관계'가 적용되고, 다음에 이 구와 'the' 사이의 '한정관계'가 이들 결합에 관여하고 있음을 알 수 있다. 따라서 이러한 구조관계와 어순에 대한 규명은 통사론 연구 영역에서 반드시 다루어지는 분야인 것이다. 예를 들면,

<구조의 어순 및 제약>

(17) a. Frenchman Kevin Sireau set (하나의 싸이클 세계신기록) at the 200m flying start distance at the Moscow Grand Prix on Friday.

b. *a cycling world new record

c. 'a new cycling world record'

위 예문에서 보듯이 품사를 달리하더라도 전치수식어로서 이들 간에 순서가 정해져 있으며 이러한 수식순서와 관련한 규칙이나 원리가 통사론의 연구 영역에 또한 포함되어야 할 것이다. 예를 들어보자.

<구조간의 변형 및 그에 따른 (형식적/기능적) 제약>

(18) a. John is failing, not Mary.

b. It is *John* who is failing, not Mary.　(첨가: It-cleft)

(19) a. She adopted a child because she wanted to adopt a child.

b. She adopted a child because she wanted to ＿＿＿ φ ＿＿＿.

(생략: VP-deletion)

(20) a. My car struck a pedestrian₁ before I saw the pedestrian₁.

   b. My car struck a pedestrian₁ before I saw **him₁**.

(대치: NP-pronominalization)

(21) a. It is easy to make **this cake**.

   b. **This cake** is easy to make.    (이동: *Tough*-Movement)

위 (18-21)에서 각 (b)문은 각 (a)문과 연관시켜 파생시킬 수 있는 문장으로서 통사론은 이러한 구조변화에 대한 설명을 할 수 있어야 한다. 즉, 구조에 변화가 있다면 위의 4가지 변형의 성격(첨가, 생략, 대치, 이동)중 어느 하나는 겪어야 한다. 이러한 파생에 따른 비문법성의 초래를 막기 위한 제약에 대한 연구 또한 통사론이 할 일이다. 물론 형식주의의 입장에서 구조형성이나 구조변화와 관련된 현상을 구조 내적인 규칙이나 제약으로 설명할 것인가 아니면 기능주의의 입장에서 구조 외적인 기능적 요인에 의해 설명되어야 하느냐 하는 것이 중요한 문제일 수가 있다. 이것은 바로 다음 절의 주제이기도 하다. 그곳에서 논의하겠지만 이것은 서로의 주장이 맞느냐 틀리느냐의 문제가 아니라 서로 상보적 입장에서 보충하고 절충하는 입장이 중요할 것 같다.

또한 통사론은 다음과 같은 생산적인 구문(construction)에 대한 설명도 할 수 있어야 한다.

(22) a. He sliced the bread (transitive)

   b. He sliced the carrots into the salad. (caused motion)

   c. He sliced Chris a piece of pie. (ditransitive)

   d. Emeri sliced and diced his way to stardom. (*way*-construction)

   e. Pat sliced the box open. (resultative)

재래식 설명으로는 'slice'라는 동사는 완전타동사로서 (22a)만을 허용해야만 한다. 그러나 위의 (22b-22e)사이에서 보듯이 이들 동사가 그 외에 다른 구조 즉, 소위 '구문문법(construction grammar)'(Goldberg 1995, Kay & Fillmore 1999 등) 등에서 말하는 다른 '구문'을 허용하고 있는 것이다. 이 것은 그 문장의 구문적 특성이 갖는 의미와 그 형태상의 구문의 특징 간의 긴밀한 유사성이 다른 동사에게도 영향을 미쳐 생산적인 구문으로 행세를 하게 되는 것으로 본다. 이러한 관점의 구문은 기존의 (5 또는 7)문형이나 관용어(idioms), 수동구문, 관계절, 화제구문, 도치구문 등의 재래식 구문의 개념도 수용하는 것으로 최근 인지문법 영역에서 활발하게 연구되는 분야이 다.

## 3. 형식주의 대 기능주의

### 3.1. 언어관의 대립양상

지금까지 살펴본 문법 및 통사론의 영역에서는 그 연구 목표나 방법에 대해 다음 두 가지 견해가 있다. 하나는 문법요소들의 의미적, 화용적 자질들의 특징을 배제한 채 이들 형태 간의 관계를 규명해야 한다는 '형식주의적 (formalist)' 견해와, 다른 하나는 의미적, 화용적 기능이 문법형태에 긴밀하 게 영향을 미치기 때문에 이러한 형식주의적 견해를 거부하고 이들 기능에 근간하여 문법형태나 이들 형태 간의 관계를 규명해야 한다는 '기능주의적 (functionalist)' 견해이다. 이들 견해의 결정적 차이는 그 문법 특히 통사론 의 연구에 의미나 기능적 요소의 개입 여부에 달려 있는데 이러한 차이를 낳게 된 동기는 1980년대에 생성의미론자(generative semanticists)와 해석의 미론자(interpretive semanticists) 간의 '언어학 전쟁(linguistic wars)'에 있다 고 말할 수 있다. 이 전쟁의 근본적인 출발점은 Chomsky가 언어연구에 하 나의 혁명을 일으킨 데서 찾아볼 수 있다. 1965년에 출간된 그의 저서 <Aspects of the Theory of Syntax> 이전의 통사론은 소위 품사와 문형 등에 의한 구문의 연구에 불과했으며 그가 이룬 혁명은 바로 통사론을 하나의 독립적인 문법의 한 부문(component)으로 설정하고 문장에 두 개의 표시 층위(levels of representation)를 인정하고 이를 연결하는 변형규칙 (transformational rules)을 설정하는 문법이론을 탄생시켰다. 이 당시의 이론으로서는 변형(규칙)이 당연히 의미를 보존할 수밖에 없었으며 따라서 Ross (1967), Perlmutter(1968), McCawley(1968)와 같은 생성의미론자들은 표층구조와 심층구조 간의 동일한 의미해석 관계를 전제로 하기 때문에 변형규칙의 설정은 더욱 추상화될 수밖에 없었다. 그러나 Chomsky(1977)와 같은 해석의미론자들은 변형규칙의 의미 변경 여부와 표층구조에서의 의미 해석 가능성의 문제를 제기하면서 심층구조와 변형에서는 의미의 문제를 배제한 채 GB이론(Government and Binding Theory: Chomsky 1981)을 거쳐 최근의 최소주의 이론(Minimalist Theory: Chomsky 1995, 2005)에 이르고 있다.

　　이러한 동기에서 출발한 두 개의 관점이 이제는 고착되어 다음과 같은 관점에서 서로 대립 양상을 보이고 있다. 다음 도표는 Hymes(1974), Newmeyer(1983, 1998), Foley & Van Valin(1984), Butler (2003) 등에 수록된 관련 내용을 간추려 정리한 것인데 좁은 의미와 넓은 의미로 나누어 본 것이다.

<도표 1: 형식주의와 기능주의 대립 양상>

| 양상 항목 | | 형식주의 | 기능주의 |
|---|---|---|---|
| 협의 | (1) 언어관 | 언어 구조/형태의 체계 | 인간 의사소통의 체계 |
| | (2) 문법관 | 문법이란 한 언어의 가능한 문법적 구조를 명시하는 일련의 규칙 | 문법이란 언어형태와 구조가 어떻게 조직되고 맥락에서 어떻게 사용되는 가를 명시하는 일련의 원리5) |
| | (3) 일차적 관심 | 문법구조의 형식(과 구조들 간의 관계) | 문법구조(및 그 구성소들)의 기능과 맥락에서의 의미 |
| | (4) 형태와 의미/ 기능 간의 관계 | 상호독립적 | 상호의존적 |

| | | | |
|---|---|---|---|
| | (5) 언어구조와 언어사용 간의 관계 | 1) 언어사용 분석 이전에 언어구조 분석<br>2) 언어사용은 언어구조에서 파생 | 1) 언어구조 분석 이전에 언어사용 분석<br>2) 언어구조와 언어사용은 통합적 관계 |
| | (6) 언어적 설명6) | 형식적/내재적 설명 | 기능적/외재적 설명 |
| | (7) (모국어 화자의) 언어능력관7) | 1) I-Language<br>2) 문법적 능력 | 1) E-Language<br>2) 의사소통적 능력 |
| | (8) 적형성(well-formedness) | 문법성(grammaticality)에 의존 | 적절성(appropriateness)에 의존 |
| | (9) 문법 부문의 중심성 | 통사론 | 의미-화용론 |
| 광8)<br>의 | (10) 언어의 주된 기능 | 지시적(referential) | 의사소통적(communicative) |
| | (11) 초점 | (문법으로서의) 언어구조 | 발화구조 |
| | (12) 연구범위 | 언어구조 | 언어 구조 및 발화 행위/사건, 사회문화적 상황 |
| | (13) 담화맥락과의 관계 | 언어구조 연구에 담화맥락 배제 | 언어구조 연구에 담화맥락 고려 |
| | (14) 언어습득관9) | 순응적(adaptational) 견해 | 구문적(constructional) 견해 |
| | (15) 범주관 | 단절적(discrete) | 비단절적(non-discrete) |
| | (16) 유형론 | 비고려 | 고려 |
| | (17) 사회적 사용 | 언어구조는 사회적 기능 및 사용과 별도 | 언어구조는 사회적 기능 및 사용과 결부됨 |
| | (18) 언어 공동체 | 동질적(homogeneous) | 이질적(heterogeneous) |
| | (19) 화자 등의 획일성 vs. 다양성 | 언어 주변 요소(화자, 청자, 사건, 공동체 등)의 획일성 인정 | 언어 주변 요소(화자, 청자, 사건, 공동체 등)의 다양성 인정 |

---

5) 이를 위해 Lock(1996:1) 참조. 한편 Downing & Locke(1992: vi)는 문법을 '문법형태 와 의미, 의미와 상황 간의 관계를 이해할 수 있는 수단'으로 보고 있다.

6) 문법적 설명의 성격에 대해서 Newmeyer(1998: 96)는 두 가지 종류의 설명 즉, 문법 내적인 규칙이나 원리가 문법성 또는 문법적 사실을 설명하는 것으로 보는 '형식적/내 재적' 설명과, 구조 외적인 화용적 원리나 담화 및 사회언어적 보편성에 의존하여 이 들을 설명하는 것으로 보는 '기능적/외재적' 설명으로 구분한다. 그렇지만 그는 전자는 형식주의, 후자는 기능주의의 특징으로 대립시키는 기존의 인식이 과장된 것으로 보고 형식주의와 기능주의 모두 이러한 두 종류의 설명을 가지고 있는 것으로 주장하고 있 다.

## 3.2. Scale로 본 언어관

Croft(1995)나 Newmeyer(1998), Butler(2003) 등은 기능문법자임을 표방하는 학자들이 제시하는 기능문법이론들이 기능적 자질의 다양함을 인정하여 이를 저울(scale)에서 양극, 즉 형식주의와 기능주의의 양쪽 특징을 공유하는 정도의 차이에 따라 그 성격도 차이가 있는 것으로 보았다. 그래서 그 당시까지는 대립적으로 보는 형식주의와 기능주의의 문법관을 이제는 서로 배타적으로 보지 않고 상보적(complementary) 내지 등급적(scalar)으로 보았다.

이러한 기능문법의 등급성 때문에 특히 Croft는 자립성의 대상에 대한 범위를 넓히거나 자립성의 양상을 세분하여 보게 된다. 사실 일찍이 Chomsky 문법 초기부터 지적된 바이지만 형식주의와 기능주의의 구분에 결정적으로 영향을 미치는 요인은 통사론의 자립성(autonomy)이다. 즉, 통사론은 통사론 외의 어떠한 영역과는 독립되어 자율적으로 기능하는 것으로 본다는 말이다. 그런데 Croft(1995:492ff)는 이러한 자립성의 영역을 더 다양하게 설정하여 다음과 같이 3가지 종류의 자립성을 설정할 수 있다고 보고 있다.10)

---

7) Chomsky(1986, chapter 2)는 인간의 언어능력을 I-언어(= the speaker's internal, mental knowledge of the language system)와 E-언어(= language as actually externalized in acts of communication)로 구분하면서 궁극적인 언어연구의 목표는 I-언어라고 하였다. 또한 Butler(2003:4-5)를 참조할 것.

8) 여기서 광의와 협의로 구분한 것은 단순히 순수언어학적인 측면과 응용언어학적인 측면(담화분석, 언어습득, 인지언어학, 언어유형론, 사회언어학 등)으로 나누는 과정에서 나오게 된 것 뿐임.

9) 기능주의자들이 취하는 언어습득의 구문적 견해는 아이들이 실제로 자신의 문법을 '구축(construct)'한다는 입장이며 형식주의자들이 취하는 견해는 보편문법(Universal Grammar)의 원리에 '맞추어(adapt)' 자신들에게 노출된 언어자료를 습득한다는 입장을 말한다.

10) 그러나 이들 3가지가 항상 확연하게 구분되는 것은 아니라고 보는 학자들도 많다.

(23) 3가지 종류의 자립성(Butler 2003: 6)

    a. 통사론의 자립성: 통사현상은 본질적으로 그것의 인습적인 의미적, 화용적, 담화적 기능과 별도라는 주장

    b. 문법의 자립성: 넓은 의미의 문법(의미, 화용, 담화 포함)은 본질적으로 사회맥락상의 도구로서의 언어 사용과 관계하는 외적인 기능적 요인과는 별도라는 주장

    c. 언어능력(faculty)의 자립성: 언어능력은 여타 인지능력과는 별도의 모듈을 구성하고 있다는 주장

Croft는 자립성을 좁게는 통사론에서, 넓게는 문법이나 언어능력의 관점에서 구분하여 보아야 함을 주장하고 있다.

또한 그는 이러한 자립성을 더 세분화하여 다음처럼 자의성(arbitrariness)과 자족성(self-containedness)으로 구분하여 봄으로써 여러 유형의 기능주의를 구분할 수 있음을 보이고 있다(Croft 1995: 491ff).

(24) 자립성의 두 양상:

    a. 자의성: 통사규칙은 의미적/화용적/담화적 자질로부터 기인/환원될 수 없으며 여전히 통사규칙이 통사적 행위를 바르게 예측할 뿐이며, 한편 문법자질은 문법이 기여하는 의사소통적, 사회적 기능으로부터 예측할 수 없다는 관점.

    b. 자족성: 통사 체계는 자체적으로 긴밀하게 상호작용하는 요소와 규칙만을 포함할 뿐 의미적/담화적 자질과는 상호작용하는 규칙들은 포함하지 않으며, 한편 문법은 문법체계 내에서 상호작용하는 규칙만을 포함할 뿐 의사소통적, 사회적 기능과 상호작용하는 규칙들은 포함하지 않는다는 관점.

두 양상 모두 통사론과 문법의 두 측면에서 마찬가지로 구분하고 있다. 통사론의 차원에서, 먼저 자의성의 입장은 통사규칙을 독자적으로 설정해야지 이를 근본적으로 의미적/화용적/담화적 자질에서 나오는 것으로 보아 이러한 자질로 환원해서 볼 수 없으며 따라서 통사적 행위의 예측은 이들 자질이 하는 것이 아니라 여전히 통사규칙이 한다고 보는 것이다. 한편 자족성의 입장은 통사론의 영역에는 순수하게 통사적 요인과 규칙만이 들어 있을 뿐 의미적/담화적 자질 등과 연관하는 규칙들은 포함되어 있지 않으며 따라서 통사 규칙과 의미적/담화적 요인들 간의 상관관계는 인정되지 않는 것이다. 마찬가지로 문법의 차원에서도 이러한 두 구분이 가능하다고 보고 있다. 즉, 자의성의 입장에서 문법은 문법이지 그 외의 영역인 의사소통의 차원에서 문법을 접근하거나 해석해서는 안된다는 것이며, 한편 자족성의 입장에서는 문법의 영역은 순수하여 다른 영역에서 오는 의사소통적, 사회적 기능 등은 포함할 수 없다는 것이다. 따라서 자의성은 통사론이나 문법은 자체의 실체가 따로 있기 때문에 외부적 요인에서 그 실체를 찾으면 안된다는 입장이라면, 자족성은 통사론이나 문법의 실체는 순수하여 그 실체 안에 다른 외적인 요인들이 포함될 수 없다는 입장으로서 자족성이 자의성을 함의(entail)한다고 말할 수 있다. 즉, 자족성이 있으면 반드시 자의성이 있는 것으로 판단되지만 자의성이 있다고 반드시 자족성이 있다고는 말할 수 없다. 다시 말하면 자신의 실체가 순수하여 다른 외적인 요인들을 포함시키거나 연관시켜 통사적/문법적 현상을 보면 안된다 라고 말한다면, 이는 통사적/문법적 실체가 독자적으로 따로 있어 다른 외적인 요인으로 그 실체를 대신/예측할 수 없다는 해석이 나온다. 그러나 반대로 말한다면 반드시 맞는 말이 되지 않는다는 것이다.

Croft(1995)는 기능통사론(functional syntax)의 여러 하위 유형을 자의성, 자족성이라는 두 개념의 차이를 이용하여 다음과 같이 등급화하고 있다. 그는 엄격한 의미로 순수 형식주의는 존재하지 않는 것으로 본다. 왜냐하면

Chomsky의 생성통사론에 필수적인 '의미역(theta roles)' 또는 '의미역 기준 (theta criterion)'과 같은 개념은 성격상 의미적인 것이어서 엄격한 의미의 자립성의 형식주의는 불가능하다고 보고 있다.

<도표 2: 자의성, 자족성에 의한 기능주의의 유형 구분>

| | 자의성 | 자족성 | 기능주의의 4 유형 |
|---|---|---|---|
| | + | + | 자립적 기능주의 |
| 통사론 | + | - | 형식-기능 혼합주의, 유형적 기능주의 |
| | - | - | 극단적 기능주의 |

위에서 보듯이 자립적 기능주의(autonomous functionalism)는 Kuno(1980), Prince(1991) 등에서처럼 형식주의자와 마찬가지로 통사론의 자립성을 인정 하면서 통사구조와 담화기능간의 인습적 관계는 인정하는 입장이다. 형식-기 능 혼합주의(mixed formal/functionalism)는 핵기반구구조문법(HPSG), 구문 문법(Construction Grammar) 또는 '의미역(theta roles)' 또는 '의미역 기준 (theta criterion)'과 같은 의미적 개념을 도입하는 Chomsky의 원리-매개이론 (Principle & Parameter Theory) 등에서처럼 형식적 범주와 자질뿐만 아니 라 기능적 범주와 자질을 인정하면서 형식주의와 기능주의 간의 차이를 좁 히고 있는 입장이다. 유형적 기능주의(typological functionalism)는 Givón (1995), Thompson(1991) 등에서처럼 성격상 기능적인 문법의 보편적 자질 과 자의적인 언어특정적 자질 사이를 구분하면서 2가지 특성을 모두 고려하 는 입장인 반면에, 극단적 기능주의(extreme functionalism) 통사론에서 자의 성과 자족성을 모두 거부하는 입장이다.

## 3.3. Scale로 본 기능주의

우리는 이미 §3.1에서 형식주의와 기능주의의 언어관의 특징을 협의와 광의 의 의미 모두 합쳐 19가지로 대립시켜 정리해 보았다. 그런데 Butler

(2003:29)는 현존하는 주된 기능문법의 여러 유형을 구분하기 위해 보다 기능적인 문법과 보다 덜 기능적인 문법의 정도를 가리기 위해 아래와 같이 7가지 기준을 제시하고 있다.

(25) a. an emphasis on language as a system of human communication (in social and psychological contexts), (의사소통 체계로서의 언어)

b. rejection of the claim that the language system (or grammar) is arbitrary and self-contained, in favor of functional explanation in terms of cognitive, socio-cultural, psychological and diachronic factors, (언어/문법의 기능적 설명)

c. rejection of the claim that syntax is a self-contained system, in favor of an approach where semantic and pragmatic patterning is regarded as central, with syntax, ..., regarded as one means for the expression of meanings, which is at least partially motivated by those meanings, (의미론/화용론의 중심성)

d. recognition of the importance of non-discreteness in linguistic classfication and, more generally, of the importance of the cognitive dimension, (범주의 비단절성)

e. a concern for the analysis of texts and their contexts of use, (담화의 사용)

f. a strong interest in typological matters, and (유형적 고려)

g. the adoption of a constructionist rather than an adaptationist view of language acquisition. (언어습득의 구문적 견해)

위의 기능적 자질들은 이미 <도표 1>에서 언급한 특징들 중 각각 (1), (6), (9), (15), (13), (16), (14)에 해당되는 자질들이며 Butler는 위의 7가지 자질 중 특히 첫 3가지 즉, a, b, c 항(<도표 1>의 1, 6, 9 항에 해당)은 기능주의의 성격을 가장 잘 나타내는 '절대적으로 중심적인(absolutely central)' 자질로 보았다. 따라서 그는 다음에 보이는 6가지의 (구조-)기능문법[11])의 유형이 얼마나 기능주의의 성격을 강하게 띠느냐를 밝히기 위해 위의 7가지 자질들을 이용하고 있다.

(26) 기능문법의 6가지 유형

    a. Kuno(1980), Prince(1991)등의
       '생성적 기능주의(Generative Functionalism: GF)'

    b. Dik(1978, 1994)의
       '기능문법(Functional Grammar: FG)'

    c. Van Valin(1993a, 1993b)의
       '역할-지시 문법(Role & Reference Grammar: RRG)'

    d. Halliday(1978, 1994)의
       '체계-기능문법(Systemic Functional Grammar: SFG)'

    e. Givón(1995a, 1995b) 등의
       '미국 서해안 기능주의(West Coast Functionalism: WCF)'

    f. Langacker(2008)의
       '인지문법(Cognitive Grammar: CG)'

---

11) Butler(2003:30)은 Van Valin(1993b:2)의 견해에 따라 그냥 기능문법이라 하지 않고 기능주의에도 극단적인 기능주의와 형식주의에 가까운 극단적인 기능주의 사이에 있는 중도의 입장에 있다는 의미로 '형식' 즉, '구조'와 '기능'이라는 용어를 둘 다 사용하여 '구조-기능문법(structural-functional grammar)'이라는 용어를 사용하고 있다. 그러나 본고의 취지는 언어적인 입장이 아니라 협의의 통사론적인 입장에 있기 때문에 극단적인 기능주의가 아니라 당연히 구조-기능문법과 같이 중도적인 입장에 있다. 따라서 본고에서는 '구조(적)'이라는 수식어 없이 그냥 '기능문법' 또는 '기능통사론'이라는 용어를 사용할 것이다. 다음 <도표 3>에서 보듯이 이러한 중도적 입장에 있는 6가지 기능문법 간에도 기능주의적 성격에 정도의 차이가 있다고 본 것이다.

<도표 3: 기능적 자질에 의한 기능문법 유형 비교>

|  | 의사소통 체계 | 언어/문법의 기능적 설명 | 의미/화용 중심 | 담화적 고려 | 인지적 고려 | 유형적 고려 | 구문주의적 언어습득 |
|---|---|---|---|---|---|---|---|
| GF | X | X | X | ○ | X | ?X | X |
| FG | O | O | O | △ | △ | O | △ |
| RRG | O | O | O | ○ | ○ | O | O |
| SFG | O | O | O | O | ○ | ○ | O |
| WCF | O | O | O | O | O | O | △ |
| CG | O | O | O | ○ | O | ○ | ○ |

O : 절대적으로 중심적인 자질임.

△ : 자신들의 주의(tenet)로 표방하고 있으나 거의 이러한 연구가 거의 없거나 최근에 이루어지고 있는 실정임.

○ : 일부 연구에는 존재하나 거의 묵시적으로 사용함.

X : 전혀 중심적인 자질이 아님.

위 <도표 3>의 결과를 보면, 생성 기능주의를 제외한 나머지 기능문법은 핵심적인 3가지 기능주의적 자질 즉, 의사소통체계, 언어/문법의 기능적 설명, 의미/화용 중심이라는 자질을 수반하고 있음을 알 수 있으며 이 중 WCF가 가장 많은 수의 기능주의적 자질을 가지고 있는 것으로 Butler는 분석하고 있다. 이러한 결과를 가지고 기능문법의 유형을 등급화해 보면 다음과 같다.

(27) 기능주의의 등급(scale)(Butler 2003:60)

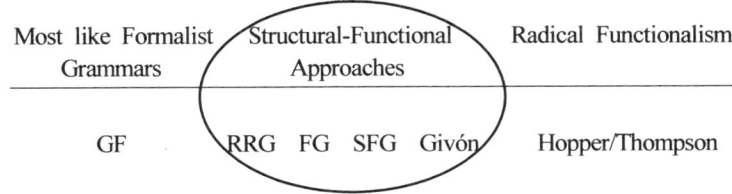

위 도식에서 보듯이 Butler는 생성적 기능주의를 기능문법으로 분류하기는

하나 <도표 3>에서 보인 자질로 볼 때 가장 형식주의 문법에 가까운 유형이고 미국 서해안 기능문법주의자들 중 Hopper & Thompson(Hopper 1987, Hopper & Thompson 1980, 1984 등)은 극단적인 기능주의[12]에 가까운 것으로 분류될 수 있다고 보고한다. 따라서 이 들 중간의 중도 입장에 놓인 것은 역할-지시 문법, 기능문법, 체계-기능문법, Givón의 기능문법이다.

## 3.4. 기능문법의 주요 관심 분야

기능문법이 갖는 특징 중의 하나는 문법형식과 의미/기능 간에 긴밀성이 유지되는 관계를 전제로 한다는 점이다. 이러한 '도상적(iconic)' 관계 설정은 기능적, 인지적 관점에서 비롯된다. 즉, 언어의 본질적 기능이 의사소통이라는 점과 언어구조는 일차적으로 개념구조에서 출발한다는 점이다.

　기능문법이라는 틀 내에서 이루어 온 연구의 특징은 다음과 같은 주요 기능언어학자들의 연구 성향을 보면 알 수 있다.

(28) Bolinger(1977) & Yule(1998)

　　a. 'one form – one meaning' principle (Bolinger 1977: x)

　　b. "There is no difference in form without some difference in meaning." (Bolinger 1977: vii)

　　c. correspondence between linguistic distance and conceptual distance (Yule 1998:8)

---

12) Hopper(1987, 1998)가 주창한 선천적으로 타고나는 한정된 규칙 체계로서의 '선험문법(A Priori Grammar)'과 반대되는 개념으로 후천적으로 경험에 의해 습득되는 '경험문법(Emergent Grammar)'이다. 이 경험문법에서 구조는 담화에서 파생되는 것으로 자연발생적 담화에서 재발하는 상투적 패턴의 집합이며 문법은 이해와 의사소통의 원천이 아니라 담화적 욕구의 결과로 나온 부산물로 그 때 그 때 '발생하고(emerge)' '진화(evolve)'라는 것으로 보았다.

(29) Wierzbicka(1988)

    a. <u>Syntax is semantically motivated</u>.

    b. Her grammatical semantics: a radically semantic approach to syntax and morphology

(30) Givón(1984) & Haiman(1985a, 1985b):

Grammar adopts <u>iconicity principles</u>, or "principles which govern natural form-function correlations."

(31) Dixon(1991):

This approach depends on <u>the interrelations of grammar and meaning</u>.

(32) Levin(1993):

<u>The syntactic behavior of verbs is semantically determined</u>.

(33) McCarthy(1991) & Celce-Murcia & Olshtain(2000)

    a. <u>Discourse-sensitive/oriented approach to grammar</u>

    b. "Phenomena such as word-order choices, tense-aspect choices, and use of special grammatical constructions are in fact <u>pragmatic, discourse-level choices</u> that speakers and writers make." (Celce-Murcia & Olshtain 2000: 68)

위에 나타난 학자들의 연구 경향을 정리하면, 기호라는 언어의 본질적 특징 상 의사소통의 기능성과 인간언어의 도상성(iconicity) 특징 때문에 문법형식 의 출현은 의미에서 그 동기를 찾을 수 있고, 특히 동사의 통사적 행위는 그 동사의 의미적 특징에서 추론할 수 있으며 많은 문법범주나 문법현상이 담 화적 요인에 의해 선택된다는 입장에서 연구되어 졌음을 우리는 알 수 있다.

따라서 기능문법이 접근하는 연구방법으로 다루어지게 되는 연구 분야는 주로 다음과 같다.

(34) a. 문법형식 결정 및 선택에 영향을 미치는 문법의 외재적, 기능적 원리
및 요인
b. 기능적인 외재적 설명적 요인의 경쟁 관계
c. 문법 현상과 도상성 원리; 의미구조와 문법구조 간의 상관관계
d. 문법형식이 담화 맥락에서 갖는 담화적 기능; 담화 맥락과 문법형식
간의 상관관계
e. 논항교체(argument alternation)와 동사의 의미자질(semantic features)
간의 관계
f. 동사의 의미자질과 그 보문구조의 선택
g. 문법범주의 등차성 문제
h. 인지적 요인과 문법형식 간의 상관관계
i. 인지적 관점과 담화상의 고려

이상과 같이 제3절에서는 문법의 양대 접근법을 비교한 후 특히 기능주
의 문법이 추구해온 연구방법과 연구 특징을 비교하는 과정에 여러 종류의
기능주의 문법을 확인하고 이들 간의 정도의 차이를 확인하였다. 아울러 나
머지 부분에서는 지금까지 기능주의 문법이 연구해 왔고 앞으로 연구되어져
야 할 향후 연구과제(특히 34g-34i)등이 무엇인지에 대해 간략하게 살펴보았
다.

# 4. 문법적 설명의 외재적 동기

## 4.1. 내재적 동기와 외재적 동기

문법구조나 문법 현상의 '설명(explanation)'에 대해서 Newmeyer(1998: 96)
는 두 가지 성격의 설명이 있음을 지적하고 있다. 즉, 문법/구조 내적인 규칙

이나 원리가 문법성 또는 문법적 사실을 설명하는 것으로 보는 형식주의의 '내재적 설명(internal explanation)'과, 문법/구조의 외적인 화용적 원리나 담화 및 사회언어적 보편성에 의존하여 이들을 설명하는 것으로 보는 기능주의의 '외재적 설명(external explanation)'으로 구분한다. 다음의 예로서 이 둘을 구분해 보자.

(35) a. *It is unclear who John to see.
　　 b. *Mary is been liked by Sue.

위의 (35a)가 비문인 이유는 다른 어떠한 구조 외적인 설명보다 Chomsky GB-이론의 '격여과(the Case Filter)'13)라는 원리로 간단히 설명될 것이며 이를 '내재적 설명' 또는 '형식적(formal) 설명'이라 부른다. 그러나 (35b)는 like라는 동사가 타동사라 구조적으로 수동문이 되지 못하는 이유를 대기는 힘들다. 이 경우는 구조 내적 이유보다는 타동성(transitivity)의 의미-담화적 성격과 연관되는 행위자성(agentivity)이나 피영향성(affectedness) 등과 같은 요인들의 총체의 정도가 문법성에 영향을 미친 것으로 설명해야 할 것이다.14) 이 경우를 두고 '외재적 설명'이라 일컫는다. 특히 후자의 경우는 전자처럼 선천적 언어능력을 인정하지 않기 때문에 이 능력은 더 일반적인 인지학습능력의 일부라 그 자체에서 이와 연관된 선천적 언어 규칙이나 원리 자체를 찾을 길이 없다. 따라서 (형태-)통사적 현상은 통사 외적인 '기능적' 요인인 화용적 원리나 담화 및 사회언어적 보편성에 의존하여 '설명'할 수밖에 없다.15)

---

13) "The Case Filter: *NP if NP has no phonetic content and has no case."(Chomsky 1981: 49).
14) 타동성의 의미-담화적 성격에 대해서는 Hopper & Thompson(1980: 252)과 김두식 (2009c: 299)을 참조할 것.
15) 따라서 이러한 종류의 설명을 '기능적(functional)' 설명이라고도 명명한다. 그러나

Newmeyer(1998), Haiman(1985b, 2008), Haspelmath(2008)등은 문법이 문법 내적인 규칙에 의해 설명되겠지만 만일 문법 외적인 기능적 요인에 의해 설명/결정되어야 한다면 어떠한 요인들이 있을 수 있으며 이러한 외재적 설명의 동기들 중에서 경쟁력이 있는 동기에 대해 논의를 하고 있다. Newmeyer는 선천성(innateness), 문장 처리/분석 효과(processing/parsing effects), 도상성(iconicity), 원형 범주화(prototype-categorization), 정보 흐름(information flow), 텍스트 빈도(text frequency), 경제성 효과(economy effect) 등과 같은 외재적 동기를 제시하면서 이 중 선천성, 원형 범주화, 정보 흐름, 텍스트 빈도, 경제성 효과라는 요인은 문제가 많거나 입증하기가 쉽지 않아 설득력이 없는 것으로 취급하며 단지 '도상성'과 '문장 처리/분석 효과'16)라는 두 요인만은 문법적 설명을 하기에 신빙성이 있는 동기로 설명하고 있다.17) 그러나 Newmeyer는 결국 도상성도 문장 처리/분석 효과로 환원시킬 수 있다고 말한다. 그것이 사실이라면 다시 거꾸로 환원해 보아도 옳은 것 같다. 즉, 문장처리나 문장분석을 위해 사용하는 책략이 도상성이라고 말할 수 있을 것이다. 이러한 동인들의 경쟁과 관련하여 일련의 논쟁에서 맨 먼저 Haspelmath(2008)은 도상성보다는 빈도라는 동인이 더 경쟁적이라는 주장을 펴자 Croft(2008:49)은 "빈도라도 상대적인 것과 절대적인 것의 구분이 필요하며 그 중 절대적 빈도의 결과로 나오는 것이 경제성 효과"라고 말한다. 한편 이에 Haiman(2008)의 반응으로서 "대부분 관찰되는 문법적 사실

---

Hyman(1983: 68), Newmeyer(1998: 96)와 같은 학자들은 formal이 갖는 이중성(즉, 구조적 의미 및 수학적 의미) 때문에 'formal vs. functional'이라는 용어 대립을 사용하지 않는다.

16) Newmeyer(1998: 130)는 '텍스트 빈도'와 '경제성 효과' 라는 요인은 결국 문장 처리/분석 효과라는 요인으로 환원될 수 있어 중심적인 요소로 취급하지 않고 있다.

17) Newmeyer(1998: 127)는 이러한 신빙성의 기준으로 (1)정확한 형식화, (2)인과관계, (3)유형적 결과와 같은 조건을 달아 판단한 것으로 말하고 있으나 특히 첫째와 셋째 조건은 형식주의(및 보편문법)가 추구하는 방법이기 때문에 그렇게 일반적이고 균형적인 기준이라고는 말할 수 없을 것 같다.

을 설명하기 위해 비록 하나의 결정적 동인(動因: motivating factor)이 단
독으로 작동할 때 더 쉽게 확인된다고 하여 그 단 하나의 동인만을 찾는 것
은 잘못된 일"(p.35)이라고 말 속에 우리는 여러 경쟁하는 동인을 인정하는
것이 좋을 듯하다. 예들 들면, Haiman(1985b)에 따르면, 도형상의 제한성
때문에 이름/기호 대신에 첨삭 부호(diacritics)등이 사용되듯이 언어도 의사
소통상의 매개체의 제한성 때문에 도상성을 어기고 경제성을 이용할 수밖에
없는 사정을 밝히고 있다. 다음과 같은 예문에서 보이는 축소현상의 동기가
'도상적'일 수도 있고 '경제적'일 수도 있다고 지적한다.


    (36) a. red ribbons and white ribbons (p. 117)
         b. red and white ribbons

    (37) a. Max kicked himself.
         b. Max washed (himself).


예문 (36)에서 보면, (36a)문에 등위접속 생략(conjunction reduction) 규칙을
적용시켜 (36b)로 만들 경우, red와 and 사이의 언어적 거리(linguistic
distance)가 줄면서 도상적으로 개념적 거리(conceptual distance)가 준 것으
로 이해된다. 따라서 (36a)의 ribbons는 2개의 개념으로 이해되지만 (36b)의
ribbons는 하나의 개념으로 이해되어 여기서 일어난 축소현상은 '도상적 동
기'를 부여받은 셈이다. 그러나 (37)을 한번 보자. kick과 같은 외향적
(extroverted) 타동사는 주어와 같은 대상을 목적어로 취할 때는 반드시 재귀
대명사가 되어야 하는 반면에, wash와 같은 내향적(introverted) 타동사(예:
shave, bathe, dress 등)의 경우는 그 재귀대명사가 생략될 수 있다. 여기서
일어나는 생략은 도상적 동기를 부여 받지 못하고 wash의 목적어 대상을 세
상 지식(즉, '남이 아니라 자신의 몸/얼굴을 씻는 것이 정상이라는 지식')에
서 예측될 수 있다는 의사소통의 경제적 효용을 위해 재귀대명사를 생략하

는 '경제적 동기'를 부여받은 셈이다. 이러한 경우의 경제성은 도상성을 위배한 것으로 해석한다. 따라서 Haiman(1980, 1985b)의 도상성은 언어에서 하나의 절대적인 '규칙(rule)'이 아니라 강력한 '경향(tendency)'으로 간주되며 이를 어기는 경우는 위의 (36-37)등과 같이 '경제적' 동기로 형성된 축소/생략 구조 등이 이에 해당된다.

## 4.2. 외재적 동기로서의 도상성

자의성(arbitrariness)과는 반대 의미로 사용되는 도상성(iconicity)이란 용어는 기호학은 물론이고 기능-인지언어학 등에서 인정되는 개념으로서 (언어적 또는 비언어적)기호의 형태와 그 의미간의 대응 또는 유사 관계를 지칭하는 것으로 사용되어 왔다. 역사적으로 볼 때 도상성이란 개념은 일찍이 철학적인 문제로서 등장하여 물체와 이름 간의 관계가 자의적(arbitrary)이냐 아니면 필연적/도상적(iconic)이냐에 대해 논의되기 시작한다. 이러한 논의가 체계적으로 된 계기는 Saussure(1916/1983)의 기호 연구인데 그는 언어를 기호(sign)로 보고 기호는 기표(signifier)와 기의(signified)가 자의적으로 결합되는 형태를 갖는 것으로 보았다. 따라서 그에게는 언어체계가 상징이라는 약속체계인 것이다. 그러나 언어가 상징(symbol)인가 도상(icon)인가에 대한 문제는 Peirce(1932)가 기호를 상징, 지표(index), 도상 3가지로 분류한데서 더 구체적인 논의가 전개되었다. 또한 그는 도상을 또 영상(image), 도형(diagram), 은유(metaphor)로 하위 구분하여 영상이 가장 도상적이며 은유가 가장 덜 도상적이라고 하였다.[18) 여기서 Haiman(1985b)은 도형과 영상, 상징을 비교하여 기술하는 과정에 언어구조 및 문법을 도형으로 보았고 언어

---

18) Alexandre Kimenyi는 자신의 학술상 수상강연(award lecture)에서 언급한 기호의 도상성과 싱징성의 발생 순서가 인상적이다: "Signs and structures in their genesis are iconic and later symbols when used universally and frequently." (http://kimenyi.com/Scholarly%20Award.pdf)

의 하위 단위인 단어는 상징으로 보았다. 그래서 그는 "언어 기호라는 것이 그 자체로는 상징적(symbolic)일지 몰라도 이 기호들을 관련시키는 언어 체계나 문법은 도형 도상적(diagrammatically iconic)이다"(p. 10)라고 말한다. 즉, 단어는 상징인 반면에 단어들 간의 문법은 도형적 도상(diagrammatic icon)이라는 말이다. 비언어적 도형(예: 지도, 약도, 막대그림, 악보, 음성표기 등)이 도상이듯이 언어를 도형에 비유한 것이다. 이러한 도형적 도상은 영상 즉, 영상적 도상(imagic icon)(예: 사진, 동상, 표제음악, 의성어 등)과 비교될 수 있다. 다음의 예로서 영상과 도형과 은유를 비교해 보자. 이 세 가지는 고양이의 울음소리('miaow')와 "Veni, vidi, vici"("I came, I saw, I conquered")[19], 영어 단어 'foot'('발' 또는 '(산)기슭')이다(Fischer & Nänny 1999:xxii).

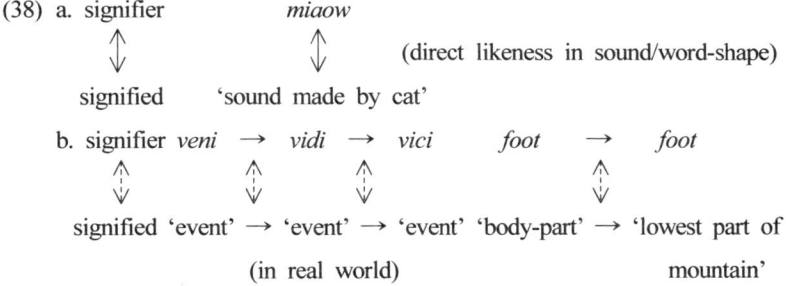

(38) a. signifier           miaow
       ↕              ↕      (direct likeness in sound/word-shape)
     signified    'sound made by cat'

b. signifier *veni* → *vidi* → *vici*     *foot* → *foot*

signified 'event' → 'event' → 'event' 'body-part' → 'lowest part of
        (in real world)                      mountain'

영상적 도상의 예인 고양이 울음에서는 기표(signifier)인 'miaow'와 기의(signified)인 실제 울음소리 간에 직접적인 유사성(사이에 실선 표시)을 볼 수 있는 반면에, 도형적 도상과 은유에는 이들 간에 유사성이 간접적일 수밖에 없다. (따라서 점선으로 표시). 영상은 가능한 전체 모습을 잘 반영하려

---

19) 케자르(씨저)는 로마 원로원(의회)에 승전의 메시지 전문을 이 한 마디로 대신했다. 이 예는 일어난 사건의 순서대로 문장/절의 순서가 결정된다는 사실을 보여주기 위해 가장 많이 사용하는 예이다.

한 것이라면 도형[20]은 전체 모습이야 어찌되었든 그 부분들 간의 관계를 원래 실물과 유사하게 반영하려 한다. 따라서 실물을 그대로 반영하는 정도의 차이에 따라 영상, 도형, 상징으로 구분이 되며 이러한 순으로 유사성에 대한 실질적 반영도가 낮아지게 된다.

도상성은 세상 경험의 구조와 언어 구조 간의 유사성의 개념으로 일찍이 여러 학자들에 의해 주장되어왔다(Osgood & Bock 1977, Clark & Clark 1977, Greenberg 1966, Haiman 1980, Enkvist 1981 등).[21] 예를 들면, Greenberg(1966: 103)와 Haiman(1980: 528)은 언어 요소의 순서는 세상의 물리적 경험의 순서나 지식의 순서와 일치한다고 하였고 Enkvist(1981)는 이러한 양상을 정확하게 꼬집어 '경험적 도상성(experiential iconicism)'이라는 불렀다. 그에 의하면, 경험적 도상성이란 "텍스트 내의 문장들의 순서와 문장 내의 구성소와 절들의 순서는 세상 속의 물체나 경험에서 나오는 순서 즉, 시간적, 공간적, 인과적, 사회조건적 순서와 일치하도록 조정되어 나온다"(p. 77)라고 말하고 있다.

도상성이란 개념은 형태와 의미 간의 자연스런 관계를 지칭하는 말이지만 이 개념은 학자마다 사용하는 동기가 서로 다르다. Haiman(1985b)은 언어학습 책략의 가설로서 제안하는 반면에, Givón(1995b)은 구조형성의 원리

---

20) "도형의 본질은 도형의 부분들 사이의 관계가 도형이 나타내는 개념의 부분들 사이의 관계와 닮았다는데 있으며, 도형의 부분들은 도형이 나타내는 개념의 부분들과 반드시 닮을 이유는 없는 것이다. 다시 말하면, 도형이 실물과 닮았다고 하는 것은 도형을 이루는 부분들이 실물의 부분들과 닮았다는 말이 아니라 도형을 이루는 부분들 간의 관계가 실물을 이루는 부분들 간의 관계와 닮아 서로 간에 연관성이 있다는 말이다." (김두식 2009a: 279).

21) "언어는 사실의 총체인 세계에 대한 그림이다."라는 Wittgenstein(1922)의 '그림 이론 (picture theory)'이라든가, "이야기의 구조는 우리의 경험구조를 반영한다"라고 말한 Carr(1986)의 견해도 이와 유사한 주장들이다. "... the complex structure of narrative represents the manner in which our experience and actions are organized over time."(Carr 1986: 73).

로 제시하고 있으며, Newmeyer(1998)는 문법적 설명의 외부 기능적 요인으로 제시하고 있다. 또 학자마다 '도상성 원리'라는 이름으로 그 수도 다양하게 언급되지만 도상성에 관한 한은 Haiman(1985b)의 설명이 언어적인 관점에서 가장 분석적인 것 같다. 그는 Peirce(1932)의 의견에 좋아 도형의 특징에서 동형성(同型性: isomorphism)과 동기성(motivation)이라는 두 가지 속성을 찾아내어 이 두 속성을 언어 요소들의 체계나 문법이 '도형 도상적'이라는 가설의 근거로 삼을 수 있음을 제안하고 있다. 도형은 평면지도에서 한 점은 반드시 하나의 지명을 가리키게 마련이듯이 언어의 한 형태는 그 한 가지 의미만을 반영하여 구조상의 '일對일' 대응(correspondence) 즉, 동형성을 말해준다. 한편 도형은 평면지도에서 두 점 사이의 거리가 더 먼 경우는 실제로 두 지명 사이의 거리가 더 먼 경우에서 동기를 부여 받아 지도상에 그 거리가 반영되듯이 동기성의 속성이 도형에 존재한다는 것이다. Haiman(1985b: 11, 19-20)의 가설을 근간으로 해 볼 때 동형성(가설)과 동기성(가설)을 다음과 같이 정리해 볼 수 있다.

(39) a. 동형성:
    1) 하나의 형태는 하나의 의미만을 가지며 따라서 동일한 형태는 동일한 의미를 반영하고 다른 형태는 다른 의미를 반영할 것이다.
    2) 문법범주가 다름에도 불구하고 같은 형태로 재발(recurrent)하면 항상 의미/기능이 유사함을 반영할 것이다.
    3) 기존에 주장되어 온 1형태-1의미 또는 1의미-1형태 보존 원리(cf. Anttila 1972:107; Bolinger 1977:x)가 이에 해당될 것이다.
  b. 동기성:
    1) 세상의 실재 경험구조(structure of reality)가 언어구조(linguistic structure)에 반영될 것이다.
    2) 구조적 유사성(structural similarity)을 의미하며 두 언어구조(즉, 문장형태)가 긴밀하게 관련된 의미를 가지면서 최소한으로 대조를 이

룰 경우, 그 의미상의 차이는 그 (문장)형태상의 차이와 일치할 것
이다.

3) 역으로도 가능하여 (문장)형태상의 차이는 그 의미상의 차이와 일
치할 것이다.

다시 말하면, 동형성은 주로 형태-어휘적 수준에 적용되어(Itkonen 2004:
21) 형태(F)와 의미(M)간의 일對일 대응관계 즉, 1형태-1의미 일치 관계로
써 <F1/F2 ⇆ M1/M2>로 정의내릴 수 있다. 다시 말하면, F1이라는 형태로
나타나면 항상 M1이라는 의미를 지니고, F2라는 형태로 나타나면 항상 M2
라는 의미를 지닌다는 관계를 말하는 것이다. 예를 들면, 하나의 형태소(예:
-able 등)나, 하나의 단어(부정사 to 든 전치사 to 든 'to')나 하나의 일정한
어순 형태(예: 의문문 등 여러 구조에서 나타나는 '주어-조동사 도치(SAI)')
는 각각 그것에 맞는 하나의 의미만을 가지며 경우에 따라서 이러한 각각의
형태가 동일하게 재발되어 나타나면 그것에 맞는 동일한 의미로 사용되려는
강한 언어의 경향을 보인다고 보는 경우이다.22) 한편, 동기성은 문장이나 문

---

22) 김두식(2009a)은 만일 동형성이 1형태-1의미 일치 관계로 볼 경우 Haiman의 견해를
따라 다음과 같은 지적을 하고 있다. "동의성(synomyny)(즉, 여러 형태가 같은 한 의
미를 가지는 경우)과 동음/동형이의성(homonymy)(즉, 하나의 같은 소리/형태가 각기
다른 의미를 가지는 경우), 다의성(polysemy)(즉, 하나의 형태가 여러 다른 의미를 가
지는 경우)의 경우는 동형성 즉, 동형적 도상성을 정면으로 위반하는 경우가 된다. 그
러나 Haiman(1985b: 14)은 이에 대해 동의성, 동음/동형이의성 같은 어휘현상은 엄
격한 의미에서 본다면 존재하지 않거나 역사적(즉, 차용)으로 설명할 수 있으며 다의
성 같은 경우는 또 하나의 동형적 도상성의 특징인 위 (39-a-2) 즉, 문법적으로 다른
범주인데도 같은 형태로 재발(recurrent)한다면 의사소통 기능상으로도 유사함을 보인
다"(p. 19)는 사실로 도상성으로 설명이 가능하다고 보았다. 다의성의 예를 한번 들어
보자.

(1) a. Mary doesn't know if it will rain today.

b. If it had been otherwise, I would have told you.

법 체계 수준에 적용되는 것으로서(Itkonen 2004: 22) 한편으로는 세상적 구조(예: 시간, 거리, 양 등)가 언어구조에 그대로 반영된다는 점과, 다른 한 편에서는 비교되는 두 개의 별도 구조에서 이들 두 구조 간의 구조적(S) 차 이가 의미적/개념적/기능적(M) 차이를 반영하고 또한 그 역도 가능하여 의 미적/개념적/기능적 차이가 구조적 차이를 반영하는 언어적 경향을 말한다. 구조 간의 유사성을 말하기 때문에 <S(A+B) ⇆ M(A+B)>로 표시할 수 있 겠다. 즉, 'A+B'로 구성된 구조(S)는 그 순서나 크기나 거리 면에서 'A+B' 의 개념을 그대로 반영하는 의미/기능(M)을 낳는다고 보는 것이다. 이 두 가 지 가설의 예를 살펴보자.

(40) a. They stayed from Friday night **to** Sunday morning.
b. He wants to sing.

(41) a. You do that, **and** I'll scream.
b. *I'll scream, and you do that.

(42) a. (I have known Harry for many years and) I know him **to be** a honest man.
b. She seems/appears **(to be)** worried.
c. She looks/tastes/smells/feels ø worried/*to be worried.

---

c. Had you known of this before Marvin came?
d. Had it been otherwise, I would have told you.

위 예문 (1)에서처럼 if가 (간접)의문과 조건에 혼용됨에 따라 (직접)의문의 표지인 주 어-조동사 도치(SAI)가 if에서처럼 혼용되어 조건문에서도 사용되고 있는 다의성 현상 을 바로 두 번째 동형성의 정의에서 나오는 재발현상으로 볼 수 있다는 것이다."(p. 281)

동형성 가설에 의하면, 전치사 to 든 부정사의 to 든 간에 형태 to는 언제나 to의 하나의 의미일 뿐이다. 다시 말하면 형태 to의 핵심 의미는 '종착점/귀착점'으로서 언제나 출발점을 염두에 두기 때문에 from을 명시적이든 묵시적이든 취하는 것으로 볼 수 있다. 따라서 (40a)의 to는 from을 취함으로써 명시적으로 체류 시작점을 포함하고 있는 체류 귀착점을 나타내는 반면에, (40b)의 to는 항상 from을 출현시키지는 않지만 마음의 출발 상태(즉, '(from) wanting now')를 묵시적으로 포함하는 행위의 귀착점(즉, 'to singing later')을 나타낸다고 말할 수 있다. 이러한 도상성 관점에서는 to가 문법적인 지위가 어떻게 되었든 '종착점'이라는 의미를 반영하는 것으로 간주되는 것이다. 동기성 가설에 따르면, (41)의 예문의 경우 세상에서 일어날 수 있는 사건의 경우 그 순서가 (41a)와 같기 때문에 이 순서를 언어구조에 반영될 수밖에 없다고 보는 것이다. (42)의 경우도 우리의 개념, 인식, 지각 행위 간의 세상적 경험이 서로 다른 데서 언어구조가 다른 것이다. 즉, 'looking/ tasting/ smelling/ feeling'와 같은 완전한 지각행위는 'seeming'과 'appearing'처럼 지각을 가미한 인식 행위보다는 그 반응이 더 즉각적인 만큼 언어구조간의 거리가 더 좁혀져 반드시 'to be' 없이 사용된다는 사실, 또 'knowing/realizing' 등과 같은 순수한 개념동사들은 이들 지각동사들보다는 더욱 더 시간이 지체되어 반응을 보이기 때문에 반드시 'to be'를 넣어 사용한다는 사실에서 세상의 두 경험구조 또는 두 개념구조 간의 차이가 두 언어구조 간의 형태 차이를 낳는 동기성 가설을 반영하고 있다고 말할 수 있다.

동형설 가설은 보편적인 반면에 동기성 가설은 그렇지 못하며 또한 후자는 전자보다 덜 추상적이다(Fischer & Nänny 1999: xxiv-xxv). 특히 동기성 가설은 그 자체의 명칭에서 암시하듯이 세상 경험 속에 반영될 수 있는 체험적 요소들 예를 들면 실제적 거리(및 이에 부합되는 개념적 거리)나 (사건의) 순서, 메시지의 양, 복잡성과 같은 요소들이 동기화되어 비교되는 두 경험구조의 상대적 차이에서 그 언어구조의 차이를 알 수 있다는 도상성 가설이자 원리이다. 도상적 도형의 대부분은 동기성 즉, 동기적 도상성의 유형에 속하며 인지언어학에서 자주 사용되는 '스키마(schema)'도 바로 사실상 동기적 도상성의 한 예이다(Van Langendonck 2007:400). Givón(1985a: 188)은 특히 '동형성' 개념을 '도상성' 개념의 전제 개념이자 정의에 들어갈 필수부분이라고 보고 있고 Hiraga(1994:8)는 동형성을 동기성의 한 특별한 경우로 간주하고 있다. Hiraga는 동기적 도상성이라는 이름대신에 '구조적 도형(structural diagram)'이라는 이름을 사용하면서, '통합적(syntagmatic)' 관계를 유지하는 것으로 본 반면에 동형적 도상성은 '관계적 도형(relational diagram)'이라는 이름을 사용하면서 '계열적(paradigmatic)' 관계를 유지하는 것을 보았다(p. 7).

대부분의 기능, 인지언어학자들은 도상성의 두 기본 속성 중 거의 동기성 즉, 동기적 도상성에 초점을 맞추어 기술 또는 제안해 왔다. 의미/개념/경험 구조와 언어 구조가 서로 긴밀하여 서로 간에 자연적인 유추 또는 대응 관계를 이룸으로서 비언어적 요인들이 동기가 되어 자연스럽게 언어적으로 반영되어 나타나게 된 것이다. 이러한 동기적 요인 즉, 동인(動因)에 대해 그들이 제시 또는 제안하고 있는 것들을 정리하면 다음과 같다.

(43) a. 주요 동인: 거리, 순서, 양(또는 복잡성), 독립성
     b. 기타 동인: 영역, 대칭성, 범주화

대부분 학자들이 주요 동인으로 언급하고 있는 것은 '거리', '순서', '양(또는 '복잡성'), '독립성'인데 나머지 것들은 도상성의 영향력이 떨어지는 경우로서 이러한 동인들과 관련하여 학자들이 제안하고 있는 도상성 원리에 대한 명칭은 다양하다.23) 그러나 가끔씩 동인들 간의 구분이 모호하거나 중복

---

23) 'iconicity'란 단어를 '도상성'이란 명칭 외에 다르게 임지룡(1995)등은 한 때 '동형성'

되는 경우도 있다. 이를 주요 동인별로 도상성을 동기성과 동형성으로 구분하여 정리하면 다음과 같다.[24] (관련 언급 학자는 Haiman 1985b, Givón 1985, Newmeyer 1998, Hiraga 1994, Langendonck 2007, Haspelmath 2003, 김두식 2009a 등이다.)

<도표 4: 동인별 동기성(동기적 도상성)의 종류>

| 동인 | 도상성 | | |
| --- | --- | --- | --- |
| | 동기성 | 동형성 | |
| | Motivation Hypothesis | Isomorphism Hypothesis | Haiman |
| | structural diagram; syntagmatic relation | relational diagram; paradigmatic relation | Hiraga |
| | iconicity as syntagmatic isomorphism | iconicity as paradigmatic isomorphism | Haspel-math |
| | iconicity of motivation | isomorphism | Fischer & Nanny[25] |
| | 언어-세상의 유사관계 (줄여서, <S(A+B) ⇆ M(A+B)>) | 1형태-1의미 일치 관계 (줄여서, <F1/F2 ⇆ M1/M2>) | 김두식 |
| | structure-concept iconicity | | Newmeyer |
| 거리 | conceptual distance (Haiman); social distance (Haiman) | | |
| | the proximity principle (Givón) | | |
| | iconicity of distance (Newmeyer); principle of distance (Dirven & Verspoor) | | |
| | local proximity iconicity (Hiraga) | | |
| | iconicity of distance in syntactic patterns (Langendonck) | | |

이란 이름으로 번역하여 사용하기도 했다.

24) 주요 동인이 못되는 나머지 동인에 따른 동기성(또는 동기적 도상성)의 학자별 명칭은 다음과 같다.

'영역' 동인: iconicity of scope (Newmeyer, Haspelmath)
'대칭' 동인: conceptual symmetry (Haiman); (a)symmetrical iconicity (Hiraga)
'범주화' 동인: iconicity of categorization (Newmeyer); categorial iconicity (Hiraga)

| | | | |
|---|---|---|---|
| | principle of simple adjacency<br>(← word-order iconicity)<br>(Langendonck) | | |
| | iconicity of adjacency<br>(Haspelmath) | | |
| | iconicity of cohesion<br>(Haspelmath) | | |
| | 인접 원리(closeness principle)<br>(김두식) | | |
| 순<br>서 | sequential order principle<br>(Givón);<br>principle of sequential order<br>(Dirven & Verspoor) | | |
| | iconicity of order (Newmeyer) | | |
| | linear iconicity (Hiraga) | | |
| | word-order iconicity<br>(Langendonck) | | |
| | iconicity of sequence<br>(Haspelmath) | | |
| | 선형순서원리<br>(linear order principle) (김두식) | | |
| 양<br><br>또는<br><br>복<br>잡<br>성 | conceptual complexity (Haiman) | | |
| | conceptual closeness (Haiman) | | |
| | the quantity principle (Givón);<br>iconic principle of quantity<br>(Dirven & Verspoor) | | |
| | iconicity of complexity<br>(Newmeyer) | | |
| | quantity iconicity (Hiraga) | | |
| | iconicity as correspondence of<br>markedness/complexity<br>(Haspelmath) | | |
| | 양의 원리(quantity principle)<br>(김두식) | | |
| 독<br>립<br>성 | conceptual independence<br>(Haiman) | | |
| | the proximity principle (Givón) | | |
| | iconicity of independence<br>(Newmeyer) | | |

| | iconicity of distance in syntactic patterns (Langendonck) | | |
|---|---|---|---|
| | iconicity of cohesion (Haspelmath) | | |
| | 인접 원리(closeness principle) (김두식) | | |

이제 우리는 각 동인별로 동기적 도상성의 정의와 관련 예들을 살펴보기로 한다.

### 4.2.1. 인접 원리(← '거리' 동인)

'거리' 라는 동인에 의해 결정되는 '인접 원리(closeness principle)'는 주로 다음 4가지 세부 원리로 구성된다.

> (44) a. (개념적 인접) "공간적/시간적/개념적 거리는 형식적(언어적) 거리와 일치한다. 그 역도 마찬가지이다." (Haiman 1983, 1985b; Givón 1985; Newmeyer 1998; Dirven & Verspoor 1998; Hiraga 1994; Langendonck 2007; Haspelmath 2003 등).
> b. (구조적 인접) "개념적으로 가까운 요소들은 형태적으로 결합하여 구조관계(수식관계, 보충관계 등)를 형성한다." (김두식 2009a)
> c. (직시상황적 인접) "화자의 '직시적(deictic)' 발화장면(즉, 'here/now/ me')으로부터 멀어질수록 언어적 표현이 길어짐." (김두식 2009a)
> d. (사회적 거리) "더 공손함이 요구되는 상황일수록 대응하는 표현은 길어진다." (Haiman 1985b)

먼저, 인접원리 중 개념적 인접을 예문으로 살펴보자.

---

25) Fischer & Nänny(1999:xxii)는 도형적 도상을 구조적인 것과 의미적인 것으로 구분하고 이 중 구조적인 것이 도상성에 해당되며 의미적인 도상은 은유(metaphor)에 해당되는 것으로 보고 있다.

<개념적 인접(conceptual closeness)>

(45) a. He was <u>shot **to** death/ shot Ø dead</u>.

    b. He was <u>sentenced **to** death/*sentenced Ø dead</u>.

      (=from being sentenced to death)


예문 (45a)에서는 전치사 to의 출현 여부에 따라 의미 차이가 나며 (45b)에 서는 반드시 to가 나타나야 한다. (45a)를 동기성으로 설명하면, 비교하는 두 언어구조의 차이(구체적으로 shot와 death 간의 언어적 거리와 shot와 dead 간의 언어적 거리 간의 차이)를 의미적, 개념적 차이로 본다는 것이다. 역으로 말하면, he가 총에 맞는 순간과 죽음의 순간 간에 시공의 차이가 나는 것으로 개념화하여 인식하기 때문에 언어적 표현에서도 이러한 차이를 반영할 수밖에 없다는 것이다. 이러한 이유 때문에 (45b)의 사형선고의 경우는 사형선고 시기와 형 집행의 시기와는 시공으로 차이가 나기 때문에 to 없이 사용하면 비문이 되는 것이다.


<구조적 인접(structural closeness)>

(46) a. He urged that she be <dismissed> <secretly>. (≒ b, = c)

    b. He <urged her dismissal> <secretly>. or He <urged> <secretly> that she be dismissed.

    c. He urged her <secret> <dismissal>.


위 (46a)의 부사 secretly는 개념적으로 동사와 긴밀하여 주절에 멀리 있는 동사 urged를 수식할 수 없고 바로 앞에 놓인 동사 dismissed를 수식하는 것으로 보아야 한다. 따라서 이 문장의 의미는 (46c)와 같지 (46b)와 같은 의미는 발생하지 않는다. 이것은 부사와 동사간의 개념적 인접이 구조적 인접관계 즉, 수식관계를 낳는다고 볼 수 있다.26)

---

26) 그런데 아래 a-문장 (즉, 위 46b-문장) 대신에 다음 b와 같은 문장은 왜 비문이 될까?

<직시상황적 인접(deictic-situational closeness)>

(47) a. I will see him **ø** <u>next week</u>.

    b. The last thing I said to him was that I would see him **<u>the next</u>**
       <u>week</u>.

(48) a. <u>Good night</u>!

    b. **<u>Have a</u>** <u>good night</u>!

위 문장 (47)과 (48)에 있는 각 쌍의 문장은 각각 정관사 the와 'have a'의 유무의 차이를 보이며 이러한 차이가 하나의 도상성 원리인 '직시상황적 인접'으로 설명이 가능하다. 즉, 이것은 전자의 경우 '다음주'라는 시점이 직시적 상황 즉, now로부터 판단하여 '다음주'냐 아니면 now로부터 떨어진 어느 시점으로부터 판단하여 '그 다음주'라고 말한 것이냐에 따라 더 멀어져 있는 상황이 도상적으로 더 길어진 표현을 요구하여 the가 첨가된 것이며, 한편 후자의 경우, '잘 자!'라고 말하는 장면이 직시적 상황 즉, now-here에서 판단하여 now-here냐 아니면 now-here로부터 더 멀어져 있느냐에 따라 더 멀어져 있는 장면이 도상적으로 더 길어진 표현을 요구하여 'have a'가 첨가된 것이다. 따라서 어느 누가 손님을 초대했다가 늦은 시간에 귀가하도록 그 손님을 배웅을 하려할 때 그 손님은 자기 집으로 돌아오는데 30분 이

---

이 현상을 '구조적 인접'으로 설명이 가능하다.

    a.  He <urged her dismissal> <secretly>. (= 46b)

    b.  *He <u>urged</u> <secretly> <u>her dismissal</u>.

즉, 동사와 목적어는 서로가 필수적인 존재라 '보충관계'를 이루기 때문에 '구조적 인접' 원리에 의해 수의적인 요소를 가지는 (46a)의 'dismissed'와 'secretly' 간의 수식 관계보다는 더 구조적으로 긴밀하여 더 가까이 붙어 있어야 한다. 따라서 이러한 '구조적 인접'이라는 도상성 원리 때문에 위 b가 비문이 된 것이다.

상이 걸려 그 후에 잠자리에 들어야 하는 장면일 경우 문간에서 헤어지면서 그냥 'Good night!' 하는 것은 부자연스러우며 'Have a good night!'라고 해야 자연스러울 것이다.

<사회적 거리(social distance)>
(49) a. Open the door, please.
   b. **Could you** open the door, please?
   c. **I'd appreciate it very much if you** could open the door.

위에서 보듯이 화자가 청자와의 사회적 관계, 지위에 따라 각각 다르게 표현될 것이다. 즉, 그들의 친밀도에 따라 사이가 친구일 경우 (49a)를 사용하겠지만 손위 또는 전혀 낯설거나 공식적인 상황으로 공손도를 점점 높여야 할 상황이면 (49b)에서 (49c) 쪽으로 사용해야 할 것이다. 이것은 청화자 간의 사회적 거리 즉, 공손도의 정도가 도상적 동기가 되어 문장의 거리에 영향을 미친 경우로 볼 수 있을 것이다.

그런데 동인 중 독립성(또는 개별성) 요인은 학자들마다 약간씩 다르게 이 요인이 별도로 취급되기도 하고 '거리의 원리'의 하위 원리로 취급되기도 하지만 본 글에서는 거리와는 별도의 동인으로 취급하여 다룰 것이다. 우선 정의와 관련 예를 들어보자.

## 4.2.2. 독립성 원리(← '독립성' 동인)

'독립성/개별성' 이라는 동인에 의해 결정되는 '독립성 원리(independence principle)'는 다음과 같이 정의되며 관련 예문으로 이어진다.

(50) 독립성 원리
   "개념적으로, 시공간적으로 별도의 한 개체나 사건은 언어적으로 하나의 별도의 표현으로 독립되어 나타난다." (Haiman 1983. 1985b; Givón

1995; Newmeyer 1998; Langendonck 2007; Haspelmath 2003)

(51) a. "Harry is **not** happy." vs. "Harry is **un**happy."

    b. "the **light**house ∀ keeper" vs. "the **light** ∀ housekeeper"

(52) a. She **let go** of the knife.        (공동 어휘화(co-lexicalized))

    b. She **let** him **go** home.        (원형 부정사)

    c. She **told** him **to leave**.        (to-부정사)

    d. She **wished** that he **would** leave.     (가정법 보문)

    e. She **knew** that he **left**.        (직설법 보문)

    f. She **said**: "He **left**"         (직법화법 보문)

'독립성 원리'로 위 (51) 예문을 설명하면, (51a)에서 부정 요소 not과 -un 중 not은 하나의 단어로서 별도로, -un은 형태소로서 happy에 의존하여 한 단어에 통합되어 나타나는데 이는 독립성 원리에 의해 전자는 그 옆의 is 나 happy와는 독립해서 의미를 가지며 후자에서는 happy에 의존하여 해석을 하게 된다. 따라서 'is not happy'는 '행복하지는 않다'라고, 'is unhappy'는 '불행하다'라고 해석해야 할 것이다. (51b)에서는 'light'가 공간적으로 독립 해 있느냐 어느 한 단어에 통합되어 있느냐에 따라 각각 '가벼운 가정주부' 또는 '등대지기'로 해석될 것이다. 한편 (52)를 살펴보면 (52f)에서 (52a)로 올라올수록 두 절 간의 통사적 통합성이 강함을 볼 수 있다. 다시 말해서 (52f)에서 (52a)로 올라올수록 두 절이 하나의 절로, 두 개의 의미상 주어가 하나의 주어로 통합되어 단일 절로 인식됨을 알 수 있다. 따라서 이러한 문 장들 간의 차이는 "주절의 명제와 보문절의 명제 간의 언어적 거리가 가까 울수록 혹은 통사적 통합성(syntactic integration) 정도가 강할수록 이들 두 사건 간의 의미적 유대(semantic bond)가 강해진다"(Givón 1990: 516)는 동 기적 도상성으로 설명을 할 수 있다. 그런데 (52b-52f) 사이에서 우리는 주절동사와 보문절 동사 간의 상대적 언어적 거리에서 개념적, 기능적 차이를 엿볼 수 있지만 (52a-52b) 사이에는 언어 형태의 독립성 및 의존성에서 이 개념적 독립성 및 의존성을 엿볼 수 있다. 그렇다면 (52)의 일련의 예문에서 점진적으로 관찰할 수 있는 하나의 현상에 대해 (52b-52f)는 (43)의 '거리'라는 동인에 의한 '인접 원리'로서, 반면에 (52a-52b)는 바로 위의 '독립성'이라는 동인에 의한 '독립성 원리'로서 각각 달리 설명되는 불편함이 발생한다. 어쨌든 문제가 되는 이것을 해결하기 위해서는 우리는 이처럼 두 원리의 명칭 모두를 사용하여 마치 각기 다른 현상처럼 보일게 아니고 '인접 원리'라는 명칭을 사용하되 이에 (50)의 '독립성 원리'를 포함하는 것으로 그 정의나 적용의 범위를 넓히면 일괄적으로 설명이 될 것 같다. 물론 Givón(1990) 자신도 '근접의 원리(the proximity principle)' 라는 이름을 사용하기는 하지만 '독립성 원리'의 성격도 반영하면서 (52)의 현상을 설명하고 있기도 하다.[27)

이제 동인 중 순서 요인이 동기가 되어 도상적으로 언어의 순서에 미친다는 '선형순서의 원리'의 정의와 관련 예를 들어보자.

## 4.2.3. 선형순서의 원리(← '순서' 동인)

'순서' 라는 동인에 의해 결정되는 '선형순서 원리(sequential order principle)'는 주로 다음 2가지 세부 원리로 구성된다.[28)

---

27) Haspelmath(2003:5)은 '거리 원리'와 '독립성 원리'의 성격을 합친 개념으로 다음과 같이 '응집적 도상성(iconicity of cohesion)'을 주장하고 있다: "(I) claim: if two structures occupy different positions on the *cohesion scale* "X *w* Y – X Y – X-Y – Z" (function-word expression, juxtaposition, boundness, portmanteau expression) and differ in conceptual distance and/or conceptual independence, then the more cohesive structure shows less conceptual distance and/or independence."

28) 김두식(2009a:285-294)은 선형순서원리의 세부 원리로 '시공간' 순서, '정보성' 순서 외에, '무표성(또는 현저성)' 순서, '화자 먼저' 순서, '영향권' 순서, '중요성(또는 긴

(53) a. (시공간 순서 원리) "문장의 어순은 문장과 관련된 사건의 시간적, 공
간적 순서와 일치한다." (Enkvist 1981, Givón 1985, Newmeyer
1998, Dirven & Verspoor 1998; Hiraga 1994, Langendonck 2007,
Haspelmath 2003, 김두식 2009a 등)

b. (정보순서 원리) "긴요한 정보일수록, 예측가능한 정보일수록 문두에
오는 경향이 있다." (Givón 1985, 김두식 2009a 등)

<시공간 순서 원리(spatio-temporal principle)>

(54) a. He **shot** and **killed** her. vs. *He **killed** and **shot** her.

b. "He woke up <u>to find her gone</u>." vs. "*<u>To find her gone</u>, he woke
up."

c. You will need a score of at least 85% <u>to pass the test</u>.

c'. <u>To pass the test</u>, you will need a score of at least 85%.

d. in a/both **before and after** (vs. *<u>after and before</u>) context
(<u>전후</u>/*<u>후전</u> 맥락에서)

위의 (54a-54b)에서 행동이나 사건의 발생 순서대로 기술되지 않은 표현은
비문이 되어 있다. 그러나 (54c-54c')에서는 실제 행동/사건의 순서라기보다
는 논리적 관계(즉, 목적달성과 요건 간의 관계)이기 때문에 시간 순서의 원
리가 적용되지 않아 to-부정사의 발생이 문두나 문미 모두 가능하다. 그리고
(54d)는 실제 장면에서 시간 및 공간적인 순서에 영향을 받아 '전-후'의 순
서로 언어화됨을 보여주고 있다.

<정보순서 원리(information order principle)>

(55) a. (중립적) John milked <u>the goat</u>.

b. (대조적 화제화) He milked the cow, but **the goat** he wouldn't milk.

c. (초점화) It's **the goat** that John milked./ **What** did John milk?

---

급성)' 순서, '무게' 순서, '논리/경험' 순서를 제안하고 있다.

위의 (55b-55c)는 (55a)의 목적어 the goat를 문두로 옮긴 예로서 여기서는 담화상에서 담화자들 간에 친숙하거나 긴요한 정보를 먼저 들려주기 위해 그 정보의 언어적 표현을 문두로 옮겨 화제(topic)나 초점(focus)으로 삼고자 하는 담화장치 즉, 각각 화제화와 초점화가 적용된 문장들이다. 이러한 담화 장치는 실제 담화 세계의 담화적 책략을 도상적으로 언어구조 속에 반영시킨 예가 되겠다.

## 4.2.4. 양/복잡성의 원리(← '양/복잡성' 동인 또는 '거리' 동인)[29)]

'양' 또는 '복잡성'이라는 동인에 의해 결정되는 '양/복잡성 원리(quantity/complexity principle)'는 다음과 같이 정의되며 관련 예문으로 이어진다.

(56) a. (양의 원리) "더 많은, 더 중요한, 덜 예측가능한 정보일수록 더 많이 기호화될 것이다."(Givón 1995b, Haiman 2000[30)], Lakoff & Johnson 1980[31)], Dirven & Verspoor 1998; Hiraga 1994, 황규홍, 2009, 김두

---

29) '복잡성 원리'는 상황에 따라 '거리'의 도상성의 하위 원리인 '개념적 인접'으로 전환해 볼 수도 있고 '양의 도상성의 '양의 원리'로 전환해 볼 수 있어 학자들끼리도 원리의 명칭을 달리 사용하기도 하고 관련 인용의 예들이 혼용되기도 한다(Haiman, Newmeyer, Givón 등). 즉, 곧 나올 (58)의 예문에서도 볼 수 있듯이 다시 만나게 될 기간이나 가능성 등의 차이가 이들 예문들 간의 차이를 반영하는데 이러한 차이를 '복잡성'의 차이에 초점을 맞출 것인가, 아니면 복잡성에 따른 문장의 '양'(즉, 길이)의 차이에 초점을 맞출 것인가, 아니면 'I'와 'You'의 만날 가능성의 시간적, 공간적 '거리'의 차이에 초점을 둘 것인가에 따라 각기 다른 도상성 원리의 명칭을 사용할 수 있을 것 같다.

30) Haiman(2000)도 '양의 원리'와 유사한 개념으로 다음과 같이 기술하고 있다: "The more abstract the concept, the more reduced its morphological expression will tend to be. Morphological bulk corresponds directly and iconically to conceptual intension."(p. 283).

31) Lakoff & Johnson(1980)은 "MORE OF FORM IS MORE OF CONTENT"라는 개념으로 다음과 같이 말하고 있다: "Linguistic expressions are CONTAINERS and

식 2009a 등).

b. (복잡성 원리) "형태상으로 복잡하면 개념적으로도 복잡하다."(Haiman 1985b, Newmeyer 1998, Haspelmath 2003 등).

<양의 원리(quantity principle)>

(57) a. "He ran." vs. "He ran *and ran*."

b. "I tapped the table."(단일 행위: 완료) vs. "I was tapping the table." (반복행위: 미완료)

c. "John drank **the beer** in a hurry." vs. "John drinks ø a lot."

<복잡성 원리(complexity principle)> (→ '개념적 인접')

(58) a. See you again.

b. I hope to see you again.

c. I wish I would see you again.

위의 (57)에 나타난 예는 실제 경험의 세계에서 행위의 양이 동기가 되어 언어구조 속에 반영되어 어휘나 구조의 양이 늘어났음을 보이고 있다. 그러나 (58)에서는 서로 헤어지는 사람들 간에 실제로 일어나는 작별인사의 상황이 (58a-58c) 사이에 복잡성의 측면에서 차이가 나는데 이 또한 동기적 도상성으로 설명이 가능하다. 즉, (58a)가 친한 사이에서 그것도 곧 또 만날 지도 모르는 상황에서 쉽게 작별인사로 발화된 경우라면 (58b)와 (58c)는 각각 담화자들 간의 사회적 관계뿐만 아니라 재회의 시간적 간격이나 재회의 가능성이 더 먼 것으로 판단될수록 (58b)에서 (58c) 쪽으로 사용하게 될 것이다. 이처럼 담화자 간의 상황적 복잡성이 클수록 언어적으로 더 복잡하여 단문에서 비한정적(nonfinite) 보문절을 수반하는 단문으로, 마지막에는 한정적 (finite) 보문절을 가지는 복문으로 사용할 수 있다. 이러한 세상-언어 유사성

---

their meanings are the content of those containers."(p. 127).

이 복잡성이라는 동기에 의해 설명이 되지만 관점에 따라서는 '거리'라는 동인으로 설명하는 (44a)의 개념적 인접의 예로 취급될 수도 있을 것이다.

### 4.2.5. 영역의 원리(← '영역' 동인)

'영역'이라는 동인에 의해 결정되는 '영역의 원리(scope principle)'는 다음과 같이 정의되며 관련 예문으로 이어진다.

> (59) 영역의 원리
> "한 언어적 요소가 동사를 중심으로 다른 요소보다 더 앞이나 또는 더 뒤에 놓일수록 그것이 미치는 시공간적, 의미적 영역(또는 '영향권(sphere)')이 더 넓다."(Newmeyer 1992[32]), Haspelmath 2003, 김두식 2009a)

> (60) a. You (must (not (do it))). (= (oblige (NOT (do it))) = 금지)
> b. You do(n't (have to (do it))). (= (NOT (oblige (do it))) ≒ 불필요)

> (61) a. I was ((in Honolulu) **in 1976**). (→ [[place] time])
> b. (In 1976 (I was in Honolulu)).
> c. *I was **in 1976** in Honolulu.
> d. ?In Honolulu I was in 1976.

위 (60)의 예는 언어구조에서 보인 법성과 부정 요소의 순서의 차이가 의미 해석의 차이를 반영함을 보인다. 그래서 (60b)처럼 의미가 강한 단어 'have to' 앞에 not이 온 경우는 그 단어의 강한 의미적 특성 때문에 그 앞에서 부정으로 수식해도 그 강한 힘이 반발하여 마치 'not always'에서처럼 전체부

---

32) Newmeyer(1992:763)는 이 원리에 대해 단순히 양화사와 부정요소 만의 영역에 대해서만 언급하고 있는 것 같다: "So in English, if one quantifier or negative element precedes another, it is generally interpreted with wider scope ..."

정(total negation)이 되지 못하고 부분부정(partial negation)이 되어 (60a)처럼 '금지'의 뜻이 아니라 '의무적이지는 아님'(즉, '꼭 하지 않아도 됨')의 의미로 사용되어야 한다. (61)은 개념적으로 더 넓은 영역으로 인식되는 시간의 표현일수록 더 넓은 영역의 언어 위치 즉, 문두이거나 문미 위치에 나타나야 함을 보이고 있다. 그래서 (61c)와 (61d)처럼 그렇지 못한 경우는 비문이나 비문과 같은 판단을 하게 될 것이다.

## 4.2.6. 대칭의 원리(← '(비)대칭' 동인)

'대칭'이라는 동인에 의해 결정되는 '대칭의 원리(symmetry principle)'는 다음과 같이 정의되며 관련 예문으로 이어진다.

(62) 대칭의 원리
"개념적으로 대칭을 이루는 두 대상은 언어적으로도 대칭을 이룬다."
(Haiman, Hiraga 등)

(63) a. "Max and Harry are similar." vs. "Harry and Max are similar."
b. "Max is similar to Harry." vs. "Harry is also similar to Max."
... 상호동사 (resemble, meet 등)

(64) a. "The more he eats, the fatter he gets." vs. "The fatter he gets, the more he eats."
b. "He dreamt while he slept." vs. "*He slept while he dreamt."
(figure vs. ground)

세상의 경험에서 대칭을 이루는 행위나 개념 A, B가 있을 경우 그것이 동인이 되어 그러한 대칭성이 언어구조 속에서도 나타남을 보여주고 있다. 따라서 언어구조의 어순에서도 대칭을 이루는 것으로 'A + B'의 순서나 'B +

A'의 순서 모두 큰 차이 없이 사용될 수 있는 것이다. 특히 (64b)는 (64a)와
는 달리 두 행위가 대칭을 이루지 못하는 '전경'과 '배경'의 관계라 주절, 종
속절의 내용이 뒤바뀔 수 없음을 알 수 있다.

## 4.2.7. 범주화 원리(← '범주화' 동인)

'범주화'라는 동인에 의해 결정되는 '범주화 원리(categorization principle)'
는 다음과 같이 정의되며 관련 예문으로 이어진다.

(65) 범주화 원리
　　"언어의 범주화는 세상을 범주화로 개념화하는 방식과 일치한다."
　　(Newmeyer 1998:117, Hiraga 1994:12-13 등)

(66) <u>John</u> broke <u>the window</u>. (S ⟹ agent, O ⟹ patient)

(67) a. Mika <u>rode a horse</u>. ('몰았다')
　　b. Mika <u>rode **on** a horse</u>. ('탔다')

(68) a. 'look for' vs. 'find'
　　b. 'hit at' vs. 'break'
　　c. 'kick at' vs. 'send'
　　d. 'stab at' vs. 'kill'

범주화라는 동인이 도상성에 작용되면, 세상 경험에서 행위의 주체나 객체로
구분되는 세상의 범주가 언어구조에서도 그대로 반영되어 (66)에서처럼 특
히 능동구문에서 각각 '행위자(agent)'는 주어 위치에 '피행위자(patient)'는
목적어 위치에 나타난다는 것이다. (67)과 (68)에서는 대상/객체가 요구되어
타동적 행위로 범주화된다고 할지라도 그 행위의 양상(aspect)이 '과정

(process)'에만 거치는 행위로 범주화되느냐 아니면 '결과(result)'를 낳아 '영향을 받는(affected)' 행위로 범주화되느냐에 따라 (67a)나 (68)의 오른편 어휘들처럼 타동사로 사용되느냐 아니면 (67b)나 (68)의 왼편 어휘들처럼 전치사가 개입되는 자동사로 사용되느냐가 결정된다. 다시 말하면 전자의 대격 (accusative case)과 후자의 사격(oblique case)의 형태적 구분은 세상적 경험에서 나오는 '완성(accomplishment)'의 여부나 '피영향성(affectedness)'의 여부와 같은 개념적 구분에서 나온다는 것이다(김두식 외 2009b:151).

## 5. 문법구조의 외재적 설명

본 절에서는 거의 도상적 관점에서 문법구조의 형성, 결합, 배열, 변형을 기능적으로 설명하고자 한다.

### 5.1. 문법구조의 형성과 의미의 차별성

도상적 관점에서는 문법 범주나 문법구조가 취하는 형태는 이들 자체에서 보다 이들이 지니는 의미적, 개념적 동인에 의해 결정된다고 본다. 따라서 본 소절에서는 의미/개념과 언어형태간의 동기적 도상성에 기인하여 '개념적 대립(conceptual opposition)'이 '언어형태상의 대립(formal opposition)'을 낳는 경우로 우선 개념적 대립 예를 들면, '실제성' 대 '비실제성', 그리고 '일시성' 대 '지속성', '완결성' 대 '비완결성', '인과성'의 여부, 인과성의 '직접성' 대 '간접성' 등 서로 '이분법적으로 대립(binary opposition)'되는 문법범주를 낳는 사례를 살펴보고[33) 뒤이어 문법구조의 형성과 관련하여 구조관계나 구문(construction)의 형성이 도상성과 어떠한 연관성이 있는가를 보여주고자 한다.

---

33) '이분법적 대립'을 문법에 적용한 이론적 근거(즉, 고맥락/저맥락 언어 간의 도상적 차이)와 그 적용 예들을 더 살펴보기 위해서는 김두식(2011b)을 참조할 것.

## 5.1.1. '실제성' vs. '비실제성'

동기적 도상성에 따르면, 세상의 일/사건이 '실제적(actual)'이냐 아니면 '비실제적(non-actual)'이냐에 따른 이분법적 구분이 우리의 뇌에서 개념화되어 대립된 후 실제 언어 속에 대립되는 표현이나 구조로 나타난다고 볼 수 있다.

<서법조동사와 본동사의 구분>

(69) a. He **lives/lived** in America.　　(실제)

　　 b. He **may/might go** to America.　　(비실제)

서법조동사의 경우 아무리 과거형의 시제를 취하고 있다하더라도 실제 과거 시간을 나타내지 못하며 이 때의 '과거형'의 의미는 '비실제'의 의미에서 '더 불확실함'이라는 개념적 의미를 나타낼 뿐이다(Yule 1998:96).

<동명사/원형부정사/현재분사와 to-부정사의 구분>

(70) a. **Waiting** has been a mistake.

　　 b. **To wait** would have been a mistake.

　　 c. *To wait has been a mistake. (Bolinger 1977:13)

(71) a. With the fog **helping me**, there wasn't any danger of being seen.

　　 b. With no one **to talk to**, John felt miserable.

위 예문 (70)에서 보듯이 동명사와 to-부정사 간의 차이는 관점의 차이이다. 즉, '기다림'의 의미를 실제성에 바탕을 두고 있느냐 아니면 잠재성(즉, 앞으로의 가능성)에 바탕을 두고 있느냐에 달려있기 때문에 그 뒤를 따르는 동사의 표현들에 서법조동사의 존재여부에 차이가 나서 to-부정사가 주어로 온 경우가 서법조동사와 같이 나타나는 것이 더 자연스러운 것이다. (71)의 경우는 앞으로의 가능성에 염두를 두고 있는 맥락이 to-부정사의 사용을 결정하게 된다.

<보문절 함의의 유무 차이>
(72) a. I asked <u>him **to** help her</u>.
     b. I saw/made <u>him **ø** help her</u>.

도상성 관점에 의하면, 위의 밑줄 친 보문절(complement clause)이 실제 장면에서 실제로 행동이 실현되었다는 의미를 함의하고 있는지의 여부가 언어구조에 반영되어야 한다. 따라서 'V + him'의 구조와 'help her'의 구조 사이에 부정사의 to가 나타나 간격이 벌어진 (72a)와는 달리, 그 사이에 원형부정사가 나타나 거리 간격이 없어진 (72b)만이 '실행/이행'이라는 함의적 의미를 갖는 것이다.

## 5.1.2. '일시성' vs. '항시성/지속성/일반성'

동기적 도상성에 따르면, 세상의 일/사건이 '일시적(temporary)'이냐 아니면 '항시적(permanent)'이냐에 따른 이분법적 구분이 우리의 뇌에서 개념화되어 대립된 후 실제 언어 속에 대립되는 표현이나 구조로 나타난다고 볼 수 있다. 이러한 대립은 아래 (73)에서 보듯이 영어의 문법상(grammatical aspect) 즉, 단순상과 진행상의 구분에서 볼 수 있다.

<문법상(단순상과 진행상)의 구분>
(73) a. My parents **live** in Boston. They have lived their all their lives.
     b. **I'm living** with some friends until I find an apartment.

항시적 행위는 (73a)처럼 단순상으로 언어화되며, 일시적 행위는 (73b)처럼 진행상으로 구조화된다.

## 5.1.3. '완료성' vs. '미완료성'

동기적 도상성에 따르면, 세상의 일/사건이 '완료된(complete)' 것이냐 아니면 '미완료된(incomplete)' 것이냐에 따른 이분법적 구분이 우리의 뇌에서 개념화되어 대립된 후 실제 언어 속에 대립되는 표현이나 구조로 나타난다고 볼 수 있다. 이러한 대립은 아래 (74)에서 보듯이 영어의 문법상의 구분은 물론 (75-76)의 어휘상(lexical aspect: 지속 및 완료)의 구분에서도 볼 수 있다.

<단순상과 진행상의 구분>
(74) a. I **walked home** after the party last night.　(단순상: 완료)
　　 b. I **was walking** home when I met Dave.　(진행상: 미완료)

<어휘상(지속/완료동사)의 구분과 until/by의 구분>
(75) a. I will <u>wait</u> until/*~~by~~ ten o'clock.
　　 b. Can you <u>finish</u> the work by/*~~until~~ tomorrow.

(76) a. I've known her since I('ve) <u>lived</u> in this street.
　　 b. Since we <u>came</u>/*~~have come~~ here, we have had many friends.

위 (74)에서는 완료된 행위는 단순상으로 언어화되고 미완료를 의미할 경우는 진행상으로 표현됨을 알 수 있다. (75)에서 보면, 미완료의 의미를 띠는 지속동사 wait는 전치사 until과 연어관계(collocation)를 이루는 반면에, 성취(achievement)의 의미로서 완료의 의미를 함의하는 순간동사 finish는 도리어 '종료' 의미의 by와 연어관계를 이루고 있음을 알 수 있다. (76)에서는 시간의 부사절 since-절이 보통은 과거시제를 취하지만 현재완료를 취할 수 있는 경우는 지속성을 지니는 '과정(process)' 동사와 함께 나타났을 때에 한하며 완료를 나타내는 동사 come과는 공기가 불가능함을 알 수 있다.

<(전치사 수반) 자동사와 타동사의 구분>

(77) a. #He **found** <u>his lost dog</u>, but he didn't find it. (#: 부적절한 맥락임을 의미함)

    b. He ***looked for*** <u>his lost dog</u>, but he didn't find it.

(78) a. He rushed at the star and **pushed** him *into the water*.

    b. She ***pushed*** *at* him *but he wouldn't budge*. (김두식 2009b:147)

이러한 '완료/미완료'의 구분이 위의 find와 같은 순수 타동사와 look for와 같은 '전치사 수반 동사(prepositional verbs)' 또는 push at와 같은 '시도동사(conative verbs)'의 구분 간에도 적용된다(김두식 2009b, 2009c 참조). 즉, (77b)와 (78b)에서 전치사의 출현이 순수 타동사의 경우와는 달리 목적어인 대상의 추구 행위가 성취되지 못했음을 함의하고 있다.

## 5.1.4. 인과성(causativeness) 여부와 능격동사

동기적 도상성에 따르면, 세상의 일/사건이 인과관계로 경험될 경우 그러한 관계가 언어구조 속에 그대로 반영된다는 것이다. 아래 능격동사의 의미적 자질이 사역성(causation)과 깊이 관련되어 있음을 볼 수 있다(김두식 2009a, 2009b).

(79) a. **John** <u>broke</u> the vase. (능격동사: [+causative] → 79c)

    b. He <u>caused the vase *to break*</u>. (≒ (a))

    c. The vase <u>broke</u>.

(80) a. **Mary** <u>read</u> the book. (비능격동사: [-causative] ⇸ 80c)

    b. *Mary <u>caused the book *to read*</u>.

    c. *The book <u>read</u>.


(81) a. John killed his fiancee.

    b. John <u>caused his fiancee *to die*/\*~~kill~~</u>.

    c. *His fiancee <u>killed</u>.


위 예문들에서 보면 break라는 동사는 능격동사(ergative verb)이기 때문에 (79c)에서 보듯이 타동문의 목적어가 자동사의 주어 위치로 와서 자동사로 사용가능하나 read라는 동사는 이렇지 못하다. 그 이유는 (79b)와 (80b)에서 보듯이 break 동사는 사역성이 있지만 read라는 동사는 사역성이 없기 때문이다. 다시 말하면, break동사의 경우는 주어 자신의 직접적인 의도적인 행위가 아니라도 다른 것이 원인이 되어 간접적으로 부서지는 결과가 나올 수 있지만 read의 경우는 전적으로 주어의 의식적인 인지활동에 의해서만 일어날 수 있는 행위이기 때문이다. 그러나 (81)의 경우는 보통 문헌에서 (81b)처럼 우언적 사역형(periphrastic causatives)으로 풀어쓰기를 할 수 있는 것으로 되어 있지만 놓치지 말아야 것은 이것이 break동사와는 달리 cause 뒷부분의 to-부정사에 오는 동사를 원래 동사인 kill로 하지 않고 die로 바꾸었기 때문에 풀어쓰기가 가능했지 (79b)처럼 원 단어(즉, kill)로 했다면 풀어쓰기가 불가능하다는 사실이다. 따라서 kill의 경우는 순수한 의미론적 관점에서는 사역의 의미가 아니며 정확하게 말하면 주어의 자의적인 의도에 의해 일방적으로 이루어지는 행위이기 때문에 이러한 진정한 사역성이 결여되어 있기 때문에 (81c)처럼 능격동사로의 전환이 불가능한 것이다. 다시 말하면 능격동사의 의미 자격으로 합당한 자질인 '자연발생성(natural spontaniety)'와 '비행위자성(nonagentivity)'과 같은 자질이 kill에는 없어 능격동사로 사용 불가능한 것이다(김두식 2009b: 124-25; 김두식 2009c:

313-14).

## 5.1.5. 인과성의 결과의 '직접성/간접성' 여부

도상성 관점에서 보면, 인과 행위가 직접적이냐 간접적이냐에 대한 구분이 세상 경험에서 이루어지듯이 이러한 구분이 언어구조 속에 반영될 수밖에 없는 것이다. 아래의 예문에서 사역동사의 보문절에 원형부정사가 아니라 to-부정사가 나타난 경우는 이들 사이가 원형부정사의 경우처럼 긴밀하게 서로 붙어있는 것이 아니라 to가 그 사이를 벌리고 있는 만큼 도상적으로 현실세계에서 그러한 간격만큼 벌어진 행위로서 간접성을 나타낸다고 말하는 것이다.

> <사역/비사역 동사 구분과 원형/to-부정사의 구분>
>
> (82) a. I helped him ø mount his stamps.　　　　　(직접 도움)
>
> b. Give Mary a job, and help her to get into college.　(간접 도움)
>
> (83) a. I let them ø go.　　　(방임: 직접적)
>
> b. I allowed them to go.　　(허가: 간접적)
>
> (84) a. Dr. Smith had his nurse ø take the patient's temperature.
>
> 　　　　　　　　　　　　　　　　　　　　(바로 실행)
>
> b. Susie got her son to take the medicine even though it tasted terrible.
>
> 　　　　　　　　　　　　　　　　　　　　(설득 후 실행)
>
> c. Government troops have forced the rebels to surrender.
>
> 　　　　　　　　　　　　　　　　　(강요 후 실행 불투명)

각 예문의 오른편 주석에서 보듯이 이들 구조간의 대립은 세상구조나 언어구조 모두 직접 또는 간접의 개념적 대립으로 설명될 수 있다. 특히 (84b)의

get-사역동사의 경우 have-사역동사와는 달리 to-부정사를 취하는데 그 이유는 get-사역동사가 have-사역동사와는 달리 사역자(causer)인 주어가 피사역자(causee)인 목적어에게 사역행위를 하면서 결과를 얻어내는 과정에 소비된 에너지나 시간이 약간 더 요구되었음을 도상적으로 나타내기 위해 to를 더집어넣은 것이다. 다시 말하면, have-사역행위는 사역자와 피사역자 간의 일정한 사역 관계(예: 보모와 주인 간의 고용 행위, 의사와 간호사 간의 사역행위, 이발, 세차 등 돈을 주고 서비스 받는 행위 등에서 나타나는 사역 관계)에서 이루어지기 때문에 시키면 그 자리에서 당장 결과가 이루어진다는 함의를 갖지만, 반면에 get-사역행위는 have-사역행위와는 달리 쉽게 사역당할 관계가 아니라 설득 등으로 시간이나 에너지가 소모된 후에 결과를 성취하였음을 도상적으로 나타내고자 to-부정사가 '결과적 의미'를 반영하면서 나타나게 된 것으로 보는 것이다.

## 5.1.6. 구조관계와 문법성 여부 (by '인접 원리'(→ 구조적 인접)) ... 주술/보충/수식/한정 관계

이미 §4.2.1에서 영어의 구조관계가 '구조적 인접'(예시 번호: 44b, 46)에 의해 결합되는 양상을 잠깐 예시한 적이 있다. 즉, 개념적으로 가까운 요소들은 형태적으로 결합하여 구조관계(수식관계, 보충관계 등)를 형성한다. 본 소절에서는 이러한 '구조적 인접' 원리를 어기면서 결합된 경우 비문법적인 결과를 초래하게 됨을 보이고자 한다.

<보충관계(complementation relation)>
(85) a. Set your goal **high**/*highly.
　　 b. "Pull your belt **tight**." vs. "Hold **tightly** to my hand."

<수식관계(modification relation)>

(86) a. The longer he stayed, 1) <the **more sullen**> he became.

                  2) *the more he became sullen.

   b. The **totally**/*total deaf cannot hear even the loudest of noises.

위 (85)는 소위 '결과구문(resultative construction)'[34)에 속하는 구문으로서 우리말로 번역할 경우 'high'와 'tight'가 부사로 해석될 지라도 구조적으로는 그 앞에 나타난 목적어의 보어 기능을 하고 있음을 확인할 수 있다. 즉, (85a)에서 'high'의 의미는 "Your goal is high"의 의미처럼 명사와 연관되는 것이지 "set highly" 또는 "high setting"의 의미처럼 동사와 연관되지 않는다. 달리 이야기하면, 이 때의 'high'는 형용사 형태를 띰으로서 부사적으로 사용된 것이 아니라 형용사적으로 사용되어 명사의 보어 역할을 하고 있다. (85b)에 나타난 "Put your belt tight"의 'tight'도 마찬가지이다. 그러나 "Hold tightly to my hand"의 'tightly'는 부사의 형태를 띰으로써 그 앞의 동사와 연관되어 "Holding tightly" 또는 'tight holding'처럼 부사적 기능을 하고 있는 것이지 그 뒤의 명사 my hand와는 무관하다. 수식관계를 보이는 (86)의 예를 한번 살펴보면, 이 경우는 '(정도)부사+형용사' 간의 구조적 인접 때문에 (86a-2)처럼 more와 sullen이 떨어져 있어도 안되며 (86b)처럼 형용사인 deaf가 또 하나의 형용사인 total의 수식을 받으면 수식관계를 어겨 결합될 수도 없는 것이다.

## 5.1.7. 구문(construction)의 형성과 도상성 (by '동기성 원리')

전통적으로 '구문'이라는 용어는 특정한 구조를 유지하면서 일관성 있는 의미를 보존할 때 사용되며 따라서 전통적으로 관계절, 수동구문, 화제구문 등을 지칭하였으며 어떤 경우에는 전통적인 학교문법의 5 또는 7문형도 포함

---

34) 이 구조의 의미와 용법에 관해서는 노보경(2009)을 참조할 것.

되곤 했다. 이 경우는 거의 동사의 보문구조 또는 논항구조(argument structure)가 '엄밀 하위 범주화(strict subcategorization)'에 의해 결정되는 것으로 보았다. 따라서 다음 (87)의 kick의 경우 타동사라 목적어를 취하고 방향의 전치사구는 수의적으로 취할 수 있을 것이라는 논항구조를 예상할 수 있다. 그러나 (88)의 sneeze의 경우는 이것이 자동사라 (88b)는 제대로 예상하지만 (88c)는 전혀 불가능할 것으로 예상한다(Goldberg 1995: 152-153).

(87) a. Joe kicked the dog.
   b. Joe kicked <u>the dog into the bathroom</u>.

(88) a.  Frank sneezed.
   b. *Frank sneezed the tissue.
   c.  Frank sneezed <u>the tissue off the table</u>.
      (→ Frank caused the tissue to move off the table.)

(89) [SUBJ [V OBJ OBL]] (여기서 OBL은 사격으로서 방향의 전치사구)

그러나 영어구조에서 (89)와 같은 구조가 일정한 의미를 갖고 동사를 달리하여 패턴을 이루면서 반복해서 생산적으로 나타날 수 있다면 우리는 이러한 구조를 두고 구문문법(constructional grammar)에서는 '구문(construction)'이라고 말하며 여기 (89)와 같은 구조를 '이동유발 구문(caused-motion construction)'라 부른다. 따라서 구문문법가들인 Goldberg & Casenhiser (2006) 등은 '이동유발'이라는 개념적 의미가 동기화되어 도상적인 [V OBJ OBL] 구조를 낳는 것으로 보기 때문에 구문을 "형태와 그 의미 (또는 담화) 기능 간의 '인습적인 짝(conventional pairings)'"(p.346)으로 정의내리고 있다.

이러한 인지적 관점에서 보는 견해는 재래식 관점과는 달리 단어에서 관용구, 문장에 이르기까지 구문이 형성될 수 있는 것으로 보며 영어에는 대체로 다음과 같은 주요 구문이 형태-의미 짝을 이루어 도상성을 구현해 보이고 있는 것으로 볼 수 있다.

(90) a. 형태소 결합: un-V
b. 관용구: 'going great guns'
c. 이중목적어 구문: 'Sally baked her sister a cake'
d. 수동구문: 'The house was hit by lightening.'
e. 시간-away 구문: 'Sam slept the whole trip away.'
f. way-구문: 'Emeri sliced and diced his way to stardom.'
g. 비교급-비교급 구문(covariational conditional construction): 'The more chips you eat, the more you want.'
h. NPN 구: day after day
i. 자동사 이동유발 구문: 'The fly buzzed into the room.'
j. 결과구문: 'She kissed him unconscious.'
k. 시도구문(conative construction): 'Sam kicked at Bill.'

## 5.2. 구조의 배열(어순)과 의미변화

본 절은 문법구조들의 배열 위치와 배열 순서를 달리함에 따른 의미변화를 보인다는 사실을 입증해 보이는데 주로 수식구조에서의 수식위치와 수식순서 또는 수식어와 보충어들이 동시에 발생할 경우의 어순에 대한 예가 주를 이룰 것이다.

## 5.2.1. 형용사류(adjectivals)의 전치/후치수식구조

영어의 형용사는 명사를 수식하는 위치에 따라 그 수식의미가 달라짐은 이미 주지의 사실이다(Quirk *et al* 1985:419, 1242). 따라서 형용사처럼 사용되는 다른 구조들 즉, 형용사류(adjectivals)도 마찬가지로 이러한 수식위치와 그에 따른 수식의미가 적당된다(김두식 2009a). 김두식은 기본적으로는 Quirk et al의 생각에 동의를 하면서 이러한 의미제약을 형용사류에 확대하여 제안하고 있다. 김두식에 따르면, 형용사외에도 현재/과거분사, to-부정사, 동명사, 전치사구, 절 등이 수식어(즉, 형용사류)가 되어 명사를 수식하게 될 때 피수식어인 명사의 앞이나 뒤에서 수식을 하게 되어 있는데 이 때 수식어인 형용사류의 위치가 전치나 후치냐에 따라 그 의미가 달라진다는 '수식위치원리(Modifying Position Principle)'를 제안하고 있다(p. 347). 이 원리에 따르면, 형용사류의 경우 다음과 같이 '일반성/일상성/항구성/예측가능성' 대 '특정성/일시성/순간성/예측불가능성'에 따라 피수식어를 중심으로 그 전, 후위에서 수식하게 된다는 것이다(p. 352).

(91)　　　　　　　　　<도표 5: 형용사류의 수식위치별 의미 비교>

| | 전치수식 | 후치수식 |
|---|---|---|
| | the *present* members (현재의) | vs. the members *present* (출석한) |
| 수식위치와 그 의미 | 일반적/일상적/항구적/예측가능 | 특정적/일시적/순간적/예측불가능 |

예를 들어보자.

(92) a. The table **in the corner** was reserved for two Koreans.
(일시적/우연적 위치에 놓인 탁자)

　　b. The **corner** table was laid for an open shelf for display.
(일반적/전문적 '용도'의 탁자)

(93) a. I think it can be pretty dangerous being a taxi driver *as a woman*.
(우연한 여성 운전자)

　　b. Ten minutes later I was out the door, frantically flagging down a

taxi, I saw a *woman* taxi driver, so I smirked and smiled at her. She quickly pulled over. "Where to?" "Central Park."
(전문 여성 운전수)

(94) a. I don't like to eat at this restaurant, for the waiter gave me a steak *rarely cooked*. (설익은 고기)

b. You'll have a relaxing day spending time together in the kitchen and then eating a (fabulous,) *rarely cooked* meal. (드문/귀한 음식)

(95) a. Track/Lane/Gate/Bus/Car/Room/Platform/Flight + 기수 (예측불가능)

b. the + 서수 + volume/page/chapter/lesson/act (예측가능)[35]

수식의미상의 대립에 따라 전후치가 결정되기 때문에, 위 예문 각 (a)속의 밑줄 친 후치수식의 경우는 수식어의 의미로 피수식어의 대상을 떠올리기에는 일상적인, 영구적인 의미가 못되며 단지 어느 일정한 시기와 장소에서 갖게 된 일시적 상태만을 갖게 될 뿐이다. 특히 (95)의 경우, Track, Lane, Gate, Bus, Car, Room, Platform, Flight 등은 일정한 순서가 있어서 그 순서를 예측할 수 있는 것으로 인식되지 않는 대상들이라 필요에 의해 명명을 해야 할 상황이 되면 그 대상의 순서(즉, 서수)가 아니라 번호(즉, 기수)를 부가할 뿐이다. 그러나 volume, page, chapter, lesson, act 등은 일정한 순서

---

35) 그런데 이러한 중심명사가 다음처럼 후치수식으로서 서수와 함께 사용되기도 한다: volume/page/chapter/lesson/act + 기수. 이러한 현상이 나타나는 이유를 우리는 '경제적 효과'에서 찾을 수 있다. 즉, 지면 사정이나 표현의 간결성 또는 문체의 성격(구어, 비격식체)의 이유로 서수가 사용된 전치수식구조 대신에 기수가 사용된 후치수식구조로 사용되기도 한다. 그렇다고 영어 모국어 화자들이 이러한 중심명사를 두고 순서가 없는 것으로 생각하지 않을 것이다. 왜냐하면 이러한 명사는 전치구조를 취한다는 사실을 이미 알고 있을 뿐만 아니라 기수가 나타나는 후치수식구조는 필요에 의해 뒤늦게 대안의 형태로 사용하게 되었음을 인지하고 있기 때문이다.

를 가지고 있는 것으로 인식되거나 일정한 순서가 있을 것으로 예측되는 대상이기 때문에 이들을 가리키기 위해서는 서수로서 전치수식구조를 취하면서 사용되는 것이다.

## 5.2.2. 명사전치구조의 배열순서

명사의 전치구조 속에 나타난 피중심어들 간에도 일정한 순서가 있어 이들의 순서를 바꾸면 비문법적인 경우가 나타나는데 이 또한 이들의 의미적인 속성의 차이 때문에 순서상의 차이를 보이는 것이다.

(96) a. a gas <*cigarette* **lighter**>/ *a cigarette gas **lighter**
        (→ by '구조적 인접')
    b. a thing which <lights cigarette> by gas
        (동사 + 보충어 + 수식어)

(97) a. a small round oak tree         <주관→객관(형태)→객관(종류)>
    b. a charming French writing table  <주관→객관(원산지)→객관(용도)>
    c. a long bamboo fishing pole     <객관: (길이-재료-용도)>

위 (96)에서 보인 어순상의 차이는 그 전치 위치에 나타난 단어들의 성격이 보충어(complement)인지 아니면 수식어(modifier)[36]인지에 따라 순서가 결정됨을 반영하고 있다. 즉, 보충어 cigarette가 중심어와 본질적으로 더 가까워 수식어 gas보다 전후치 상으로 중심어에 더 가까운 위치에 나타난 것이다. (97)에서는 주관성/객관성의 의미에 따라 전치수식상의 순서가 정해지고 객관적이라도 '용도'의 의미가 더 긴밀하여 중심어에 가장 가까이 나타난 것이다.

---

36) 이러한 용도로 사용된 'modifier'란 용어를 통사론에서는 대신에 '부가어(adjunct)'란 용어를 사용한다.

## 5.2.3. 논항교체와 의미 교체

영어의 논항구조는 동사의 의미에 민감하여 대립되는 의미들의 속성 때문에 동사의 논항구조가 영향을 받아 위치변화에 제약을 가하기도 한다. 영어의 탈타동 구문(detransitive construction)에서 볼 수 있는 논항의 변화는 타동사 구문에서 보인 초점의 대상이 자동사 구문으로 전환함에 따라 그 초점의 대상이 달라짐에 따른 현상이다. 즉, 논항의 변화가 의미의 변화를 초래하였으며 역으로 의미의 변화를 기하려면 논항을 변화시키면 된다는 말이며 바로 이것이 도상성 원리의 핵심인 것이다.

우선 아래 (98-100)에서 보듯이, '부분/전체' 간의 대립적 의미와 관련하여 논항의 교체 여부가 차이를 보이기도 한다.

<논항교체 ⇌ holistic/partitive reading>: Levin (1993)

(98) a. Gina filled/*poured the pitcher **with** lemonade.     (holistic)
    b. Gina poured/*filled lemonade **into** the pitcher.     (partitive)

(99) a. Sharon sprayed the plants **with** water.     (holistic)
    b. Sharon sprayed water **on** the plants.     (partitive)

(100) a. The farmer loaded/*dumped the cart **with** apples.     (holistic)
    b. The farmer loaded/dumped apples **into** the cart.     (partitive)

위 예문으로 확인할 수 있는 사실은 fill 동사는 전체적 해석(holistic reading)만을 요구하고 pour나 dump 같은 동사는 부분적 해석(partitive reading)만을 요구하지만 load나 spray 같은 동사는 둘 다 허용하여 전치사구 논항의 성격에 따라 전체적, 부분적 해석의 여부가 결정된다. 여기서 '전체적 해석'이란 직접목적어인 피행위자(patient)의 전면에 영향을 미치는 경우를 말한다. 즉, 물이나 레몬, 사과를 각각 잔이나 식물, 카트에 옮겨 넣은 것이 후자의 전면을 채우느냐 일부에만 채워지느냐에 따라 전체적, 부분적 해석이 구분되어 생겨난다.

다음은 탈타동 구문, 즉 타동사의 자동사 전환구문에서 자동사로의 전환이 동사나 피영향자의 의미적 특성과 그에 따른 초점의 변화와 깊은 관련이 있음을 보이는 예들이다(김두식 2009b 참조).

<탈타동화 ⇌ 탈초점화>

(101) a. John **broke** the vase. (→ 101b: 능격동사): 초점 이동 (탈행위자성)
  b. The vase **broke**./*~~The vase broke the flower~~.
  c. The vase **was broken**/*broke by my cat.

(102) a. Carol **cut** the cheese. (→ 102b: 중간동사): 초점 이동 (행위 → 특성)
  b. That cheese **cuts** well.
  c. *That cheese is cut well/is well cut.

(103) a. They **kicked** the ball. (→ 103b: 시도동사): 완성 vs. 실패
  b. They **kicked at** the ball and missed it, but they didn't seem to care. (http://www.judoamerica.com/coachingcorner/winnerfood.shtml)

(104) a. They are **hunting** deer.
                    (→ 104b: 통합자동사): 특정 행위 vs. 일상 행위
  b. They are hunting **ø**.
  c. They're **chasing** cats/*chasing **ø**.

위 (101)에서 보인 능격동사의 탈타동화(detransitivization) 현상은 (a)가 가지는 행위자적 중심의 해석에서 (c)가 가지는 결과 중심적 해석으로 즉, 인과행위에서 나온 결과로서 어쨌거나 "결과적으로 꽃병이 깨졌음"이라는 해석으로 전환됨을 의미한다. 다시 말하면, (a)문장의 초점인 '행위자'에서 (b)

문장의 초점인 '결과'로 전환됨에 따라 능력으로 나타난 (c)에서는 행위자가 '탈초점'이 된 셈이며 따라서 여기서의 탈타동화 현상은 행위자의 탈초점화 (defocalization)에서 비롯되었다는 사실을 확인할 수 있다. (102)에서처럼 중간동사가 개입되어 탈타동화되는 현상은 (101)처럼 탈초점화 현상이란 점에서는 마찬가지이나 초점의 관점이 다르다. 즉, 타동사 구문인 (102a)에서 행위자가 초점이던 구조가 (102b)에서는 피영향자인 cheese의 특징이 초점이 되는 구조로 전환된 것이다. 다시 말해서 cheese의 특징 때문에 쉽게 잘리는 의미로 말을 할 경우는 (102b)처럼 수동태를 사용하지 않고 중간태(middle voice)를 사용해야 한다는 것이다. 이제 시도동사(conative verbs)라 일컫는 (103)의 경우를 보자. 이 경우는 초점이 행위의 완결/성공에 있느냐 미완/실패에 있느냐에 따라 각각 타동사나 시도동사가 선택됨으로써 초점의 전이가 구조의 전이를 낳은 경우이다. 특히 이 경우는 도상성이 잘 반영되는 경우로서, 타동사와 목적어 간의 언어적 거리가 좁은 예(즉, 103a)가 행위의 완결/성공을 뜻하는 반면에, 이들 간의 언어적 거리가 at의 존재 때문에 멀어져 있는 (103b)는 행위의 완결/성공의 가능성이 멀어져 행위의 미완/실패를 뜻하게 된다. 마지막 (104)는 타동사 구문에서 보이는 특정 행위(즉, 사슴사냥)에 대한 초점이 자동사 구문으로 바뀌면서 그 초점이 일상 행위(즉, 사냥)로 바뀜을 알 수 있다. 이와 같이 (101-104) 사이에서 살펴 본 각 탈타동사별 탈타동화 현상은 각기 성격을 달리하는 초점에 대한 탈초점화를 도상적으로 반영한 통사 현상으로 판단된다.

## 5.2.4. 구조변형과 의미적 제약

문장에서 구조상의 변형은 4가지 즉, 첨가(addition), 생략(omission), 이동/재배열(movement/ rearrangement), 그리고 대치(substitution)의 의미를 부여하기 위해 이루어진다. 본 절에서는 이러한 구조의 변형이 제각기 의미상의 제약을 가지는데 이러한 의미상의 제약은 도상성의 동인에 의해 발생하는 것임을 보일 것이다.

먼저, 첨가 현상으로 한 구조에 어떤 언어적 요소가 첨가됨으로써 파생 구조를 낳는 경우인데 파생구조의 의미는 기본구조의 의미에 첨가된 요소의 의미만큼 더해진 의미를 반영할 것이다. 우선 다음 세 구조를 보자.

(105) a. He desired **nothing but** <u>to succeed</u>.
     b. She did **nothing but** <u>complain</u> the whole time she was here.
     c. She enjoyed **nothing but** <u>going</u> shopping.

겉으로 보기에 위의 세 구조의 공통점은 모두 nothing을 목적어로 취하고 그 다음에 but이 왔다는 점이고, 특이점은 nothing 다음에 서로 다른 동사형 즉, -to-부정사, 원형 부정사, -ing 형을 취하고 있다는 점이다. 그러나 무엇보다도 궁금하게 만드는 것은 꼭 같이 nothing but을 겹으로 취하고 있으면서도 그 다음은 왜 모두 다른 동사형으로 연결되느냐 하는 점이다. 그러나 이러한 사실을 해결하려면 이미 지적한 공통점의 관점에서 출발하면 아무런 해답을 구하지 못한다. 해답을 구하기 위해 김두식(2005)은 일단 위의 구조를 모두 nothing but을 기본형에 끼워 넣은 첨가 변형으로 분석하고 있다. 즉, wh-분열문(*wh*-clefts)처럼 문장을 동사의 위치에서 전후로 갈라놓고 그 갈라진 두 요소 앞에 각각 what과 be를 끼워 넣듯이, 위의 세 문장도 동사를 전후로 가르고 그 사이에 nothing but을 끼워 넣는 but-분열문(*but*-clefts) 변형을 제안하고 있다.37) 이와 같은 과정은 아래 각 예문은 (b)와 (c)에서

---

37) 여기서 문장을 갈라놓고 왜 그 사이에 nothing but을 끼워 넣었는지에 대한 동기와 정당성에 대한 것은 김두식(2005: §3.2)이나 김두식(2009: §12.3.2.7)을 참조할 것. 사실 이유도 없이 nothing but이 통째로 들어간 것이 아니라 but을 no, any, all, every 등과 함께 나타나는 상관접속사로 보고 있으며 but 앞의 요소는 but 다음의 요소에 따라 -thing, -one, place, time 등 다양하게 나타날 수 있으며 따라서 이러한 문장은 nothing but 등이 없는 기본구조에 반하여 의미상으로 배제/제외되는 but 다음

보여지고 있으며 이러한 분열과정이 wh-분열문의 분열과정과 꼭 같다는 점을 상기할 필요가 있다.

<첨가 ⇌ '양의 원리'>

(106) a. He desired <u>to succeed</u>. (기본구조)

　　b. He desired [　　▼　　] <to succeed>.

　　c. He <u>desired [**nothing but**]</u> <to succeed>. (*but*-cleft: 김두식 2005)

　　d. **What** he desired [　ⓣ　] is <to succeed>. (*wh*-cleft)


(107) a. She did <u>complain the whole time she was here</u>.

　　b. She did [　　▼　　] <complain the whole time she was here>.

　　c. She did [**nothing but**] <complain the whole time she was here>.

　　d. **What** she did [　ⓣ　] is <complain the whole time she was here>. (*wh*-cleft)


(108) a. She enjoyed going shopping.

　　b. She enjoyed [　　▼　　] <going shopping>.

　　c. She enjoyed [**nothing but**] <going shopping>.

　　d. **What** she enjoyed [　ⓣ　] was <going shopping>.


이미 언급한 (105)의 세 예문을 but-분열 과정을 거쳐 파생된 것으로 본다면 왜 각기 다른 동사형이 왔는지가 쉽게 설명될 것이다. 다시 말하면 but 다음에 각각 다른 동사형이 온 것의 이유를 찾으려면 분열과정의 역순을 밟아보면 되는데 각 문장에서 nothing but을 제거하고 난 뒤의 형태가 바로 그 기본구조인 것이다. 결국 우리는 위의 각 (c) 문장은 기본구조인 각 (a) 문장에 비해 문장의 요소가 추가된 만큼 도상적으로 (56a)의 '양의 원리'에 의해 의

---

의 요소를 초점화하는 의미기능을 갖는 것으로 분석하고 있다.

미가 더 추가된 것이며 추가된 의미기능은 맨 오른편의 < > 부분을 제외/
배제되는 요소로 보고 그 요소를 '두드러지게 강조(highlight)'하는 효과를
준다는 것임을 알 수 있다.

다음은 '범주화'라는 동인에서 비롯되는 '탈초점화' 현상에 의해 '생략'
이라는 변형이 일어나는 경우를 보자.

<생략 ⇌ 탈초점화>

(109) a. I have a car and I cannot drive ø.
      b. I have a car and I cannot drive it.

(110) a.  She knitted a blanket for the baby.        (일회성 행위)
      b.  *She (has) knitted ø.
      c.  She is *always* knitting ø.                (반복 행위)
      d.  She knitted ø *all summer*.                (일상적 행위)
      e.  She knitted ø *to pass away the time*.     (일상적 행위)

                              (Dixon 2005:307; 김두식 2009b:161)

(111) <목적어-생략 동사 ⇌ focus contrast/shift> (김두식 2010b:93)
      a. It was *offered* to him and he *accept* it.
                      (단면 대조: offer vs. accept)
      b. *He* offered me a drink and *I* *accept* ø.
                      (양면 대조: <offer vs. accept> + <He vs. I>)
      c. **If** I had heard *the question*, I might have been able to *answer* it.
                      (단면 대조)
      d. *I* asked *a question* and **George** *answered* ø.

예문 (109)를 보면, 생략현상으로 목적어가 없는 (a)는 '그냥 운전을 못함'의
경우이고 (b)는 '그 차를 운전 못함'의 경우인데 전자가 바로 '운전할 특정

차량'이라는 초점 대상을 제거하고 그냥 단순히 '운전 행위'라는 의미로 특정 초점 대상을 제거하는 '탈초점화' 현상을 반영하고 있다. (110b)-(110e) 사이의 목적어 생략 현상도 마찬가지로 특정 목적어를 대상으로 하던 '아이 담요'라는 특정 옷감의 바느질 행위에서 아무거나 소일거리로 하는 일상의 바느질 행위로 전락되는 탈초점화라는 동기적 도상성에서 비롯된 것임을 알 수 있다. (111)에서는 목적어 생략이 섬세한 대립적인 차이로 발생하고 있다. 김두식(2010b)에 의하면, (a)와 (c)는 대치현상으로 동일한 대상을 지칭하기에 대명사화(pronominalization) 규칙에 의해 당연히 대명사로 전환되겠지만 (b)와 (d)의 경우는 다음과 같은 '양면대조(double antithesis)'의 효과 때문에 대명사화 변형보다는 생략 현상이 발생한다고 주장하고 있다. 결과적으로 생략이라는 구조변화가 낳은 '탈초점화' 현상은 바로 개념적으로 '범주'의 전환을 의미하여 '특정적 행위'라는 범주에서 '일상적/일반적 행위'라는 범주로 전환됨을 의미하였다.

(112) a. He washed *the bag* and dried *it*.

b. *You* *wash* ø and *I* *dry* ø.

c. *He* *theories* ø but *I* *describe* ø.

예문 (112a)에서는 동일인에 의한 washed와 dried 행위가 연계되는 바람에 두 행위가 대립이 되지 않고 연속행위로 이해되어 여전히 목적어 the bag에 관심(focal attention)이 주어져 "초점 위치에 놓여(in focus)"있는 상태가 되어 대명사 it이 출현하여야 하겠지만, (112b)와 (112c)에서는 그 두 행위가 각각 대립되는 두 사람에 의해 이루어지는 관계로 관심초점의 대상이 목적어에서 행위자로 넘어가 목적어의 출현이 억제되어 타동사일지라도 목적어 없이 자동사로도 사용이 가능해진 것이다. 이와 같은 동일한 이유로 이전의 (111a)와 (111c)에서는 동일인에 의한 '제의/질의'가 그 동일인에 의한 '수락/응답'으로 연계되는 바람에 여전히 관심초점이 여전히 '제의/질의 내용' 즉,

it에 초점이 놓여있겠지만, (111b)와 (111d)에서는 한 사람의 '제의/질의'와 다른 사람의 '수락/응답'으로 화답받는 대립구조로 전환됨에 따라 관심의 초점이 목적어에서 대립되는 행위자에게로 넘어가 목적어의 출현이 억제된다. 따라서 후자의 경우는 전자의 동일인에 의한 '제의/질의'와 '수락/응답'이라는 연계성 행위가 대립되는 다른 두 사람의 행위로 전환됨에 따라 양면대조의 효과를 낳아 결국에는 목적어의 관심이 사라지게 된 것이다. 이처럼 생략현상은 초점이동(focal movement)에 따른 목적어의 탈초점화 현상의 당연한 도상적 귀결인 것이다.

다음 (113)과 (114)의 생략 현상은 각각 '거리'와 '범주화'라는 동인에 의해 인식의 차이와 초점의 전환(또는 탈초점화)을 보여주는 예로 설명할 수 있을 것이다.

(113) 'to be-생략'
    a. This orange *looks/tastes/smells/feels* **ø** bad/\***~~to be bad~~**.
       (즉각적: 지각행위)
    b. This orange *seems/appears* <u>(to be) bad</u>.
       (덜 즉각적: 인식행위)        (Cf. 김두식 & 안병길 2008: 656)

(114) '재귀목적어의 생략'
    a. Max kicked himself.
    b. Max washed (himself).

예문 (113a)의 행위는 지각행위로서 인식행위인 (113b)에 비해 더 즉각적이다. 다시 말하면 어떤 모습/맛/냄새/촉감인지의 지각행위는 당장 알 수 있겠지만 겉으로 보고 속을 판단하는 인식행위는 당장일 수도 있겠지만 그렇지 않을 수도 있다. 따라서 이러한 세상경험상의 거리적 차이가 언어상의 거리적 차이(즉, (44a)의 '개념적 인접')를 낳는다고 볼 수 있다. (114)의 경우를 보기 전에 우리는 재귀대명사의 사용은 타동사의 목적어가 원형적이거나 무표적인 아닌 비재귀목적어일 때 일어남을 먼저 알아야 한다. 따라서 (114a)의 'kicking'은 '자신이 아닌 다른 것'을 차는 것이 무표적인 경우라 '자신'이 목적어가 되는 유표적인 경우는 himself가 필요할 것이다. 그러나 (114b)에서처럼 'wash'라는 행위를 두고 대체로 무표적인 목적어를 '자신이 아닌 다른 것'으로 본다면 재귀대명사가 나타나야겠지만 만일 'wash' 행위의 대상이 '자신'인 것을 자연스런 해석으로 보는 경우에는 완전자동사로서 (재귀)목적어가 나타나지 않을 것이다. 따라서 행위의 대상이 자신이 아닌 것에 관심의 초점이 놓인 것을 '자신'에게로 돌린 것이 재귀대명사의 출현이라면, 이러한 재귀대명사를 생략한다는 것은 이처럼 관심의 초점이 놓여있는 '자신'을 없애버려 'wash' 행위를 자신 스스로에게 하는 것이 당연한, 무표적인, 자연스런 해석이게 함을 의미한다. 다시 말하면 '자신'에게 놓인 관심의 초점을 뺏어버려 자동사이게 하는 것이 바로 재귀목적어의 생략인 것이다.

다음에는 이동 또는 재배열에 따른 도상적 의미로 작용하는 것이 '거리'라는 동인에 의한 '개념적/구조적 인접'인데 이를 살펴볼 것이다.

<이동 및 재배열 ⇄ '거리'의 원칙: 개념적/구조적 인접>

(115) <SAI by '구조적 인접'> ('V+C' → 'C+V')

    a. **<u>So far</u>** *is their use in sportscasting* ɸ from being an important fact about the use of inversions, **that** any ... (= 13a: Green 1970: 133)

    b. Their use in sportscasting is **<u>so far</u>** from being an important fact about the use of inversions, that any ...

    c. **<u>So far</u>** *I have* described inversions that were ... (Green 1970: 133)

(116) a. The bushes grew **<u>so</u>** thickly **<u>that</u>** <u>you could hardly see anything</u>.

    b. <<u>So thickly</u>> *did the bushes* grow **<u>that</u>** <u>you could hardly see anything</u>. (SAI)

(117) I was hungry, and, **more importantly**, my children were hungry.

위 (115), (116)는 'so + 형/부'의 전치에 의해 후속되어 나타나게 된 '주어-조동사 도치(SAI)' 현상을 보이고 있다. 문제는 담화상의 이유(예: 문미비중 원리 또는 구(정보)-신(정보) 원리)에 의해 'so + 형/부' 등의 요소가 문두에 올 수 있으나 왜 그 다음에 SAI를 낳느냐이다. 김두식(1987: 235, 2009a: 446)은 그 이유를 전치요소와 VP 요소(특히 VP의 대용어인 Aux) 간의 긴밀성에서 찾고 있다. 다시 말하면 전치된 요소가 표면상의 위치 때문에 문장 수식어로 오인받기 쉬워 이를 막기 위해 그 전치요소가 (117)처럼 문장 전체 S와 연관된 것(즉, 문장수식어)이 아니라 (115b)와 (116a)처럼 전치되기 전에 술어(VP) 위치에서 술어와 깊이 연관되어 있음(즉, 술어의 보충어였음)을 알려주기 위해 본동사 앞에 있던 조동사를 전치요소 바로 뒤로 옮겨 결국 SAI의 형태를 가지게 된 것으로 보고 있다. 이러한 도치형태 즉, 조동사와 전치요소간의 구조적 인접은 이들이 전치 이전에서 이미 구조적으로나 의미적으로 인접관계였음을 도형도상적으로 보여주는 한 예가 되는 것이다. 위 예로서 이를 설명해 보자. (115a)의 전치요소 'so far'가 (115c)의 문두요소 'so far'와 의미기능적으로 다름을 언어적으로 보여주어야 인지적으로 혼돈이 없을 것이다. 즉, 그 차이는 전자의 'so far'('너무 거리가 멀어' 또는 '너무 무관하여'의 의미)는 VP에서 be-동사의 보어였을 뿐 아니라 상관구조 'so ~ that ~'의 일부 요소로서 없어서는 안 될 필수요소인 VP-보충어인 반면에, 'until now'의 의미를 갖는 후자의 'so far'는 VP 내에서 꼭 있어야 되는 요소가 아닌 수의적인 요소로서 이동이 자유스러워 문두로 전치된 문장부사와 같은 문장수식어이다. 따라서 문두에서 'so far'를 볼 때는 이 둘 중 어느 의미인지 구분이 안되어 그 다음으로 넘어가 그 다음의 어순을 보는 순간 분간을 하게 되는데 그 어순이 SAI이면[38] 단순히 (전치 및) 도치구

---

[38) 사실 예문 (115a)에서는 SAI가 아니라 SVI('주어-동사 도치')이다. 왜냐하면 be-동사

문(즉, 115a)으로만 해석하게 되고 어순이 <S+(Aux)+V>이면 전치구문(즉, 115c)으로 해석하게 된다. 이처럼 SAI의 존재가 바로 전치요소의 해석을 바르게 하는 신호가 되는 것이라 형태의 차이가 바로 의미의 차이를 이해하는 척도가 되어 이 현상은 도상성 가설의 신빙성을 높여주는 또 하나의 자료가 된 것이다.

이처럼 SAI 현상에서 보이는 구조적 인접이 전치 이전 구조의 구조적 인접에서 비롯되었음을 알려주듯이 다음 예문에서 보는 부정요소의 전치 현상에 따른 후속의 SAI 조치도 또한 개념적 인접이라는 도상성 원리에 기인됨을 알 수 있을 것이다.

(118) <local vs. global negation> by '개념적 인접'
  a. John would be happy with no job.　　　[ambiguous: b or c]
  b. <With [**no job**> *would*] John be happy.
  c. With no job, *John would* be happy.　　　[Liberman 1974:77]

(119) a. <To no purpose> he beat/*~~did he beat~~ his wife.　　　(local neg)
  b. <On [**no account**> are] visitors/*~~visitors are~~ allowed to feed the animals.　　　(global neg)

no가 문두 요소에 포함되어 있는 위 (118b), (119b) 문장에서처럼 no의 의미가 '전부부정(global negation)'[39]이 되어 (조)동사로 흡수되는 경우에만 주어-조동사 도치가 발생한다(김두식 2009a: 445-446). 즉, no가 '국부부정

---

가 나타나는 경우는 이 be-동사가 조동사처럼 취급되기 때문이다. be-동사가 없는 경우인 (116b)를 보면 어순이 SAI이어야 함을 알 수 있다.

39) '전부부정'은 '문장부정(sentence negation)'이라는 용어로도 사용되면서 술어의 동사가 부정으로 해석이 되는 경우로서 (118b)에서는 "어떠한 직업으로도 만족하지 <u>않을</u> 것이다"로, (119b)에서는 "방문객들은 어떠한 조건/상황 하에서도 (결코) ... 허용되지 <u>않는다</u>"로 해석이 되어 전부부정임을 알 수 있다.

(local negation)'이 되는 경우는 (118c)와 (119a)처럼 부정의 의미가 바로 옆의 단어에 흡수되어 조금 떨어져 있는 조동사 would까지 영향을 미치지 않는 경우40)이며 전부부정인 경우는 no가 옆의 명사에 부정의미가 흡수되지 못하여 떨어져 있는 (조)동사로 부정의미가 연결된다. 이 경우 'no + 명사'가 'not ~ any + 명사'로 풀어쓰기가 가능하며 이 not이 (조)동사로 흡수된다. (118)에서는 no가 의미상으로 with에도 would에도 흡수 가능하지만 (119a)에서는 no가 purpose에만 국부부정으로 흡수될 뿐(즉, '목적/의도 없이' 또는 '괜히') 'not ~ any purpose'라는 의미는 발생하지 않는다. 반면에 (119b)에서는 account가 그 자체로는 no를 흡수하지 못하며 'not ~ any account'처럼 해석되어 동사에 흡수되는 전부부정(또는 문장부정) 의미로만 가능하여 주어-조동사 도치가 발생한 것이다.

마지막으로 대용형(pro-forms)을 만들어 내는 대치 변형의 경우를 보자. 다음의 경우는 확정성(definiteness)의 차이에 따라 one과 it를 구분하게 되는데 이러한 과정에 대한 도상성의 동인은 '경제성' 요인일 것이다.

<대치: 경제성>
(120) a. Can I borrow your pen? ― Sorry, I need my pen/**it**/*one.
       b. Can you lend me a pen? ― Sorry, I haven't got a pen/**one**/*it.

즉, 화자의 발화에서 나온 어느 한 NP를 청자가 다시 언급하는 과정에 확정성 여부(즉, '확정적 vs. 비확정적')에 따라 또는 '동일개체 vs. 유형'(token vs. type) 간의 구분에 따라 각각 it와 one으로 대체된다. 이러한 대치 현상은 의사소통의 경제성 요구에 기인되어 발생하는 것으로 볼 수 있다.

---

40) '국부부정'은 no 바로 옆에 나타나는 명사에 흡수되어 문장 전체(즉, 술어의 동사)에는 부정의 영향을 전혀 미치지 않는 경우로서 (118c)에서는 "직업이 없이도 ... 만족할 것이다"로, (119a)에서는 "아무런 이유도 없이 ... 때렸다"로 해석이 되어 문장부정이 아닌 국부부정임을 알 수 있다.

이상과 같이 4가지 구조적 변형 즉, 첨가, 생략, 이동, 대치의 변형에서 보이는 형태의 차이는 바로 그 구조의 의미적 차이에서 기인되었으며 여기에서 보인 도상성은 각각 '양', '거리', '범주화', '경제성' 등과 같은 동인에 의해 작용한 동기적 도상성이었다.

## 6. 문법과 인지 간의 연관성

본 절에서는 문법 현상을 인지적 관점에서 보는 인지문법(cognitive grammar)의 틀에 대한 소개와 문법 설명에 이용되는 개념들을 소개하고자 한다.

### 6.1. 인지문법 개관

인지언어학은 Lakoff와 Langacker 등에 의해 일찍이 1970년대 말과 80년대 초부터 시작된 언어학의 흐름이다. 이 언어학은 근본적인 가설로서, 언어지식을 일반인지나 사고의 부분으로 보기 때문에 언어 행위는 추리, 기억, 주의 학습 등의 정신과정을 허락하는 다른 일반 인지능력과 분리되지 않는다고 보는 입장에서 출발한다. 또한 통사와 의미로 구성된 문법은 개념화(conceptualization)로서 분석이 되며 언어지식은 인습적인 언어사용에서 비롯된다는 가설을 가진다(Cruse & Croft 2004:1, 김두식 & 나익주 2010:19). 인지언어학의 하위 분야에 인지의미론, 인지문법, 구문문법, 은유이론 등이 있으며 대체로 다음과 같은 주제들이 다루어진다.

(121)　　　　　　　　　　&lt;도표 6: 인지언어학의 중심 주제&gt;

| 구성 | 주요 이론 및 개념 | 예시 |
|---|---|---|
| 범주(의 내적 구조) | 원형이론 | |
| 문법체계 | 상징적 조합 | assembly of semantic structure(의미) and phonological structures(형태/음성) |
| 개념화 틀/과정 | 해석연산 | specificity, focusing, prominence (trajector-landmark 등), perspective (Langacker 2008:55) |
| | 영상도식 | 그릇, 표면 등 |
| | 틀 | frame/base vs. profile |
| | 은유 | |
| | 환유 | |
| | 정신공간 | |
| | 개념적 혼성 | |
| 형태와 의미 간의 관계 | 도상성 | |
| 내용어와 기능어 간의 관계 | 문법화 | |

위의 도표 중에서 인지문법의 체계를 살펴보면, 인지언어학에서는 언어의 기본 단위를 의미구조와 음운구조(즉, 음성 및 형태) 간의 상징적 조합 (symbolic pairings)으로 보기 때문에 인지문법에서는 전통적으로 어휘항목 즉, 단어로 여겨지는 것들은 의미극(semantic pole)과 음운극(phonological pole) 양쪽에서 구체적으로 명시되는 상징이다. 그러나 문법구조는 그 표시 (representation)에서 도식적인 정도로만 단어와 차이가 날 뿐이다. 인지문법 은 어휘라는 상징단위를 이용하여 언어의 문법 단계로 확장되며 언어구조는 일반적 인지과정에서 동인을 찾을 수 있어서 '모습-바탕(figure-ground)' 등과 같은 형태심리학의 원리와 시지각(visual perception)의 양상들에서 유추 한 원리들을 사용하여 언어구조를 설명한다. 인지문법은 이러한 단위들이 이 두 구조 간의 조합이 되는 더 큰 구(phrases)들로 어떻게 결합되는지를 다룬 다. 의미적 양상은 명제보다는 영상도식(image schemas)으로 형성된다. 인

지문법 또한 언어가 하는 기능 속에 개념화가 소리, 글, 제스처 등에 의해 상징화되도록 허용하는 기호학적 기능이 포함되어 있기 때문에 역시 그 연구의 성격이 기능적이다(Langacker 2008:7). 우리가 사용하는 대부분의 표현은 상징적으로 복잡하며 문법은 이러한 표현들을 구축한 패턴으로 구성되어 있다. 따라서 이러한 표현과 그 패턴들을 '구문'이라고 말한다. 문법과 어휘부가 상징구조의 조합에만 머무르면서 연속체(continuum)을 이루기 때문에 구문은 상징적 조합이라 말할 수 있다. 따라서 문법분석의 목표는 이러한 조합을 분명하고 상세하게 기술하는데 있다(Langacker 2008:161).

인지문법은 세 가지 종류의 구조 즉, 의미구조, 음운구조 및 상징구조를 가진다. 상징구조는 나머지 두 구조와 따로 특별히 구분되는 것은 아니며 단지 이 두 구조를 결합하는 역할만을 가질 뿐이다. 상징구조는 의미극, 음운극 그리고 이들 간의 연관관계로 구성된다. 인지문법에서는 우리의 인지조직의 두 상징공간을 의미공간(semantic space)과 음운공간(phonological space)으로 나누어 볼 수 있을 것으로 가정한다. 다음은 인지문법의 모형이다 (Langacker 1987:77, 임지룡 2008:45).

(122)　　　　　　　　　　<그림 1: 인지문법의 모형>

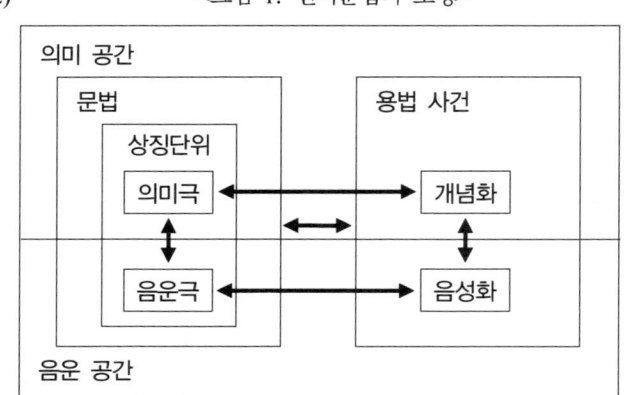

위 <그림 1>에서 언어의 기본 단위를 의미구조와 음운구조(즉, 음성 및 형태) 간의 상징적 조합(symbolic pairings)으로 보기 때문에 상징구조는 한 쪽 극에 있는 의미구조와 나머지 한 쪽 극에 있는 음운구조와 이들을 서로 연결 짓는 대등관계로 구성됨을 본다. 언어지식이 인습적인 언어사용에서 비롯되기 때문에 문법과 용법사건(usage event)은 서로 대응된다. 이러한 대응관계가 문법의 상징적 조합과 실제 사건에서 의미와 소리 간의 상징적 조합 간의 대응으로 적용되어 후자가 언어화된다. 여기서 중요한 것은 상하로 화살표가 쌍방향으로 되어 있는 것은 상징화(symbolization)의 의미로서 의미공간에 있는 구조와 음운공간에 있는 구조 간의 대응관계를 나타내는 반면에, 좌우로 화살표가 쌍방향으로 되어 있는 것은 언어화(coding)로서 언어적 인습인 문법과 용법 간의 대응관계라는 사실이다.

인지문법은 공간과 관련하여 우리에게 언어에 대한 직관적인 내용을 많이 제공한다. 세상 공간에서 발생한 공간적 개념이 어떤 식으로 언어의 공간으로 흘려 들어간다고 보기 때문이다. 이것은 이미 언급(§4.2)한 바 있는 Enkvist(1981)의 경험적 도상성 등의 이론에서 예견되는 일이다. 그러면 물질공간에서 일어나고 있는 것을 어떻게 언어공간에 담을까? 이러한 질문에 답을 하기 위해서는 물질공간과 언어공간 사이에 '정신공간(mental space)'[41] 이라는 것을 하나 더 설정해야 한다. 왜냐하면 물질공간에 처해 있는 현상이 바로 언어표현 속의 공간에 바로 담겨지는 것은 아니기 때문이다. 물질공간에서 일어난 일을 우리의 뇌에서 개념작용을 하기 위한 '정신공간'이 필요하며 이러한 정신공간이 형성된 후에는 물질공간 속의 물체나 사건을 '개념화(conceptualization)'하여 형성된 그 개념을 언어 기호화하는데 필요한 기초 작업으로서 '도식화(schematization)'라는 작업을 거친 후 최종 언어로 만들

---

41) 여기서 말하는 '정신공간'이라는 개념은 Fauconnier(1994)가 사용하는 '정신공간' 개념과는 꼭 일치하지는 않지만 대충 정의내리자면, 개념 주체인 화자가 말을 하거나 들을 때마다 행위나 이해를 위해 필요해서 구성하는 작은 정보 꾸러미로서 가상공간, 신념공간, 시간공간 등의 개념공간이 그 예가 될 수 있다.

어져 그 속의 언어공간을 창조한다고 볼 수 있을 것이다. 이러한 과정을 도식화하면 다음과 같다(안병길.김두식 2005:12-13).

(123)        <그림 2: 물질공간에서 언어공간까지의 인지과정>

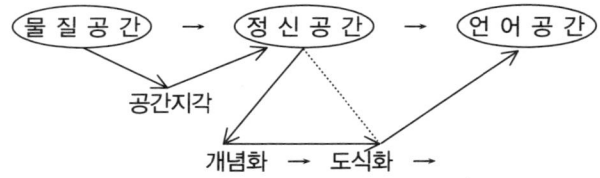

여기서 도식화는 물질공간이 어떤 식으로 간단하게 가공 처리되어 정신공간의 모형을 갖추게 되는 과정을 형상화한 것으로서 세상 경험의 구조화 과정이라 볼 수 있다. 예를 들면, 'There is milk **in** the bowl'과 'There is dust **on** the bowl'에서 똑 같은 bowl이라는 단어 앞에 서로 다른 전치사가 나타난 현상을 인지문법적으로, 구체적으로 말해서, 영상도식을 이용해서 설명한다면, 전자는 '그릇'에 기초한 영상도식을 이용해서 설명이 되겠고 후자는 '표면'을 기초한 영상도식을 이용하여 설명할 수 있을 것이라고 구분해서 말할 수 있을 것이다. 마지막으로 도식화된 개념구조가 언어공간으로 언어구조화되는 데는 언어적 도상성 즉, 도형적 도상성이 그 역할을 할 수 있을 것으로 본다.

## 6.2. 문법현상과 인지적 요인

아래에서는 문법현상의 설명력에서 기능문법의 측면에서 보다는 인지문법의 측면에서 더 설득력이 있는 인지적 요인들, 주로 해석연산, 경계성, 구문적 의미, 범주의 원형성과 등차성 등을 제시하여 설명하고자 한다.

## 6.2.1. 해석연산

한 표현의 의미(meaning)는 그것이 발현하는 개념적 내용물(conceptual content) 뿐만 아니라 그 내용물이 '해석(contrual)'되는 방식도 포함한다. 이러한 방식을 '해석연산(construal operations)'이라 하며 이것은 똑같은 상황을 각기 다르게 개념화하고 그려 넣을 수 있는 우리의 능력이기도 하다. 다음의 예를 보자.

(124) a. (a) *the glass with water in it*

(b) *the water in the glass*

(c) *the glass is half-full*

(d) *the glass is half-empty*

b.

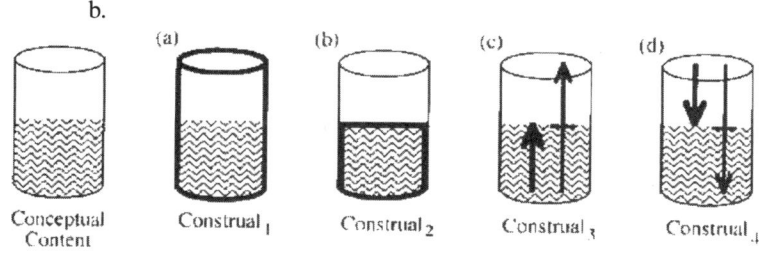

예 (124a)의 4가지 모든 예들은 (124b)의 개념적 내용물에 근거하여 각기 다른 식으로 발화된 표현으로서 각각의 기호에 맞추어 그림이 그려져 있는데 굵은 선은 각기 달라지는 윤곽(profile)을 가리키며 화살표는 보는 방향을 나타낸다. 다시 말하면 똑같은 내용물이라도 바라본 윤곽과 방향을 어떻게 하느냐에 따라 해석이 달라져 그 표현의 의미가 달라지는 것으로 보는 것이다.

　이러한 해석연산의 차원에는 여러 층위가 있는데 Langacker(2008:55)는 여기에 구체성(specificity), 초점화(focusing), 현저성(prominence), 관점

(perspective)이 포함되어 있다고 말한다. 먼저, 구체성이란 다음 예문에서 보듯이 하나의 상황, 장면, 개체들을 바라다보고 개념화하는 정밀함 (precision)과 상세(detail)의 정도와 관련이 있다.

<일반성(generality) vs. 구체성(specificity)>

(125) a. thing → creature → animal → mammal → dog → poodle

    b. do → act → move → run → sprint

    c. Something happened. → An animal moved. → A dog ran into the room. → A dirty poodle sprinted recklessly into the kitchen of our cottage.

멀리서 본 광경은 그 장면의 일반적인 인상을 주고 가까이서 본 광경은 섬세한 모습을 보듯이, 위 예문은 왼편에서부터 개체나 행위, 사건/상황이 오른편으로 갈수록 더 구체적인 의미를 갖게 됨을 보여준다.

그 다음의 '초점화' 현상은 우리가 어떤 것에 관심의 초점을 둘 때 발생하는 것으로 그럴 경우 자연적으로 그 초점 속의 요소가 부각되고 나머지는 숨겨질 수밖에 없는 현상을 말한다. 이것은 형태심리학에서 말하는 '모습-바탕(figure-ground)'의 개념과 일치한다. 우리가 넓은 의미로 말한다면 '전경-배경(foreground-background)'의 개념과도 연관이 있다.

<모습(figure:FG) vs. 바탕(ground:GR)> ⇄: 주절 vs. 종속절

(126) a. He dreamt[FG] while he slept[GR].

    b. *He slept[GR] while he dreamt[FG].

(127) a. John, who had drunk too much[GR], threw up[FG].

    b. ?John, who threw up[FG], had drunk too much[GR].

위 예문에서 보듯이 주절이 모습을, 종속절이 바탕을 의미하므로 주절과 종속절을 바꾸어 사용할 경우 이러한 모습-바탕의 관계가 무너져 비문으로 처리됨을 볼 수 있다.

이제 '현저성'과 관련하여 살펴보자. Langacker(2008:66)는 현저성에 두 가지 현상을 포함시키고 있다. 하나는 윤곽화(profiling)로서 '틀-윤곽(profile-base/frame)'의 관계이고 나머지는 '탄도체-지표(trajector-landmark)'의 관계이다. 전자의 경우 우리가 Sunday라고 말할 때 전체 틀인 week을 관련시키지 않고는 아무런 의미가 없을 때 후자와 전자를 각각 '틀'과 '윤곽'이라고 칭한다. 다음 (128-130)의 예들도 마찬가지일 것이다.

&lt;틀-윤곽(profile[Pf]-base/frame[F])&gt;

(128) a. wheel: hub, spoke, rim, etc.

b. family: parent, child, aunt, etc.

(129) a. A human body has two arms, an arm has an elbow and a hand, a hand has five fingers, fingers have nails.

b. *A body has an elbow.

c. *An arm has five fingers.

(130) a. 'land'(육지/뭍 ↔ 'sea' 바다) vs. 'ground'(땅 ↔ 'air' 하늘)

b.

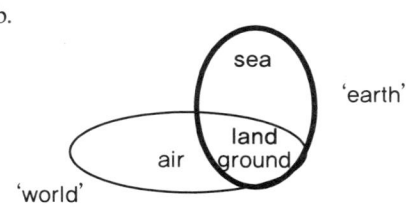

위 (129)의 예는 X가 신체(의 일부)일 경우 &lt;X has Y&gt;를 이루려면 X는 틀이고 Y는 윤곽이 되는데 우리는 틀을 염두에 두지 않고 윤곽을 언급할 수

없음을 안다. (130)에서 우리가 살고 있는 곳을 두고 '육지(land)'라고 말하기도 하지만 '땅(ground)'이라고도 칭한다. 여기서 우리는 같은 곳을 의미함에도 다른 용어가 쓰인다는 것은 이들의 전체적인 틀이 달라 다른 용어가 나온 것으로 보는 것이다. 그래서 '육지(land)'는 '지구'라는 틀에서 '바다(sea)'의 대립 개념으로 사용한 것이라면 '땅(ground)'은 '천체(universe)'라는 틀에서 '하늘(air)'의 대립 개념으로 사용한 것이다(안병길·김두식 2005: 29). 다음과 같은 영어의 '제외' 의미의 표현에서도 이와 같은 틀-윤곽 현상을 볼 수 있다.

(131) a. I've cleaned <**all** the rooms>[F] **but/other than** <the bathroom>[Pf].

b. It's the same <**every**where>[F] **but/other than** <in Scotland>[Pf].

c. 1) **Some**one **other than/\*but** your brother should be appointed manager.

2) But generalizations **other than/\*but** the presence or absence of a causative sense can be drawn from the data.

d. (= 131a)    e. (= 131c-2)

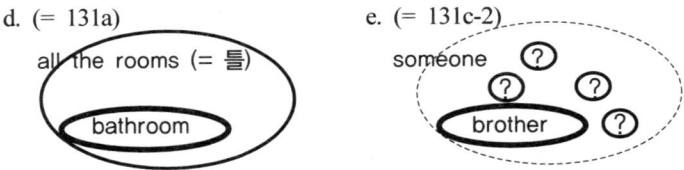

Longman 사전(1978)에는 but, except, other than 들의 정의를 제시하면서 서로 순환적으로 동의어로서 제시하고 있어(p. 137, 378, 769) 외국인으로서는 이들 간의 차이를 명확히 확인할 길이 없다. 그러나 바로 이 틀-윤곽 개념이 but/except와 other than 간의 용법 차이를 설명해준다. (131a-c)에서 보듯이 이들 앞에 부정적이든 긍정적이든 보편 양화사(universal quantifiers: all, every), 비단정적 어휘(non-assertive items: any, no, never 등) 등이 나타나는 경우에는 두 표현 모두 사용가능하지만 단정적 어휘(assertive items)

인 some, few, most, 복수형 -s 등의 비확정 한정사가 온 경우에는 반드시 other than만 사용가능하다. 이를 어떻게 설명할 것인가? 위 그림 (131d-e)에서 보듯이 but(또는 except)은 반드시 틀을 전체로 하여 제외되는 부분을 지칭할 때(즉, "~을 제외한 나머지 ~")만 사용하는 반면에, other than은 이러한 '전체적 해석(holistic reading)'을 가지는 경우 외에도 전체라는 틀 없이 그냥 단순히 "~는 말고 어느 ~"라는 '부분적 해석(partitive reading)'도 가진다(김두식 2005: 891 참조).

이제 '현저성'의 두 번째 현상인 '탄도체-지표(trajector-landmark)' 개념에 대해 살펴보자. 보통 탄도체는 어떤 공간에서 위치하게 될 개체를 가리키며 지표는 이 개체를 가리키기 위해 사용되는 지시점(reference point)을 말한다. 이 용어는 모습-바탕 개념과 일치하나 탄도체는 공간상의 모습(figure)인 반면에 지표는 공간상의 바탕(ground)에 해당된다. 즉, 보통 탄도체-지표간의 관계는 반드시 공간적 관계를 나타내기 위해 사용되는 개념이라는 점에서 모습-바탕 개념과 약간 차이가 나며 탄도체-지표 관계를 나타내는 영어 표현은 보통 contain, surround, include 등과 같은 동사에 의해, back ('behind'의 뜻), head('on top of'의 뜻), heart('inside'의 뜻)등과 같은 신체 부위 명사에 의해, 또는 전치사 등에 의해 표시된다. 다음의 예를 보자.

(132) Where is the lamp?
    a. The lamp[TR] is above the table[LM].
    b. *The table[TR] is below the lamp[LM].

보통 보기에 앞 또는 위, 상대적으로 작고, 좁고, 유동적인 개체는 탄도체가 되며 뒤 또는 아래, 상대적으로 크고, 넓고 고정적인 개체는 지표가 된다. 따라서 이러한 특징에 따라 lamp가 탄도체(즉, 모습)가 되고 table이 지표(즉, 바탕)가 되며 탄도체/모습인 lamp가 주어가 되는 것이 훨씬 지각과 인지에 부합되는 일이다.

마지막으로, '관점'이라는 해석연산은 관찰자의 방향에 따라 동일한 대상을 달리 이해할 수 있는 가능성과 관련이 있다. 이 때 중요한 것은 관찰점(vantage point)이다. 예를 들어보자.

(133) VP₁ → (**rock**) ——————— (**tree**) ← VP₂
        a. VP₁: The rock[TR] is in front of the tree[LM]. The tree[TR] is behind the rock[LM].
        b. VP₂: The tree[TR] is in front of the rock[LM]. The rock[TR] is behind the tree[LM].

(Langacker 2008:76)

위 예문은 앞에서 본다면 왼편에 바위가 있고 오른편에 나무가 있을 경우 관찰자가 VP₁ 관찰점에서 보고 장면을 기술한 것이 (133a)라면, VP₂ 관찰점에서 보고 같은 장면을 기술한 것은 (133b)이다. 다시 말하면 보는 관찰점/시점에 따라 장면에 대한 기술이 달라지는 것을 알 수 있다.

관점의 또 다른 하나의 양상은 '주관성-객관성(subjectivity-objectivity)' 해석이다. 하나의 장면을 기술하려 할 때 화자의 관점에서 주관적으로 판단할 경우와 화자와는 동떨어져 객관적으로 판단할 경우가 있다. 이러한 해석의 차이를 다음의 예에서 볼 수 있다.

(134) a. "The President is determined to fight a war on terrorism."
        b. "*I* will hunt down the terrorists."
        c. "There **may** still be weapons of mass destruction."

(Radden & Dirven 2007: 25)

위 (134a)는 마치 백악관의 대변인이 한 말 같은데 객관적인 입장에서 기술된 반면에, (134b)는 발화자가 I인 만큼 주관적일 가능성이 높으며 서법조동사 will의 출현이 반영하듯이 또한 (반드시는 아니나) 주관적인 판단의 의미가 존재하며 (134c)에서는 may의 출현 때문에 극도로 주관적인 기술이 된다.

## 6.2.2. 경계성

또한 인지문법에서는 경계성(boundedness) 개념이 관사나 시제 등 많은 문법 현상을 설명하고 있다. 이중 정관사(definite article)를 경계성의 관점에서 설명해 보고자 한다.

정관사의 사용 여부는 청화자 간에 지시대상을 정확하게 공유하느냐 않느냐에 달려있는데 이러한 지시대상에 대한 정보의 공유가 대상 확인을 위한 '확정성(definiteness)'과 연관된다. 대상의 확인이 가능하도록 지시대상이 청화자간에 '확정되기' 위해서는 다음 2가지 조건이 충족되어야 한다(김두식 1988:194, 김두식 1999:188, 김두식 2010a:73 참조).

(135) 확정성의 2 조건 = '경계설정' 조건 + '망라성' 조건

먼저, '경계설정(Location)' 조건이란 화자가 가리키는 명사의 지시대상을 청자가 식별/확인할 수 있게 하기 위해서는, 먼저 일차적으로 그 대상이 위치해 있는 영역에 관한 시간적, 공간적 맥락상의 상황적 정보를 제공하여 그것을 지시상의 경계로 삼도록 함을 의미하며, '망라성(Inclusiveness)' 조건이란 그 경계 내에 존재하는 모든 대상을 (비록 하나일 지라도) 빠짐없이 지칭해야 함을 의미한다. 다시 말하면, 정관사는 화자가 지칭하려는 유형(type)의 각 개체(즉, token)가 세상에 너무 흔하여 시간이나 장소의 정보를 제공함으로써 '경계설정'을 해주지 않으면 그 지칭범위가 막연하여 그 지시대상의 확인이 어렵기 때문에, '경계설정'으로 그 지칭범위를 한정한 후에 그 범위 내

에 있는 지칭 가능한 대상이 하나라도 배제되지 않도록 '망라하여' 또는 '모두 통틀어' 지칭하려 할 때 사용된다는 말이다. 그렇게 해야만 화자와 청자는 서로 공유된 지시대상으로 서로 의사소통이 원활해질 것이다. 다음 예문으로 확정성을 설명해 보자.

(136) a. <u>Most plants</u> benefit from some sort of regular pruning and maintenance.

b. <u>Most plants <*in Florida's wild areas*></u> are native terrestrial plants.

c. Half of **the** <u>plants <*on your list*></u> are edible.

위의 세 예문의 밑줄 친 NP에서 (c)만이 확정적(definite)이다. 확정성의 두 조건에 의하면, (a)의 most plants는 어떠한 영역 내에 있는 지 알 수 없어 경계설정 조건을 위배하고 있으니 당연히 정관사를 사용할 수 없고, (b)는 < > 부분이 지시대상을 한정하기 위한 영역으로서 경계설정의 기능을 하지만 그 경계 내에 있는 식물을 모두 지칭하고 있지 않아 '망라성' 조건을 어겨 the를 사용할 수 없다. 그러나 (c)는 < > 내에서 설정된 경계와 그 경계 내에 있는 식물을 모두 지칭하므로 결국 the의 사용이 허가된 것이다. 이러한 경계성 개념이 (복합)고유명사에서 간혹 나타나는 정관사의 사용에서도 작용됨을 보이고자 한다. 아래 예문을 보자.

(137) a. ∅ <u>Penn Station</u> in ∅ <u>New York City</u> is *the* busiest station in ∅ <u>North America</u>.

b. ***The*** <u>Indian Ocean</u> provides major sea routes connecting ***the*** <u>Middle East</u>, ∅ <u>Africa</u>, and ∅ <u>East Asia</u> with ∅ <u>Europe</u> and ***the*** **<u>Americas</u>**.

먼저 고유명사는 자체의 유일성, 즉 이 세상이라는 경계 내에서 모두 통틀어 가리킨 것 중 유일하게 지칭된 것이 그 고유명사이므로 결국 확정성을 띤다.

고유명사는, 어떤 상황에서 일정하게 경계가 설정되어 그 경계 내에서 모두 일컬어져 최종 유일한 것으로 확정되었다는 의미를 가지며, 이는 the를 붙이는 보통명사와는 달리, 세상에서 일정한 경계가 그어져 그 경계 내에서 확정되어 유일해졌기에 이러한 경우의 확정성을 나타내기 위해 대문자(capitalized)를 사용한다. 따라서 (137a)의 역명인 Penn Station과 도시명 New York City, 대륙명인 North America, (137b)의 대륙명인 Africa, Europe는 지도에서 확인할 수 있듯이 그 자체로 그어진 명확한 공식적인 경계 때문에 확정적이 되어 the 대신에 대문자로 나타났다. 그러나 (137b)의 대양명인 the Indian Ocean, 가상적인 정치적 경계인 the Middle East는 자체로 그어져 있는 경계가 없다. 그런데 경계가 없으면 확정적이 못되어 고유명사로 사용할 수 없을 것이고 고유명사로 사용하기 위해서는 어떻게 해서라도 경계를 그어주어야 할 것이다. 이 때 경계를 그어주는 방법이 바로 the를 첨가하는 것이며 그래서 이러한 복합고유명사들은 the와 함께 나타나게 된 것이다. 그러나 이때의 the의 첨가는 (136c)에서의 the 출현과 차이가 있다. (137b)의 the는 자체의 무경계 때문에 "추가로 the를 첨가함으로써 인위적으로 확정성이 부여되었음"을 알리는 의미로 사용된 the인 반면에, (136c)의 the는 상황에서 얻게 된 경계설정과 망라성으로 인해 "자연적으로 확정성이 인가되었음"을 알리는 의미로 사용된 the이다. 다시 말하면, 자연적 경계를 알리는 것이 대문자인 반면에, 인위적으로 부여한 '개념적 경계(conceptual boundary)'임을 알리는 것은 the의 첨가인 것이다. 이렇게 the의 첨가로 인해 생겨난 개념적 경계 개념이 (137b)의 the Americas에도 적용가능하다. 즉, the Americas(북남미)에 나타난 the도 인위적으로 경계를 그었다는 의미로 사용된 개념적 경계를 뜻한다. 두 개의 America가 '합쳐져 하나'가 되도록 해야 '유일한 하나'의 의미로서 고유한 대륙이 되는데 어떻게 '하나'이도록 할 수 있을까? '합쳐서 하나'이게 하는 방법은 바로 그것에 the를 붙이는 것이다. 그 명사 앞에 the를 붙였다는 말은 두 개이던 대륙이 하나의 경계 내로 묶이면서 새로운 큰 하나의 경계를 만들어 하나의 새로운 대륙으로 확정된 고유명사가 되었다는 말이다.

## 6.2.3. 구문적 의미

이미 §5.1.7에서 살펴보았듯이 구문이 도상성의 '동기성 가설'에 의해 형성되는 것으로 설명하였다. 다시 말하면 구조상의 차이점/유사점이 의미상의 차이점/유사점을 반영하기 때문에 개별적인 구문은 각자 나름의 구문적 의미 (constructional meaning)를 가지는 것으로 말할 수 있다.

다음에서 보듯이 소위 학교문법에서 '3형식 여격구문'과 '4형식 여격구문' 간의 차이에 대해 언급을 많이 하는데 이를 구문의 관점에서 설명할 수 있다.

<이중타동사 구문>
(138) a.  In 1955 they taught <u>arithmetic **to** children</u>, but they didn't teach <u>them anything</u>.
b. #In 1955 they taught <u>children arithmetic</u>, but they didn't teach them anything.

김두식(1986a:122), Goldberg(1995:33) 등은 3형식에서 4형식으로의 전환이 '성공적 소유 이전(successful transfer of possession)'의 조건하에서 발생하는 것으로 설명하고 있다. 따라서 위 예문에서 (b)가 맥락으로 보아 부적절한 것이 이러한 조건으로 설명이 된다. 즉, (b)에서는 화자가 앞 절에서 연산을 가르쳐서 그 지식이 전수된 것으로 말했다가 번복을 하니 이상하겠지만 (a)에서는 이상이 없다. 왜냐하면 전자의 문장이 연산지식의 전수를 함의하고 있지 않기 때문에 가르쳤지만 제대로 전수되지 않았음을 시인하는 장면을 기술하고 있기 때문이다. 이와 같이 4형식 즉, 동사 다음에 두 목적어가 붙어 <IO + DO> 모양으로 나타나면 관습적으로 하나의 구문적 의미가 형성되고 만일 수여동사가 아님에도 불구하고 이러한 구문으로 나타난 문장을 발견하면 이 문장은 구문적 의미인 '성공적 소유 이전'을 함의(즉, "X CAUSES Y TO RECEIVE Z") 하는 것으로 해석할 수 있다. 예를 들면,

(139) a. Joe **gave** Sally the ball.

    b. Joe **refused** Bob a cookie.

    c. A famous sculptor **carved** my sister a soap statue of Bugs Bunny.
       (Kay 2005:87)

    d. I used to **envy** you your looks. (Colleman & De Clerk 2008:203)

give라는 동사는 4형식 여격구문을 취하는 동사로 알지만 refuse나 envy는 어느 정도로, carve라는 동사는 전혀 아닌 것으로 알고 있을 것이다. 그러나 우리가 4형식 문장의 구문적 의미를 관습적으로 "X CAUSES Y TO RECEIVE Z"로 해석하면 refuse 정도는 이 기저 의미를 수식하여 "X CAUSES Y **NOT** TO RECEIVE Z"로 이해할 수 있을 것이다. 그런데 envy와 carve 동사는 만만찮다. 그러나 envy의 경우는 이러한 '소유' 개념을 은유적으로 분석하면 되겠지만 carve는 자체에 '소유이전'의 의미가 없기 때문에 여격구문으로 분석되지 않고 전적으로 그 동사 뒤에 나타난 <IO + DO>의 모양에서 구문적 의미가 발생하여 "조각하여 ~에게 ~를 주다"라는 의미가 최종 발생한 것으로 분석이 가능해진다.

## 6.2.4. 범주의 원형성과 등차성

인지언어학에서는 세상의 범주뿐만 아니라 언어의 범주를 결정함에 있어 원형성을 설정한다. 다시 말하면 새의 종류가 다르다 할지라도 새의 자질을 나열하기 위해서는 '참새'를 새의 원형(prototype)으로 설정하여 자질을 정한

다. 아울러 이와 유사한 새의 유형에 대해서는 정도(gradient) 또는 등급 (scale)의 개념을 도입하여 차등을 지운다. 이와 마찬가지로 영어의 구문에도 각각 범주가 정해져 있는 범주 내에서나 서로 다른 두 범주 사이에서도 이 러한 등차성(gradience) 개념을 도입하여 문법을 설명하려는 시도가 특히 통 사론에서 Aarts(2004, 2007) 등에 의해 주도되어 왔다. 먼저 '범주내 등차성 (subsective gradience)' vs. '범주간 등차성(intersective gradience)'에 대해 살펴보면,

<범주내 등차성>
(140) Ross's (1973b: 141) **nouniness squish**:

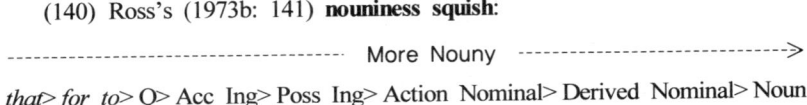

*that*> *for to*> Q> Acc Ing> Poss Ing> Action Nominal> Derived Nominal> Noun

범주내 등차성은 (140)에서 볼 수 있는데 Ross(1973)는 개별 범주끼리의 구 분이 생각보다 분명치 않은 경계(즉, squish)를 지니고 있어 동일 품사 내에 서도 정도의 차이가 있으며 이들 간에 통사적 장치의 수용 여부로 차등을 매기는 작업을 한 적이 있으며 그 결과 위에서 보듯이 NP라는 일컫는 구조 간에도 정도의 차이가 있음을 여러 통사적 장치를 이용하여 명사성 (nouniness) 개념을 도입한 바 있다. 한편 범주간 등차성에 대해서는 다음 예문으로 살펴보자.

<범주간 등차성>
(141) Ross's (1972: 316) perceived squish between V, Adj and N:
　　　**Verb** > Present participle > Perfect participle > Passive participle >
　　　**Adjective** > Preposition (?) > 'adjectival noun' > **Noun**
　　　{　[+V/-N] > . . . . > [+V/+N]> [-V/-N]> . . . . > [-V/+N]　}

(142) a. Between determinatives and adjectives (e.g. *many/much/little/few*)
     (Aarts 2007)

   b. < coordinators - conjuncts - subordinators continuum >
     (Quirk et al 1985)

   c. Between complement and adjunct (Keizer 2004, Lee 2008)

위의 예는 범주간 등차성의 예로서 Ross(1972), Aarts(2007), Quirk et al (1985), Keizer(2004), Lee(2008) 등에 의해 제시된 것이다. 이들은 제각기 동사-형용사-명사 사이에서, 한정사와 형용사 사이에서, 접속사의 종류 간에서, 보충어와 부가어 사이에서 정도의 차이를 보이고 있음을 보여준 바 있다. 특히 Ross는 (141)에서 보듯이 이러한 범주 간의 차이를 범주의 자질로 그 정도를 구분하려 하였다.

특히 영어 분열문(cleft sentence)의 경우, 김두식(2008, 2011a)은 등차성 관점에서 두 종류의 분열문이 구조와 의미상으로 구분되어 있음에도 불구하고 어느 부분에서는 상호 겹쳐서 나타날 수 있음을 보여주고 있다. 다음 예문을 보자.

(143) a. **It's** John **who** broke the window, **but not Tedd**.

   b. **What** she is **is** pretty.

   c. **\*It's** pretty **that** she is

   d. **??Is it** pretty that she looks?

   e. **How pretty** is it that she looks?

   f. It's pretty that Mary is, **more than anything else**. (김두식 2008)

알려진 바에 의하면, it-분열문과 wh-분열문이 서로 상반되는 구조와 의미의 특징을 지니기 때문에, it-분열문은 초점위치(즉, it 뒤의 be-동사 자리)의 요소가 '명시적으로 확인(specifically identifying)'하는 의미로 나타나며 그래서 초점위치에 NP, PP, 동명사 등의 요소만이 나타날 수 있는 반면에, wh-분열문은 보어위치에 '서술적으로 확인(predicatively identifying)'하는 요소 즉, AP, VP, S 등이 쉽게 나타난다. 따라서 전자는 대조(contrast)의 의미를 쉽게 낳지만 후자는 그렇지 않다. 그래서 (143)에서 it-분열문인 (a)는 당연히 초점이 NP이고 확인적 의미뿐만 아니라 언어적 맥락에서 대조적 의미도 함께 지니기 때문에 바람직한 it-분열문이지만 (c)는 it-분열문의 자격에 맞지 않아 비문이다. 한편 wh-분열문인 (b)는 당연히 초점이 AP이고 서술적 의미를 가지기 때문에 바람직한 wh-분열문이다(김두식 1986b). 그러나 (c-f) 사이의 문장을 보면 명백히 구조적으로 보면 it-분열문에 어울리지 않는 특징을 지우고 있음에도 불구하고 (c)에서 내려올수록 문법성이 높아져 마지막 (f)에서는 it-분열문을 허용하게 됨을 본다. 이러한 사실을 어떻게 설명해야 할까? 의미가 구조에게 영향을 미쳐 처음에는 it-분열문을 허용하지 않던 구조가 의미상으로 대조의 특성을 지닐수록 it-분열문을 허용한다는 사실이다. 여기서 우리는 정반대로 범주의 관점에서 구별되던 분열문의 종류가 정도의 차이를 보이는 의미적 특징이 이들의 분명한 범주의 선을 무너뜨리고 있음을 알 수 있다.

'대명사 it'와 '가주어 it-구문(expletive subject construction)', 'it-분열문'이라는 명칭은 범주가 서로 다른 것으로 판단하기에 각기 다른 이름으로 명명된 것 같다. 그러나 이들 간에 분명하다고 여겨온 범주 간의 경계가 그렇게 뚜렷하지 않을 뿐만 아니라 이들 간에 정도의 차이도 보이고 있다는 사실을 다음 예문으로 확인해 보자.

(144) What do you think of *running him as a candidate*? —
    a. **It** would be a good idea *to do that*.
    b. *<u>To do that</u> would be a good idea. (Bolinger 1977:72)

(145) a. **Isn't it** a shame **that** <u>they lost the game</u>. (*It*-Extraposition)

b. <u>They lost the game.</u> — Yes, so I hear. **Isn't it** a shame?

(146) a. **It is** us **who** is calling.

b. Who is calling — **It is** us. [Carlson 1985: 232]

(147) a. If *anyone* can help us, **it's** John Ø. [Ø = 'that can help us.')

b. **If** she was twenty-six and still unmarried, **it was** not from lack of suitors. (Declerck & Seki 1990. p.19: Premodified Reduced *It*-Clefts)

(148) a. **It is because** workers today produce far more than those in the past **that** we have a higher standard of living.

b. **Why** didn't he take the plunge? <u>Was it</u> **that (=because)** he didn't have the money [that he didn't take the plunge]? (Bolinger 1972:35)

c. But *why is the topic so important*? Apparently, **it is** the topic **that** *enables the listener to compute the intended antecedents* ... (Clark & Haviland 1977:49)

예문 (144)에서 (a)의 it는 보통 가주어 it-구문으로 처리되던 문장인데 이 때의 it는 그 문장의 to-부정사구를 지칭하는지 아니면 그 전 문장의 running 이하 부분을 지칭하는지 불분명하지만 분명한 것은 it가 대명사로서 그 전의 running 이하 부분을 지칭할 뿐만 아니라 그 문장의 to-부정사구도 관련되고 있는 점이다. (145b)의 it는 분명히 대명사 it이지만 (145a)와 의미기능이 거의 같은 점을 감안하면 대명사 it와 분열문의 it 간의 경계가 불분명함을 알 수 있다. 또한 (147)도 의미기능을 고려한다면 it-분열문과 거의 비슷하다. 그리고 (148)에서는 (a)는 분명하게 it-분열문이지만 (b)와 (c)의 it는 앞 절의 의문사절과 긴밀한 의미관계를 지니는 분열문인 것이다.

이상과 같이 문법현상에서 외향적 설명력을 가지는 요인에는 인지적 요인들이 있을 수 있는데 이중 해석연산, 경계성, 구문적 의미, 범주의 비단절성 및 등차성과 같은 요인들이 여러 문법현상에 적용되어 설명력을 보여주었다.

## 7. 문법과 담화 층위

형식주의 문법은 문장단위의 분석인 통사론이다. 그러나 언어의 본질적 기능이 의사소통이란 점과 이를 강조하는 기능문법, 담화분석, 교육문법(pedagogical grammar)의 관점에서 보면 문장문법(sentence grammar)은 불충분하고 부정확하다. 예를 들어 문법적 문장을 만들기는 하나 주어진 담화맥락에서 제대로 사용되지 못하는 문장이 있을 수 있어 우리는 언어의 구조적 측면인 문법성(grammaticalness)과 사용적 측면의 용인성(acceptability)의 구분이 필요하기도 하다. 따라서 Morgan(1981:137)은 "문장문법은 담화 이론을 수용해야 한다"라고 말한다. Celce-Murcia & Olshtain(2000:16, 61)에 의하면, 교육문법의 관점에서 보면 우리는 의사소통 능력의 한 성분인 담화능력(discourse competence)에 대한 관심을 가져야 하며 전통적으로 오랫동안 문법을 그렇게 가르쳐왔듯이 맥락을 배제하고 서로 관련이 없는 문장들을 함께 사용하여 문법을 가르치게 되면 어떠한 학습도 만들어 내지 못할 것 같다고 지적하고 있다.

### 7.1. 문장기반 규칙과 담화의존 규칙

우리는 문법규칙들을 자세히 들여다보면, 문장단위의 문법 즉, 맥락에 의존하지 않아도 되는 '맥락자유 규칙(context-free rules)'과 맥락에 의존하지 않으면 안 되는 '맥락의존 규칙(context-sensitive rules)'으로 구분할 수 있음을 안다. McCarthy(1991: 62), Celce-Murcia & Olshtain(2000: 51-52) 등이 구분해 놓은 것들을 종합하여 정리하면 다음 (149-150)과 같다.

(149) 맥락자유의 문장기반 규칙

    a. determiner-noun agreement

    b. use of gerunds after prepositions

    c. reflexive pronominalization within the clause

    d. *some-any* suppletion in the environment of negation

(150) 담화의존적 문법 행위: Celce-Murcia & Olshtain(2000), McCarthy(1991)

    a. use of passive versus active

    b. indirect object alternation

    c. pronominalization (across clauses)

    d. article/determiner choice

    e. position of adverbials (phrases, clauses) in sentences

    f. use of existential *there* versus its non-use

    g. tense-aspect-modality choice

    h. right/left dislocation of constituents

    i. choice of logical connector

    j. use versus non-use of *it*-clefts and *wh*-clefts.

    k. preposing

    l. topicalization

    m. inversion

    n. particle Movement:

특히 위의 (150)의 문법적 행위는 담화적 원리나 요인에 의해 제약을 받으며 몇 가지(즉, c, f, g, i, j)를 제외하고는 모두 어순 관련 규칙이다. 다시 말하면 상기 문법적 행위의 결과에 의해 표준(canonical) 어순이 비표준 (noncanonical) 어순으로 바뀐다는 말이 된다. 그래서 Carter et al(2000),

Batstone(1994) 등은 '구조로서의 문법'과 '선택으로서의 문법'을 구분하면서 그들은 담화상에서 문법(규칙)을 선택하게 하는 담화적 요인을 강조하는 후자의 입장을 강조하고 있다.

## 7.2. 문법구조와 담화-기능적 요인/원리

그러면 앞 절에 제시한 (150)의 통사적 행위는 어떠한 담화규칙에 의해 지배를 받을까? 지금까지 문헌에서 제안된 것으로 표준 어순 대신에 비표준 어순의 구조를 선택하게 하는 담화적 원리나 요인들을 정리하면 다음과 같다.

> (151) a. 담화-기능적 요인: 화제(성)(topic(ality)), 주제(성)(them(aticity)), 초점(화)(focus/focussing), 담화친숙도(discourse-familiarity), 현저성(salience), 담화책략(discourse strategy) 등
>
> b. 담화구조: 화제-언평(Topic-Comment 또는 Topic-Focus), 정보구조(Information structure 또는 given-new), 주제-제술(Theme-Rheme), 화제/주제 진행(Topic/Thematic Progression), 기능적 문장관점(Functional Sentence Perspective), 화제지속성(Topic Continuity) 등
>
> c. 담화적 원리: 문미초점원리(End Focus Principle), 문미비중원리(End Weight Principle), 구정보-신정보 원리(Given-New Principle), 틀-부연설명 가설(Frame-Elaboration Hypothesis), 중심화 이론(Centering Theory) 등

담화구조(discourse structure)와 담화-기능적 요인(discourse-functional factors) 간의 관계는 긴밀하여 담화구조를 설명하기 위해서는 담화-기능적 요인들을 언급하지 않을 수 없다. 다시 말하면 구조와 기능 간의 도상적 관계 때문이라도 이 둘의 관계는 긴밀한 것이다. 또한 이러한 담화구조를 문장의 해독이나 작문에 실용화하는 차원에서 이들의 이름을 더 편안하게 부르

기 위해 '원리'라는 이름으로 학교문법이나 작문 교재에 활용되기도 한다. 각각의 개념이나 정의가 필요하겠으나 지면관계상 생략하기로 하고 특히 (151c)의 원리에 대해서는 김두식(2009a)를 참조할 것.

## 7.2.1. 문제가 되는 유사구조와 사용 맥락

담화문법(discourse grammar)의 전제가 주어진 담화적 상황이 언어 표현을 선택한다고 보는 이상, 겉으로 의미가 유사한 문장으로 보인다 할지라도 그 전제가 되는 장면을 고려해야만 이러한 문장들의 진정한 의미를 파악할 수 있을 것이다. 다음과 같은 문장들은 영어모국어 화자들이 아니면 판단하기 힘든 문장들일 것이다.[42] 아래 (152)의 문장들이 자연스럽게 사용될 법한 맥락은 각각 (153)과 같다(김두식 2010a:10 참조).

(152) a. You ***do*** look nice in that hat.

   b. You ***really*** look nice in that hat.

   c. You ***indeed*** look nice in that hat.

   (→ You look nice in that hat, indeed.)

(153) a. Complaining or wondering how he looks in that hat, someone says, "I look **weird** today." I would reply, "(No.) You ***do*** look nice in that hat."

   b. When someone think about how nice he looks in the hat he is wearing, I would say "You ***really*** look nice in that hat."

   c. When someone says "Don't you think I look nice?", I would reply "You look nice in that hat, ***indeed***." (http://forum.wordreference.

---

42) 문제가 되는 예문들 예를 들면, will-의문문과 will-부가의문문 사이 또는 분사구문과 부사절 수반 문장 등 이들 간의 담화적 맥락 차이를 수반하는 예문들이 더 많을 수 있지만 지면 관계상 생략한다.

예문 (152)는 거의 학교에서 '강조'의 do로 가르치는 예문으로서 특히 (152a)와 (152b)의 차이를 무시하고 가르치기 때문에 실제 장면에서 이러한 표현을 전혀 사용 못하거나 '강조'의 do를 really나 indeed와 같은 의미로 알고 있다. 그러나 이 세 문장은 각기 전혀 다른 맥락에서 사용된다. 즉, (153)에서 보듯이, (152a)의 사용가능한 맥락인 (153a)는 한 화자가 "멋져 보이지 않을 것 같다"는 부정적 생각이나 말에 상대방이 "그렇지 않다"고 대조적으로 긍정적 확신을 주려할 때 사용되는 '긍정 강조(affirmative emphasis)'의 do이다. 반면에 (152b)의 사용가능한 맥락인 (153b)는 "얼마나 멋져 보이느냐?"에 상대방의 질문에 대한 대답으로 나타날 법한 문장으로 멋진 정도를 강조하기 위해 사용되는 '정도 강조(degree emphasis)'의 맥락에서 사용되며, (152c)의 사용가능한 맥락인 (153c)는 상대방이 "멋져 보이지 않니?" 라고 하는 상황에서 "정말 그래!"라고 말하면서 동의하는 입장에서 나올 법한 '동의성 강조(consentient emphasis)'의 용법으로 사용된다. 이렇게 볼 때 이러한 유사한 의미의 단어들이 선택되는 것은 바로 달리 사용된 맥락 때문이다.

## 7.2.2. 논항교체와 담화적 원리

영어의 경우 논항교체를 보이는 구조가 많다. 예를 들면, 능동-수동의 교체, 타동-능격의 교체, 불변화사 이동(Particle Movement) 교체 구조, load-동사 교체 구조(§5.2.3 참조) 등이 있다. 중요한 사실은 이러한 논항교체가 거의 문미비중원리(End Weight Principle) 또는 구정보-신정보 원리(Given-New Principle)에 의해 발생한다는 사실이다. 다음의 '제공동사 교체' 구조를 살펴보자.

(154) A spirited session on poker was in progression as a new arrival, a practical joker, proceeded to spray the nearest player with the contents of <a perfume atomizer>.

"Hey, don't spray ┌ (a) <that> on me."
　　　　　　　　　└ (b) #me with that.

The player shouted, "My wife will think I spent the evening in a whorehouse!" The player next to him said, "You can squirted me if you like. My wife was never in a whorehouse and she won't recognize the smell." (Korea Herald 간지)

(155) The pastor came out with a spray bottle of water and another spray bottle with vinegar and sprayed me in the face. First he sprayed me **with the water** and then he sprayed me **with the vinegar**.
(http://www.jillstanek.com/pastor-sprays-hoses-pro-life-a.html)

문제는 'spray A with B' 구조를 취할지 'spray B on A'를 취할지 선택을 해야 하는 일이다. 물론 담화문법의 기본 생각은 담화 맥락이 문법적 표현이나 구조를 선택한다는 것이다. 위 두 맥락 모두 목적어로서 'me'를 포함하고 있다. 보통은 이 대명사를 구정보로 취급할 것이다. 그러나 맥락 속에 들어가서 보아야 더 정확하다. spray-구조 발생 전의 상황을 보면, 예문 (154)에서는 a perfume atomizer(향수 분무기)가 이미 이전 맥락에 나타난 관계로 구정보가 되어 that를 me에게 뿌리지마라고 하고 있는 상황(→ 'spray that on me')인 반면에, 예문 (155)에서는 밑줄 친 문장이 발화되기 전에 me와 water, vinegar 모두 나타난 상황이지만 아직 알려져 있지 않은 신정보는 둘 중 어느 것이 먼저 뿌려졌는지를 알려주는 것이기 때문에 첫 번째로서의 the water와 두 번째로서의 the vinegar는 신정보로 처리되어 문미 쪽으로 나타났다. 달리 이야기 하면, 구정보에 해당되는 단어를 되받아 사용하려 할 때 앞 논항에 놓으며 또한 구정보가 사람이냐 사물이냐에 따라 전치사의 사용이 달라진다. spray와 연관된 맥락에서는 with는 액체와 연결되고 그 액체를 맞게 되는 사람/사물과는 on이나 for가 사용된다.

### 7.2.3. 시제선택 및 교체표현과 담화구조

영어에서 시제와 서법조동사 등의 표현의 선택이 담화구조에 의해 결정된다고 많은 학자들이 주장해 왔다. 특히 서사담화의 구조가 특이하여 많은 학자들에 의해 연구된 바 <전경-배경> 구조(Wallace 1982, Talmy 1983, Decker 1985, Tomlin 1987 등)나 <틀-부연설명(Frame-Elaboration)>(Celce-Murcia & Larsen-Freeman 1998, 서경희 1992, 2009) 등과 같은 구조를 가지는 것으로 분석되었다. <전경-배경> 구조는 인지문법의 '초점화'라는 해석연산에서 이미 언급한 '모습-바탕' 대립(§6.2.1)의 언어적 표상이라 할 수 있다. 영어에서는 시제의 선택에서 이러한 대립 현상을 볼 수 있는데 특히 과거와 과거진행형, 그리고 과거와 과거완료의 대립에서 이를 볼 수 있으며 각 전자의 시제가 전경 즉, 사건을 나타내며 각 후자의 시제는 배경, 즉 사건의 상황적 배경을 나타낸다(Swan 1995, Carter *et al* 2000 등 참조). 예를 들어보자.

(156) (1)When Mr. Jordan **went** out the front door, (2)the bus **was** just **coming** around the corner. (3)He **jumped** on. (4)A student with a crew cut **was sitting** in the front seat. (5)He **was reading** a text book in American history. (6)Mr. Jordan **sat down** beside him.

(157) a. She **looked** very tired because she **had studied** all night.
b. She **looked** very tired even though she **had slept** for 12 hours.

예문 (156)은 여섯 개의 문장으로 되어있는 서사체(narrative), 즉 이야기 내용이다. 그 중 (1), (3), (6)은 단순과거시제로 되어 있으며 나머지 세 문장은 과거진행형으로 되어 있다. 여기서 우리는 전자의 시제로 되어 있는 문장은 줄거리에 해당되는 '전경'의 주 사건(main events)이고 나머지 문장은 '배경'적인 상황을 묘사하고 있다. 그런데 여기서 이야기 구조를 이루는 것이 줄거리로만 구성되어 있다고 생각해 보라. 어떻겠는가? 얼마나 재미없겠는가! 그래서 (1), (3), (6)만으로 이 이야기를 구성했다면 무척 메말라 재미없는 글이 될 것이다. 결국 이 이야기를 빛낸 것이 과거진행형으로 쓰여진 배경이라는 사실을 생각하면 담화구조에서 시제의 전환이 갖는 의미가 보통 시제에서 언급하는 의미적 특성인 '일시성', '완결성'의 구분이 아니라 전경, 배경의 구분인 것이다. 예문 (157)에서 보면 과거분사로 사용된 종속절은 주절의 내용 이전에 발생된 일로서 주절에 대한 이유나 대조(적 사실)과 같은 주변적/배경적 정보를 제공한다. 따라서 주절은 전경이라면 종속절은 이러한 전경을 둘러싸고 있는 배경과 같은 일을 하고 있다. (157)은 하나의 문장 속이라 전경, 배경의 대조적 개념이 그렇게 유익하지 않을지 모르겠지만 다음과 같은 본문 속에서 문장과 문장 간에 보이는 사건전개와 주변 상황, 즉 전경과 배경 간의 관계를 보면 시제의 전환이 갖는 담화상의 효과가 얼마나 큰지를 알 수 있을 것이다.

(158) a. This <u>was</u> a bad time for Tom Sawyer. Aside from his sleepless nights, &lt;he had another problem.&gt; [Becky Thatcher **had stopped** coming to school.] Tom <u>began</u> finding himself hanging around her house, watching her window, and feeling miserable. [He**'d heard** she was ill.] What if she should die! (*The Adventures of Tom Sawyer*, 1989: 69의 예문)

b. "We never <u>thought</u> we'd be 'home brew' experts, but now we<u>'re</u> <u>really hooked</u>. It all **started** when we moved house two years ago. [Alan's father **had put** six great big brewing jars up our attic, and we **had forgotten** all about them.] We **didn't like to** throw them out, so we **put** them to good use immediately." (Carter *et al* 2000, p. 12의 예문)

예문 (158a)를 보면, 과거분사가 나타나기 직전에 작가는 "Tom Sawyer에게 또 하나의 문제가 생겼다'고 말한 후 갑자기 필요성에 의해 이 문제의 '근원/배경'을 배경적 정보로 "사실 Becky Thatcher가 학교를 그만 둔 것이다."라고 마치 내레이터가 말해주는 듯 들려준다. 그리고는 다시 집 주위를 배회하는 Tom 자신을 발견하기 시작한 것으로 다시 이야기를 이어 주다가 다시 과거분사가 나타난다. 이번에는 Tom이 전에 Becky thatcher가 아프다는 소문을 들은 적이 있어 "사실 그녀가 아프다는 소리를 들었는데" 그래서 그는 "그녀가 죽으면 어떻게 하지?" 라고 걱정한다. 이 때 과거분사 문장의 효과는 바로 이러한 걱정의 '배경/계기'를 배경적 정보로 내레이터가 해설해주는 느낌으로 제시하는 것이다. 한편 (158b)를 보자. 이 경우도 거의 비슷하게, 주인공인 we가 술 빚기에 홀딱 빠져 2년 전에 이사한 후 술을 빚기 시작했다고 이야기하다가 갑자기 술 빚기가 시작되기 '전 상황'을 배경적 정보로 "사실/실은 Alan의 아버지께서 ... 올려놓으셨고 우리는 그걸 까마득히 잊고 있었지." 라고 말한 후 다시 과거시제로 돌아와 "그러다가 버리기 싫어 ..." 로 줄거리를 전개하고 있음을 본다. 이 때 과거완료의 사용은 중요한 줄거리는 아니며 단지 줄거리 전개에 필요한 배경지식을 제시하려 한다는 신호를 나타낼 뿐이다.

한편 서경희(1992, 2009)는 used to/would나 be going to/will 등과 같은 (준)서법조동사에서 이들 간의 선택은 담화구조의 특징 중 (물론 가설로 제안되긴 했으나) '틀-부연설명'이라는 구조적 특징에서 각각 틀과 부연설명 중 어느 하나를 선택하는 과정에 이루어진다고 주장하였다. 즉, used to와 would의 경우 둘 다 과거의 반복 행위/습관을 얘기하는데 사용된다고 하지만 엄격히 말하면 그렇지 않다. 전자는 어떤 계기로 지금은 그렇지 않은데 과거에 그러했던 것이 '틀'(즉, 화제)이 되어 과거로 돌아가서 얘기를 시작하려 할 때 사용된다. 그럴 경우 과거의 구체적인 반복 행위를 언급하려할 때 would가 나타나는 것이다. 그 때 반복 행위가 아니라 단일 행위일 것 같으면 단순과거도 함께 나타나기도 한다. 한편 be going to와 will도 유사하게 담화상에서 각각 틀/화제와 구체적 내용으로 대립되어 나타난다. 예를 들어 보자.

(159) a. When I was little, I **used to** believe that the evil little boy from "Pet Sematary" was under my bed. Before sleeping, I **would always** pile blankets over my ankle. That way he **would**n't be able to slice my achilles tendon, like he did to the old man.

b. Let me give you some examples. Cars of the future **are going to** have "brains." They**'ll** have start themselves, and they**'ll** adjust the seats, mirrors, and steering wheels automatically.

c. Tom: **Have you heard** the news about David?

Harriet: No. What **has happened**?

Tom: He **has had** an accident. He **was walking** down some steps, He **fell** and **broke** his leg. (Eastwood 1999, p. 35 예문)

먼저 (159a)를 살펴보면, 어린 시절로 돌아가 한 때 믿었던 (그러나 지금은 말도 안된다고 생각하지만) 애완동물 묘지에서 나와서 자기 침대 밑에 숨는 소년 악마 이야기를 화제로 떠올려 그 때 행했던 자신의 상세한 행동들을 기술하고 있음을 본다. 이 때 화제로서 이야기의 틀로 삼은 내용 즉, 미신은 used to를 사용하였고 그 미신 때문에 일어난 구체적인 반복 행위는 would를 사용하였음을 확인할 수 있다. 한편 (159b)를 보자. 먼저 화자(강연자)가 미래의 차는 뇌를 가질 것이라고 근거를 가지로 예측을 하기 때문에 'are going to'를 사용한다. 이러한 예측 상황이 틀 또는 화제가 되어 그 화제 내에서 만일 그럴 경우(즉, "If they have brains") 구체적으로 또 예측하려 하고 있는 것들은 "자동으로 출발하고 좌석 조정도 자동으로 등등" 이다. 이럴 때 다시 한 번 '예측'의 의미로 사용된 will은 그 앞의 상황이 근거가 되어 예측을 하는 것이기에 will의 문장은 "If they have brains"을 조건절로 한 주절의 내용으로 간주되며 따라서 조건문의 의미 속성상 주절에 will이 오는 것은 당연한 결과일 것이다. (159c)를 보면, 이러한 틀-부연설명의 구조가 확실하게 드러난다. 최근 일어난 사고 얘기를 화제로 끌어내어 그 경위를 상세하게 기술하고 있다. 이 때 화제로 제시한 최근의 사고발생에 대해서는 현재완료를 사용하였고 그 경위를 밝히는 데는 단순과거나 과거진행형을 사용하였으며 이미 이러한 담화상의 특징을 밝힌 바대로(예문 156) 넘어져 다리를 부러뜨린 '사건/사고'의 경우는 단순과거이지만 계단을 내려오는 것을 배경으로 해서 발생한 사고임을 알리기 위해 과거진행형을 사용하였음을 알 수 있다.

지금까지 담화구조에서의 시제 선택과 전환에 영향을 준 '틀-부연설명'의 가설과 주된 사건과 배경 간의 대립을 시제의 유형과 비교하여 정리하면 다음 <도표 7>과 같다.

<도표 7: 담화구조의 유형과 시제 유형간의 상관관계>

| Time | Choices | Discourse Structure | | Choices |
|---|---|---|---|---|
| 현재와의 관련성 | *Used to* | Frame (or Topic) | Elaboration | *Would* |
| | *Is going to* | | | *Will* |
| | Present Perfect Tense | | | Simple Past Tenses |
| 과거시간 | Simple Past Tense | Main Event | Background | Past Progressive or Perfect |

위 도표에서 한 가지 지적하고 싶은 것은, 시제 및 서법조동사의 교체형 (alternative forms) 중 현재완료, used to, is going to는 이것들의 대립형 즉, 단순과거, would, will에는 없는 '현재와의 관련성(relevance to present)'

이 그 사용 맥락에 포함되어 있다는 점이다. 즉, 현재완료는 단순과거와는 달리 과거시간을 나타내고 있음에도 불구하고 당연히 현재와의 관련성 의미를 함의하고 있으며 used to는 would와는 달리 그러한 반복 행위/습관이 현재에는 발생하지 않음을 함의하고 is going to는 will과는 달리 미래 행위를 예측할 수 있게 하는 증거 등이 현재에 있음을 함의하고 있다.

## 7.2.4. 이동구문과 담화기능

영어에 나타나는 주어-조동사 도치(SAI)에서 주어와 조동사의 도치가 발생한 이유는 부정의 never와 긍정 강조의 so great 같은 주관적 표현이 문두로 전치된데 있다. 여기서 중요한 것은 그러한 표현들을 왜 문두로 옮겨놓은 것일까? 이에 대한 답은 그 앞 장면의 담화맥락과 관련하여 문두에 놓고자 하는 필자/화자의 분명한 의도에서 찾을 수 있다. 즉, 필자가 그 앞의 담화맥락에 부정이나 (긍정) 강조의 내용을 제시한 다음에 분명히 의도적으로 이 앞 내용과 같은 논조의 극성(polarity)이 계속 전개되어 극 의미가 누적되어 강조될 것임을 빨리 독자에게 보여주고 싶어 바로 그 표현들을 문두로 놓게 된 것이다. 다시 말하면, 이미 그 이전에 드러낸 부정적, 긍정적 내용에 대해 문두에서부터 일찍 이에 동조하거나 첨가할 목적으로 부정 강조어(never, hardly 등)나 긍정 강조어('so + 형/부'나 'such + a + 형/부 + 명' 등)를 문두로 당겨 사용함과 동시에 SAI가 발생한다(김두식 2009a:447).

<극성(polarity) 동조를 위한 담화책략>

(160) a. The absence of the conjunction **seldom raises problems** because there are usually markers. **Nor should it be surprising** if some languages regularly use no conjunction for indirect speech. (Palmer 1986: 129)

b. ......... It should **not** be surprising **either** if some languages ......

(161) a. A number of assiduous investigators — notably Meringer and Mayer (1895), ... — **have risked the patience and good will of their friends and family to collect tongue-slips** from conversations around them. **Not only have they taken careful note of tongue-slips** — a difficult job itself because of their rarity — **but also** they have often interrupted the speaker to ask what he or she meant to say and was thinking about. (Clark & Clark 1977: 274 예문)

   b. .... They have **not only** taken careful note of tongue-slips — .....


(162) a. The brain was intact but shrunken. An autopsy showed that the inner organs such as the heart, lungs, and liver were **very well preserved. So was** the alimentary canal, which was removed by the palaeobotanist, Dr. Hans Helbaek, with the object of determining the nature of the dead man's last meal. ("The Tollund Man," by P.V. Glob, trans. from the Danish by Rupert Bruce-Mitford, Compass I, 1971: 34 예문)

   b. ........ The alimentary canal **was, too**. It was removed .......


위의 각 (b)문은 부정/긍정 구성소의 전치 이전의 정상문이며 각 (a)문은 이들 구성소가 전치되면서 SAI가 발생된 강조구문이다. 학교문법에서는 각 (a)의 문장을 단순히 강조구문으로 취급하고 있는데 무엇을 또는 어떤 식으로 강조하고 있는 것일까? 전치된 부정/긍정의 구성소일까, 아니면 도치된 주어일까? 답은 그 어느 것도 아니다. 이전의 긍정적/부정적 맥락을 계속해서 그것도 빨리 같은 극성으로 이어주고 있음을 알리는 효과가 강조된 의미일 것이다. 즉, 부정적인 소재를 첨가/나열하려하고 있음을 빨리 알리려는 상황(예: 160), 긍정으로 첨가할 것이 더 있음을 빨리 알리려는 상황(예: 161), 긍정적인 소재를 첨가/나열하려하고 있음을 빨리 알리려는 상황(예: 162)에서 전치가 일어나기 때문에 이러한 도치구문을 사용함으로써 필자는 독자로

하여금 긍정/부정과 관련된 논조에 쉽게 빨리 동조 내지 동참하게 하는 힘을 지니게 된다. 이러한 (부정)구성소 전치는 해석상 문장부정(또는 전부부정)과 연관되며 전치된 구성소의 정확한 해석을 위해 이것이 원래 그 문두 자리에 있어야 하는 문장부사류가 아니라 술어에서 전치되어 나온 부분임을 알리기 위해 주어-조동사 도치가 동시에 일어나야 한다(김두식 2009a: 448-449).

## 7.2.5. 교체 표현과 담화구조

다음은 담화구조에서 어떠한 특징 때문에 두 개의 표현이 서로 교체되면서 나타나는 예로서 특별히 this와 that 간의 차이를 살펴볼 것이다. Kim(2003) 은 this와 that의 교체적 사용의 한 담화적 요인으로 논리 전개의 순행성 (progressiveness)과 역행성/급진성(regressiveness/saltatoriness) 대립을 들고 있다. 즉, this는 전방성(cataphoricness)을 지향하기 때문에 논리를 순행적으 로 하려 할 때 나타나는 반면에, that는 후방성(anaphoricness)을 지향하여 논리를 역행적으로 하거나 급진적으로 전개할 때 나타난다고 보았다. 예를 들어보자.

<this vs. that> ⇄ <순행적 논리 전개 vs. 역행적/급진적 논리 전개>

(163) a. The purpose of this chapter is <u>to elaborate and justify the rough outline</u>.

     b. The purpose of this chapter is **this**: <u>to elaborate and justify the rough outline</u>.         (순행논리)

     c. <u>This rough outline</u>, of course, needs elaboration and justification. **That** is <the purpose of this chapter>, which ... (From Clark & Clark 1977: 225 예문)         (역행논리)

(164) a. "Robert Grant, age 35, college educated, divorced, two children in Idaho. Present occupation: real estate agent for Estrellas Properties,

Costa del Sol, Spain.> **This person** <is supposed to be in the election>. (순행논리)

b. "<u>Robert Grant, age 35, college educated, divorced, two children in Idaho. Present occupation: real estate agent for Estrellas Properties, Costa del Sol, Spain</u>. **That**'s me." (East.West 1, p.32)(역행논리)

(165) a. Clearly, the result is much worse in (25) than it is in (26). **This suggests** <that there is a difference between the of-string in (25) and the undisputed Complement of books in (26).> (From Aarts 2001: 265)

b. We have also seen that at any one time we can select only one determiner. At least, **that**'s <u><what</u> the data we've looked at so far suggest.> (From Aarts 2001: 173) (역행논리)

(166) a. We saw that <<u>Direct Objects complete the meaning of the verbs that precede them.</u>> Another way of putting **this** is to say that <Direct Objects function as Complements to verbs.> (From Aarts 2001: 18) (순행논리)

b. We saw that <<u>Direct Objects ....</u> > **That** is to say, Direct Objects ... (Modified version from 31a) (논리 비약)

위의 예문은 this가 순행적 논리전개 시, that는 역행적 논리전개 시 또는 급진적 논리전개(즉, 논리비약)시 사용됨을 보이고 있다. 순행적 논리전개란 위의 (163-166)의 각 a문처럼 '목적'을 명명한 후 이것을 받아 그 명세를 말하거나 자신의 이름을 대고 소개를 하거나 대상을 정한 후 그것이 암시하는 내용을 전하는 경우처럼 보통 자연스러운 기술 순서이다. 그러나 대응하는 각 b문은 이들 기술의 순서를 거꾸로 한 것으로서 목적의 명세를 먼저 말한 후 그 목적을 얘기한다거나 자신의 이름을 밝히지 않고 얘기를 다 한 후 자신의 이름을 밝힌다든지 암시하는 내용을 미리 제시하고 그 암시 내용의 대상을 언급하는 일은 보통 방식과는 거꾸로 하는 방식인 것 같다. 마지막 (166)의 'another way of putting this' 또는 'in other words'에 있는 another와 other의 의미가 'that is'의 that로 전가된 듯하다. 그렇게 본다면 다르게 논리적으로 '비약'을 할 때 this가 아니라 that가 선택된다고 말할 수 있다.

## 8. 결론

본 장에서는 형식주의적인 또는 이론적인 통사론의 관점과는 달리 기능주의적 관점에서 통사론 및 문법의 체계를 기능적, 인지적, 담화적 관점에서 접근하여 기능문법, 인지문법, 담화문법이라는 이름으로 기술하였다. 언어는 복합구조라고 말한다. 따라서 통사론은 문장 단위의 복합구조를 분석하는 이론인 것이다. 통사론의 할 일이 바로 그 연구 영역이 될 텐데 이러한 문장 단위의 복합구조의 특징에 부합되도록 설정한다면 통사론의 연구 영역은 통사구조의 형성과 결합관계, 어순은 물론 나아가 같은 구조들 간의 변이형에 대한 변형과 그에 따른 제약들을 설명하는 일일 것이다.

언어나 문법 체계의 분석에 있어서 그 접근 방식은 크게 형식주의적이거나 기능주의적이다. 이러한 차이는 결정적으로 문법 또는 통사론의 연구에 의미나 기능적 요소가 개입되느냐 되지 않느냐에 따라 기능주의적 접근이냐 형식주의적 접근인 것이다. 본 장에서는 바로 전자의 입장에서 통사론을 접근하고자 하였다. 우리는 Butler(2003)의 판단대로 '의사소통 체계로서의 언어', '언어/문법의 기능적 설명', '의미론/화용론의 중심성', '담화적 고려', '인지적 고려' 등이 기능주의 문법의 중심 자질로 확인하였으며 이러한 자질들이 중심이 되는 문법의 유형들은 역할-지시 문법, 기능문법, 체계-기능문법, Givón(1995a)의 기능문법이었다. 그렇지만 통사론의 연구는 형식주의와 기능주의의 언어관의 대립으로 분리되어 이루어질 것이 아니라 상보적, 등차적 관점에서 접근할 필요가 있음을 지적하였다.

기능주의 문법이 접근하는 연구방법으로 다루어지게 되는 연구 분야는 주로 문법형식 결정 및 선택에 영향을 미치는 문법의 외재적, 기능적 원리 및 요인, 기능적인 외재적 설명적 요인의 경쟁 관계, 문법 현상과 도상성 원리, 의미구조와 문법구조 간의 상관관계, 문법형식이 담화 맥락에서 갖는 담화적 기능, 담화 맥락과 문법형식 간의 상관관계, 논항교체와 동사의 의미자질 간의 관계, 동사의 의미자질과 그 보문구조의 선택, 문법범주의 등차성, 인지적 요인과 문법형식 간의 상관관계, 인지적 관점과 담화상의 고려 등이다.

기능문법의 본질적 기치인 문법적 설명의 외재적 동기 찾기인데 그 운동의 중심에는 도상성이 있다. Haiman(1985b)은 Peirce(1932)의 의견에 좇아 도형의 특징에서 동형성과 동기성이라는 두 가지 속성을 찾아내어 이 두 속성을 언어 요소들의 체계나 문법이 '도형 도상적'이라는 가설의 근거로 삼았다. 동형성은 주로 형태-어휘적 수준에 적용되어 형태와 의미간의 일對일 대응관계 즉, 1형태-1의미 일치 관계를 나타내는 반면에, 동기성은 문장이나 문법 체계 수준에 적용되는 것으로서 한편으로는 세상적 구조(예: 시간, 거리, 양 등)가 언어구조에 그대로 반영된다는 점과, 다른 한편에서는 비교되는 두 개의 별도 구조에서 이들 두 구조 간의 구조적 차이가 의미적/개념적/기능적 차이를 반영하는 언어적 경향을 말한다. 기능/인지언어학자들은 도상성의 이 두 속성 중 거의 동기성 즉, 동기적 도상성에 초점을 맞추어 주요 동기적 요인으로 '거리', '순서', '양'(또는 '복잡성'), '독립성', '범주화' 등을 선정하였으며 이들을 이용하여 세상구조와 언어구조 간의 일치성을 보여주었다.

기능문법의 도상성 관점에서 의미의 대립 또는 차별성에 의해 발생하는 문법구조의 형성, 변화를 다룸은 물론이고 문법구조들의 배열 위치와 배열

순서를 달리함에 따른 의미 변화를 보이기 위해 수식구조에서의 수식위치와 수식순서 또는 수식어와 보충어들이 동시에 발생할 경우의 어순에 대해 검토하였다.

한편 인지문법을 개괄함에 있어 언어구조가 개념구조를 반영하는 이상 인지적 관점에서의 문법 고찰은 당연한 일인 것이다. 인지문법은 어휘라는 상징단위를 이용하여 언어의 문법 단계로 확장하며 언어구조는 일반적 인지과정에서 동인을 찾을 수 있어서 '모습-바탕' 등과 같은 형태심리학의 원리와 시지각의 양상들에서 유추한 원리들을 사용하여 언어구조를 설명한다. 우리가 사용하는 대부분의 표현은 상징적으로 복잡하며 문법은 이러한 표현들을 구축한 패턴으로 구성되어 있다. 따라서 이러한 표현과 그 패턴들을 '구문'이라고 말한다. 문법과 어휘부가 상징구조의 조합에만 머무르면서 연속체 (continuum)를 이루기 때문에 구문은 상징적 조합이라 말할 수 있다. 그러나 구문이 갖는 이러한 조합이 상징적으로 시작될지 몰라도 반복해서 관습화됨에 따라 익숙한 구문적 의미가 발생하게 되는 모습은 도상적인 것으로 여겨진다. 인지문법은 문법현상의 설명력의 측면에서 기능문법보다 더 설득력이 있는 인지적 요인들, 주로 해석연산, 경계성, 구문적 의미, 범주의 원형성과 등차성 등을 본 장에서 다루었다.

마지막으로, 언어의 본질적 기능이 의사소통이란 점과 이를 강조하는 기능문법, 담화분석, 교육문법의 관점에서 보면 언어구조의 분석에만 일관해 온 문장단위의 통사론을 전적으로 의존할 수 없다. 즉, 문장단위의 문법으로는 불충분할 뿐만 아니라 부정확하기도 하여 언어의 담화상에서의 사용적 측면이 강화되지 않고는 언어를 습득하고 배우고 있다고 장담할 수 없다. 따라서 본 장에서는 끝으로 담화(의존)문법을 개괄하였다. 담화적 특성이 문장의 구조나 어순을 결정하기 때문에 이에 영향을 미치는 담화기능적 제 요인이나 원리를 정리하였다. 단지 지면관계로 정보구조(또는 신정보-구정보 원리), 틀-부연설명 가설 등 일부만 다루었으며 담화문법의 전제가 주어진 담화적 상황이 언어 표현을 선택한다고 보는 이상, 겉으로 의미가 유사한 문장으로 보인다 할지라도 그 전제가 되는 상황을 고려해야만 이러한 문장들의 진정한 의미를 파악할 수 있었다. 특히 타동-능격의 교체, load-동사 교체 구조 등 논항교체를 보이는 문장들의 경우와 주어-(조)동사 도치와 같은 이동 구문들의 경우 담화적 원리나 담화기능, 담화구조 등을 고려하지 않고서는 그러한 문장들을 이해하지 못하거나 맥락에서 사용할 수 없는 것으로 확인하였다. 따라서 인간의 담화적 능력을 감안할 때 구조로서의 문법 외에도 선택으로서의 문법에 대한 이해가 중요하며 따라서 담화문법의 관점에서 문법 연구가 더욱 활성화되어야 할 필요를 느낀다. 또한 영어 사용이나 영어의 교육과 연관시켜 볼 때 기능-인지-담화 문법의 연구와 연구결과의 이용이 절대적으로 필요하며 따라서 각각의 문법에서 연구된 결과를 체계적으로 구성하여 학교 강의에 활용하는 절충식 문법도 권장할 만하다. 사실 본 글의 목적이 여기에 있었다.

김두식. 1986a. 英語 二重目的語 構文의 再考. 『영미어문학연구』 3: 105-127.

김두식. 1986b. 確認文으로서의 英語分裂文의 分析. 『언어와 언어학』 12: 22-49.

김두식. 1987. 영어의 주어-조동사 도치 구문. 『언어』 12(2): 217-247.

김두식. 1988. 확정성과 영어한정사의 결합제약. 『영어영문학』 5: 187-223.

김두식. 1999. 고유명사와 정관사. 『영미어문학연구』 15(2): 187-217.

김두식. 2005. An Analysis of But/Other Than-Correlatives as 'But/Than' Cleft. *Language Research* 41(4): 881-907.

김두식. 2008. Gradience Within and Between English Cleft Sentences. Paper read at Fall Conference of The Discourse Cognitive Linguistics Society of Korea. 53-76. Hankook Univ. of Foreign Studies.

김두식. 2009a. 『영어문장분석』. 진주: 경상대학교 출판부.

김두식. 2009b. 영어의 탈타동사 구문. 김두식 외(공저). 『영어문법론』: 한국영어학회 현대영어학 총서(2). 서울: 종합출판, 111-170.

김두식. 2009c. 탈타동화 과정. 김두식 외(공저). 『영어문법론』: 한국영어학회 현대영어학 총서(2). 서울: 종합출판, 289-332.

김두식. 2010a. 『대학기초영문법 – 담화문법의 시도』. 서울: 종합출판.

김두식. 2010b. A look at English verbs used without an object. Proceedings of LSK & KASELL 2010 Winter International Conference on Linguistics (WICL-2010). 84-95. Konkook University.

김두식. 2011a. An Analysis of English Cleft Sentences from the Perspective of Gradience. Proceedings of The 2011 Winter Conference of Korean Society of Language Sciences. 23-43. Pusan National University.

김두식. 2011b. '2분법적 대립'으로 본 영문법 세계: 'figure' vs. 'ground'. 영미어문학회 겨울학술대회 발표논문집. 1-19. 경남과학기술대학교.

김두식 · 안병길. 2008. 『新英文法解説』. 서울: 종합출판.

노보경. 2009. 영어의 결과구문. 김두식 외(공저). 『영어문법론』: 한국영어학회 현대영어학 총서(2). 서울: 종합출판, 87-109.

서경희. 2009. 시제-상 표지와 담화문법. 김두식 외(공저). 『영어문법론』: 한국영어학회 현대영어학 총서(2). 서울: 종합출판, 333-372.

안병길 · 김두식. 2008. 언어속의 공간: 공간지정과 구분을 중심으로. 『현대영미어문학』 26(2): 1-39.

임지룡. 1999. 유상성의 인지적 의미분석. 『문학과 언어』 16(1): 121-149.

임지룡. 2008. 『의미의 인지언어학적 탐색』. 서울: 한국문화사.

황규홍. 2009. 도상성. 김두식 외. 『영어문법론』: 한국영어학회 현대영어학 총서(2). 서울: 종합출판, 171-220.

Anttila, R. 1972. *Historical and comparative linguistics*. Amsterdam: Benjamins.

Aarts, B., D. Denison, E. Keizer, & G. Popova (Eds.). 2004. *Fuzzy Grammar: A Reader*. New York: Oxford University Press.

Aarts, B. 2007. *Syntactic Gradience: The Nature of Grammatical Indeterminacy*. Oxford: Oxford University Press.

Asher, R. E. & J. M. Y Simpson (eds.), *The Encyclopedia of Language and Linguistics*. Oxford Pergamon Press.

Batstone, R. 1994. *Grammar*. Oxford: Oxford University Press.

Biber, D., S. Conrad & R. Reppen. 1998. *Corpus Linguistics: investigating language structure and use*. Cambridge: Cambridge University.

Burton-Roberts, N. *Analysing Sentences: An Introduction to English Syntax* (2nd edition). London & New York: Longman.

Butler, C. S. 2003. *Structure and Function: A Guide to Three Major Structural-Functional Theories*. Part 1: Approaches to the simplex clause. Amsterdam/Philadelphia: John Benjamins Publishing Company.

Carr, D. 1986. *Time, Narrative, and History*. Bloomington, IN: Indiana University Press.

Carter, R, R. Hughes, & M. McCarthy. 2000. *Exploring Grammar in Context*. Cambridge: Cambridge University Press.

Celce-Murcia, M. & D. Larsen-Freeman. 1998. *The Grammar Book: An ESL/EFL Teacher's Course*. (2nd edition). Rowley, MA: Newbury House.

Celce-Murcia, M. & E. Olshtain. 2000. *Discourse and Context in Language Teaching. A Guide for Language Teachers*. Cambridge: Cambridge University Press.

Chomsky, N. 1965. *Aspects of the Theory of Syntax*. MIT Press.

Chomsky, N. 1977. *Essays on Form and Interpretation*. North Holland, Amsterdam.

Chomsky, N. 1981. *Lectures on Government and Binding*. Studies in Generative Grammar 9. Dordrecht: Foris.

Chomsky, N. 1986. *Knowledge of Language*. New York: Praeger.

Chomsky, N. 1995. *The Minimalist Program*. MIT Press.

Chomsky, N. 2005. Three Factors in Language Design. *Linguistic Inquiry* 36: 1-22.

Colleman, T. & C. Bernard. 2008. Accounting for ditransitive constructions with *envy* and *forgive*. *Functions of Language*. 15(2): 187-215.

Croft, W. 1995. Autonomy and functionalist linguistics. *Language* 71: 490-532.

Croft, W. 2008. On iconicity of distance. *Cognitive Linguistics.* 19(1): 49-57.

Croft W & A. Cruse. 2004. *Cognitive Linguistics.* Cambridge & New York: Cambridge University Press. (김두식·나익주 옮김(2010). 『인지언어학』. 박이정.)

Crystal, D. 2008. *A Dictionary of Linguistics and Phonetics* (6th edition). New York: Blackwell Publishing.

Decker, N. 1985. The Use of Syntactic Clues in Discourse Processing. Proceedings of the 23rd Annual Meeting of the Association for Computational Linguistics, 315-323. University of Chicago.

Dik, S.. 1978. *Functional Grammar.* (North Holland Linguistic Series 37.) Amsterdam, New York, Oxford: North Holland Publishing Company.

Dik, S. 1994. Functional Grammar. In Asher & Simpson (eds.), *The Encyclopedia of Language and Linguistics.* Oxford Pergamon Press, 1318-1323.

Dirven, R. & M. Verspoor (Eds.). 1998. *Cognitive Exploration of Language and Linguistics.* Amsterdam, Philadelphia: John Benjamins.

Downing, A. & P. Locke. 1992: *University Course in English Grammar.* New York: Prentice Hall, Inc.

Fasold, R. & J. Connor-Linton, (Eds.). 2006. *An Introduction to Language and Linguistics.* Cambridge: Cambridge University Press.

Fauconnier, G. 1994. *Mental Spaces: Aspects of Meaning Construction in Natural Language.* Cambridge: Cambridge University Press.

Fischer, O. & M. Nänny. 1999. Introduction: Iconicity as a creative force in language use. In M. Nanny & O. Fishcer (eds.), *Form Miming Meaning: Iconicity in Language and Literature.* Amstterdam & Philadelphia: John Benjamins. xv-xxxvi.

Foley, W. & R. D. Van Valin, Jr. 1984. *Functional syntax and universal grammar.* Cambridge: Cambridge University Press.

Folli, R. & C. Ulbrich (Eds.). 2010. *Interfaces in Linguistics: New Research Perspectives*. Oxford & New York: Oxford University Press.

Geeraerts, D. & H. Cuyckens. 2007. *The Oxford handbook of cognitive linguistics*. New York: Oxford University Press.

Givón, T. 1985. Iconicity, isomorphism and non-arbitrary coding in syntax. In John Haiman (ed.), *Inconicity in syntax*. Amsterdam/ Philadelphia: John Benjamins, 187-219.

Givón, T. 1995a. *Functionalism and Grammar*. Amsterdam & Philadelphia: John Benjamins.

Givón, T. 1995b. Isomorphism in the Grammatical Code. In R. Simone (ed.), *Iconicity in Language*. Amsterdam & Philadelphia: John Benjamins, 47-76.

Givón, T. 2001. *Syntax*. Amsterdam/Philadelphia: John Benjamins, v.1&2.

Goldberg, A. 1995. *Constructions: A construction grammar approach to argument structure*. Chicago: University of Chicago Press.

Goldberg, A. & D. Casenhiser. 2006. English Constructions. In A. McMahon & B. Aarts. (eds.), *The Handbook of English Linguistics*. Blackwell Publishers, 343-355.

Haiman, J. 1983. Iconic and economic motivations. *Language* 56: 781-819.

Haiman, J. (Ed.). 1985a. *Iconicity in syntax*. Amsterdam; Philadelphia: John Benjamins.

Haiman, J. 1985b. *Natural syntax: iconicity and erosion*. Cambridge: Cambridge University Press.

Haiman, J. 2000. Iconicity. In Geert Booij, J. Mugdan & C. Lehmann (eds.), *Morphology: An international handbook* Vol. I. Berlin: de Gruyter, 281-288.

Haiman, J. 2008. In defence of iconicity. *Cognitive Linguistics* 19(1): 35-48.

Haiman, J. & S. Thompson (Eds.). 1988. *Clause combining in grammar and discourse*. Amsterdam/Philadelphia: John Benjamins.

Halliday, M. A. K. 1978. *Language as Social Semiotic: The Social*

*Interpretation of Language and Meaning.* London: Edward Arnold.

Halliday, M. A. K. 1994. *An Introduction to Functional Grammar* (2nd edition). London: Edward Arnold.

Harder, P. 2001. The Lexico-Syntactic Symbiosis in a Functional Perspective. *Nordic Journal of Linguistics* 24(2): 232-240.

Haspelmath, M. 2003. Against iconicity and markedness. Handout of talk at Stanford University, 6 March 2003. 1-12.

Hiraga, M. K. 1994. Diagrams and metaphors: Iconic aspects in language. *Journal of Pragmatics* 22: 5-21.

Hopper, P. 1987. *Proceedings of the Berkeley Linguistics Society* 13: 139-157.

Hopper, P. 998. Emergent Grammar. In M. Tomasello (ed.), *The New Psychology of Language: Cognitive and Functional Approaches to Language Structure.* Mahwah, N.J.: Lawrence Erlbaum, 155-175.

Hopper, P. & S. Thompson. 1980. Transitivity in grammar and discourse. *Language* 56: 251-299.

Hopper, P. & S. Thompson. 1984. The discourse basis for lexical categories in universal grammar. *Language* 60(4): 703-752.

Hyman, L. 1983. Form and substance in language universals. *Linguistics* 21: 67-86.

Hymes, D. (Ed.) 1974. *Studies in the History of Linguistics. Traditions and Paradigms.* Indiana University Press.

Itkonen, E. 2004. Typological explanation and iconicity. *Logos and Language* 5(1): 21-33.

Kay, P. & C. Fillmore. 1999. Grammatical constructions and linguistic generalizations: the What's X doing Y? construction. *Language* 75(1): 1-33.

Keizer, E. 2004. Postnominal PP complements and modifiers: a cognitive distinction. *English Language and Linguistics* 8(2): 323-50.

Kim, D.-S. 2003. Discourse Connection and the Choice of *This* or *That. Discourse and Cognition* 10(3): 1-30.

Langacker, R. W. 2008. *Cognitive Grammar: A Basic Introduction*. Oxford: Oxford University Press.

Lee, P.-H. 2008. On the Notion of Complement: To Advocate Fuzzy Grammar. *English Language and Linguistics* 25: 171-193.

Levin, B. & M. Rappaport Hovav. 1994. *Unaccusativity: At the Syntax-Lexical Semantics Interface*. Cambridge, MA: MIT Press.

Lomaschvili, L. 2011. *Complex Predicates: the Syntax-Morphology Interface*. Amsterdam & Philadelphia: John Benjamins.

*Longman Dictionary of Contemporary English*. 1978. Harlow and London: Longman Group Ltd.

McCarthy, M. 1991. *Discourse Analysis for Language Teachers*. Cambridge: Cambridge Univ. Press.

McCawley, J. D. 1968. Lexical Insertion in a Transformational Grammar without Deep Structure. *CLS* 4: 71-80.

Matthews, P. 2007. *Oxford Concise Dictionary of Linguistics*. Oxford University Press.

Newmeyer, F. 1983. *Grammatical Theory: Its Limits and Its Possibilities*. Chicago & London: The University of Chicago Press.

Newmeyer, Frederick J. 1992. Iconicity and generative grammar. *Language* 68: 756-796.

Newmeyer, F. 1998. *Language Form and Language Function*. Cambridge: MIT Press.

Ouhalla, J. 1999. *Introducing Transformational Grammar: From Principles and Parameters to Minimalism*. London, Sydney and Auckland: Arnold.

Payne, T. E. 1997. *Describing Morphosyntax: A Guide for Field Linguistics*. Cambridge: Cambridge University Press.

Perlmutter, D. M. 1968. *Deep and Surface Structure Constraints in Syntax*. Doctoral Dissertation, MIT.

Radden, G. & R. Dirven 2007. *Cognitive English Grammar*. Amsterdam and Philadelphia: John Benjamin.

Radford, A. 1988. *Transformation Grammar: A First Course.* Cambridge & New York: Cambridge University Press.

Radford, A. 1997. *Syntax: A minimal introduction.* Cambridge & New York: Cambridge University Press.

Ramchand, G. & C. Reiss (eds.). 2007. *The Oxford Handbook of Linguistic Interfaces.* Oxford & New York: Oxford University Press.

Ross, J. R. 1967. *Constraints on Variables in Syntax.* Doctoral Dissertation, MIT.

Sag, I., T. Wasow, & E. Bender. 2003. *Syntactic Theory: A Formal Introduction* (2nd edition). CSLI Publications.

Sinclair, J. 1991. *Corpus, Concordance, Collocation*: *Describing English Language.* Oxford: Oxford University Press.

Talmy, L. 1983. How language structures space. In H. L. Pick, Jr. and L. P. Acredolo (eds.), *Spatial Orientation: Theory, research and application.* 225-282. N.Y.: Plenum.

Tomlin, R. S. 1987. Linguistic reflections of cognitive events. In R. S. Tomlin (ed.), *Coherence and Grounding in Discourse*, 455-479. Amsterdam: Benjamins.

Van Langendonck, W. 2007. Iconicity. In D. Geeraerts, Dirk & H. Cuyckens (eds.), *The Oxford handbook of cognitive linguistics.* New York: Oxford University Press, 394-418.

Van Valin, R. Jr. (Ed.) 1993a. *Advances in Role and Reference Grammar.* (Current Issues in Linguistic Theory 82.) Amsterdam & Philadelphia: John Benjamins.

Van Valin, R. Jr. 1993b. A Synopsis of Role and Reference Grammar. In Van Valin, R. Jr. (ed.), *Advances in Role and Reference Grammar.* Amsterdam & Philadelphia: John Benjamins, 1-164.

Wallace, S. 1982. Figure and Ground: The Interrelationships of Linguistic Categories. In P. Hopper (ed.), *Tense-Aspect: Between Semantics and Pragmatic.* Amsterdam/ Philadelphia: John Benjamins, 202-23.

Wittgenstein, L. 1922. *Tractatus Logico-Philosophicus*. Translated by D. F. Pears & B. F. McGuinness. 1961. London and Henley: Routledge & Kegan Paul.

Yule, G. 1998. *Explaining English Grammar*. Oxford: Oxford University Press.

# 제7장

# 번역과 언어학

■ 김은일 / 부경대

## 1. 언어의 특성과 번역의 문제

언어는 일종의 기호(sign)이다. 기호는 기표(signifier)와 기의(signified) 두 가지로 구성이 된다. 예를 들어, 빨간불이 곧 정지를 의미하는 교통신호등 체계에서 빨간색 자체는 기표가 되고, 빨간색이 담고 있는 정지라는 의미는 기의가 된다. 이처럼 언어기호(linguistic sign)도 음성적 요소인 소리영상 (sound image)이 기표가 되고, 의미를 이루는 개념(concept)이 기의가 된다 (De Saussure 1916/1965). 그런데 기표와 기의의 관계가 자의적(arbitrary)이기 때문에,1) 언어에 따라 기표와 기의의 관계가 서로 다를 수 있다. 그리고

---

1) 언어가 자의적인 특성이 있는 것이 사실이지만, 문법이라든지 새로운 복합어 형성에 있어서는 자의적인 특성과는 상반된 도상성 원리(iconicity principle)가 적용되는 경우

기표와 기의가 서로 다름으로 인해 한 언어를 다른 언어로 번역할 때 문제가 발생할 수 있다.

번역 시 문제점이 발생할 수 있는 많은 경우들 중에서 몇 가지만 살펴보자. 첫째, 원천언어(source language)의 기표에 일대일로 대응되는 목표언어(target language)의 기표가 없는 경우이다. 예를 들어, brother는 일대일로 대응될 수 있는 한국어 표현이 없고, 상황에 따라 '형, 오빠, 남동생'이 될 수 있다. brother를 한국어로 번역할 때 전후 문맥을 잘 고려하여 번역하지 않으면 안 된다. 둘째, 원천언어의 기표에 일대일로 대응하는 기표가 목표언어에 있다고 하더라도 대응어가 문화적인 함축이 다른 경우가 있을 수 있다. 예를 들어, blue가 서양사회에서는 슬픔과 절망 등을 의미하지만, 이란어에서는 blue에 해당하는 대응어가 하늘의 색깔로서 영성(spirituality)을 나타낸다. 슬픔과 절망의 의미가 함축된 blue란 단어를 이란어로 어떻게 번역해야 할지 문제가 될 수 있다. 셋째, 원천언어의 어떤 표현에 해당하는 개념 자체가 목표언어에 아예 없는 경우도 있을 수 있다. 예를 들어, 비나 햇볕을 가리기 위해 머리에 쓰는 '삿갓'에 해당하는 개념이 영어에 없는데, 영어로 어떻게 번역할 수 있을까? 'satgat'으로 할 것인지 'a traditional hat made of bamboo'라고 할 것인지 고민을 하지 않을 수 없다.

이렇게 기표와 기의의 관계가 서로 다른 언어들끼리의 번역을 어떻게 하면 적절하게 할 수 있을까? 이 질문은 번역학자들이 오랫동안 고민해온 등가(equivalence)라는 개념을 어떻게 실현할 것인가와 관련이 있다. 이 등가의 개념을 2장에서 살펴보고, 번역전략(translation strategy)과 번역기법(translation tactics)은 3장에서, 번역에서 일반적으로 나타나는 번역전환(translation shift) 현상과 번역보편소(Universals of Translations)에 대해서는 4장에서 살펴본다. 5장에서는 번역학(Translation Studies)의 유형과 국내의 영한 및 한영 번역 연구 현황에 대해 살펴본다. 그리고 6장에서 번역학과

---

가 많이 발견된다. 도상성과 관련된 쉬운 설명은 황규홍(2009)을 참조하기 바람.

대조언어학(Contrastive Linguistics)의 관련성에 대해 살펴보고, 마지막 7장에서 번역연구와 기능문법(Functional Grammar)과의 관련성을 살펴보기로 하겠다.

## 2. 번역과 등가

등가(equivalence)란 원천언어의 표현과 목표언어의 번역표현 사이의 유사성(similarity)을 의미한다. 그리고 원천언어의 표현이 담고 있는 동일한 의미나 메시지를 담은 목표언어의 번역표현을 등가표현(equivalent)이라고 한다. 번역과정에서 등가를 이루는 등가표현을 찾는 것이 가장 중요하다(Catford 1965). 하지만 등가란 Hartman과 Stork(1972)의 지적대로, 목표언어에서 문맥, 의미, 문법, 어휘와 같은 다른 층위에서 다른 정도로 등가를 이룰 수 있다. 아래에서 대표적인 학자들의 다양한 등가 개념에 대해 알아보도록 하겠다.

### 2.1. 형태적 등가와 역동적 등가

Nida(1964)는 등가를 형태적 등가(formal equivalence)와 역동적 등가(dynamic equivalence) 두 가지 종류로 나눈다. 형태적 등가를 위해서는 번역자가 메시지 자체—즉, 형태(form)와 내용(content)—에 초점을 맞추고, 원천언어 텍스트와 목표언어 텍스트 사이에 밀접한 유사성이 있어야한다. 형태적 등가는 원천 텍스트의 구조를 지향한 번역으로 원천언어의 언어, 문화, 관습에 최대한 가깝게 가도록 원천 텍스트의 구조에 최대한 근접하도록 번역한다. Munday(2001)는 원천문화의 언어와 습관을 잘 이해할 수 있도록 주석 번역(gloss translation)이나 전문적인 각주(scholarly footnote)가 전형적인 형태적 등가의 예라고 지적한다. 역동적 등가는 Nida의 등가적 효과의 원칙(principle of equivalent effect)에 바탕을 둔 것으로서 원천 텍스트가 원천언어 독자에게 주는 메시지와 목표언어 텍스트가 목표언어 독자에게 주는 메시지가 근본적으로 동일한 관계를 지칭한다.

역동적 등가의 목표는 원천언어의 메시지와 가장 가까우면서도 자연스러운 등가를 찾기 위한 것이다. 따라서 목표언어 텍스트는 원천언어의 간섭(interference)이 드러나지 않으면서 원천 텍스트가 주는 외래성(foreignness)은 최소화하여야 한다. Nida(1964)는 번역의 성공여부는 말이 되고(making sense), 원천언어 텍스트의 정신(spirit)과 양식(manner)이 전달되고, 자연스러운 표현이 되고, 원천언어 텍스트와 동일한 반응(response)을 유도하는 것과 같은 등가적 반응(equivalent response)의 달성 여부에 달려있다고 주장한다. 그리고 메시지와 형태의 대립(conflict)이 발생할 경우, 등가적인 효과를 위해서는 의미의 대응이 문체(style)의 대응보다 우선시해야 한다고 주장한다.

## 2.2. 다양한 유형의 등가

Köller(1979/1989)는 등가 개념을 아래와 같이 5가지 다양한 층위로 세분화하였다.

(1) **외연적 등가**(denotative equivalence): 원천텍스트와 목표텍스트가 동일한 언어 외적인(extra linguistic) 실제(fact)를 전달하는 동일한 외연(denotation)을 지닌 경우를 지칭한다.

(2) **내포적 등가**(connotative equivalence): 동일한 내포적인 메시지나, 유사한 연상을 불러일으키는 등가로 문체론적 등가(stylistic equivalence)로 불리기도 하며, 한 예로 가까운 유의어(near synonymy)의 선택을 들 수 있다.

(3) **텍스트 규범적 등가**(text-normative equivalence): 법률문서나 사용설명서와 같은 특정 텍스트에서 사용되는 전형적인 규범 또는 어투의 등가를 지칭한다.

(4) **화용적 등가**(pragmatic equivalence): 독자의 동일한 반응이나 메시지의 동일한 효과와 같은 의사소통적 등가(communicative equivalence)로, Nida(1964)의 역동적 등가와 유사하다.

(5) **형태적 등가**(formal equivalence): 압운(rhyme)을 포함한 언어유희(word play)와 같은 언어의 형태적인 측면의 등가로 표현적 등가(expressive equivalence)로도 불리기도 한다. (Nida(1964)의 형태적 등가와는 다른 개념으로 구분하여야 한다.)

위에서 살펴본 등가의 개념 외에도 Seleskovitch(1967)는 새로운 등가 개념인 문맥적 등가(contextual equivalence)를 소개하였다. 단어 대 단어로 단순 치환할 수 있는 대응어가 없는 경우, 문맥에 따라 타당성을 갖는 새로운 등가 표현, 즉 문맥적 등가 표현을 찾아 번역하여한다. 문맥적 등가와 관련된 정호정(2008: 107)의 아래 예를 살펴보자.

Before the anticipating crowd, Wise Monkey stood proudly. Holding the newborn firmly in his two hands and carefully rising onto a giant rock on top of the steep hill. He stretched his arms up, and held the future Lion King high in the air.

정호정(2008)에 의하면, '어린 사자를 높이 치켜드는' 행위는 단순히 군중들을 잘 볼 수 있도록 하기 위한 행위 이외에 어린 사자에 대한 축원의 의미도 포함된다. 따라서 단순히 '높이 치켜들었다'로 번역하는 것만으로는 원천 텍스트의 메시지를 충분히 전달할 수 없기 때문에 '훌륭한 왕이 될 것을 축원하며 어린 사자를 높이 치켜들었다'로 번역하게 되면 해당 문맥에서 의도한 문맥적 등가를 구현할 수 있다.

지금까지 이 장에서 다양한 등가의 개념을 살펴보았다.[2] 다음 장에서는 목표언어에 적절한 대응어가 없는 경우에 사용할 수 있는 다양한 번역기법에 대해 살펴보도록 하겠다.

## 3. 번역전략과 번역기법

Vinay & Darbelnet(1958/1995)은 직접번역(direct translation)과 간접번역(oblique translation)이라는 두 가지 번역전략(translation strategy)을 제시하였다. 각 전략별 세부 번역기법(translation tactics)을 아래에서 살펴보도록 하자.

### 3.1. 직접번역

직접번역 전략에는 다음과 같은 세 가지 번역기법이 있다.

(1) **차용(borrowing)**: 원천언어 단어의 소리를 그대로 전이(transfer)하는 번역기법으로서, 목표언어의 의미 공백(semantic gap)을 메우거나 이국적 분위기를 가미하기 위해 사용된다. 예를 들어, 러시아의 '개방정책'을 영어로 번역할 때 'openness'라고 하지 않고 러시아어의 음가대로 'perestroika'라고 한다든지, 영어의 'computer'나 'smart phone'을 영어의 음가 그대로 '컴퓨터'나 '스마트폰'으로 번역하는 것이다.

---

2) 텍스트와 담화 연구가 활발해짐에 따라 등가의 개념도 더 넓혀진다. 더 다양한 등가의 개념을 위해서는 Baker(1992)를 참조하기 바람.

(2) **모사(calque):** 차용의 한 종류로 볼 수도 있는데, 원천언어의 소리를 그대로 전이하는 것이 아니라 구 차원에서 직역하는 번역기법으로 목표언어에서 자주 사용되다보면 원래 목표언어 표현인 것처럼 사용되기도 한다. 예를 들어, 영어의 'hot potato'나 'iron curtain'을 '뜨거운 감자'나 '철의 장막'으로 번역하는 것이다.3)

(3) **직역(literal translation):** 단어 대 단어로 번역하는 것으로 목표언어 문법에 의해 불가피하게 발생하는 극히 제한적인 변화는 제외하고는 원천언어 텍스트를 목표언어 텍스트로 옮길 때 사실상 어떤 변화도 일어나지 않는 경우를 일컫는다. 직역은 동일어족에 속한 언어나 동일문화권에 속하는 언어들끼리의 번역에서 주로 사용된다.

Vinay & Darbelnet(1958/1995)는 다음과 같이 직역을 하기 힘든 상황을 제외하고는 직역할 것을 권장한다. 직역을 하기 힘든 상황은 직역했을 때, 다른 의미가 되거나, 의미가 통하지 않거나, 구조적인 이유로 불가능하거나, 목표언어의 메타언어적 경험(metalinguistic experience) 내에서 대응되는 표현이 없거나, 또는 상응하기는 하지만 층위(level)가 달라지는 경우이다. 이처럼 직역이 불가능한 경우에는 아래에서 다룰 간접번역전략을 사용하여야 한다.

## 3.2. 간접번역

간접번역전략에는 다음과 같은 4가지 번역기법이 있다.

(1) **치환(transposition):** 의미의 변화 없이 문법적인 변이를 수반하는 번역으로, 주로 하나의 품사(part of speech)가 다른 품사로 대체된다. 예를 들

---

3) Fawcett(1997)은 차용과 모사가 원천언어의 언어적, 문화적 체계가 목표언어권에 전이 또는 강요되는 식민지화(colonizing)로 이어질 수 있음을 지적한다.

어, 'The economy continued to grow'를 '경제가 지속적으로 성장했다'
로 변역한 경우인데, 'continue'란 동사가 '지속적으로'라는 부사로 번역
되었다. 치환은 번역자가 일반적으로 가장 많이 사용하는 구조변화이다.

(2) **변조(modulation)**: 관점의 변화를 통하여 번역하는 것으로 직역 혹은 치
환이 목표언어에서 부적절하거나, 관용어법에 어긋나거나, 어색한 경우에
사용된다. 변조에는 'Staff only/관계자 외 출입금지'와 같은 번역에서처
럼 긍정을 부정의 관점으로 바꾸어 번역하는 것과 'You are quite a
stranger/당신을 뵌 적이 없네요'와 같이 결과를 원인의 관점으로 바꾸어
번역한 경우를 포함한다. 이들 외에도, 관점의 변화에는 구체-추상, 원인-
효과, 부분-전체, 시간-공간, 능동-수동 등이 있다. 변조는 훌륭한 번역자
의 시금석(touchstone)이라고 할 만큼 중요한 번역기법이다.

(3) **등가(equivalence)**: 동일한 상황을 묘사하는데, 목표언어에서 다른 문체
론적 혹은 구조적인 수단을 이용하여 번역하는 것으로, 관용표현을 번역
하는데 유용하게 사용된다. 'Every dog has his day'를 '쥐구멍에도 볕들
날 있다'로 번역하는 것처럼 목표언어에서 이미 사용되는 등가표현을 찾
아 바꾸는 것을 일컫는다. (Vinay & Darbelnet(1958/1995)가 제시한 이
등가의 개념과 2장에서 다룬 넓은 의미의 등가 개념과 혼동하지 않도록
주의하여야 한다.)

(4) **번안(adaptation)**: 문화적 지시물(cultural reference)을 바꾸어 번역하는
것으로, 원천 문화의 특정 상황이 목표 문화에 존재하지 않을 경우에 주
로 사용된다. 예를 들어, 프랑스의 국민스포츠인 'cyclisme(자전거 경주)'
를 영어로 번역할 때는 미국과 영국의 국민스포츠라 할 수 있는
'baseball'이나 'cricket'으로 번역하는 경우이다.[4]

---

4) 번안은 Levý(1969: 86)의 주장대로 현지화(localization)로 이어질 수 있어 세심한 주
의를 요한다.

다음 장으로 넘어가기 전에 사회언어학적인 관점에서 논의될 수 있는 번역전략인 이국화 전략(foreignization strategy)과 자국화 전략(naturalization strategy)에 대해 간략하게 살펴보도록 하겠다. 이국화 전략은 원천언어 문화권의 언어 및 문화적 특성을 목표언어 독자가 관찰할 수 있도록 번역하는 번역전략인 반면, 자국화 전략은 목표언어 문화권의 가치에 맞추어 타국성(foreignness)을 최소화하기 위한 번역전략이다. 결국, 두 전략은 상반된 전략으로 이국화 전략은 원천언어 중심의 번역전략인 반면 자국화 전략은 목표언어 중심의 번역전략이라고 할 수 있다.5)

## 4. 번역전환 및 번역보편소

이 장에서는 번역 시에 일반적으로 자주 발생하는 문법적인 변화와 번역텍스트—즉, 목표텍스트—에서 보편적으로 나타나는 언어적 특징에 대해서 알아보도록 하겠다.

### 4.1. 번역전환

번역전환(translation shift)이란 원천언어와 목표언어의 언어체계가 서로 다를 때 번역과정에서 일어날 수 있는 문법적인 변화를 일컫는다.6) Catford(1965)에 의하면, 번역전환에는 층위전환(level shift)과 범주전환(category shift) 두 가지가 있다.

---

5) 차용, 모사, 직역과 같은 직접번역 전략은 원천언어에 좀 더 가깝게 번역하는 것인 반면, 치환, 변조, 등가, 번안과 같은 간접번역 전략은 목표언어에 좀 더 가깝게 번역하는 것으로 볼 수 있다.
6) 위에서 살펴본 치환과 변조도 일종의 번역전환으로 볼 수도 있겠다. 여기서 살펴볼 Catford(1965)의 번역전환은 주로 문법적인 변화에 초점을 두고 분류한 것이다.

(1) **층위전환**: 원천언어의 문법적인 요소가 목표언어에서 어휘로 번역되는 것과 같이 등가표현이 원천언어와는 다른 층위의 요소로 번역되는 경우이다. 예를 들어, 러시아어 동사 'igrat(to play)'과 'sigrat(to finish playing)'에서 보듯이 러시아어의 문법적인 요소가 영어로는 finish와 같은 어휘로 번역된 경우가 층위전환에 속한다. 또 다른 예로, 불어의 문장 'trios touristes auraient été tués'(lit. 'three tourists would have been killed')에서 가정법과 같은 문법적인 요소가 영어로는 'three tourists have been reported killed'처럼 어휘로 번역된 경우를 들 수 있다.

(2) **범주전환**: 번역될 때 범주가 바뀌는 경우로 다음 4가지로 세분화된다.
   a. **구조전환(structure shift)**: 문법구조(grammatical structure)가 전환되는 것으로, 가장 일반적인 전환 유형이다. 예를 들어, 'This room has two doors'와 같은 '주어-동사(have)-목적어' 문법구조가 한국어로 '이 방에는 문이 두 개 있다'와 같은 '부사구-주어-동사(be)' 문법구조로 전환되는 것이다.
   b. **부류전환(class shift)**: 번역될 때 품사가 전환되는 것을 일컫는다. 예를 들어, 'He painted the door blue/그는 문을 파랗게 칠했다'처럼 형용사 'blue'를 부사 '파랗게'로 번역한 경우이다.
   c. **단위전환(unit shift)**: 번역될 때 단위가 전환되는 것으로, 여기서 단위란 형태소(morpheme), 단어(word), 구(phrase), 절(clause), 문장(sentence), 단락(paragraph)을 지칭한다. 예를 들어, 'first son/맏아들'과 같이 단어 'first'가 형태소(접두사) '맏'으로 번역된 경우이다.
   d. **체계 내 전환(intra-system shift)**: 원천언어와 목표언어의 체계가 대체로 일치하지만, 번역과정에서 원천언어 요소와 전적으로는 대응하지 않는 목표언어의 요소로 전환되는 것을 일컫는다. 예를 들어, 영어의 불가산명사 'advice'가 불어의 복수형태 'des conceils'로 번역된 경우이다.

지금까지 번역 시에 일반적으로 발생하는 문법적인 변화인 번역전환에 대해 살펴보았다. 다음 절에서는 번역 시에 발생하는 일반적인 언어적 특징에 대해 알아보겠다.

## 4.2. 번역보편소

번역보편소(Universals of Translations)란 언어에 상관없이 번역텍스트에 전형적으로 나타나는 언어적인 특성을 일컫는다. Baker(1993, 1996, 1998)는 다음과 같은 4가지 번역보편소를 소개하였다.

(1) **단순화**(simplification): 어휘, 문법, 메시지 측면에서 번역텍스트가 원천텍스트에 비해 단순해지는 경향.

(2) **명시화**(explicitation): 메시지의 명확한 전달을 위해 원천텍스트의 비명시적인 정보를 번역텍스트에서 명시적으로 밝히는 경향.

(3) **수렴화**(convergence): 원천텍스트에 비해 번역텍스트끼리는 더 유사하게 닮아가는 경향.

(4) **모범화**(normalization): 목표언어의 문법구조(grammatical structure)나 연어유형(collocational pattern)에 맞추기 위해 목표언어의 특징을 과장하는 경향.

이 장에서는 번역 시에 일반적으로 나타나는 문법적인 변화와 언어적인 특성에 대해 살펴보았다. 다음 장에서는 번역학의 분류와 국내에서 이루어진 번역연구에 대해 살펴보도록 하겠다.

# 5. 번역학의 분류와 국내의 연구현황

이 장에서는 Holmes(1988/2000)의 번역학(Translation Studies)의 분류에 대해 먼저 살펴보고, 국내에서는 주로 어떤 연구들이 이루어졌는지 살펴보도록 하겠다.[7]

## 5.1. 번역학의 분류

Holmes는 번역학을 크게 순수(pure) 번역학과 응용(applied) 번역학으로 나눈다. 먼저 순수 번역학부터 살펴보도록 하자.

### 5.1.1. 순수 번역학

순수 번역학은 다시 이론적(theoretical) 연구와 기술적(descriptive) 연구로 세분화된다.

**A.** 이론적 연구

이론적 연구는 번역 현상을 설명하고 예측할 수 있는 번역이론(translation theory)을 구축하는 것으로, 특정한 매체(medium), 지역(area), 층위(rank), 텍스트유형(text-type), 시기(time)에 국한하여 연구하는 부분(partial) 연구와 연구의 범위가 제한되지 않는 일반(general) 연구로 나뉜다.

매체의 관점에서 보면, 번역의 주체가 기계 또는 사람이 되는 연구가 있다. 번역의 주체가 기계가 되는 경우는 기계번역(machine translation)이란 이름하에 주로 전산학 전공자들에 의해 이루어진다. 영어영문학자들이나 언어학자들은 일반적으로 사람이 번역의 주체가 되는 연구를 한다. 5.2에서 다룰 국내 연구들도 모두 후자에 속한다. 지역의 관점에서 보면, 이 글의 독자

---

7) '한국학술정보'와 'DBPia'에서 검색 가능한 논문들을 주요 대상으로 하였음.

들은 대부분 영어와 한국어라는 특정 언어와 문화에 관심이 있을 것으로 짐작이 되는데, 이 글에서는 양 언어끼리의 번역—즉, '영-한'과 '한-영' 번역—과 관련된 연구들이 소개될 것이다. 층위는 단어 또는 문장의 특정 층위를, 텍스트유형은 문학작품, 상업용 글 등 다양한 분야의 텍스트를, 그리고 시기는 특정 시대를 의미한다.

**B. 기술적 연구**

기술적 연구란 말 그대로 번역 현상을 기술하는(describe) 연구로, 결과물 중심(product oriented), 기능 중심(function oriented), 그리고 과정 중심(process oriented), 세 하위 분야로 나뉜다. 결과물 중심 연구는 한 쌍의 원천텍스트와 목표텍스트를 분석하거나 원천텍스트의 다양하게 번역된 목표텍스트들을 비교·분석한다. 기능 중심의 연구는 어떤 책이 언제, 어디서 번역됐는지, 그리고 그 번역물이 어떤 영향을 끼쳤는지에 관심을 갖는다. 즉, 이 연구는 텍스트 자체보다는 번역이 이루어진 맥락을 연구하는 분야라 할 수 있다. 이 분야는 사회번역학(socio-translation studies) 또는 문화학적 번역(cultural-studies oriented translation)으로도 알려져 있다. 과정 중심의 연구는 번역자의 마음속에서 일어나는 심리적인 과정을 연구하는 분야로 체계적인 연구가 아직 부족한 실정이다.

## 5.1.2. 응용 번역학

응용 번역학은 다시 번역가 훈련(translator training), 번역 보조도구(translation aids), 번역비평(translation criticism)으로 나눌 수 있다. 번역가 훈련은 교수법, 시험기법, 교육과정 등을 포함하고, 번역 보조도구는 사전, 문법, 정보기술(IT) 등을 포함한다. 그리고 번역 비평은 학생 번역 평가, 출판 번역 비평 등을 포함한다.

## 5.2. 국내의 연구 현황

여기서는 국내에서 이루어진 번역 연구를 번역학 분류에 따라 살펴보도록
하겠다. 그러나 한 연구가 정확하게 하나의 번역학 분류에 속하지 않고, 관
점에 따라 다수의 분류에 속하는 경우도 있을 수 있다. 따라서 독자 여러분
들은 여기에서 이루어진 분류는 편의에 의해 이루어진 것임을 이해하고, 분
류 자체보다는 다양한 종류의 연구들을 살펴서 자신의 연구 주제를 선택하
는데 도움이 되는 계기로 삼아주기를 바란다. 국내의 연구들은 결과물 중심
의 기술적 연구와 번역 비평이 주를 이루기 때문에 이들을 먼저 살펴보기로
하겠다.

## 5.2.1. 결과물 중심

결과물 중심의 기술적 연구를 편의에 따라 문법, 담화(discourse), 화용
(pragmatics) 그리고 번역 전략 및 특성으로 나누어 살펴보기로 하겠다. 아
래에서 논문들은 알파벳 순서가 아닌 연구의 유사성 및 발표년도에 따라 나
열할 것이다. 그리고 논문 제목만으로 내용이 짐작이 되는 경우가 대부분이
므로, 특이 사항이 있는 경우에만 논문에 대한 간략한 지적을 할 것이다.
(그리고 지면 절약을 위해 언급된 문헌의 서지사항은 여기에서 제시하고 참
고문헌에서는 따로 제시하지 않는다.)

### A. 문법

관계절(relative clause) 혹은 관계사(relativizer)와 관련된 번역연구로는
다음과 같은 논문들이 있다. 장현미(2006)는 Keenan과 Comrie(1977)의 명
사구 접근위계(NP Accessibility Hierarchy)와 관련하여 논의한 연구이다.

이영옥. 2004. 영어 관계절 구문 번역의 문제. 『번역학연구』 5(1), 145-166.
장현미. 2006. 영어 관계절과 한국어 번역문의 기능 문법적 접근. 『새한영어영

문학회 2006년 봄학술발표회 논문집』, 139-148.

허은진, 이상도. 2009. 영한번역 작품에 나타난 관계사 what과 의문사 what의
오류 분석. 『새한영어영문학』 51(4), 277-296.

소유 구문(possessive construction)과 관련된 번역연구는 다음과 같다.
윤재학(2009)은 번역의 문제를 언어학적 접근이 가능하도록 하는 언어학적
틀을 제시하려는 시도이기도 하다.

박기성. 2004. 영어와 한국어의 술어적 소유 구문 비교 연구: 영·한 번역 교
육에서의 활용 방안. 『새한영어영문학』 46(3), 215-236.

윤재학. 2009. 번역에서의 개념공간과 의미지도 이론연구: 소유구문 영한번역
의 경우. 『번역학연구』 10(3), 161-192.

수동 구문(passive construction)과 관련된 연구는 다음과 같다. 김은일
(2005, 2007)과 김은일 외(2009)는 기능문법(Functional Grammar)의 입장
에서, 각각 한국어의 소위 '이/히/리/기' 수동문, '지다' 수동문 및 '되다' 수
동문과 영어 번역문의 차이를 부호화 체계(coding system)의 차이라는 관점
에서 밝히려는 시도이다.

이영옥. 2000. 한국어와 영어간 구조의 차이에 따른 번역의 문제: 수동구문을
중심으로 『번역학연구』 1(2), 47-76.

김은일. 2005. 수동구문의 기능과 부호화차이: 한영 병렬언어자료의 분석. 『현
대문법연구』 41, 89-110.

김은일. 2007. '지다' 구문의 영어번역문에 대한 기능문법적 분석. 『언어과학』
14(2), 23-42.

김은일, 정연창. 2009. 한국어 '되다' 구문의 영어번역문에 대한 기능문법적 설
명. 『언어과학』 15(3), 61-82.

접속 부가어(conjunctive adjunct)와 관련된 연구는 다음과 같다.

최진실. 2009. 접속 부가어의 영한 번역 연구.『언어학』55, 107-127.
최진실. 2010. 영한 번역에서의 텍스트 구조와 접속 부가어.『번역학연구』
　　11(1), 245-269.

부사절(adverbial clause)과 어순(word order)의 문제를 다룬 연구는 다음과 같다. 영어는 정보성(information) 또는 주제성(topicality)에 따라 '주절-부사절' 또는 '부사절-주절'의 상대적 어순이 정해지는 데 반해, 한국어는 일반적으로 '부사절-주절'이라는 고정된 어순을 갖는다. 조인정(2005)은 영어 텍스트에 나타난 정보성을 훼손하지 않으면서 한국어로 번역하는 방법을 모색한 연구이다.

조인정. 2005. 영한 번역의 어순 문제: 이유·원인 부사절.『이중언어학』28,
　　355-369.

시제(tense)와 상(aspect)의 문제를 다룬 연구는 다음과 같다. 설옥순(2009)은 부류전환과 문맥 활용전략을 소개한다.

설옥순. 2009. 시제와 시상에 대한 영한 번역 전략.『번역학연구』10(2),
　　23-60.

이제 한국어에 비해 영어에서 특히 많이 발달된 문법을 살펴보자. 타동사 구문(transitive construction)의 무생물 주어(inanimate subject)의 번역과 관련된 연구는 다음과 같다.

이영옥. 2001. 무생물 주어 타동사구문의 영한번역.『번역학연구』2(1), 53-76.

김은일, 김명애, 정연창. 2009. 유생성이 영한 번역에 미치는 영향.『언어과학』
    16(1), 23-41.


정관사(definite article) 역시 영어에 특별히 발달된 문법요소이다. 아래 Kim(2003)은 등가 실현을 위해 한국어 번역텍스트에서 다양한 의미보충이 일어나고 있음을 보여준다.


Kim, Soonyoung. 2003. Enrichment of 'the' in English-Korean Translation.
    『번역학연구』 4(2), 156-173.


영어 텍스트에서 자주 사용되는 구두점(punctuation mark)과 관련된 아래의 연구도 흥미롭다.


김도훈. 2007. 영한 번역시 나타나는 영어 문장부호 대시(Dash)의 변이 양상
    및 번역전략 고찰.『이중언어학』 35, 49-102.
Lee, Young-Ok. 2010. How Is the English Dash to Be Translated into
    Korean?: Problems of Translation between SOV Language and SVO
    Language.『번역학연구』 11(2), 173-202.
김도훈. 2008. Colon(:)의 기능・용례 및 영한 번역시 번역전략.『번역학연구』
    9(1), 7-27.


마지막으로 한국어에만 존재하는 구문과 특정 형태소와 관련된 연구를 살펴보자. 채숙희(2010)는 한국어의 이중주어 구문(double subject construction)을, 김은일 외(2006)는 '-게 되다' 구문을, 서세정(2008)은 형태소 '겠'의 대응표현을 분석한 연구이다. 채숙희(2010)는 다른 연구와 달리 한국어 이중중어 문장을 번역가에게 번역 요청하여 얻은 영어 텍스트를 분석대상으로 삼았다.

채숙희. 2010. 이중주어 구문의 한영번역유형 연구.『언어학』58, 105-133.

김은일, 정연창. 2006. 한국어 '-게 되다' 구문의 영어 번역문에 대한 기능문법적 분석.『새한영어영문학』48(1), 159-180.

서세정. 2008. 한국어 선어말 어미 '-겠-'의 영어 대응 양상 연구: 영한 병렬 말뭉치를 이용하여.『언어사실과 관점』22, 193-215.

## B. 담화

담화 차원의 연구는 주로 결속성(coherence)과 결속장치(cohesion)에 관한 것이다. 정연창 외(2011)는 영어와 한국어의 결속장치의 차이를 담화보다는 Ikegami(1991)의 언어유형론 및 문화심리학적인 측면에서 설명하려는 시도이다.

곽성희. 2002. 영한번역에 나타난 결속구조 전환양상.『번역학연구』3(1), 125-144.

양명희, 안경화. 2003. 영한 번역 기사문의 응결 장치에 대하여.『텍스트언어학』15, 199-223.

Kirk, Sung Hee. 2004. Contrastive Analysis of Cohesive Devices in English Source, Korean Target and Comparable Korean Texts.『번역학연구』5(2), 163-184.

신지원, 박기성. 2010. 영한 번역에서의 지시 관계 대응 연구.『언어과학』17(1), 81-102.

정연창, 김은일. 2011. 영한 번역에 나타난 지시표현의 변경에 관한 언어유형론 및 문화심리학적 연구.『언어과학』18(3), 67-86.

담화 차원의 다른 연구로는 (결속성과 관련이 있는) 주제(theme)와 주제 전개(thematic progression) 관련 연구가 있다.

Han, Song-Lee. 2010. Exploring Theme Choices in an English TV

Documentary and its Korean Translation: A Systemic Functional Approach. 『번역학연구』 11(2), 241-270.

조인정. 2004. 영한 번역의 문제: 주제 전개. 『이중언어학』 26, 329-354.

## C. 화용

한국어에 발달된 존칭어(honorific form)와 공손성(politeness)의 번역과 관련된 연구는 다음과 같다.

Hong, Jin-Ok. 2003. A Cross-cultural Translation Problems as Reflected in Politeness Forms: Korean and English Data. 『언어과학연구』 26, 383-406.

Kim, Youngjee. 2009. The Challenges of Translating Korean Honorific Forms into English and French. 『이중언어학』 39, 25-51.

Son, Eunhee and Sangdo Lee. 2010. A Study on Politeness in English to Korean & Korean to English Translation. 『새한영어영문학』 52(4), 289-307.

문체(style), 수사학(rhetorics), 수사의문문(rhetorical question)과 관련된 연구는 다음과 같다. 최진숙 외(2008)는 문체 복합도를 비교한 것이고, 김동미(2010)는 여성의 문체를 다룬 것이다.

최진숙, 안동환. 2008. 영어 및 한국어번역 문학작품에 나타나는 문체 복합도 비교. 『새한영어영문학』 50(3), 227-251.

김동미. 2010. 문학작품 영한번역문에 나타나는 여성 문체 연구: 한자어 사용 중심으로. 『번역학연구』 11(1), 73-95.

박영목. 1994. 영어 번역 문장의 수사론적 특성. 『국어교육』 85, 87-100.

김세중. 1998. 의미와 번역: 영어와 한국어 수사 의문문의 비교 연구를 중심으로. 『영어교육연구』 18, 67-90.

박노철. 2003. 수사 의문문(Rhetorical Question)의 번역 방법에 관한 연구. 『영어교육연구』 27, 129-148.

인지언어학(Cognitive Linguistics)의 중요 관심사 중의 하나인 은유 (metaphor)와 관련된 연구는 다음과 같다.

김순미. 2002. 영한번역에서의 은유법 연구. 『번역학연구』 3(2), 81-112.
김순영. 2005. 은유표현의 풀어서 번역하기(paraphrase) 방식이 SL과 TL의 맥락효과에 미치는 영향: 적합성 이론의 관점에서. 『영어영문학연구』 47(3), 87-101.
김순영. 2008. 문학 작품 속의 감정은유 번역: 개념적 은유 이론의 관점에서 본 '슬픔'과 '화'의 한영번역 양상을 중심으로. 『번역학연구』 9(3), 7-26.

인칭대명사(personal pronoun)의 화용적 용법과 관련된 연구는 다음과 같다.

Yoo, Soh-jung. 2000. A Comparative Analysis of the Pronominal Reference Usage in So Chong Ju's Nightingale Anthology: Focus on Original Korean Text and English Translated Text. 『담화와 인지』 7(1), 95-121.
Kim, Hyong-Min. 2005. A Study on Methods of Translation of Personal Pronouns from English into Korean: With reference to The Lord's Prayer. 『한국언어문화』 27, 299-323.
김영신. 2006. 영어연구논문의 인칭대명사 번역: 텍스트 언어학적 관점. 『번역학연구』 7(2), 53-67.

지시어(demonstratives)의 화용적 용법과 관련된 연구는 다음과 같다.

민경모. 2005. 한국어 지시어 '이, 그, 저'의 사용 양상에 대하여: 한국어 원어

텍스트와 영어에서 한국어로 번역된 텍스트의 비교를 중심으로. 『언어사실과 관점』 14, 31-98.

조의연. 2009. 병렬 말뭉치에 기반한 번역학 연구: '호밀밭의 파수꾼'과 '모순'을 중심으로. 『번역학연구』 10(2), 207-246.

지금까지 논의된 주제 이외에도 인용문(reported speech), 부정표현 (negative expression), 몸짓언어(body language)에 관한 흥미로운 번역연구도 있다. 김세정(2008)은 영어 원천텍스트와 한국어 번역텍스트 사이에서 발생하는 긍정-부정 표현의 변조에 관한 문제를 다루고 있다.

이영옥. 2002. 한국어와 영어간 언어구조의 차이에 따른 번역의 문제: 인용문의 번역을 중심으로. 『번역학연구』 3(1), 59-81.

김세정. 2008. 영한 번역에 나타난 부정 표현의 변조. 『번역학연구』 9(2), 45-66.

진실로. 2010. 영한 번역에서의 신체언어 번역 전략. 『번역학연구』 11(1), 213-243.

서정목. 2010. 텍스트에 나타난 비언어적 의사소통의 번역에 관한 연구. 『언어과학연구』 55, 141-164.

## D. 번역전략 및 번역특성

번역텍스트의 특성인 명시화, 단순화, 모범화 등과 관련된 연구로는 다음과 같은 연구들이 있다.

Kim, Soonyoung. 2005. Evidence of Explicitation in Texts Translated from English into Korean: A Corpus-based Pilot Study. 『번역학연구』 6(1), 143-166.

박명관, 정원일. 2009. 웹 광고 번역 기법 연구: 한영번역을 중심으로. 『언어연구』 26(2), 15-34.

동일한 원천 텍스트의 다양한 번역텍스트를 비교하는 연구는 다음과 같다. Sohn(2007)은 한국 작품의 다양한 영어 번역본들을 비교하고, 김명균(2009)은 영어 작품의 다른 한국어 번역본을 충실성(faithfulness)과 가독성(readability)의 관점에서 비교한다.

Sohn, Tae-soo. 2007. A Comparative Analysis of Four English Translations of 'Gamja' by Kim Dong-in. *The Review of Korean Studies* 10(4), 269-289.

김명균. 2009. 아동문학번역의 충실성과 가독성연구: 루이스 캐롤의 '이상한 나라의 앨리스'를 중심으로 『신영어영문학』 42, 1-25.

한국 문학작품의 영어 번역본을 한국인 번역가와 영어 원어민 번역가의 번역 양식(type)과 기교(device)를 비교한 연구도 있다.

이정수. 2005. 문학번역의 양식과 기교에 관한 연구: 한국단편소설의 영역을 중심으로 『새한영어영문학』 47(2), 181-212.

지금까지 살펴본 연구 외에도 원천 텍스트와 번역 텍스트의 단어수를 조사한 연구도 있다.

최정아. 2003. 병렬 말뭉치를 통한 한국어-영어의 번역 단어수 연구.『번역학연구』 4(2), 89-115.

## 5.2.2. 번역 비평

출판물 비평과 학생 번역 평가와 같은 번역비평뿐만 아니라 규범적인 성격의 연구들은 여기에서 다루기로 한다. 먼저 비평 대상에 따라, 문학작품, 안내표지판과 법률서식을 살펴보고, 특정 문법요소에 초점을 맞춘 연구와 일반적인 오류 연구의 순서로 살펴보기로 하겠다.

문학작품 번역에 대한 비평은 다음과 같다. Anthony 외(1996)는 번역의 타국성 문제를 다루고, 우형숙(2006)은 아동문학, 박향선(2002)과 정은귀(2009)는 시, 그리고 박진임(2007)은 시조의 번역 문제를 다루고 있다.

Anthony, Brother & Sonjae An. 1996. "The Foreignness of Languages" and Literary Translation. 『영어영문학』 광복 50주년 기념특집호, 103-118.

Oh, Sung-hyun. 1999. Problems in Translation of Joyce's *Ulysses* into Korean. 『영어영문학』 18(1), 257-282.

박진임. 2004. 문학 번역과 문화 번역: 한국 문학 작품의 영어 번역에 나타나는 문제점 연구. 『번역학연구』 5(1), 97-111.

류현주. 2009. '오만과 편견'에 관한 번역 비평. 『새한영어영문학회 2009년 봄 학술발표회 논문집』, 15-20.

우형숙. 2006. 아동문학작품의 한영 번역 오류 분석: 조이북닷컴 작품 대상으로. 『번역학연구』 7(2), 105-125.

박향선. 2002. 한국 영역시 오류 원인 분석: 2000년 전후 국내외 출간 한영대역시집 중심으로. 『번역학연구』 3(2), 63-79.

정은귀. 2009. 시 번역의 난제와 번역의 공간: 우리시 영어 번역의 몇가지 예에 기대어. 『번역학연구』 26, 425-456.

박진임. 2007. 한국 문학의 세계화와 번역의 문제: 시조의 영어 번역을 중심으로. 『번역학연구』 8(1), 151-173.

문학작품 비평 외에도 안내표지판과 법률서식에 대한 연구가 있다.

최희섭. 2008. 영어 관광 안내판의 번역 오류: 광한루원을 중심으로. 『번역학연구』 9(2), 217-240.

최희섭. 2009. "경기전" 일대 영어안내판의 오류 분석: 보물과 유형문화재를 중심으로. 『번역학연구』 10(1), 199-223.

박순봉, 최회섭. 2010. 수안보면 미륵리 안내판의 영어번역 오류 분석. 『동화와 번역』 19, 119-145.

주진국. 2009. 언어 형태와 번역의 기능성: 법률 서식 한영번역의 예. 『번역학연구』 10(2), 247-273.

규범적인 연구들 중에는 하나의 문법 요소에 초점을 맞춘 연구도 있다. 아래의 연구들은 수동구문, 강조구문, 수량표현, 대명사에 관한 것이다.

조인정. 2005. 영한 번역의 문제점: 수동태를 중심으로. 『번역학연구』 6(1), 121-142.

이은숙. 2008. 초보 번역자의 영어 수동문에 대한 한국어 번역연구. 『한국중원언어학회 2008년 봄학술대회 발표논문집』, 65-81.

김정우. 2002. 영어의 강조 표현과 그 번역 기법. 『번역학연구』 3(2), 27-46.

곽은주, 김세정. 2010. 숫자 수량 표현의 영한 번역 문제. 『번역학연구』 11(2), 7-31.

원영희. 2002. 번역의 식민주의적 기능과 탈식민주의적 기능: 영한번역에 나타나는 대명사 '그' 사용. 『번역학연구』 3(1), 99-123.

지금까지 살펴본 연구들 외에 기타 번역 오류에게 관한 연구는 다음과 같다. Yom(2003)은 학부 번역 전공자들의 번역 오류에 관한 연구이다.

Yom, Haeng-il. 2003. An Error Analysis of Translation: with Special Reference to Korean-into-English Performance. 『한국언어문화』 24, 77-92.

황실근. 2004. 한국인의 영어 번역의 문제점과 해결방안: 한역의 오류를 중심으로. 『어문학연구』(상명대학교 어문학연구소) 17, 1-67.

윤성규. 2007. 영어의 번역과 오역사례 연구. 『언어학』 15(2), 135-164.

## 5.2.3. 기타 연구

위에서 살펴본 결과물 중심 연구와 번역비평이 번역 연구의 주를 이루지만, 기능 중심, 번역가 훈련, 번역 보조도구와 관련된 소수의 연구도 있다. 여기서는 이들과 더불어 번역과 영어교육과의 관련성을 연구한 연구들도 함께 살펴보도록 하겠다.

기능 중심의 기술적 연구는 주로 번역 현황을 살피고 앞으로의 전망에 대해 밝힌다.

홍경표. 1996. 한국 현대 문학작품의 영어 번역 연구: 그 현황과 확대 방안. 『한국전통문화연구』(대구가톨릭대학교 인문과학연구소) 11, 57-100.

홍경표. 1997. 한국 현대 소설 작품의 영어 번역에 대하여: 서지적 검토를 중심으로 『어문학』 60, 571-609.

이유식. 2000. 한국문학 영어권 번역 소개 연구: 현황과 문제점을 중심으로. 『번역학연구』 1(1), 169-202.

김정우. 2005. 한국 번역학연구의 현황과 전망. 『번역학연구』 6(2), 29-57.

응용번역학 중에는 다음과 같은 번역가 훈련 연구와 번역 보조도구에 관한 연구가 있다. 이지연(2010)은 역번역(back translation)에 관한 연구이고, 정영국(2007)은 연어사전에 관한 연구이다.

박경일. 2003. 영어/번역 어떻게 가르칠까/공부할까? (1): 영어/번역 전문가 양성을 위한 탈이론적 방법론 서설. 『번역학연구』 4(1), 5-26.

이지연. 2010. 역번역을 통한 한영번역의 훈련과 평가. 『번역학연구』 11(2), 85-105.

정영국. 2007. 영한 이중어 사전의 대응어 고찰: BBI 연어 사전을 중심으로. 『한국사전학』 9, 75-97.

번역교육 자체보다는 번역이 영어교육에 미치는 효과를 연구한 논문들도 있다.

박정원. 2002. 대학 영어교육 자료로서의 영화번역. 『동화와 번역』 4, 52-72.

Nam, Wonjun. 2007. An Action Research-based Case Study on the Application of Corpora to the Korean-into-English Translation Classroom with Revision as a Complementary Resource. 8(1), 『번역학연구』 8(1), 347-377.

김부자. 2008. 영어 교수 수단으로서의 번역의 유용성에 대한 연구. 『영어영문학연구』 52(4), 19-40.

김부자. 2010. 번역전략이 비즈니스영어 학습에 미치는 효과. 『영어영문학연구』 50(4), 61-87.

전지현, 최진실, 박기성. 2010. 번역교육을 통한 학부 영어영문학 전공 학습자의 영어능력 향상방안. 『언어학』 58, 45-73.

지금까지 이 장에서는 국내에서 이루어진 영-한 또는 한-영 번역 연구들을 번역학의 분류에 따라 정리해보았다. 앞으로 남은 두 장에서는 영어영문학 또는 언어학을 전공하는 독자들을 위해 번역학과 대조언어학 그리고 번역과 기능문법의 관련성에 대해 살펴보기로 하겠다.

# 6. 번역학과 대조언어학

여기서는 번역학과 상당히 밀접한 관련성을 지닌 대조언어학(Contrastive Linguistics)에 대해 살펴보기로 하자. 1980년대에 와서야 Holmes(1988/2000)를 발판으로 독립된 학문분야로 등장한 번역학과는 달리, 대조언어학은 보다 효율적인 외국어 교수법의 일환으로 좀더 일찍 생겨난 응용분야이다. 대조언어학은 이후 동기(motivation)와 같은 개인적인 요인이나 교수법과 같은 외부적인 요인에 비해 언어들 간의 요인이 덜 중요하다고 인식되어 쇠퇴하게 되나, 이후 외국어 학습에 있어서 모국어 전이(transfer)가 중요한 요인 중의 하나라는 사실이 밝혀짐으로써 대조연구가 다시 활기를 찾기 시작한다.

번역과정과 번역물의 특성을 연구하는 번역학과 언어의 유사점과 차이점을 설명하는 대조언어학이 그 목적은 서로 달라도, 두 학문 모두 공통된 분석자료—즉, 번역 코퍼스—를 이용한다는 공통점이 있다. 번역 코퍼스 (translation corpus)란 한 언어의 원문과 하나 이상의 언어로 번역이 이루어 진 코퍼스를 지칭한다(Johansson & Hasselgård 1999).8) 대부분의 대조언어 학자들이 언어 간의 관계를 확립하는 도구로써 사용해온 번역 코퍼스는 번역 코퍼스 내에 원본 텍스트의 흔적이 남아 있다는 단점에도 불구하고 언어들 간의 등가를 확인하기 위한 이상적인 자료로 인정된다(cf. James 1980). Johansson(2003)은 번역 코퍼스의 이점으로 예를 들어, 한 언어에서 양상 조동사에 의해 표현되는 것이 다른 언어에서는 상당히 다른 방식—즉, 다른 부류(class)나 위계(rank) 등—으로 표현될 수 있는데 이런 경우 양상 조동사 들끼리의 비교는 도움이 되지 않고, 번역 코퍼스의 분석을 통해 등가를 쉽게 발견할 수 있다고 주장한다.

---

8) Johansson & Hasselgård(1999)에 따르면, 번역코퍼스와 대비되는 코퍼스로 비교 코퍼 스(comparable corpus)가 있다. 비교 코퍼스란 구성 시기, 텍스트 범주, 목표 청중 등 이 서로 상응하며, 둘 이상의 언어로 된 원문으로 이루어진 코퍼스를 말한다. 비교 코 퍼스는 자연스럽게 생산한 두 개 이상의 언어로 원전을 비교할 수 있다는 장점과 문헌 들의 부합 가능성을 확증하기 힘들다는 단점을 동시에 지닌다. 병렬 코퍼스(parallel corpus)란 용어는 경우에 따라 번역코퍼스나 비교코퍼스를 지칭하기도 하고, 비교/번역 결합 코퍼스를 지칭하기도 한다(Granger 2003).

# 7. 번역과 기능문법

기능문법(Functional Grammar)이 번역 코퍼스의 분석을 통해 밝힌 원천언어와 목표언어의 차이점에 대해 설명을 제공할 수 있기 때문에 마지막으로 기능문법에 대한 간략한 소개와 어떻게 기능문법이 원천언어와 목표언어의 차이점을 설명하는지 살펴보기로 하자. 의미(meaning)와 담화(discourse)와 같은 기능영역(functional domain)이 어떻게 문법장치(coding device)로 부호(code)화되느냐 하는 것이 Givón을 중심으로 하는 기능문법 학자들의 가장 큰 관심사 중의 하나이다. 언어란 의사소통의 관점에서 볼 때 한정된 언어표현수단-즉, 문법장치-으로 거의 무한대의 표현내용-즉, 기능영역-을 부호화하기 때문에 유사한 기능영역은 하나의 문법장치로 부호화될 수밖에 없다(cf. Schlesinger 1995). 그런데 의미영역이 유사하다는 것은 상대적인 것으로 특정한 의미영역이 한 언어에서는 유사의미영역으로 취급되어 하나의 문법장치로 부호화되는 반면 다른 언어에서는 다른 의미영역으로 간주되어 두 개-또는 그 이상-의 다른 문법장치로 부호화될 수 있다.

  Givón(1984: 39)은 의미영역이 문법장치로 부호화되는 것을 아래와 같은 그림으로 보여준다. <그림 1>에서 의미영역의 왼쪽을 먼저 살펴보자. '가' 언어는 이 의미영역을 네 개(예: A, B, C, D)의 의미영역으로 나누어 부호화하는 반면 '나' 언어는 동일한 의미영역을 두 개(예: A, D)의 의미영역으로 부호화한다. 이제 의미영역의 오른쪽을 살펴보자. 여기서는 왼쪽에서와는 반대로 '가' 언어에 비해 '나' 언어가 더 세분화된 문법장치를 갖는다. '가' 언어의 E, H와 '나' 언어의 E, F, G, H를 비교해 보라.

<그림 1> 언어 간 부호화의 차이: 과대부호화 vs. 과소부호화

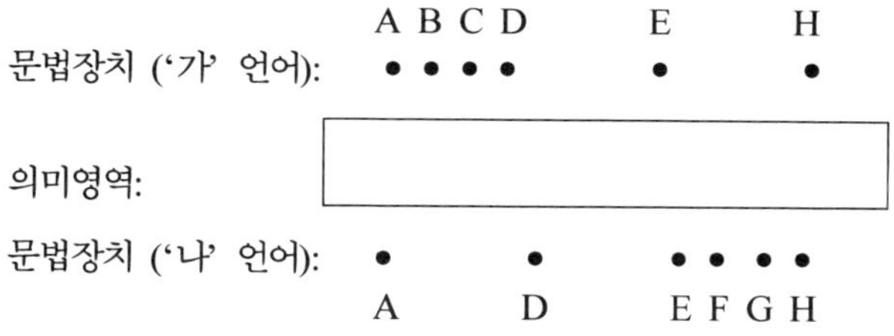

```
                    A B C D        E        H
문법장치 ('가' 언어):  ● ● ● ●       ●        ●

                   ┌─────────────────────────────┐
의미영역:            │                             │
                   └─────────────────────────────┘

문법장치 ('나' 언어):  ●        ●        ● ● ● ●
                    A        D        E F G H
```

어떤 언어가 비교되는 다른 언어에 비해 더 많은 문법장치로 부호화되는 것을 과대부호화(over-code)되었다고 한다. 그리고 더 적은 문법장치로 부호화되는 것을 과소부호화(under-code)되었다고 한다. 위의 예에서, 왼쪽의 의미영역에서는 '가' 언어가 과대부호화 되었고 '나' 언어는 과소부호화 되었다고 할 수 있다. 반면에, 오른쪽 의미영역에서는 '나' 언어가 과대부호화 되었고 '가' 언어는 과소부호화 되었다고 할 수 있다.

부호화 차이가 원천언어와 목표언어의 차이점을 어떻게 설명할 수 있는지 여기서는 영어와 한국어에 나타난 의도성(volitionality)의 부호화 차이의 예로 알아보도록 하겠다. 의도성이란 행위자(agent)가 어떤 행위를 수행할 때 의도를 가지는지 그 여부를 일컫는 말이다. 한국어는 의도성 여부에 따라 다른 문법장치로 부호화되는 반면에 영어는 의도성과 상관없이 동일한 문법장치로 부호화된다(김은일 2010). 한국어는 행위자의 비의도성이 접미사 '이/히/리/기'에 의해 체계적으로 부호화된다. 예를 들어, 행위자가 의도성을 가진 경우는 '자르다'라는 무표적인(unmarked) 표현이 사용되는 반면 행위자가 의도성을 가지지 않은 경우는 접미사 '리'가 동사 어근에 붙어 '잘리다'로 표현된다.

(1) a. 철수는 의도적으로 손가락을 잘랐다.9)

     b. *철수는 의도적으로 손가락이 잘렸다.

     c. 철수는 실수로 손가락이 잘렸다.

위의 예문에서 형태소 '리'와 부사 '의도적으로'와는 양립될 수 없는 반면 부사 '실수로'와 양립될 수 있음을 통해 우리는 한국어의 형태소 '이/히/리/기'가 비의도성을 나타낸다는 사실을 알 수 있다. 하지만 영어에서는 비의도성을 나타내주는 형태소나 다른 문법적인 장치가 없다.10) 아래 <그림 2>처럼, 영어는 한국어와는 달리 의도성의 구분하여 부호화하지 않는다.

<그림 2> 의도성 부호화에 있어서의 영어와 한국어 차이

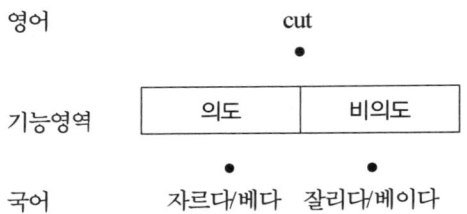

이제 실제 번역 코퍼스에서11) 발견된 예를 살펴보자. 아래 예 (2)에서

---

9) 의도적인 행위의 목적어는 대격표지 '을/를'이 사용되지만 비의도적인 행위의 목적어는 주격표지 '이/가'가 사용된다. 타동성(transitivity)의 입장에서 전형적인 목적어와 비전형적인 목적어가 다른 표지를 취하는 것에 관한 일반적인 논의는 Givón(1984)을 참조 바람.

10) 물론 영어에도 비의도성을 나타내기 위해 'by accident'와 같은 전치사구를 사용할 수 있다. 하지만 여기서 문법적인 장치라는 의미는 여러 단어로 풀어 쓴 표현이 아니고 형태소나 어순 등과 같이 순수하게 문법적인 장치를 의미한다.

11) 사용된 번역 코퍼스의 서지사항은 다음과 같다.

    이문열. 1987. 우리들의 일그러진 영웅. 『이문열 중단편집』4, 281-349. 서울: 도서출판 둥지.

한국어는 '쇠고리에 걸려 옷이 찢긴'처럼 수동문장이 사용되었지만, 영어는 '(I) caught and tore my clothes on the spike'처럼 능동문장으로 번역되었다.

    (2)  a. 어디까지나 짐작이기는 하지만, 석대는 그밖에도 자신이 가진 합법적인 권한을 악용해 적극적으로 나를 불리하게 만들기도 했다. 다른 아이들에게는 그 전날 가만히 알려주어 나만 갑자기 당하는 꼴이 되는 위생검사나, 학교 오는 길에 말수레를 따라 걷다가 <u>쇠고리에 걸려 옷이 찢긴</u> 때와 같은 날만 골라 느닷없이 복장 검사를 하는 따위가 그 예였다. (이문열 1987: 314)

          b. To some extent it's only conjecture, but I figure that at other times, too, Sokdae misused his legitimate authority to my positive disadvantage. Hygiene checks which I had no idea were coming up, when everyone else had been quietly informed the day before; or the day I was walking alongside a horse and wagon on the way to school and **caught and tore** my clothes on the spike, that day there was a lightning uniform inspection. (O'Rourke 1988: 60)

한국어 원문과 영어 번역문의 이러한 차이는 결국 양언어의 의도성 부호화의 차이에 기인한 것이다. 즉, 한국어는 옷이 쇠고리에 걸려 찢긴 것이 실수나 우연에 의한 것으로 행위자—즉, '나'—의 비의도성을 부호화하기 위해 수동문이[12] 사용된 반면 영어는 행위자의 비의도성을 부호화하는 문법장치가 없기 때문에 (혹은 영어의 수동문이 비의도성을 부호화하지 않기 때문에) 능동문으로 번역된 것이다.[13]

---

O'Rourke, K. 1988. *Our Twisted Hero*. Seoul: Minumsa Publishing Company.

12) 이 수동문에 대응하는 능동문을 '*쇠고리가 옷을 걸어 찢었다'가 아닌 '(나는) 쇠고리에 옷을 걸어 찢었다'로 보아야함에 주의하여 한다. 자세한 논의는 김은일(2010)과 거기에서 언급된 참고문헌을 참고하기 바람.

번역학과 언어학은 목표 자체는 서로 다르지만, 번역 코퍼스라는 공통된 분석대상을 갖는다는 점에서 유사점도 있다. 그리고 번역이 서로 다른 언어(구조)의 공통점과 차이점을 보다 쉽게 발견할 수 있는 좋은 자료로서 언어학에 이바지할 수 있고, 또한 언어학 역시 원천언어와 목표언어의 차이를 설명하는데 도움을 줄 수 있다는 점에서 번역학과 언어학은 상호보완적인 관계이며 서로의 발전에 필요한 요소라 할 수 있다.

## 8. 맺음말 및 제언

이 글에서 우리는 번역의 문제를 발생시키는 언어의 특성, 번역의 중요 개념인 등가, 등가를 실현하기 위한 번역전략과 번역기법, 번역에서 일반적으로 나타나는 번역전환 현상 및 번역보편소를 살펴보았다. 이 분야에 관심을 갖고 연구를 시작하려는 독자들은 번역학에서 중요하게 다루어지는 이런 개념들을 잘 이해하고 번역병렬언어자료를 바라보면 이전에는 보이지 않던 번역의 특성들이 보이기 시작할 것이다. 그리고 이 글에서 국내에서 다루어진 영한 및 한영 번역 연구들을 주제별로 분류하여 소개하였는데, 이는 영어영문학 전공자들이 연구주제를 선정하는데 도움이 될 것이다. 독자여러분들의 여건에 따라서 연구의 폭과 깊이가 다를 수 있겠다. 같은 주제일지라도 기존 연구가 영한 연구라면 한영 연구로 바꾸어 연구할 수도 있겠고, 아니면 같은 영한 연구로 하되 다른 번역병렬언어자료를 사용할 수도 있겠다. 물론 소개되지 않은 새로운 연구주제를 다루어서 번역연구에 더 많은 기여를 할 수도 있을 것이다. 필자의 견해로는 석사수준에서는 번역병렬언어자료의 분석을 통해 번역 유형을 분류하는 기술적인 서술만으로도 충분할 것 같다. 박사수

---

13) 영어는 능동문/수동문의 구분은 참여자(participant)의 주제성(topicality)에 따라 결정된다. 위에 예에서는 행위자 'I'가 피동작주(patient) 'clothes'에 비해 더 주제적이기 때문에 행위자가 주어가 된 능동문으로 나타났다.

준에서는 번역 유형의 기술적인 서술뿐만 아니라 번역 유형을 언어학 원리에 입각한 설명을 제공할 수 있어야겠다. 번역학자가 아닌 언어학자의 입장에서 번역 현상에 대해 언어학적인 설명을 제공하는데 유용하게 사용될 프레임이 바로 이 글의 마지막 부분에서 살펴본 대조언어학과 기능문법이다. 앞으로 번역 현상에 대해 언어학적 원리에 바탕을 둔 보다 깊이 있는 설명을 제공할 수 있는 많은 연구들이 나오기를 기대하며 이 글을 맺는다.

김은일. 2010. 『부호화 체계와 번역』. 서울: 한국문화사.

정호정. 2008. 『제대로 된 통역·번역의 이해』. 서울: 한국문화사.

황규홍. 2009. 도상성. 김두식, 박기성, 정태구, 노보경, 황규홍, 권연진, 김은일, 서경희, 정연창. (편)『영어문법론』(현대영어학총서 2). 서울: 종합출판.

Baker, M. 1992. *In Other Words: A Coursebook on Translation*. London: Routledge. (곽은주, 최정아, 진실로, 김세정. 2005 (역). 『말바구끼: 번역학 입문』. 서울: 한국문화사.)

Baker, M. 1993. Corpus Linguistics and Translation Studies: Implications and Applications. In Baker, M., G. Francis and E. Tognini-Bonelli. (eds.) *Text and Technology: In Honour of John Sinclair*, 233-250. Amsterdam: John Benjamins.

Baker, M. 1996. Linguistics and Cultural Studies: Complementary or Competing Paradigms in Translation Studies. In Lauer, A., H. Gerzymisch-Arbogast, J. Haller and E. Steiner. (eds.) *Übersetzungswissenschaft im Umbruch. (Festschrift für Wilss zum 70 Geburtstag)*, 9-19. Tübingen: Gunter Narr.

Baker, M. 1998. Norms. In Baker, M. (ed.) *Routledge Encyclopedia of Translation Studies*, 163-165. London: Routledge.

Catford, J. C. 1965. *A Linguistic Theory of Translation*. London: Oxford University Press.

De Saussure, F. 1916/1965. *Course in General Linguistics*. New York: McGraw-Hill.

Fawcett, P. 1997. *Translation and Language: Linguistic Theories Explained*. Manchester, UK: St. Jerome Publishing. (김도훈. 2010 (역). 『번역과 언어: 언어학을 통해 살펴본 번역의 이론과 실제』. 서울: 한국문화사.)

Givón, T. 1984. *Syntax: A Functional Typological Introduction, Vol. 1.* Amsterdam: John Benjamins.

Granger, S. 2003. The Corpus Approach: A Common Way Forward for Contrastive Linguistics and Translation Studies. In Granger, S., J. Lerot and S. Petch-Tyson. (eds.) *Corpus-based Approaches to Contrastive Linguistics and Translation Studies (Apporaches to Translation Studies, Vol. 20)*, 17-30. Amsterdam: Rodopi. (박기성. 2008 (역). 『대조 언어학과 번역학의 코퍼스기반 방법론 연구』(번역학 총서 4). 서울: 동인.

Hartman, R. R. K. and F. C. Stork. 1972. *Dictionary of Language and Linguistics*. New York: Wiley.

Holmes, J. S. 1988/2000. The Name and Nature of Translation Studies. In Venuti, L. (ed.) *The Translation Studies Reader*, 172-185. London: Routledge.

Ikegami, Y. 1991. 'Do-Language' and 'Become-Language': Two Contrasting Types of Linguistic Representation. In Ikegami, Y. (ed.) *The Empire of Signs: Semiotic Essays on Japanese Culture*, 285-326. Amsterdam: John Benjamins.

James, C. 1980. *Contrastive Analysis*. London: Longman.

Johansson, S. 2003. Constrastive Linguistics and Corpora. In Granger, S., J. Lerot and S. Petch-Tyson. (eds.) *Corpus-based Approaches to Contrastive Linguistics and Translation Studies (Apporaches to Translation Studies, Vol. 20)*, 31-45. Amsterdam: Rodopi. (박기성. 2008 (역). 『대조 언어학과 번역학의 코퍼스기반 방법론 연구』(번역학 총서 4). 서울: 동인.

Johansson, S. and H. Hasselgård. 1999. Corpora and Cross-linguistic Research in the Nordic Countries. In Granger, S., L. Beheydt and J. P. Colson.

(eds.) *Contrastive Linguistics and Translation*, 145-162. Amsterdam: Rodopi.

Keenan, E. and B. Comrie. Noun Phrase Accessibility and Universal Grammar. *Linguistic Inquiry* 8, 63-99.

Köller, W. 1979/1989. Equivalence in Translation Theory. In Chesterman, A. 1989 (ed.). *Readings in Translation Theory*, 99-104. Helsinki: Finn Lectura.

Levý, J. 1969. *Die Literarische Übersetzung: Theorie einer Kunstgattung.* Frankfurt: Athenäum.

Munday, J. 2010. *Introducing Translation Studies: Theories and Applications.* London: Routledge.

Nida, E. 1964. *Toward a Science of Translating.* Leiden: E. J. Brill.

Schlesinger, I. M. 1995. *Cognitive Space and Linguistic Case: Semantic and Syntactic Categories in English.* Cambridge: Cambridge University Press.

Seleskovitch, D. 1978. *Interpreting for International Conferences: Problems of Language and Communication.* Washington: Pen and Booth. (정호정. 2002 (역). 『국제회의통역에의 초대』. 서울: 한국문화사.)

Vinay, J.-P. and J. Darbelnet. 1958/1995. *Comparative Stylistics of French and English: A Methodology for Translation.* (Translated and Edited by Sager, J. C. and M.-J. Harmel) Amsterdam: John Benjamins.

# 제8장

# 제2언어 교육론

■ 홍광희 / 영남대

## 1. 서론

국내에서 최근 많은 관심을 받고 있는 영어교육학 분야는 응용언어학
(applied linguistics)이라는 포괄적인 틀 속에서, 모국어가 아닌 외국어로 학
습되는 언어의 습득과 교수법을 연구하는 제2언어 교육학(second language
education)의 한 분류로 이해할 수 있다.[1] 언어학의 연구 성과를 바탕으로
영어권 국가의 학자들을 중심으로 연구 영역을 모국어(first language) 습득
에만 제한하지 않고, 제2언어 습득(second language acquisition)으로 확대해

---

[1] 응용언어학과 제2언어 교육학은 각각의 용어가 포함하는 분야의 범위나 연구 주제에
따라서 엄밀하게는 서로 구분되어 사용될 수 있으나 본 논문에서는 의미의 구분을 두
지 않고 사용할 것이다(cf., Schimitt 2002; Brown 2007a).

가며, 제2언어 교육학은 1960년대부터 체계적으로 연구되기 시작했다(cf., Howatt & Widdowson 2004: 294-352). 제2언어 교육학은 관련 학문인 언어학보다 체계적인 연구가 이루어진 역사는 상대적으로 짧지만, 제2언어 습득이라는 근본적인 연구 주제 자체가 언어학의 연구 주제만큼 복잡하고 다중적인 성격을 띠고 있어 지난 50여 년 동안 많은 연구가 이루어졌다(cf., Hinkel 2005).

　　그 동안의 연구 결과를 살펴보면 양적인 면과 질적인 면에서 괄목할만한 성과를 이루었을 뿐만 아니라(Chapelle & Duff 2003, Lazaratone 2005) 언어학, 심리학, 교육학, 그리고 사회학 등 학제간의 연계성을 바탕으로 많은 연구가 이루어지고 있다(Brown 2007a). 이렇게 방대하고 광범위한 연구 결과 속에서, 제2언어 교육학의 전체적인 흐름을 각 분야별로 세분화하여 이 장에서 모두 살펴본다는 것은 무리일 것 같아, 본 논문에서는 제2언어 교육학의 역사적 변천 과정을 교육학적인 측면에서 살펴본 후, 최근 국내 영어교육 현장에서 많은 각광을 받고 있는 의사소통중심 언어교수법 (Communicative Language Teaching)[2]의 인지적 과정(cognitive process)에 대한 이론적 근간이라 할 수 있는 입력(input), 출력(output), 상호작용 (interaction)[3]에 대한 사전 연구들을 살펴보고, 향후 연구방향에 대해서 논의해보고자 한다.

---

2) 7차 교육과정 개편을 통해 의사소통중심 언어교수법이 반영된 초·중·고등학교 영어 교육과정과 관련된 내용은 교육과학기술부(2008)를 참조하기 바란다.

3) 영어로 발간된 제2언어 교육학 도서가 국내의 많은 연구자들에 의해 번역 출판 되었다. 하지만, 원문 용어(original term)에 대한 국문 번역 용어가 완전하게 표준화 되어 사용되고 있는 것은 아니다. 따라서, 번역 용어 사용에 대한 기준의 필요성을 느껴 본 논문에서는 번역 용어의 가독성(readability)을 고려해서 국내 많은 영어 교육 전문자들에게 널리 보급되어 있는 '외국어 학습 교수의 원리'(이흥수 외 5명 2007)와 '영어교육사전'(조명원 & 이흥수 2004)의 번역 용어를 기준으로 사용하였다.

## 2. 제2언어 교육학의 변천과정

제2언어 교육의 역사는 인류 문명의 교류 역사와 그 맥을 같이 한다고 할 수 있다. 다른 언어를 사용하는 두 문명의 교류에는 상대국의 언어를 이해하고 사용할 수 있는 통역사가 필요하였고, 통역사는 상대국 언어에 대한 교육과 학습을 통해 양성되었기 때문이다. 하지만, 상대국 언어, 즉 제2언어의 습득과 교육에 대한 전통적인 이해 방법은 기계적인 암기와 단순 반복 학습이었고, 이러한 전통적인 이해 방법에서 벗어나 제2언어 습득을 다중적인 측면에서 체계적인 접근을 통해 이해하려는 시도는 20세기가 되어서 시작되었다(Howatt & Widdowson 2004, Richards & Rodgers 1986: 1-13).

학습자가 모국어가 아닌 제2언어를 어떻게 학습하는가를 체계적으로 연구하는 제2언어 습득론(second language acquisition, 이하 SLA)의 주된 관심사는 "제한적으로 외국어에 노출된 학습자들이 어떻게 새로운 언어에 대한 체계를 형성해 나가는지를 연구"[4] 하는 것이다(Selinker & Gass 2008: 1). 언어학의 발전과 토대위에서 SLA는 20세기 중반부터 많은 연구가 이루어졌고, 이러한 SLA에 대한 관심은 자연스럽게 제2언어 교육(second language pedagogy)으로 연결되었다. SLA와 제2언어 교육과의 복잡한 관계는 Selinker와 Gass의 설명에 잘 나타나 있다.

... Over the years, the study of second language acquisition has become inextricably intertwined with language pedagogy; in the current text, one goal is to disentangle the two fields. Second language acquisition is not about pedagogy unless the pedagogy affects the course of acquisition. Although it may be the case that those who are interested in learning about

---

[4] "It [second language acquisition] is the study of how learners create a new language system with only limited exposure to a second language." (Selinker & Gass 2008: 1).

how second languages are learned ultimately interested in doing so for the light this knowledge sheds on the field of language teaching, this is not the only reason second language acquisition is of interest, nor is it the major reason scholars in the field of second language acquisition conduct their research. (Selinker & Gass 2008: 2)

효과적인 제2언어 교육 개발이 SLA의 궁극적인 목표가 아님에도 불구하고, 수많은 SLA 연구 결과들은 새로운 제2언어 교육 개발에 많은 영향을 끼쳤다. SLA 연구 결과와 시대적 요구에 맞춰 소개된 다양한 제2언어 교육 방법들 중5), 한국의 영어 교육 방법 변천과 관련이 있는 (1)문법 번역식 교수법(Grammar-Translation Method), (2)청취 구술 교수법(Audio-lingual Method), 그리고 (3)의사소통중심 언어 교수법(Communicative Language Teaching)에 대해 살펴보겠다.

## 2.1. 문법 번역식 교수법(Grammar-Translation Method)

문법 번역식 교수법(이하 GTM)은 Celce-Murcia(2001)의 설명대로, 전통적인 언어 교수 방법을 현대적 언어교수 방법으로 확장시켜 해석한 것이라고 할 수 있다.6) 여기서 전통적인 언어 교수 방법이란 서양의 라틴어 교수 방법을 말하는 것이며, 동양의 경우는 한자 교수 방법과 연관시켜 볼 수 있다. GTM의 궁극적 목표는 '외국어로 작성된 문서와 책을 읽고 이해하여 지식을 습득하기 위한 것'이라고 요약할 수 있다. Richards와 Rodegers는 Kelly

---

5) 몇몇 학자들은 L2 교수(teaching)와 학습(learning)을 논의할 때, 방법(method)과 접근법(approach)를 구분해서 사용해야 한다고 주장한다. 이와 관련된 내용은 Brown (2007b: 14-60)을 참조하기 바라며, 본 논문에서는 방법과 접근법을 구분 없이 사용하겠다.

6) "Grammar-Translation Approach (an extension of the approach used to teach classical languages to the teaching of modern languages)" (Celce-Murcia 2001: 6).

(1969)가 인용한 W. H. D. Rouse의 설명으로 통해 GTM의 핵심을 "to know everything about something rather than the thing itself"와 같이 요약하고 있다(Richards & Rodgers 1986: 3).

교수적인 측면(pedagogical aspects)에서 GTM의 특징은 학자들마다 다양하게 설명되지만, GTM의 궁극적인 목표를 이해한다면 이런 다양한 GTM의 특징들이 쉽게 이해가 될 것이다. Richards와 Rodgers(1986)는 GTM의 특징을 크게 7가지로 설명하고 있으며, 이를 요약하면 다음과 같다.

(1) 외국어 학습의 목적은 목표어(target language)로 된 문서와 책을 읽고 지적 개발(intellectual development)을 위한 것이다.
(2) 목표어를 읽고 쓰는데 중점을 두고 있으며, 말하고 듣는 것에는 중요성을 두지 않는다.
(3) 문법 규칙을 학습하며, 새로운 단어와 표현은 학습자들의 모국어로 설명되고, 원문 번역 연습이 이루어진다.
(4) 학습자들이 학습하는 기본 대상은 문장(sentence)이며, 목표어 문장을 모국어로, 모국어 문장을 목표어로 번역하는 연습을 한다.
(5) 정확도(accuracy)의 중요성이 강조된다. 학습자가 목표어를 번역하는데 있어 실수를 용납하지 않는다.
(6) 문법 규칙은 연역적인(deductive) 방법으로 학습된다.
(7) 학습자들의 모국어가 수업 진행을 위한 언어로 사용된다.

(Richards & Rodgers 1986:3-4)

GTM에 대한 Richards와 Rodgers(1986)의 이러한 설명은 Celce-Murcia (2001)의 설명과 크게 차이가 없다. Celce-Murcia(2001)는 GTM의 특징을 다음과 같이 7가지로 설명하고 있다.

(a) 수업은 학습자들의 모국어로 진행된다.
(b) 학습자들은 목표어를 의사소통을 위해 사용하는 경우가 별로 없다.

(c) 수업의 핵심은 문법 학습에 있다.

(d) 난이도가 있는 읽기 자료를 초보 단계에 있는 학습자들에게도 노출시킨다.

(e) 학습자들이 하는 전형적인 수업 활동은 목표어로 된 문장을 모국어로, 혹은 모국어 문장을 목표어로 번역하는 것이다.

(f) 이러한 수업으로 인해 학생들은 목표어로 의사소통하는데 어려움이 생긴다.

(g) 수업을 진행하는 교사는 목표어로 말을 잘 하지 못해도 수업을 진행할 수 있다.                                         (Celce-Murcia 2001: 6)

GTM은 여전히 전 세계 많은 외국어 학습 환경에서 사용되고 있는 교수법이다. 하지만 이러한 GTM의 근본적인 문제점을 Richards와 Rodgers (1986)는 다음과 같이 지적하였다.

It [Grammar-Translation Method] is a method for which there is no theory. There is no literature that offers a rationale or justification for it or that attempts to relate it to issues in linguistics, psychology, or educational theory. (Richards & Rodgers 1986: 5)

이러한 GTM의 문제점을 개선한 교수 방법을 모색하기 위해, 1900년대 중반부터 유럽에서 GTM 거부 운동이 시작되어 점차 전 세계로 확산되었다.

## 2.2. 청취 구술 교수법(Audio-Lingual Method)

GTM의 문제점을 개선하려는 유럽에서의 노력은 대서양을 건너 미국의 외국어 교육 학자들에게도 영향을 미쳤고, 2차 세계대전을 통해 미국에서는 새로운 외국어 교수법인 청취 구술 교수법(이하 ALM)이 개발되었다(c.f., Brown 2007b: 22-24, Richards & Rodgers 1986: 44-48). 미국 정부는 전쟁이라는 특수한 상황에서 전쟁 상대국의 정보를 획득할 수 있는 훈련된 군사들을 단기간에 양성할 필요가 있었고, 이런 특수 목적을 달성하기 위해서는 기존의 외국어 교수방법(e.g., GTM 또는 직접 교수법[Direct Method])으로는 충분하지 않았다. 그래서 미 육군은 전쟁 상대국 언어를 듣고(aural) 말할 수(oral) 있는 능력을 가진 병사를 단기간에 배출하기 위한 새로운 외국어 교육 프로그램인 Army Specialized Training Program(이하 ASP)을 개발하여 미군들을 교육시켰다.

새로 개발된 ASP는 개발 취지대로 듣기와 말하기에 중점을 두어 집중적인(intensive) 외국어 교육을 실시했다. '집중적인 교육' 상황은 Richards와 Rodgers(1986)의 설명에 잘 나타나 있다.

> ... the students and the linguist were able to take part in guided conversation with the informant [native speaker], and together they gradually learned how to speak the language, as well as to understand much of its basic grammar. Students in such courses studied ten hours a day, six days a week. There were generally fifteen hours of drill with native speakers and twenty to thirty hours of private study spread over two to three six-week sessions. (Richards & Rodgers 1986: 45)

미 육군의 ASP는 비록 2차 세계 대전 기간 중에만 진행 되었지만, ASP의 교수 방식과 효과는 2차 세계 대전 후 승전국으로 번영을 누리던 미국의 언어를 배우려는 전 세계 사람들의 영어 교육에 많은 영향을 끼쳤다. 2차 대전 후, 전 세계에서 많은 유학생들이 미국으로 몰려왔고, 유학생들의 성공적인 학업 수행을 위해 효과적인 영어 교육을 시켜야 하는 현실적인 필요가 생겼다. 이런 현실적인 문제를 해결하는데 ASP 교수 방식은 직간접적으로 영향을 주었고, 1950년대에 청취 구술에 중점을 둔 교수법으로 발전하게 된다.

듣기와 말하기에 중점을 두고 있는 ALM은 이전의 GTM과 다른 특징들을 가지고 있다. Celce-Murcia(2001)는 ALM의 특징은 다음과 같이 설명하고 있다.

(a) 수업은 목표언어로 된 대화 내용을 가지고 시작한다.

(b) 언어는 습관 형성(habit formation)이라는 가정 하에 모방(mimicry)이나 암기(memorization)를 사용하여 학습한다.

(c) 학습할 문법 내용은 미리 순서화시켜 학습자들에게 제공하고, 문법 규칙들은 귀납적인(inductive) 방식으로 가르친다.

(d) 언어의 4가지 영역도 순서화시켜, 듣기와 말하기를 먼저 가르치고, 읽기와 쓰기는 나중에 가르친다.

(e) 외국어 학습 초기부터 발음의 중요성이 강조된다.

(f) 학습 초기에 학습할 단어양은 상당히 제한적이다.

(g) 학습자의 실수(learner error)를 허용하지 않는다.

(h) 주어진 상황이나 맥락 없이 목표 언어를 학습한 뒤 연습하는 경우가 많다.

(i) 수업 중에 사용하는 활동이나 수업 자료를 미리 계획하고 준비해야 하기 때문에, 외국어 교사는 목표 언어의 구조와 단어에 대한 지식이 많아야 한다. (Celce-Murcia 2001: 7)

뿐만 아니라, Finnocchiaro와 Brumfit(1983)은 더욱 세분화시켜 ALM의 특징을 설명하고 있으며, Celece-Murcia(2001)가 제시한 특징을 대부분 포함하고 있다.

1. 의미보다는 목표어의 구조(structure)와 형태(form)에 중점을 둔다.

2. 목표어의 구조적인 측면을 바탕으로 작성된 대화를 암기하여야 한다.

3. 학습할 목표어의 내용들은 반드시 맥락 속에서 주어질 필요는 없다.

4. 목표어 학습은 목표어의 구조와 소리 그리고 단어들을 학습하는 것이다.

5. 학습 내용에 정통(mastery)할 수 있도록 초과 학습(over-learning)을 추구

한다.

6. 반복 훈련(drilling)이 핵심적인 학습 기술이다.
7. 원어민 수준의 발음을 할 수 있는 것이 목표이다.
8. 문법 설명은 피한다.
9. 오랜 반복 훈련과 연습을 한 후, 의사소통과 관련된 수업 활동을 할 수 있다.
10. 학습자들의 목표어 사용은 허락하지 않는다.
11. 초급과정에서는 목표어를 모국어로 번역하는 것은 허락하지 않는다.
12. 말하기가 숙달될 때까지 읽기와 쓰기는 학습하지 않는다.
13. 교수를 통해서 목표어의 언어적인 체계와 패턴을 학습한다.
14. 원어민 수준의 완벽한 언어 능력이 궁극적인 목표이다.
15. 언어의 다양성(varieties of language)을 인정하지만 강조하지는 않는다.
16. 학습할 내용의 순서는 오로지 언어적으로 얼마나 복잡한지를 기준으로 정한다.
17. 교수자는 학습자들을 통제하고 학습자들이 학습내용에 반하는 결과를 초래하지 않도록 가르친다.
18. "언어란 습관이다" 따라서 학습자들의 실수는 무슨 수를 써서라도 막아야 한다.
19. 정확도, 즉 목표어를 형태적으로 올바르게 사용하는 것이 주된 목표이다.
20. 학습자들은 이미 작성된 수업 자료나 학습 도구를 통해 목표어의 체계에 대해 활발하게 학습한다.
21. 교수자는 학습자들이 사용할 목표어를 구체적으로 알려준다.
22. 학습자의 내적 동기(intrinsic motivation)는 목표어의 구조에 대한 흥미를 통해 일어난다.           (Finnocchiaro & Brumfit 1983: 91-93)


교수 방법의 특징적인 면에서 ALM은 앞서 설명한 GTM과 뚜렷한 차이를 나타내고 있다. 이러한 차이점은 ALM과 GTM이 추구하는 교육 목적에 큰 차이가 있다는 것을 고려하면 그리 놀라운 것은 아니다. 앞서 살펴보았듯이 ALM은 GTM의 문제점을 보완한 교수 방법을 개발하려는 노력의 연장선이라고 할 수 있다. GTM의 특징과 비교하여 주목할 만한 ALM의 특징은 (1) 외국어 학습의 무게 중심이 읽기와 쓰기가 아니라 듣기와 말하기에 있다는 점과 (2) 언어는 반복을 통해 학습된다는 가정 하에 모방과 암기를 통해 학습한다는 점이다. 언어 능력 중 '읽기와 쓰기보다 듣기와 말하기에 학습의 무게 중심이 있다'는 특징은 ALM과 AST의 관계를 생각하면 쉽게 이해가 되는 점이다. 하지만 '언어는 반복을 통해 학습된다는 가정 하에 모방과 암기를 사용'하는 특징은 표면적으로는 ALM의 핵심적인 특징으로 이해되지 않을 수 있으나, ALM을 구성하고 있는 이론적인 근간을 고려하면 GTM에서는 찾아 볼 수 없는 특징이다.

앞서 GTM의 문제점에 대해 설명한 것과 같이, GTM의 경우 교수 방법의 특징을 뒷받침 할 수 있는 이론적인 근거를 찾아볼 수 없다는 것이 문제점으로 지적되었다(Richards & Rodgers: 1986: 5). 즉, GTM에서 나타나는 교수 방식의 특징을 정당화 시킬 수 있는 이론적 근거를 언어학적, 교육학적, 심리학적인 측면에서 찾아볼 수 없다는 것이다. 이와 달리 ALM은 1940-50년대 당시, 활발히 논의되었던 관련 학문(언어학과 심리학)의 이론들을 바탕으로 하고 있다. 전통적인 외국어 교수 방법을 그대로 답습하는 차원에 그쳤던 GTM과 대조되는 이런 ALM의 차별성을 Richards와 Rodgers (1986: 47-48)는 "Audiolingualism claimed to have transformed language teaching from an art to a science, which would enable to learners to achieve mastery of a foreign language effectively and efficiently."와 같이 설명한다.

언어학적인 측면에서 ALM은 1950년대 활발히 논의되었던 구조주의 언어학(structural linguistics)[7] 관점을 반영하고 있다(Brown 2007b: 22-24).

---

7) "Structural linguistics is an approach to linguistics which stresses the importance of language as a system and which investigates the place that linguistic units such as

언어는 의미를 전달하기 위해 사용되는 언어적 요소(linguistic elements)[8]들이 구조적으로 연관되어 있는 하나의 체계(system)라고 이해하는 구조주의 언어학의 관점을 바탕으로, 언어 학습은 이러한 언어적 요소들과 이런 요소들 간의 결합과 관련된 규칙들을 완벽하게 습득하는 것이라는 가정이 ALM에는 내포되어 있다. ALM의 특징인 '문법 규칙이나 목표어의 구조적인 패턴을 귀납적인 방법으로 가르치는 점'은 구조주의 언어학 관점을 나타내는 특징이라고 할 수 있다.

뿐만 아니라, ALM은 학습 이론적인 측면에서 1950-60년대 당시 심리학 논의의 중심이었던 행동주의(behaviorism) 이론을 반영하고 있다. 행동주의 학자들은 인간의 학습 과정을 이해하기 위해 자극(stimulus), 반응(response), 그리고 강화(reinforcement)라는 개념을 사용하여, 자극으로 인해 반응이 일어나고, 자극으로 인해 일어난 반응에 대한 강화를 제공함으로써 그 반응이 앞으로 반복해서 일어날 수 있는 것이라고 설명한다.[9] 행동주의 이론을 반영하고 있는 ALM의 특징은 '학습자들의 실수를 용납하지 않는다는 점'과 '목표어의 특징적인 패턴을 반복적인 연습과 모방을 통해 학습한다는 점'에서 찾아 볼 수 있다.

1960년대 후반 미국에서는 새로운 언어학 이론이 등장해 ALM의 이론적 배경을 비판하고, ALM의 효과와 정당성에 의문을 제기하게 된다.[10]

---

sounds, words, sentences have within this system..." (Richards, Platt, & Platt 1985: 357).

8) 언어적 요소들은 phonemes(음소), morphemes(형태소), words(단어), structures(구조) 등을 들 수 있다.

9) 제2언어 교육학과 관련하여 행동주의에 대한 자세한 설명은 Brown(2007a: 86-91)을 참조하기 바란다.

10) 미국 언어학자인 Noam Chomsky는 "Language is not a habit structure. Ordinary linguistic behavior characteristically involves innovation, formation of new sentences and patterns in accordance with rules of great abstractness and intricacy" (Chomsky 1966: 153) 라고 주장하며 구조주의 언어학적 관점과 행동주의

1960년대 후반 외국어 교수 방법에 대한 변화의 바람은 미국뿐만 아니라, 대서양 건너 유럽에서도 일어나고 있었다. 당시 유럽 각국은 지리적으로 점점 더 가까워지고, 경제적으로 서로 점점 더 의지하게 되면서 각국의 교류가 나날이 증가하는 상황이었다. 이런 시대적인 변화 속에서 긍정적인 방향으로 각국의 교류를 더욱 활성화시키기 위해, 유럽 주요 국가의 언어를 의미(meaning)와 의사소통(communication)을 중심으로 교육하고자 하는 필요성이 증가하고 있었으나 기존의 외국어 교육 방법은 이러한 현실적인 요구를 충족시키지 못하였다.

## 2.3. 의사소통 중심 교수법(Communicative Language Teaching)

1970년대 유럽의 시대적 변화를 반영한 '의미와 의사소통 중심'의 외국어 교수법 개발을 위해, 유럽의 많은 응용언어학자들은 다양한 시도를 하게 된다(Richards & Rodgers 1986: 64-66). van Ek(1975)은 학습자와 의사소통에 중점을 둔 교수요목 설계(syllabus design)에 필요한 요소들에 대해 논의하며 교수요목 설계 시 고려해야할 7가지 필수 요소를 다음과 같이 제시하였다.

(1) 수업에서 다루어질 주제(topic)를 포함하여 목표언어가 사용될 수 있는 상황(situation)
(2) 학습자들이 참여할 목표언어를 사용하는 학습 활동(language activity)
(3) 학습자들이 학습하게 될 목표언어의 기능(language function)
(4) 학습할 각각의 주제를 가지고 학습자들이 직접 해 볼 수 있는 것
(5) 학습자들이 학습할 일반적인 의사(general notion) 내용
(6) 학습자들이 학습할 수업 주제와 관련된 구체적인 의사(specific notion) 내용

---

이론을 비판했다.

(7) 학습자들이 직접 사용할 수 있는 목표어의 형태(language form)

(8) 학습자들이 직접 목표언어를 활용해 볼 수 있는 기능의 정도(degree of skills)
(van Ek 1975: 8-9)

뿐만 아니라, Wilkins(1976)는 '의미'를 조금 더 분석적으로 해석하여 관념적 범주(notional categories)와 기능적 범주(functional categories)로 나누어 의미를 설명하였다.[11] Wilinks의 이러한 의미 분석을 바탕으로 van Elk와 Alexander(1980)는 의사소통 교수요목(communicative syllabus)을 좀 더 구체적으로 논의하며 필수 사항들을 제안하였다.

의미와 의사소통에 중점을 둔 외국어 교수 방법을 개발하기 위한 이런 일련의 노력들은 외국어 교수요목 설계와 외국어 커리큘럼 개발의 변화로 이어지게 되고,[12] 이러한 변화는 의사소통 중심 교수법(이하 CLT)이라 불리는 새로운 외국어 교수법으로 등장한다. CLT의 핵심을 Savignon(2002)은 다음과 같이 말한다.

The essence of CLT is the engagement of learners in communication to allow them to develop their communicative competence. Terms sometimes used to refer to features of CLT are "task-based," "content-based," "process-oriented," "interactive," "inductive," and "discovery-oriented" (Savignon 2002: 22)

Savignon의 설명과 아울러, Berns(1990)는 원리적인 측면에서 CLT의 특징을 8가지로 요약하여 다음과 같이 설명하고 있다.

---

11) 관념적 범주의 예는 시간(time), 양(quantity), 장소(location)와 같은 개념이고, 기능적 범주의 예는 요청(request), 제안(offer), 불평(complaint)과 같은 개념이다.

12) 의사소통 중심 교수요목 설계와 커리큘럼 개발과 관련된 논의는 Dubin & Olshtain (1986:88-92)를 참조하기 바란다.

(1) 언어 교수는 언어란 의사소통을 위한 것이라는 관점에 기초를 둔다.

(2) 모국어를 배우는 아이들처럼, 제2언어 학습자들의 다양성은 제2언어 습득 발달 단계의 한 부분이라는 것을 인식하고 받아들인다.

(3) 학습자의 언어 능력은 상대적인 것이지 절대적인 것이 아니다.

(4) 언어 학습과 교수를 위해서 제시될 수 있는 바람직한 언어적 모델은 여러 가지가 될 수 있다.

(5) 문화는 학습자들의 의사소통 능력(communicative competence)을 형성하는데 있어서 도구적인 역할을 한다.

(6) 특정한 교수 방법(methodology)이나 기법(technique)이 우수하다고 결정 내릴 수 없다.

(7) 언어 사용(language use)은 서로간의 생각을 전달하는 기능적인 역할을 수행하는 것이다.

(8) 학습자들이 목표언어를 직접 사용하여 뭔가를 해 볼 수 있는 기회가 필수적으로 주어져야 한다. (Berns 1990: 104)

이와 같이 CLT는 1970년대 당시, 시대적인 변화에 대응할 수 있는 교수법을 개발하기 위한 필요성을 반영하고 있다는 점에서, 앞서 논의된 GTM과 ALM과는 특징적인 면에서 근본적인 차이점을 보인다. 가장 근본적인 차이점은 CLT는 GTM과 ALM과는 달리, 목표언어의 형태(form)나 규칙(rule)이 아니라 의미와 의사소통에 중점을 두고 있다는 점이다. 이런 근본적인 차이점은 교수요목 설계나 커리큘럼 개발뿐만 아니라 구체적인 교실 수업 방식에 필연적으로 변화를 가져올 수밖에 없게 된다. Nunan(1988)은 이런 필연적인 변화를 다음과 같이 설명한다.

During the 1970s, communicative views of language teaching began to be incorporated into syllabus design. The central question for proponents of this new view was, 'What does the learner want/need to do with the target language?' rather than, 'What are the linguistic elements which the learner need to master?' Syllabuses began to appear in which content was specified, not only in terms of the grammatical elements which the learners were expected to master, but also in terms of the functional skills they would need to master in order to communicate successfully. (Nunan 1988: 11)

CLT가 나타내는 이러한 근본적인 차이점을 Richards와 Rodgers(1986: 69-73)는 언어를 바라보는 새로운 언어학적 관점과 새로운 학습 과정을 통해 설명한다. 언어학 이론적인 측면에서 CLT는 Hymes (1972)의 '의사소통 능력(communicative competence)'을 반영하고 있다. Hymes의 관점에서 '의사소통 능력'을 가진 제2언어 학습자는 목표언어 사용과 관련하여 (1) "whether (and to what degree) something is formally possible" (2) "whether (and to what degree) something is feasible in virtue of the means of implementation available" (3) "whether (and to what degree) something is appropriate (adequate, happy, successful) in relation to a context in which it is used and evaluated" (4) "whether (and to what degree) something is in fact done, actually performed, and what its doing entails"에 대한 지식과 활용 능력이 있다는 것을 말한다(Hymes 1972: 281). Hymes의 이러한 이론적인 관점은 '의미에 중점'을 두고 '언어 사용을 위해 의사소통'에 중점을 두고 있는 CLT의 특징과 상통하는 부분이다. 또한 CLT의 특징적인 학습 활동은 학습 이론적인 측면에서 (1) "activities that involve real communication promote learning" (2) "activities in which language is used for carrying out meaningful tasks promote learning" (3) "language that is meaningful to the learner supports the learning process" 와 같은 특징을 가지고 있다(Richards & Rodgers 1986: 72).

1960년대 후반부터 시작된 이러한 CLT 중심의 변화는 이후 "의심의 여지없이 20여 년 동안 제2언어 교육학의 각 분야에 전반적인 변화"[13]를 불러일으키게 된다(Nunan 1999: 9). 앞서 언급한데로, CLT를 바탕으로 한 새로운 형태의 교수요목 설계와 커리큘럼 개발의 노력은 제2언어 교육학의 각 분야(제2언어 습득론, 문법교육, 교재개발, 평가 등)에서 나타나는 상황을 이론적으로 새롭게 해석하려는 시도와 아울러 새롭게 개발된 교수 방법을 실제 수업에 접목하려는 다양한 시도가 이루어진다(Savignon 2002a). 이러한 여러 가지 시도들 중, SLA 측면에서 CLT를 바탕으로 한 변화의 이론적 근간이라 할 수 있는 입력(input)에 대해 다음 절에서 살펴보도록 하겠다.

## 3. 제2언어 학습자들의 필수요건: 입력

모국어와 마찬가지로 제2언어(이하 L2) 학습자들 역시, 목표 언어를 모방하거나 학습할 L2 표본(sample)이 필요하다는 것은 오랫동안 SLA 연구에서 기본 가정(assumption)이었다. 이 말은 곧, L2 학습은 백지 상태에서는 이루어질 수는 없다는 것이다. 즉, L2 학습자가 목표 언어에 대한 정보를 제공받지 못한 상태에서는 L2 학습이 이루어지지 않는다는 것을 말한다. 이런 기본적인 가정을 바탕으로, Corder(1967)는 L2 학습자들에게 주어진 목표 언어의 입력[14]과, 학습자들이 자신들의 중간 언어(interlanguage) 발달 단계에서 주어진 입력 자료들을 학습자 자신의 것으로 소화해서 자료를 활용하는 흡입(intake)을 구분하여 설명하였다. 이렇게 입력이라는 개념은 1960년대 후반부터 SLA 연구에서 논의되기 시작했지만, L2 학습자들의 실제 교육적인 측면과 연관시켜 입력에 대한 체계적인 접근과 경험적 연구가 진행된 것은 1970년대 후반부터 이다.

---

13) "Without doubt, the most pervasive changes to [second language] teaching practice over the last twenty years..." (Nunan 1999: 9).
14) 여기서 목표 언어의 입력이란 L2 학습자에게 모든 형태(듣기, 말하기, 읽기, 쓰기)로 제공되는 목표 언어를 말한다.

Krashen(1977, 1982)은 기존의 입력 개념을 좀 더 분석적으로 접근하여 L2 학습자의 인지적 과정과 연관시켜 학습자들의 '이해 가능한 입력(Comprehensible Input)'만이 성공적인 L2 학습을 위한 필요조건이라고 주장했다. Krashen의 '이해 가능한 입력'이란 L2 학습자들이 제공받는 입력의 의미를 이해할 수 있을 뿐만 아니라 입력의 언어적 형태가 학습자의 현재 L2 레벨보다 약간 상위 수준의 입력을 말한다. Krashen의 '이해 가능한 입력'은 5가지 가설로 구성된 그의 '감시 모형(Monitor Hypothesis)'에서 4번째 가설인 '입력 가설(Input Hypothesis)'에서 설명되어 있다(cf., Krashen 1995: 20-30).[15] 입력 가설을 통해 Krashen은 L2 학습자의 '이해 가능한 입력'을 다음과 같이 상징화된 기호($i$+1)를 사용하여 설명한다.

> ... given the correctness of the natural order hypothesis, how do we move from one stage to another? If an acquirer is at "state 4", how can he progress to "state 5"? More generally, how do we move from stage $i$, where represents current competence, to $i$+1, the next level? The input hypothesis makes the following claims: a necessary (but not sufficient) condition to move from state $i$ to stage $i$+1 is that the acquirer understand input that contains $i$+1, where "understand" means that the acquirer is focused on the meaning and not the form of the message. We acquire, in other words, only when we understand language that contains structure that is "a little beyond" where we are now. (Krashen 1995: 20-21)

Krashen의 입력 가설은 발표될 당시 L2 교육 환경의 시대적 흐름과 상응하여 향후 SLA 연구에 많은 영향을 끼친다. 시대적으로 입력 가설이 논의되었던 시기는 제2언어 학습과 관련된 교육적 방법에 큰 변화가 일어나던 시기라고 할 수 있다. 앞 절에서 논의하였듯이, GTM과 ALM은 1950-60년

---

15) 요약된 '감시모형'에 대한 설명은 Brown(2007a: 294-295)을 참조하기 바란다.

대에 L2 학습자들을 위해 많이 사용되던 교수법이었으나, 1970년대에 유럽 각국의 교류가 활발해지면서 L2 교수자와 학습자들의 새로운 요구(의미 중심의 의사소통)를 충족시키기에는 기존의 GTM과 ALM은 한계를 나타낸다 (Savignon 2002: 1-4). 이런 시대적 상황 속에서 L2 연구자들은 언어를 이해하는 시각과 교수방법에 대한 무게 중심을 "규칙과 구조"에서 "의미와 의사소통"으로 옮기게 된다는 것을 앞 절에서 살펴보았다(Brumfit 1984).[16] 이런 언어에 대한 시각과 교수방법의 중점에 대한 변화는 입력 가설에도 잘 나타나 있다.

> The input hypothesis runs counter to our usual pedagogical approach in second and foreign language teaching. ... our assumption has been that we first learn structures then practice using them in communication, and this is how fluency develops. The input hypothesis say the opposite. It says we acquire by "going for meaning" first, and as a result, we acquire structure! (Krashen 1995: 21)

입력 가설은 당시의 시대적 흐름에 상응한다는 점과 아울러, L2 학습에서 입력의 근본성과 중요성을 재조명하며 이후 진행되는 다양한 SLA 연구의 시발점 역할을 하게 된다(e.g., Long 1983, Schmidt 1990, Sharewood Smith 1993, Swain 1985). Long(1983)은 Krashen의 '이해 가능한 입력'에 대한 주장에 동의하며, 어떻게 하면 L2 학습자들에게 제공되는 입력이 학습자들에게 이해 가능하도록 만들 것인가에 관심을 가지며 Krashen의 생각을 좀 더 확장시켰다. 그는 L2 학습자들이 '이해 가능한 입력'을 제공받기 위해

---

16) 앞 절에서 살펴보았듯이 1970년대부터 의미와 의사소통에 중점을 두는 교수법이 주목을 받으면서 1980-90년대에는 유럽과 미국을 중심으로 본격적으로 논의되며 많은 시도가 이루어진다. 이런 일련의 교수 방법을 '의사소통 중심 교수법'이라고 한다. 이와 관련한 자세한 내용은 Savignon(1991, 2002)을 참조하기 바란다.

서는 학습자들의 상호작용이 중요하며, 특히 '수정 상호작용(modified interaction)'이 학습자들에게 제공되는 입력을 이해 가능하도록 만드는데 필수적인 요소라고 주장했다(Long 1983). 여기서 '수정 상호작용'이란 L2 학습자들에게 입력을 제공할 때, 학습자들의 이해를 돕기 위해 목표 언어의 언어적 형태를 반드시 단순화 시켜서 제공하는 것만을 의미하는 것이 아니라, L2 학습자들에게 목표 언어로 서로 의사를 교환하며 상호작용을 할 수 있는 기회를 제공한다는데 그 핵심이 있다. Long의 이런 생각은 '상호작용 가설(Interaction Hypothesis)'로 발전하며 계속해서 체계적으로 연구가 이루어졌다(cf., Long 1985, 1996).

Krashen의 '이해 가능한 입력'과 Long의 '수정 상호작용'에 이어, Swain(1985)은 앞선 두 개념에서 더 나아가 '이해 가능한 출력 가설(Comprehensible Output Hypothesis)'을 주장하였다. '이해 가능한 (comprehensible)'이라는 용어에서 이미 짐작할 수 있듯이, Swain의 '이해 가능한 출력'은 Krashen의 '이해 가능한 입력'에 대응하는 개념으로 이해 할 수 있다. Swain(1985)은 몰입 학습 프로그램(immersion program)에 참여한 학생들을 관찰한 결과, 학생들의 목표 언어에 대한 듣기와 읽기 능력이 쓰기와 말하기 능력보다 현저하게 떨어진다는 것을 발견하고, 성공적인 L2 학습을 위해서는 학습자들이 직접 목표 언어를 사용해 말해 볼 수 있는(i.e., learner's output) 기회가 많이 주어져야 한다는 결론을 내린다. Swain의 '이해 가능한 출력 가설'을 Lightbown과 Spada(2006)는 다음과 같이 설명하고 있다.

... it is when learners must produce language that their interlocutor can understand that they are most likely to see the limits of their second language ability and the need to find better way to express their meaning. (Lightbown & Spada 2006: 44)

이렇게 목표 언어의 언어적 형태나 구조보다는 의미에 중점을 두며 시작된 입력에 대한 논의는 L2 학습자들의 목표 언어 습득에 대한 인지적 과정을 설명하는데 기여 하게 된다. 앞서 살펴본 데로, Krashen의 '이해 가능한 입력'을 바탕으로, Long은 L2 학습자들이 목표 언어로 상호 의사소통을 하는 상황 속에서 어떻게 '이해 가능한 입력'을 구현 할 수 있는지에 대한 설명을 제시하였고, Swain은 L2 학습자 입장에서 일 방향적(one-way) 특징을 가진 '입력'에 L2 학습자를 중심으로 양 방향적(two-way) 학습과정의 중요성을 강조하는 '출력'을 주장하였다. '이해 가능한 입력', '수정 상호작용', 그리고 '이해 가능한 출력'은 L2 학습이 성공적으로 이루어지기 위해 인지적 측면에서 L2 학습자들이 필요한 조건을 살펴보았다는 점에 그 의의가 있다.

이런 입력과 출력에 대한 연구를 바탕으로, Schmidt(1990)는 L2 학습자 입장에서 입력에 대한 설명을 더욱 더 확장시킨다. 그는 '알아차림 가설(noticing hypothesis)'을 주장하며, L2 학습자들이 목표 언어의 입력을 받아들일 때 학습자의 '주의(attention)'와 '알아차림(noticing)'이 L2 학습의 성공을 결정짓는 중요한 요소라고 설명한다(Schmidt 1990). 자신의 외국어 학습 경험을 바탕으로, Schmidt는 L2 학습자가 현재 자신의 중간 언어 발달 단계에서 이해하고 있는 목표 언어에 대한 지식과 대화 상대자가 사용하는 목표 언어에 대한 특징과의 간극을 알아차릴 경우 L2 학습이 성공적으로 이루어질 수 있다고 설명한다(Schmidt & Frota 1986).

앞서 설명한 Krashen의 '이해 가능한 입력', Long의 '수정 상호작용'을 Schmidt의 '알아차림 가설'과 비교해 보면, L2 학습자에게 제공되는 입력을 이해하는데 있어서 '알아차림 가설'은 '이해 가능한 입력'과 '수정 상호작용'과는 상당히 구별되는 해석적 함축(interpretational implication)을 내포하고 있다. 전자의 경우, L2 학습자에게 제공되는 '입력'이 '이해가능하고', '수정되어서' 학습자에게 제공되면 성공적인 L2 학습에 가까이 간다고 보는 반면,

후자는 학습자에게 아무리 '이해 가능한 입력' 이나 '수정된 입력'을 제공하더라도, 학습자의 '알아차림'이 결여된 상태에서는 성공적인 L2 학습으로 나아가기 어렵다는 것을 나타내고 있다. 다시 말하면, 그림 (1)에 나타난 것처럼, '이해 가능한 입력'과 '수정 상호작용'의 경우, 제공되는 입력과 성공적인 L2 학습사이에 직접적인 연관성이 있다고 할 수 있으나, '알아차림 가설'의 경우 입력과 성공적인 L2 학습 사이에 '알아차림'이 조절(mediating) 작용을 하는 관계를 가진다고 할 수 있다.

그림 1. '입력 가설'과 '알아차림 가설'

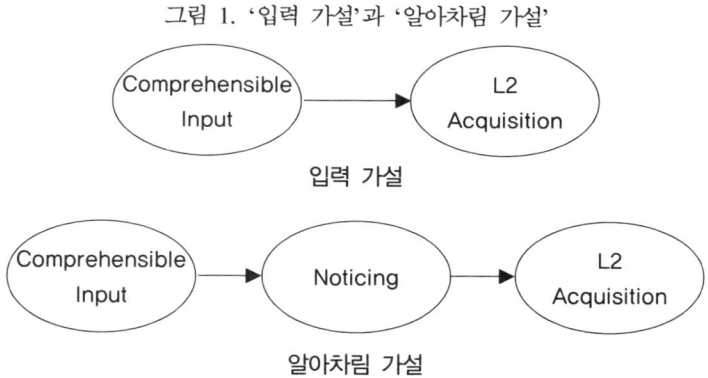

입력 가설

알아차림 가설

기존의 입력에 대한 연구들의 관점과 차이를 나타내는 '알아차림 가설'은, SLA 연구자들에게 두 가지 과제를 제시하였다. 첫째는, '과연 L2 학습자들이 자신들에게 제공된 입력에서 반드시 뭔가를 알아차려야만 하는가?'라는 새로운 문제점을 제시하였고, 둘째는, 기존의 입력 연구에서 논의되었던 입력 종류에 대해 SLA 연구자들의 계속된 논의가 이루어지도록 하였다.

먼저, 주어진 입력에서 L2 학습자들의 '알아차림'이 일어나야만 하는지에 대한 문제는 이후 진행된 연구를 통해 결론적인 해답을 구했다기보다는 계속되는 논쟁으로 이어진다. Robinson(1995)은 Schmidt의 '알아차림 가설'이 L2 학습자들의 주의 역학관계(attentional mechanism)와 관련해서 그 설명이 많이 부족하다는 것을 지적하며, 인지 이론(cognitive theory) 및 SLA 문헌 연구 조사를 바탕으로 '알아차림 가설'에 대한 이론적 보완을 시도하였다. 뿐만 아니라, Leow(1997)는 28명의 선별된 성인 L2 학습자들로부터 수집한 양적, 질적 데이터를 분석하여, '알아차림 가설'에 대한 경험적 증거를 제시한다. 수집된 데이터 분석을 통해서, Leow는 (1) 주어진 입력에 대한 L2 학습자의 '알아차림'의 자각(awareness) 정도에 따라 학습자가 주어진 입력을 처리하는 과정이 달라진다는 것, 그리고 (2) 학습자의 '알아차림'에 대한 자각의 정도가 크면 클수록, 학습자는 주어진 입력을 더 잘 기억할 뿐만 아니라 더 정확하게 쓰기 출력을 수행한다는 것, 마지막으로 (3) 이런 결과는 곧 L2 학습자의 '알아차림'에 대한 자각이 L2 학습에 긍정적인 영향을 미친다는 것을 실험적으로 보여주는 것이라고 결론을 내린다.

하지만 '알아차림 가설'의 이론적 보완과 경험적 증거를 보여주는 이런 연구와 상반되게, 가설 자체의 타당성에 대한 문제점도 제기되었다. Troscutt (1998)은 인지 심리학적으로 '알아차림 가설'을 설명하기에는 근본적인 측면에서 기초적인 요소가 아주 많이 부족하다는 점과, 특히 '알아차림 가설'은 가설의 해석에 있어, 시험 가능한 예측을 가설로부터 이끌어 낼 수 없다는 점을 지적하며 '알아차림 가설'은 L2 학습자의 목표 언어 습득보다는 오히려 학습자의 메타언어적 지식 습득과 연관시켜 가설을 재정립할 필요가 있다고 주장했다.

'알아차림 가설'이 주장되기 이전, Long(1983)은 '수정 상호작용'에서 벌써 입력의 종류에 대한 논의를 시작하였다. 하지만 '알아차림 가설'로 인해 입력 종류에 대한 논의는 보다 구체적으로 교실 수업지도 시 L2 학습자들에게 제공되는 입력의 언어적 형태와 입력의 전달 양상에 중점을 두어 논의가 진행되었다고 할 수 있다(cf., Sharewood Smith 1993, Lee 2007). 즉, 학습자들이 읽기와 듣기를 통해 목표 언어의 언어적 입력에 노출되었을 때, 수업 목표와 관련된 특정 언어적 특징에 학습자들이 주의를 기울일 수 있도록 하면 L2 학습을 좀 더 성공적으로 이끌 수 있다는 전제하에, 학습자들의 주의를 끌 수 있는 교수 방법 개발에 대한 논의가 많이 이루어졌다. 이렇게 L2 학습자들이 주어진 언어적 입력의 중요한 특징에 주의를 가질 수 있게 하는 교수 방법의 예로 Sharewood Smith(1993)는 '입력 향상(Input Enhancement)'을 주장하고, 이후 많은 경험적 연구를 통해 '입력 향상'의 효과에 대한 논의가 이루어진다.

## 4. 입력 향상

앞 절에서 살펴보았듯이, 인지적 접근을 통한 제2언어 습득 과정 설명의 핵심적인 이론은 L2 학습자들이 자신들에게 노출된 목표 언어의 언어적 입력을 습득할 수 있는 기회를 가져야 한다는 것이다(Krashen 1982, Long 1985, Swain 1985). 뿐만 아니라, L2 학습자들이 주어진 목표 언어의 언어적 입력을 성공적으로 습득하기 위해서는 학습자들이 자신에게 주어진 언어적 입력에 나타난 특징을 주의를 기울여 '알아차릴' 수 있으면 성공적인 습득의 가능성이 높아진다는 것과 관련된 연구도 살펴보았다(Robinson 1995, Schmidt 1990). 이런 이론적 기반위에서, L2 연구자들은 이런 이론들을 실제 L2 학습상황에 접목한 교수 방법 즉, 효과적인 L2 수업 개발과 교재 개발에 대해 관심을 기울이게 된다. 이런 교수 방법 실현의 핵심은, L2 학습자들이 주어진 목표 언어 입력에 나타난 특정한 언어적 특징을 알아차릴 수 있도록 하느냐에 있다. L2 학습자들의 '알아차림'을 유발 할 수 있는 교수 방법은 여러 가지가 가능하지만, 그 중 대표적으로 SLA 연구에 많은 영향을 끼친 것은 '입력 향상'이다(Sharewood Smith 1993).

Sharewood Smith(1993: 166)는 L2 학습에서 입력이란 "L2 학습자들에게 주어진 언어 자료, 즉 갖가지 형태로 제공되는 목표 언어에 대한 L2 학습자들의 경험"이라고 정의하며, 입력에 대한 연구는 결국 "목표 언어가 가득 들어있는 언어 욕조(language bath)에 대한 연구"라고 설명한다.17) 그는 L2 교사나 교재 개발자들이 이런 입력을 L2 학습자들에게 효과적으로 전달하기 위해서는 교사나 교재 개발자들이 입력을 조작, 즉 '향상(enhancing)' 시켜서 제공하면 학습에 효과적일 것이라고 주장한다. Sharewood Smith (1993)의 '입력 향상'은 이후 많은 연구자들에 의해 체계적으로 정리가 되어 논의가 되었다.

Chapelle(2003: 40-54)은 교실 수업 상황 속에서, L2 학습자들에게 입력을 전달하는 방식에 따라 '입력 향상'의 종류를 '현저성(salience)', '수정 (modification)', 그리고 '추가 설명(elaboration)'과 같이 크게 3가지로 나누어 구분하였다. 표 1은 '입력 향상'의 3가지 종류에 대한 요약된 설명이고, 3가지 종류에 대한 구체적인 내용은 다음과 같다.

표 1. Types of enhanced input expected to be beneficial to learners
(Chapelle 2003: 40)

| Input Enhancement | Description |
| --- | --- |
| Salience | Marking grammatical form on the screen or phonologically through stress |
| | Repeating a grammatical form or lexical phrase |
| Modification | Making the input understandable to the learner through any means that gets at the meaning (e.g., images, L1 translation, L2 dictionary definitions, simplification) |
| Elaboration | Increasing the potential for understanding the input through addition of plausible, grammatical L2 elaborations to the original text (e.g., defining relative clauses) |

---

17) "... The most common meaning [of *input*] as used in second language acquisition is language data that the learner is exposed to, that is, the learner's experience of the target language in all its various manifestation. Hence, input studies are studies of "language bath," that is, the actual language that the learner is exposed to." (Sharewood Smith 1993: 166)

**입력 현저성(Input Salience):** '입력 현저성'이란 L2 학습자에게 제공되는 언어적 입력은 각각의 학습자를 위해 입력에 현저성을 부과하여 학습자에게 제공하는 것을 말한다. 예를 들면, 'to 부정사'에 익숙한 영어 학습자가 'look forward to'라는 구 뒤에 나오는 단어의 형태에 익숙하지 않을 경우, 이 학습자에게 'look forward to'에 이어서 나오는 단어의 형태는 현저성을 가질 수 있다. 입력의 현저성과 관련해서, 교실 수업을 진행하는 L2 교사나 교재 개발자들이 고려해야 할 점은, 학습자들이 수행하는 과제와 사용하는 학습자료를 통해서 제공되는 입력 속에, 학습자들이 특정한 언어적 형태에 주의를 기울일 수 있도록 수업 과제와 교재를 개발하는 것이다. 이를 위해 SLA 연구자들은 크게 두 가지를 제안하고 있다. (1) 특정한 언어적 형태를 유표적(marked)으로 만드는 것과 (2) 특정한 언어적 형태나 내용을 반복(repetition)하는 것이다.

'유표적 입력(Marked Input)'은 학습자들이 주의를 기울여야 하는 언어적 형태나 구조에 강조를 나타내는 장치를 부과하여 (예를 들면, 밑줄 긋기, 진한 글자로 표기하기, 붉은 색으로 표기하기 등) 제공되는 입력이 학습자에게 현저성을 갖도록 하는 것을 말한다. '유표적 입력'의 효과를 검증하기 위한 경험적 연구는 그 동안 많이 이루어졌다(e.g., DeRidder 2002, Doughty 1991, White 1998). White(1998)는 영어 동사의 3인칭 단수 현재형과 소유격 학습에 있어, '유표적 입력'이 전체적으로 학습에 도움을 준다는 결과를 얻었고 DeRidder(2002)는 독해를 통한 어휘 학습에서 '유표적 입력'의 효과를 살펴보았다. 이러한 일련의 연구 결과들은 L2 학습자들을 위해 '유표적 입력'을 사용하는 것은 L2 교사와 교재 개발자들이 충분히 고려해 볼 만한 가치가 있다는 것을 나타내고 있다.

입력에 현저성을 부과하기 위해 '반복'을 한다는 것은 말 그대로 특정한 언어적 형태를 입력 속에서 반복을 통해 L2 학습자들에게 제공한다는 것이다. 입력의 현저성을 높이기 위한 '반복'의 효과성은 이미 이전의 SLA 연구에서 '입력 빈도(Input Frequency)'가 목표 언어의 입력에서 L2 학습자들의 '알아차림'에 영향을 주는 중요한 요소라는 것으로 논의가 되었다(Skehan 1998).

**입력 수정(Input Modification)**: '입력 수정'은 L2 학습자들이 쉽게 받아들일 수 있는 형태로 입력을 변형시켜서 학습자들에게 제공하는 것을 말한다. 교실 수업에서 학습자들에게 주어지는 과제를 예로 들면, '입력 수정'은 목표 언어의 입력을 '단순화(simplification)', '명료화(clarification)', 혹은 '모국어 번역(L1 translation)'을 통해 어떤 형태로든 수정 후, 학습자들에게 입력을 제공하는 것이다. '단순화'는 난이도가 높은 독해 지문에서 문장의 통사적 구조나 고급 어휘를 L2 학습자들의 수준에 맞게 변형시킨 뒤 학습자들에게 입력을 제공하는 것을 말한다. '명료화'는 사진이나 그림, 혹은 사전적 의미를 입력과 함께 L2 학습자들에게 제공해서, 학습자들이 좀 더 명확하게 주어진 입력을 이해하도록 하는 것을 말하고, '모국어 번역'은 필요에 따라 목표 언어의 입력을 L2 학습자들에게 모국어로 설명하는 것이다.

**입력 추가 설명(Input Elaboration)**: '입력 추가설명'은 주어진 목표 언어의 입력 내용에 문법적 구나 절을 추가하여 L2 학습자들이 입력 내용의 의미를 좀 더 쉽게 이해하도록 돕는 것을 말한다. 예를 들면, 'The teenage boy teaching arithmetic to children 5 years ago becomes a math teacher'라는 문장의 의미를 L2 학습자들이 좀 더 명확하게 파악하도록 하기 위해 'The teenage boy who was teaching arithmetic to children 5 years ago becomes a math teacher'와 같이 수정해서 학습자들에게 제공하는 것은 '입력 추가 설명'에 해당된다. 이런 '입력 추가 설명'은 '입력 단순화'와 비교하여 그 효과를 알아보려는 경험적 연구가 많이 이루어졌고, '입력 추가 설명'이 '입력 단순화'보다 L2 학습자들의 목표 언어 입력 이해에 더 긍정적인 영향을 끼친다는 연구 결과가 많이 보고되었다(e.g., Oh 2001, Yano, Long, & Ross 1994).

    '입력 향상'에 대한 사전 연구에서 살펴보았듯이, '입력'과 '입력 향상'
에 대한 체계적인 연구와 논의의 궁극적인 지향점은 입력과 관련된 개별 이
론의 타당성을 검증하는데 있다기보다, 개별 이론을 바탕으로 L2 학습자들
을 위한 효과적인 L2 수업지도와 교재 개발에 있다고 이해할 수 있다. 이렇
게 효과적인 L2 수업지도의 유형에 대한 관심은 지난 30여 년 동안 진행된
수업지도와 관련된 수많은 경험적 연구에 잘 나타나 있다. 이런 연구 결과에
대한 포괄적인 검토는 실제 L2 수업지도의 계획과 준비에 많은 도움을 줄
수 있다는 점에서 실질적인 의미를 가지기에 L2 수업지도 종류에 관한 연구
에 대해 좀 더 자세히 살펴보겠다.

## 5. 수업지도 효과에 대한 연구와 향후 연구 방향

L2 학습은 세계 곳곳에서 다양한 형태로 이루어지고 있다. 그러나 아직 다
수의 L2 학습자들은 교실 수업을 중심으로 목표 언어의 입력에 노출되기에
L2 연구자와 교육 관계자들은 교실 수업지도의 중요성에 오래전부터 관심을
가져왔다(cf., Chaudron 2001). L2 학습자들의 목표언어 습득과정을 인지적
측면에서 설명하려는 다양한 이론(입력과 관련된 다양한 가설)을 바탕으로,
지난 30여 년 동안 L2 수업지도에 대한 연구의 관심은 "L2 수업지도가 L2
학습자들의 목표 언어 습득에 도움을 주는가?"에서 "어떤 종류의 수업지도
가 L2 학습자들의 목표 언어 습득에 가장 효과적인가?"로 변화되었다(Norris
& Ortega 2000: 42).[18] L2 수업지도의 효과와 관련된 방대한 양의 축적된
연구를 바탕으로 의미 있는 연구 결과를 얻기 위해, Norris와 Ortega(2000)

---

18) "The principal focus of L2 instruction research has thus evolved from whether or
    not instruction makes a difference to what types of instruction are most effective
    for fostering second or foreign language learning in formal contexts." (Norris &
    Ortega 2000: 42)

는 선행 연구의 메타분석을 통해서 수업지도 효과성에 대한 연구 결과들을 다각도로 조사하였다. 분석 결과의 신뢰성과 타당성을 높이기 위해, Norris와 Ortega는 250편이 넘는 선행 연구 후보군에서, 메타분석 기준에 적합한 선행 연구 77편을 최종 선정하여 이를 바탕으로 L2 수업지도의 효과성에 대해 논의를 하였다.

Norris와 Ortega(2003)의 연구는 SLA의 연구적인 측면에서 그리고 L2 수업을 계획하고 실행하는 교육적인 측면에서 그 의의가 있다. 연구적인 측면에서 의의는 L2 수업지도의 효과를 체계적인 메타분석을 통해 살펴본 최초의 연구라는 점이다. Norris와 Ortega의 연구 이후, L2 학습의 효과성에 대한 체계적인 메타분석 연구가 계속해서 진행되었다(e.g., Lee & Huang 2008). L2 교육적인 측면에서 Norris와 Ortega의 연구는 증거 중심의 경험적 연구 결과를 바탕으로 L2 교육관계자들에게 L2 수업지도와 관련해서 방향성을 제시할 수 있다는 점이다. 메타분석을 통해서 Norris와 Ortega는 수업지도의 효과와 관련된 방대한 양의 연구 결과를 개별적으로 검토하는 것이 아니라, 각각의 선행 연구 결과 전체를 검토하여 연구 결과들의 패턴을 파악하고 논의하였다는 점에서 이들의 연구 결과는 L2 교육 관계자들에게 도움이 되는 정보를 제시하고 있다.

앞 절에서 논의한 입력과 '알아차림 가설'을 적용한 수업지도 효과에 관한 연구와 관련해서, Norris와 Ortega(2000)는 '명시적 수업(explicit teaching)'과 '암시적 수업(implicit teaching)'의 효과를 비교하며 간접적으로 수업지도 효과에 대해 설명하고 있다. '명시적 수업'은 의도적으로 L2 학습자들이 목표 언어의 입력에서 특정한 언어적 특징에 주의나 자각을 가질 수 있도록 수업을 하는 것이고, '암시적 수업'은 학습자들의 '주의'나 '자각'을 불러일으킬 수 있는 장치 없이 수업을 하는 것을 말한다(cf., Brown 2007a: 66-67, 291-292). 비록 수업 대상이 목표 언어의 문법적 구조에 한정된 분석이긴 하지만, Norris와 Ortega의 메타분석 결과 '명시적 수업'이 목표 언어의 문법 구조를 학습하는데 있어, '암시적 수업'보다 그 효과가 더 좋은 것으로 나타났다. 목표 언어의 문법 구조에 제한된 연구 결과이긴 하지만, 이 결과는 L2 교사와 교재 개발자들이 L2 학습자들을 위해 수업 계획과 교재 개발을 할 때 학습자에게 제공되는 입력의 형태와 방법에 대한 고려의 필요성을 실험적으로 뒷받침하고 있다.

Norris와 Ortega의 연구 결과는 L2 학습자들을 위한 수업지도의 효과성 문제에 확정적인 해답을 제시했다기보다 문제 해결을 위한 연구가 계속해서 이루어져야 한다는 것을 나타내고 있다. Norris와 Ortega(2000: 488-489, 488-498)가 지적하였듯이, SLA 연구를 통해 입력과 '알아차림 가설'을 적용한 수업지도의 효과성을 L2 교사와 교재 개발자들에게 더 설득력 있게 검증하기 위해서는 향후 진행되는 연구에서 연구 방법론적 측면과 분석적인 측면에서 보완이 이루어져야 한다.

연구 방법론적 측면에서 향후 수업지도의 효과성에 대한 연구는 두 가지 점을 보완하여 연구가 이루어져야 한다. 첫째는 횡단(cross-sectional) 연구 보다는 종단(longitudinal) 연구가 많이 이행되어야 한다. L2 학습자들을 위한 수업지도 효과의 지속성을 살펴보기 위해서, 종단 연구는 선택적이라기보다는 필수적이다. 수업지도 효과성을 알아보는 기존의 연구들은 대부분 사전 시험과 사후 시험을 통해 효과성을 검증하는 경향을 보였고, 사후 시험 횟수도 2회에 해당하는 경우가 많았다(Norris & Ortega 2000, Lee & Huang 2008). 이런 횡단 연구의 한계점을 보완하기 위한 종단 연구의 필요성은 이미 L2 연구자들 사이에서 논의가 되고 있다(Ortega & Iberri-Shea 2005). 둘째는 연구 대상 집단을 단일 집단, 특정한 능숙도를 가진 L2 학습자, 특정 언어에 대해서 한 번의 연구로 수업지도 효과성을 판단할 것이 아니라, 다양한 경우를 고려한 반복 연구를 통해 연구 결과의 일반화와 신뢰성을 높여야 한다. 반복 연구의 중요성과 반복 연구를 통한 연구 결과의 의미 역시, 최근 많은 L2 연구자들이 논의를 하고 있다(Language Teaching

Panel 2008).

연구 방법의 변화는 필연적으로 수집된 자료를 분석하는 방법의 변화를 초래한다. 기존의 L2 수업지도 효과 연구에서, 사전/사후 시험을 통해 수집된 자료를 분석하기 위해 많이 사용된 분석법은 반복측정 분산 분석법(Repeated Measures ANOVA)과 공분산 분석법(ANCOVA)이다. 종단 연구를 통해 반복적으로 수집된 자료를 분석하기 위해서는 기존의 자료 분석법이 통계적인 측면에서 그리고 연구 상황적인 측면에서 한계가 있다는 점이 방법론 연구자들 사이에서 활발히 논의가 되었고, 이런 한계점을 보완할 수 있는 새로운 분석법이 이미 소개 되었다(cf., Singer & Willett 2003, O'Connell & McCoach 2008). 앞으로 종단 연구로 설계된 L2 연구에서 이런 새로운 분석법 활용이 활성화 되어야 할 것이다.

## 6. 요약

본 논문에서는 제2언어 교육학의 변천과정을 한국의 영어 교육 변천과정과 관련이 있는 문법 번역식 교수법, 청취 구술 교수법, 의사소통 중심 교수법 중심으로 교수적인 특징과 각 교수법의 바탕이 되는 언어학적, 교육학적 이론들에 대해 살펴보았다. 또한, 최근 국내 영어교육 현장에서 각광을 받고 있는 의사소통중심 언어교수법의 인지적 과정에 대한 이론적 근간인 '입력', '출력', 그리고 '상호작용'에 대해 선행 연구를 통해 살펴보았다. 아울러, 이런 이론들이 적용된 실제 L2 수업지도의 효과에 대한 경험적 연구 결과들을 논의하고 향후 수업지도 효과와 관련된 연구 방향에 대해 살펴보았다.

제2언어 교육학에서 입력은 L2 학습자들에게 그리고 L2 교사들에게 모두 중요한 요소라는 점이 많은 선행 연구를 통해 논의가 되었다. L2 연구자들의 입력에 대한 이런 근본적인 이해는 L2 학습자들에게 제공되는 입력의 종류('이해 가능한 입력', '수정 상호작용')와 방식('알아차림 가설')에 대한 논의로 확장되었고, 입력에 대한 이런 이론적 배경이 적용된 L2 수업지도의 효과성에 대한 연구도 지난 수십 년 동안 계속해서 이루어졌다.

목표언어의 입력과 L2 학습자들의 주어진 입력에 대한 '알아차림'의 중요성에 대해서는 L2 연구자들과 교육관계자들이 합의적인 이해를 나타낸다고 할 수 있지만, 입력에 대한 이론이 적용된 L2 수업지도의 효과에 대한 연구 결과는 확정적인 답을 제시하기보다는 아직 잠정적인 단계에서 부분적인 답만 제시하고 있다고 할 수 있다. L2 교육 관계자와 학습자들을 위해 입력과 관련된 이론이 적용된 수업지도의 효과에 대해 신뢰성 있는 연구 결과를 얻기 위해서는 기존 연구들의 미비점들을 연구 방법론적으로, 자료 분석적으로 보완하여 향후 연구가 이루어져야 한다.

교육과학기술부. 2008. *교육과학기술부 고시 제 2008-160호[별책14] 외국어과 교육과정 (I)*, 교육과학기술부.

이흥수, 박주경, 이병민, 이소영, 최연희, 차경환, 이성희. (공역). 2007. *외국어 학습, 교수의 원리*, 서울: 피어슨에듀케이션코리아.

조명원, 이흥수. 2004. *영어 교육 사전*. 서울: 피어슨에듀케이션코리아.

Berns, M. 1990. *Contexts of competence: Sociocultural considerations in communicative language teaching*. New York: Plenum.

Brown, H. D. 2007a. *Principles of language learning and teaching* (5th ed.). White Plains, NY: Pearson Education.

Brown, H. D. 2007b. *Teaching by principles: An introductive approach to language pedagogy* (3rd ed.). White Plains, NY: Pearson Education.

Brumfit, C. 1984. *Communicative methodology in language teaching*. Cambridge: Cambridge University Press.

Celce-Murcia, M. 2001. Language teaching approaches: An overview. In *Teaching English as a second or foreign language* (pp. 3-11). M.

Celce-Murcia (Ed.). Boston, MA: Heinle.

Chapelle, C. A. and Duff, P. 2003. Some guidelines for conducting quantitative and qualitative research in TESOL. *TESOL Quarterly, 37*(1), 157-178.

Chapelle, C. A. 2003. *English language learning and technology*. Amsterdam: John Benjamins Publishing Company.

Chaudron, C. 2001. Progress in language classroom research: Evidence from the Modern Language Journal, 1916-2000. *Modern Language Journal, 85*(1), 57-76.

Chomsky, N. 1966. Linguistic theory. Reprinted in J. P. B. Allen and P. Van Buren (eds.). *Chomsky: selected readings* (pp.152-159). London: Oxford University Press.

Corder, S. P. 1967. The significance of learners' errors. *International Review of Applied Linguistics, 5*, 161-169.

Hinkel, E. (Ed.). 2005. *Handbook of research in second language teaching and learning*. Manhwah, NJ: LEA.

Howatt, A. P. R. and Widdowson, H. G. 2004. *A history of English language teaching* (2nd ed.). Oxford: Oxford University Press.

Kelly, L. G. 1969. *25 centuries of language teaching*. Rowley, MA: Newbury House.

Krashen, S. 1977. The monitor model for adult second language performance. In *Viewpoints on English as a second language* (pp. 152-161). (Eds.) M. Burt, H. Dulay & M. Finocchiaro. New York: Regents.

Krashen, S. D. 1982. *Principles and practice in second language acquisition*. Oxford: Pergamon Press.

Krashen, S. D. 1995. *Principles and practice in second language acquisition*. New York: Phoenix.

Language Teaching Panel. 2008. Replication studies in language learning and teaching: Questions and answers. *Language Teaching, 41*(1), 1-14.

Lee, S.-K. and Huang, H.-T. 2008. Visual input enhancement andgrammar learning. *Studies in Second Language Acquisition, 30*(3), 307-331.

Lee, S.-K. 2007. Effects of textual enhancement and topic familiarity on Korean EFL students' reading comprehension and learning of passive form. *Language Learning, 57*(1), 87-118.

Leow, R. 1997. Attention, awareness, and foreign language behavior. *Language Learning, 47*(3), 467-505.

Lightbown, P. M. and Spada, N. 2006. *How languages are learned* (3rd ed.). Oxford: Oxford University Press.

Long, M. 1985. Input and second language acquisition theory. In *Input in second language acquisition* (pp. 377-393). (Eds.) S. Gass & C. Madden. Rowley, MA: Newbury House.

Norris, J. and Ortega, L. 2000. Effectiveness of L2 instruction: A research synthesis and quantitative meta-analysis. *Language Learning, 50*(3), 417-528.

Nunan, D. 1988. *Syllabus design.* Oxford: Oxford University Press.

O'Connell, A. A. and McCoach, D. B. (Eds.). 2008. *Multilevel modeling of educational data.* Charlotte, NC: Information Age Publishing Inc.

Oh, S.-Y. 2001. Two types of input modification and EFL reading comprehension: Simplification versus elaboration. *TESOL Quarterly, 35*(1), 69-96.

Ortega, L. and Iberri-Shea, G. 2005. Longitudinal research in second language acquisition: Recent trends and future directions. *Annual Review of Applied Linguistics, 25*, 26-45.

Richards, J. C., Platt, J., and Platt, H. 1985. *Dictionary of language teaching & applied linguistics.* Essex: Longman.

Richards, J. C. and Rodgers, T. S. 1986. *Approaches and methods in language teaching.* Cambridge: Cambridge University Press.

Robinson, P. 1995. Review article: Attention, memory, and the "noticing" hypothesis. *Language Learning, 45*(2), 283-331.

Savignon, S. J. 1991. Communicative language teaching: State of the art.

*TESOL Quarterly, 25*(2), 261-277.

Savignon, S. J. 2002a. *Interpreting communicative language teaching: Contexts and concerns in teacher education.* (Ed.), New Haven: Yale University Press.

Savignon, S. J. 2002b. Communicative language teaching: Linguistic theory and classroom practice. In *Interpreting communicative language teaching: Contexts and concerns in teacher education.* (Ed.) S. Savignon, New Haven: Yale University Press.

Schmidt, R. W. 1990. The role of consciousness in second language learning. *Applied Linguistics, 11*(1), 17-46.

Schmidt, R. W. and Frota, S. 1986. Developing basic conversational ability in a second language: A case study of an adult learner of Portuguese. In *Talking to learn: Conversation in second language acquisition* (pp. 237-326). R. Day (Ed.). Rowley, MA: Newbury House.

Schmitt, N. (Ed.). 2002. *An introduction to applied linguistics.* London: Arnold.

Selinker, L. and Gass, S. M. (2008). *Second language acquisition: An introductory course.* (3rd Ed.). New York: Routledge.

Sharwood Smith, M. 1993. Input enhancement in instructed SLA. *Studies in Second Language Acquisition, 15*(2), 165-179.

Singer, J. D. and Willett, J. B. 2003. *Applied longitudinal data analysis: Modeling change and even occurrence.* Oxford: Oxford University Press.

Skehan, P. 1998. *A cognitive approach to language learning.* Oxford: Oxford University Press.

Swain, M. 1985. Communicative competence: Some roles of comprehensible input and comprehensible output in its development. In *Input in second language acquisition* (pp. 235-253). (Eds.) S. Gass & C. Madden. Rowley, MA: Newbury House.

Truscott, J. 1998. Noticing in second language acquisition: a critical review. *Second Language Research, 14*(2), 103-135.

van Ek, J. 1975. *Threshold level English*. Oxford: Oxford University Press.

White, J. 1998. Getting the learners' attention: A typographical input enhancement study. In *Focus on form in classroom second language acquisition* (pp. 85-113). (Eds.) C. Doughty & J. Williams. Cambridge: Cambridge University Press.

Wilkins, D. A. 1976. *Notional syllabuses*. Oxford: Oxford University Press.

Yano, Y., Long, M. H. and Ross, S. 1994. The effects of simplified and elaborated texts on foreign language reading comprehension. *Language Learning, 44*(2), 189-219.